KB212769

하나님을 기뻐하라

DESIRING GOD
by John Piper

Originally Published in English under the title:
Desiring God, Revised Edition by John Piper
Copyright © 1986, 1996, 2003, 2011 by Desiring God Foundation
Published by Multnomah Books, an imprint of The Crown Publishing Group,
a division of Penguin Random House LLC
10807 New Allegiance Drive, Suite 500
Colorado Springs, Colorado 80921 USA

International rights are contracted through Gospel Literature International
PO Box 4060, Ontario, California, 91761 USA
This translation published by arrangement with
Multnomah Books, an imprint of The Crown Publishing Group,
a division of Penguin Random House LLC

Korean Edition published by Word of Life Press, Seoul 1998, 2009, 2020
#5-9 Gyeonghuigung 1-gil, Jongno-gu, Seoul 03176, Korea
Translated and published by permission.
Printed in Korea.

하나님을 기뻐하라 최신개정판
© 생명의말씀사 1998, 2009, 2020

1998년 4월 15일 1판 1쇄 발행
2009년 5월 8일   5쇄 발행
2009년 8월 31일 2판 1쇄 발행
2019년 2월 21일   11쇄 발행
2020년 4월 24일 3판 1쇄 발행
2024년 6월 7일   4쇄 발행

펴낸이 ㅣ 김창영
펴낸곳 ㅣ 생명의말씀사

등록 ㅣ 1962. 1. 10. No.300-1962-1
주소 ㅣ 서울시 종로구 경희궁1길 6 (03176)
전화 ㅣ 02)738-6555(본사) · 02)3159-7979(영업)
팩스 ㅣ 02)739-3824(본사) · 080-022-8585(영업)

기획편집 ㅣ 구자섭, 유영란
디자인 ㅣ 윤보람
인쇄 ㅣ 영진문원
제본 ㅣ 다온바인텍

ISBN 978-89-04-16702-9 (03230)

DESIRING GOD

하나님을
기뻐하라

존 파이퍼 지음 | 박대영 옮김

생명의 말씀사

25년 전 나는 이 책을
내 아버지 **윌리엄 솔로몬 호틀 파이퍼**에게
헌정하였습니다.

아버지께 받은 은혜가 지금까지도 내게 감미로운데,
지금 아버지가 그리스도의 임재 안에서
순결한 행복을 누리고 계시는 것을 알고는
그 달콤한 은혜가 더욱 커졌습니다.

Contents

서문   08

들어가는 글_ 나는 어떻게 기독교 희락주의자가 되었는가?   18

1장   하나님의 기쁨 : 기독교 희락주의의 토대   38

2장   회심 : 기독교 희락주의자의 탄생   68

3장   예배 : 기독교 희락주의의 향연   102

4장   사랑 : 기독교 희락주의의 수고   150

5장   성경 : 기독교 희락주의의 불씨   196

6장   기도 : 기독교 희락주의의 능력   218

7장   돈 : 기독교 희락주의의 통화   256

8장   결혼 : 기독교 희락주의의 모체   284

9장   선교 : 기독교 희락주의의 함성   310

10장   고난 : 기독교 희락주의의 희생   352

에필로그_ 내가 이 책을 쓴 일곱 가지 이유   405

부록_ 왜 기독교 희락주의라고 부르는가?   433

스터디 가이드

스터디 가이드 해설과 인도자를 위한 안내   442

들어가는 글_ 나는 어떻게 기독교 희락주의자가 되었는가?   454

1장 하나님의 기쁨   457

2장 회심   462

3장 예배   466

4장 사랑   470

5장과 6장 성경과 기도   474

7장 돈   478

8장 결혼   482

9장 선교   486

10장 고난   490

당신을 진지하게 하는 행복과 경이가 있다.
_ C. S. 루이스, 『마지막 전투』(*The Last Battle*)

서문

이 책은 '하나님을 기뻐하는 것'에 대해 '진지하게' 다룬다. 이 책이 기쁨에 대해 다루는 이유는 우리를 만드신 분이 "여호와를 기뻐하라"(시 37:4)고 명령하시기 때문이며, 이를 진지하게 다루는 이유는 제레미 테일러(Jeremy Taylor)가 말했듯 "우리가 기뻐하지 않으면 하나님이 무서운 일을 하겠다고 으르시기 때문이다."

이 책의 주인공은 "그 앞에 있는 기쁨을 위하여 십자가를 참으신" **예수 그리스도**, "근심한 자 같으나 항상 기뻐한" **사도 바울**, 하나님의 감미로운 주권을 맛본 **조나단 에드워즈**, 하나님 보시기에 "우리의 열망은 너무 강하다기보다 너무 약하다"는 것을 알았던 **C. S. 루이스**, 그리고 그리스도를 위해 전부를 버리고도 결국에는 "나는 아무것도 희생하지 않았다"고 고백한 모든 **선교사들**이다.

1986년에 『하나님을 기뻐하라』(*Desiring God*)가 처음 출간된 후 많은 세월이 흘렀다. 진리는 시간이 흐르고 상황이 변해도 여전히 영향을 미칠 때 그 중요성이 입증된다. 그렇다면 이 책의 메시지는 어떠한가? 이 책이 처음 출간되었을 때와 비교하면 오늘날 상황은 개인적으로나 문화적으로나 극적으로 달라졌다.

먼저 개인적인 변화를 보자면, 처음 책이 나왔을 때 40세이던 나의 몸과 마음은 이제 65세가 되었다. 17년째였던 결혼 생활은 42년째로 접어들었다. 6년째였던 베들레헴 침례교회 목회도 이제 31년째로 늘었다. 십 대이던 아들들은 부모가 되었고, 내게 열두 명의 손주를 안겨 주었다. 1986년에만 해도 딸이 없었는데, 지금은 탈리타 루스(Talitha Luth)가 있다. 15세인 딸의 모토는 "하나님께 푹 빠진 여인이 되자. 사내들이 **나**를 만나려면 **하나님을** 추구해야 하도록"이다.

문화적으로도 세상은 전혀 다른 곳이 되었다. 몇몇 사건들을 생각해 보자. 천안문 사건, 베를린 장벽의 붕괴, 소비에트연방의 해체, 르완다 대학살, 콜럼바인고교 총기난사 사건, 전 지구적인 AIDS 확산, Y2K, 9/11, 지하드의 테러, 끝없는 중동 전쟁, 쓰나미, 최초의 흑인 미국 대통령 등등. 또 1986년 이전에는 두드러지지 않았던 기기들이 개발되면서 생긴 대중문화의 변화를 생각해 보자. 노트북, 스마트폰, 현금 카드, DVD, 아이팟, 주유소 셀프 서비스, 디지털 카메라, 파워포인트, 손소독제, 비아그라, 평면 TV, 대중화된 인터넷, 전자 상거래, 유튜브, 트위터, 페이스북, 쉴 새 없이 쏟아지는 컴퓨터 관련 신제품 등등.

다시 말해 세상은 참 많이 변했다. 이곳이 바로 내가 깊이 숙고하고 진지하게 관심을 기울이는 세상이다. 이 세상에서 나는 가능한 한 개인적으로는 민첩하게 사고하고, 문화적으로는 깨어 있으려 노력해 왔다. 그리고 내가 볼 때 여전히 분명한 한 가지가 있다. 인생에서 정말 중요하고, 심원하고, 영원한 것은 변하지 않는다는 사실이다. 따라서 이 책의 메시지에 대한 나의 확신 또한 변하지 않았다.

이 책이 말하는 진리는 곧 나의 인생이다. '**내가 하나님 안에서 가장 크게 만족할 때 하나님께서도 가장 큰 영광을 받으신다**'는 사실은 여전히 내 생각과 마음에 장엄하고 소중한 진리로 남아 있다. 이 진리가 나의 70년 인생을 지탱해 주었다. 그리고 예수님으로 인해 그 진리가 나를 본향에 이르게 하리라는 것을 의심하지 않는다.

그간 나는 "고난: 기독교 희락주의의 희생"이라는 장을 추가했다. 그 이유는 어느 정도 성경적이고, 어느 정도 세계적이고, 어느 정도 개인적이다. 성경적으로 보자면, 하나님이 자기 자녀들을 위해 고난을 예비하신 것은 분명한 사실이다. "우리가 하나님의 나라에 들어가려면 많은 환난을 겪어야 할 것이라"(행 14:22). "무릇 그리스도 예수 안에서 경건하게 살고자 하는 자는 박해를 받으리라"(딤후 3:12).

세계적으로 보자면, 기독교에 적대적인 사람들 사이에서 교회가 주님의 '지상대명령'을 이행하려 할 때는 물론이고, 십자가에 달리신 예수님의 '유일성'을 담대하게 전하기만 해도 고난을 받거나 순교하게 될 것은 점점 더 분명하다.

9.11 사건 이후 세상은 공포로 얼룩졌다. 기독교 희락주의가 신뢰를 얻으려면, 이 진리로 세상의 두려움과 공포의 문제를 설명할 수 있어야 한다. 나는 "근심한 자 같으나 항상 기뻐했다"는 사도의 고백에 시간이 흐를수록 더욱 마음이 끌린다.

개인적으로는, 『하나님을 기뻐하라』를 출간하고 수년간 가장 힘겨운 시간을 보냈다. 우리 부부의 결혼 25주년에 교회에서 가장 연로하신 할머니 한 분이 이런 농담을 하셨다. "첫 25년이 가장 힘들어요!" 우리는 그런 줄 몰랐다. 이제는 거의 두 번째 25년이 되어 가는데, 의심할 여지 없이 가장 힘들었다.

몸은 늙고 많은 잘못을 저질렀다. 부부가 중년이 되면 결혼 생활이 깊은 물을 통과하게 된다는 사실을 알았다. 우리는 잘 헤쳐 나갔지만, 그 시간에 겪은 불안이나 동요를 가볍게 말할 생각은 없다. 우리는 도움을 청하기를 부끄럽게 여기지 않았다. 하나님은 그럴 만한 자격이 없는 우리에게 과분하게 좋은 분이 되어 주셨다.

결혼 40주년이 지나자 내 경험을 토대로 결혼에 관한 책을 써도 충분하겠다는 생각이 들었다. 그래서 쓴 책이 『결혼 신학』(*This Momentary Marriage: A Parable of Permanence*)이다.[1] 부제에 나타난 이 역설이 바로 우리가 결혼을 통해서 배운 것의 근저에 있다. 이제 내 나이 일흔과 결혼 50주년을 향해 가며, 그 뿌리는 깊어지고, 그 언약은 견고해지며, 사랑은 감미로워진다. 인생은 힘겹지만, 하나님은 좋은 분이시다.

나의 또 다른 '결혼 생활'(베들레헴 침례교회와의)은 가슴앓이와 기쁨으로 버무려졌다. 하지만 가만히 앉아 그 시간을 골똘히 생각해 보니 슬픔보다 감미로움이 훨씬 커서 고통에 대해 너무 깊이 생각할 마음이 들지 않는다. 이 모든 일은 나를 위한, 그리고 교인들을 위한 하나님의 계획 속에 있었다.

사도 바울이 "우리가 환난 당하는 것도 너희가 위로와 구원을 받게 하려는 것이요"(고후 1:6)라고 했을 때, 그는 심원한 목회 현실을 말했던 것이다. 하지만 목회에는 기쁨이 있고, 그 기쁨이 없다면 목회자는 성도들을 유익하게 할 수 없다(히 13:17). 자비하신 하나님은 지난 31년 동안 그 기쁨이 항상 내게 머물게 하셨다. 이 책이 말하는 진리는 하나님이 그 기쁨을 내 안에 간직하시는 데 쓰신 수단이었다.

---

1) 존 파이퍼, 『결혼 신학 : 영원한 것을 보여 주는 일시적 결혼』, 이은이 역 (부흥과개혁사, 2010), 원저 John Piper, *This Momentary Marriage: A Parable of Permanence* (Wheaton, Ill.: Crossway Books, 2009).

『하나님을 기뻐하라』가 처음 출간된 후 25년 동안 나는 내 삶과 사역과 하나님과 관련해 이 책을 시험하고 이 책의 비전을 적용해 왔다. 더 많이 시험하고 적용할수록 이 책에 무언가를 더 얹든지 이 책은 능히 그 무게를 감당할 수 있으리라고 더욱 확신하게 되었다.[2] 더 묵상하고 더 사역하고 더 살수록, 이 책이 말하는 하나님과 인생에 관한 비전은 더욱 모든 것을 망라하는 비전이 되어 갔다.

"여호와로 인하여 기뻐하는 것이 너희의 힘이니라"(느 8:10)는 말씀은 삶과 죽음의 문제를 말할 때 결정적으로 중요한 말씀이라는 확신이 나이가 들수록 더 커졌다. 나이가 들고 몸이 쇠약해질수록 우리는 자연적인 자원이 아니라 영적인 기쁨에서 힘을 배로 얻는 법을 배워야 한다. 청교도 목사 리처드 백스터(Richard Baxter, 1691년에 죽음)가 우리의 좋은 본이다. 그는 "성도의 안식과 분깃이 되시는 살아계신 하나님, 우리의 육적인 생각이 영적인 생각이 되게 하시고, 우리의 땅에 속한 마음이 하늘에 속한 마음이 되게 하셔서 하나님을 사랑하고 **하나님을 기뻐하는 것**

---

2) 원한다면, 내가 이 책의 비전을 적용하고자 쓴 다음 책들을 참조하며 이 책이 말하는 진리를 스스로 시험해 보라. 하나님의 성품에 대해 『하나님의 기쁨』, 이상준 역 (두란노, 2013), 원저 *The pleasure of God* (Multnomah, 2000). 설교의 엄중함과 기쁨에 대해 『하나님을 설교하라』, 박혜영 역 (복있는사람, 2012), 원저 *The Supremacy of God in Preaching* (Baker, 1990). 선교의 능력과 가치에 대해 『열방을 향해 가라』 (좋은씨앗, 2018), 원저 *Let the Nations Be Glad* (Baker, 2003). 불신 앙과 죄에 대항하는 매일의 싸움에 대해 『존 파이퍼의 장래의 은혜』, 차성구 역 (좋은씨앗, 2013), 원저 *The Purifying Power of Living by Faith in Future Grace* (Mulnomah, 1995). 금식과 기도라는 영적 훈련에 대해 『하나님께 굶주린 삶』, 윤종석 역 (복있는사람, 2013), 원저 *A Hunger for God* (Crossway, 1997). 삶과 문화에 대한 백 가지 실제적 이슈에 대해 『최고의 하나님을 맛보라』, 차성구 역 (좋은씨앗, 2012), 원저 *A Godward Life* (Multnomah, 1997) 그리고 『하나님을 맛보는 묵상』, 김재영 역 (좋은씨앗, 2014), 원저 *Taste and See* (Multnomah, 2005). 목회 사역에 대한 근본적인 부르심에 대해 『형제들이여, 우리는 전문직업인이 아닙니다』, 전의우 역 (좋은씨앗, 2005), 원저 *Brothers, We Are Not Professionals*(Broadman & Holman, 2002). 우리가 추구해야 할 일상의 목표에 대해 『삶을 허비하지 말라』, 전의우 역 (생명의말씀사, 2010), 원저 *Don't Waste Your Life* (Crossway, 2003). 복음의 궁극적인 유익에 대해 『하나님이 복음이다』, 전의우 역 (IVP, 2006), 원저 *God Is the Gospel* (Crossway, 2005). 거듭남의 실제에 대해 『존 파이퍼의 거듭남』, 전의우 역 (두란노, 2009), 원저 *Finally Alive* (Christian Focus, 2009). 생각하며 사는 삶에 대해 『존 파이퍼의 생각하라』, 전의우 역 (IVP, 2011), 원저 *Think* (Crossway, 2010).

이 우리 삶의 과업이 되게 하소서"라고 기도했다.[3] 하나님을 기뻐하는 것이 우리의 과업이 될 때(나는 그것을 기독교 희락주의라고 부른다), 거기에서 우리는 사랑의 사역을 끝까지 감당할 내적인 힘을 얻을 것이다.

J. I. 패커(J. I. Packer)는 백스터의 삶에 나타난 이 역동성을 다음과 같이 묘사했다. "하늘의 소망이 그에게 기쁨을, 그 기쁨이 그에게 능력을 가져다주었다. 진정한 본보기가 된 존 칼빈(John Calvin)과 조지 휘트필드(George Whitefield)처럼, 그리고 사도 바울처럼 백스터는 그 기쁨이 준 능력 덕분에 한 사람이 평생에 걸쳐 도저히 해낼 수 없을 것 같은 많은 일들을 성취했고, 또 놀랄 만큼 지속적으로 사역할 수 있었던 듯하다."[4]

하나님을 기뻐하는 일은 인내할 힘을 줄 뿐 아니라, 천국을 향하는 우리의 길을 막아 선 죄의 권능을 깨뜨리는 열쇠가 된다. 또 다른 청교도 목사 매튜 헨리(Matthew Henry)는 이렇게 말했다. "주를 기뻐하는 삶은 영적인 대적들의 공격에 맞서도록 우리를 무장시키며, 미혹하는 자가 유혹하기 위해 미끼로 쓰는 쾌락들을 맛보지 못하도록 우리의 입을 지켜준다."[5]

"미혹하는 자가 유혹하기 위해 미끼로 쓰는 쾌락들을 맛보지 못하도록 우리의 입을 지키는 일"은 우리 삶의 크나큰 직무다. 인간의 오랜 유혹에 대해 그리스도와 함께 죽는 믿음, 즉 하나님 안에서 누리는 더 탁월한 만족 때문에 죄가 싫어지는 길 외에 죄와의 장기전에서 승리하는

---

3) Richard Baxter, *The Saints' Everlasting Rest* (Grand Rapids, Mich.: Baker, 1978), 17, 강조 추가. 나는 이 "작품"에 대해 수많은 질문을 받았는데, 가능한 한 자세히 답하기 위해 다음 책을 썼다. 『말씀으로 승리하라』, 전의우 역 (IVP, 2016), 원저 *When I Don't Desire God: How to Fight for Joy* (Crossway, 2004). 이 책은 내가 여기서 쓴 것을 충분히 적용하기 위한 책이다.

4) J. I. Packer, "Richard Baxter on Heaven, Hope, and Holiness," in *Alive to God: Studies in Spirituality*, ed. J. I. Packer and Loren Wilkinson (Downers Grove, Ill.: InterVarsity, 1992), 165.

5) Matthew Henry, *Commentary on the Whole Bible*, vol. 2 (Old Tappan, N.J.: Fleming H. Revell, n.d.,orig. 1708), 1096.

14   하나님을 기뻐하라

다른 길을 나는 전혀 모른다. 25년이 지났어도 여전히 이 책이 유효한 이유 중 하나는 이 진리는 변하지 않았으며 또 앞으로도 변하지 않으리라는 점이다. 하나님은 여전히 우리를 늘 만족케 하시는 분이며, 인간의 마음은 여전히 쉼 없는 욕구 제작소이고, 죄는 여전히 강력하게 호소하며 우리가 자멸하도록 유혹한다. 따라서 **"하나님을 기뻐하라"**는 여전히 흥미로우면서도 긴급한 메시지이다. 그러니 하나님을 즐거워하라.

만족하기 원하는 우리의 열정과 영광을 받기 원하시는 하나님의 열정은 성소에서의 찬양과 거리에서의 고난을 통해 그리스도를 높이는 예배 안에서 하나가 된다. 나는 이 진리를 말하고 음미하는 것이 지겨웠던 적이 단 한 번도 없다. 백스터는 다음과 같이 말했다.

> 하나님께는 자신을 영화롭게 하고 자기 백성들을 구원하는 일이 별개의 섭리가 아니다. 우리는 하나가 다른 하나의 결과라고 말할 수 있겠지만, 실제로 둘은 우리의 구원을 통해 그분의 긍휼을 영화롭게 하는 하나의 섭리다. 따라서 나는 이 두 가지가 함께 우리에게 있어야 한다고 생각한다.[6]

우리는 긍휼(mercy)을 얻고 하나님은 영광을 얻으신다. 우리는 하나님 안에서 기쁨을 얻고 하나님은 우리에게서 영광을 받으신다.

만약 하나님께서 이 책을 통해 한 사람이라도 이 책에 영감을 준 진지하고 복된 성도들의 대열에 세우신다면, 이 책의 제작에 참여한 이들은 하나님의 은혜가 드러나는 것으로 인해 더욱더 기뻐할 것이다. 하나님

---

6) Richard Baxter, *The Saints' Everlasting Rest*, abr. John T. Wilkinson(1650; reprint, London: Epworth, 1962), 31.

의 영광을 드러내는 이 사역은 지금껏 참으로 행복한 작업이었으며, 이런 내 마음은 많은 이들에게로 흘러넘치고 있다.

스티브 핼리데이(Steve Halliday)는 처음부터 이 책에 신뢰를 보내 주었다. 1983년에 그가 나의 설교 원고를 보여 달라고 하지 않았다면, 이 책은 세상에 나오지 않았을 것이다.

나는 지금도 내가 하는 모든 일에 다니엘 풀러(Daniel Fuller)에게 빚을 지고 있다. 이 책의 근간이 될 아이디어를 발견한 것도 1968년 그의 수업을 들을 때였다. 그는 내게 성경을 연구할 때 낙엽을 긁어모으기보다 금을 캐는 방법이 무엇인지 가르쳐 주었다. 그는 여전히 나의 보석 같은 친구이자 스승이다.

내가 사랑하고 섬긴 교회로 인해 나는 저술 활동을 할 수 있었다. 내가 장로들 및 직원들과 나눈 동역의 기쁨은 값으로 환산할 수 없다. 아직 쓰지 못한 장이 있는데 "기독교 희락주의의 우정"이란 장이다. 성령께서 친히 이 장을 우리 마음 판에 새겨 주시기를 기도한다.

지난 수년간 계속해서 개정판이 나올 수 있었던 것은 저스틴 테일러(Justin Taylor)와 그 후임인 데이비드 마티스(David Mathis)의 전문성과 통찰과 수고 덕분이다. 그들의 도움이 없었다면 더 나아진 새 개정판은 나올 수 없었을 것이다.

끝으로 나의 아버지께 감사를 드린다. 이 책이 처음 나왔을 때 아버지께 헌정했는데, 지금은 소천하셨다. 하지만 1986년에 바쳤던 헌사는 25년이 지난 지금도 유효하다. 『하나님을 기뻐하라』의 초판이 출간되었을 때 나는 헌정 페이지에 다음과 같이 적어서 아버지께 한 부 전해 드렸다.

은혜가 넘치면 율법의 멍에는 쉬워지고 계명은 가벼워집니다. 지난 41년 간 아버지께서는 제게 은혜 위에 은혜였습니다. 아버지 덕분에 거룩한 말씀에 순종하는 일, 곧 당신의 아버지께 영광을 돌리는 일보다 쉽고 가벼운 일은 없었습니다.

온 마음을 다해 존경을 담아
조니(Jonny) 드림

어린 시절을 회상하면, 저녁 식탁에서 기쁨의 눈물을 흘리며 아주 환하게 웃으시던 어머니의 모습이 떠오른다. 어머니는 늘 기쁨이 가득한 분이셨지만, 특별히 아버지께서 돌아오시는 월요일에는 더욱 그러셨다. 아버지는 전도를 하러 나가면 2주 동안 집을 비우시고는 했다. 어떤 때는 3주나 4주 만에 돌아오시기도 했다. 그러다 아버지가 돌아오시는 월요일 아침이 되면 어머니 얼굴에서 광채가 났다.

그날 저녁 식탁에서(내 기억으로는 그때가 가장 행복했다) 우리는 복음이 승리한 이야기를 들었다. 승리한 기사나 전사와 함께 식탁에 앉는 것보다 복음 전도자의 아들이 되는 것이 분명 훨씬 더 흥분되는 일이었다. 나이가 들면서 점점 더 많은 상처들을 보게 되었지만, 아버지는 내가 "그 모두를 기쁨으로 여길 만큼" 성숙해지기까지 애정으로 나를 기다려 주셨다. 월요일의 식탁은 거룩했고 기쁨이 가득했다. 아버지가 계신 집이 얼마나 좋았는지 모른다.

2011년 미네소타주 미네아폴리스에서
존 파이퍼

"당신이 쿠엔틴을 기다린 건 잘한 일이었어요."
그녀가 소리쳤다. "그래요! 잘한 일이에요, 안소니!"
"음, 그렇겠지." 그가 대답했다.
"아니면, 당신 생각에만 그럴지도 모르지.
사람은 자기 전제를 따를 수밖에 없다는 말이
얼마나 정확한지, 아마 온 세상을 뒤틀어지게 한 건
각자의 그릇된 전제일 거요."

_찰스 윌리엄스, 『사자의 자리』(*The Place of the Lion*)

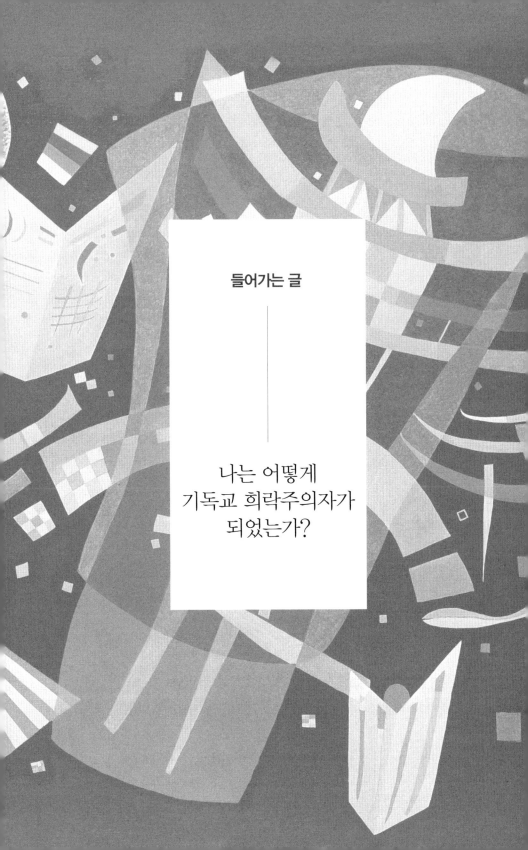

들어가는 글

나는 어떻게
기독교 희락주의자가
되었는가?

우리가 고백하는 신조(信條)에서 한 단어만 바꾸면 세상을 쉽게 변화시킬 수도 있다. 옛 전통은 말한다.

사람의 제일 되는 목적은 하나님을 영화롭게 하는 것이다.
'그리고'
영원토록 그분을 즐거워하는 것이다.

'그리고'라니, 햄**'과'** 계란처럼 말인가? 가끔은 하나님을 영화롭게도 하고 또 가끔은 그분을 즐거워하라는 뜻인가? 가끔은 주님이 영광을 얻으시고 또 가끔은 우리가 즐거움을 얻는다는 뜻인가? **'그리고'**는 아주 모호한 말이다! 이 둘을 어떻게 서로 관련지을 수 있을까?

분명 옛 신학자들은 이 둘이 서로 다른 것을 말한다고 생각하지 않았다. 그들은 이것이 '제일 되는 목적'이라고 했지, '제일 되는 목적들'이라고 하지 않았다. 그들에게는 하나님을 영화롭게 하는 것과 그분을 즐거워하는 것이 하나의 목적이었지 두 가지 목적이 아니었다. 어떻게 그럴 수 있는가?

이 책이 다루는 바가 바로 이 문제다. 그렇다고 내가 17세기 신학자들의 의도에 아주 깊은 관심을 가지고 있다는 뜻은 아니다. 오히려 나는 성경에 나타난 하나님의 의도에 아주 큰 관심을 가지고 있다.

하나님은 사람의 제일 되는 목적이 무엇이라고 말씀하시는가? 하나님은 자신을 영화롭게 하려면 우리가 어떻게 해야 한다고 가르치시는가? 하나님은 우리에게 그분을 즐거워하라고 명령하시는가? 그렇다면 하나님을 기뻐하는 삶을 추구하는 것은 다른 모든 것들과 어떻게 관련되는가? 모든 것들과 말이다! "너희가 먹든지 마시든지 무엇을 하든지 다 하나님의 영광을 위하여 하라"(고전 10:31).

이 책의 최우선 관심사는, 하나님은 친히 마련하신 방식으로 우리 삶의 모든 일 가운데서 영광을 받으신다는 사실이다. 이 목적을 위해 당신에게 다음의 진리를 확신시키려 한다.

사람의 제일 되는 목적은
하나님을 영원히 즐거워함**으로써**(by)
그분을 영화롭게 하는 것이다.

나는 어떻게 기독교 희락주의자가 되었는가?

대학에 다닐 때 나는, 만약 내가 무언가 선한 일을 한다면 그 일로 기쁨을 얻겠지만, 그 기쁨이 도리어 그 선을 망가뜨릴 수 있다는, 모호하지만 당시 널리 유행하던 생각을 품고 있었다.

그때 나는 자신의 기쁨을 동기로 한 도덕적 행위에서 비롯된 선은 그 가치가 떨어진다고 생각했다. 예를 들어, 나는 자신을 즐겁게 하기 위해 아이스크림을 사 먹는 일에는 아무런 거리낌을 느끼지 않았다. 그 행동이 불러올 만한 도덕적 결과는 어차피 하찮은 것들뿐이라 생각했기 때문이다. 그러나 자신의 기쁨이나 즐거움을 위해 기독교 봉사 활동을 하거나 교회를 가는 일은 이기적이고 불순하고 속된 행위라 생각했다.

문제는 대안이 될 만한 다른 동기를 찾을 수 없다는 것이었다. 내 안에는 행복에 대한 저항할 수 없는 갈망과 즐거움에 대한 엄청나게 강한 욕구가 있었다. 나는 이를 잘 알았고, 도덕적인 결단을 내릴 때마다 이 욕구가 영향을 미치지 못하게 하려고 애썼다.

나를 가장 낙담하게 한 영역은 경배와 찬양이었다. 그 활동이 고상할수록 사적인 유익은 적어야 한다는 막연한 생각 때문에, 나는 예배를 단지 의무로만 생각했고 마음이 떠난 예배를 드릴 수밖에 없었다.

그런데 내가 기독교 희락주의자로 회심한 것이다. 그 무렵 나는 몇 주에 걸쳐 하나님을 기뻐하는 이유가 아닌 다른 이유로 하나님을 예배하는 것은 비성경적이고 오만한 일임을 알게 되었다. (여기서 주목할 것은 기뻐하는 대상이다. 하나님이 주신 선물들이 아니라 하나님을 기뻐해야 한다. 우리 자신이 아니라 하나님을 기뻐해야 한다.) 이제 나를 기독교 희락주의자로 만든 일련의 통찰들을 서술하려 한다. '기독교 희락주의'라는 이 생소한 단어를 내가 어떤 뜻으로 사용하는지 더 분명히 알게 되기를 바란다.

첫째 발견. 신학교 첫 학기에 나는 기독교 희락주의를 지지하는 주장과 그 사상을 대표하는 사람 가운데 한 명인 블레즈 파스칼(Blaise Pascal)을 소개받았다. 그는 이렇게 썼다.

모든 사람은 행복을 추구한다. 예외는 없다. 무슨 수단을 사용하든 그 수단들은 모두 이 목적을 지향한다. 어떤 이는 전쟁에 나가고 다른 이는 전쟁을 피하지만, 양쪽의 견해는 달라도 그렇게 하는 이유는 같다. 모두 욕망 때문이다. 이 목적이 아니면 의지는 단 한 발짝도 움직이지 않는다. 이것이 모든 사람이 행동하는 동기이며, 심지어 스스로 목매어 자살하는 사람들의 동기이기도 하다.[1]

이 진술은 내 자신의 깊은 갈망뿐 아니라 내가 다른 사람들에게서 본 모든 갈망과 아주 잘 들어맞았다. 나는 이 진술을 인정할 수밖에 없었다. 그리고 이제껏 이 진술을 의심해야 할 어떤 이유도 찾지 못했다. 특별히 내게 충격을 준 것은 파스칼이 이에 관해 아무런 도덕적 판단도 하지 않았다는 사실이다. 파스칼은 우리가 스스로 자기 행복을 추구하는 것을 죄로 보지 않았다. 그에 따르면 이는 단지 인간이 부여받은 본성일 뿐이다. 중력이 자연의 법칙이듯 행복을 추구하는 것은 인간 마음의 법칙이다.

이런 생각은 내게 큰 의미로 다가왔고, 이는 둘째 발견으로 이어지는 길을 열어 주었다.

둘째 발견. 대학에 다닐 때 C. S. 루이스(C. S. Lewis)의 『영광의 무게』(*The Weight of Glory*)라는 설교집을 구입한 이래 나는 그의 책을 점점 좋아하게 되었다. 『영광의 무게』의 첫 페이지는 내가 읽은 가장 영향력 있는 문학 작품 가운데 하나다. 거기에는 다음과 같은 글이 있다.

---

1) Blaise Pascal, *Pascal's Pensees*, trans. W. F. Trotter (New York: E. P. Dutton, 1958), 113, thought #425.

오늘날 선량한 사람 스무 명을 찾아 최고의 미덕이 무엇이라고 생각하는지 묻는다면, 그중 열아홉은 '비이기심'(Unselfishness)이라고 답할 것이다. 하지만 과거의 위대한 그리스도인들에게 같은 질문을 던졌다면, 대부분 '사랑'이라고 답했을 것이다. 어떤 차이가 있는지 알겠는가? 적극적인 용어가 소극적인 용어로 대체되었다. 이 현상에는 언어적 차이 이상의 중요한 철학적 의미가 담겨 있다. '비이기심'이라는 소극적인 이상은, 다른 사람에게 좋은 것을 주는 일이 아닌 내가 좋은 것 없이 지내는 일에 주로 관심을 보인다. 다른 사람의 행복이 아니라 나의 금욕이 중요한 일이라는 듯 말이다.

나는 이것이 기독교에서 말하는 사랑과 다르다고 생각한다. 신약성경은 자기 부인(self-denial)에 대해 많은 말을 하지만, 자기 부인 자체를 목적으로 말하지는 않는다. 우리는 그리스도를 좇기 위해 자기를 부인하고 자기 십자가를 지라는 말을 듣는다. 그렇게 할 때 우리가 궁극적으로 발견하게 될 것들에 대한 거의 모든 묘사는 욕망(desire)을 향한 호소(appeal)를 포함하고 있다. 만약 현대인의 사고에 자기 자신의 행복을 추구하고 만끽하기를 바라는 것이 나쁘다는 인식이 있다면, 이는 칸트나 스토아학파의 사상에서 스며든 것이지 기독교 신앙의 일부는 아니다. 복음서가 당당하게 약속하는 보상, 즉 엄청난 보상을 생각한다면, 우리 주님은 우리의 갈망이 너무 강하기는커녕 너무 약하다고 말씀하실 것이다. 주님이 무한한 기쁨을 주신다고 해도 우리는 술과 섹스와 야망에만 집착하는 냉담한 피조물들이다. 마치 멋진 해변에서 휴일을 보내자고 말해도 그게 무엇인지 몰라 그저 빈민가 한구석에서 진흙 파이나 만들며 놀려고 하는 철없는 아이처럼 말이다. 우리는 너무 쉽게 만족한다. [2]

---

2) C. S. Lewis, *The Weight of Glory and Other Addresses* (Grand Rapids, Mich.: Eerdmans, 1965), 12.

당시에는 흑 아니면 백이었고, 전적으로 그렇게 하는 것 외에는 다른 도리가 없다고 생각했다. 하지만 자신의 행복을 바라는 건 나쁜 것이 아니다. 실제로 인간의 큰 문제는 너무 쉽게 만족한다는 데 있다. 그들은 마땅히 그래야 하는데도 결단력과 열정을 가지고 쾌락을 추구하지 않는다. 영원한 희락 대신에 욕망의 진흙 파이에 만족해버린다. 그때까지 나는 어떤 그리스도인에게서도 우리는 모두 자신의 행복을 추구하고 있으며 (파스칼의 말대로) 그럴 뿐 아니라 **추구해야 마땅하다**는 말을 들어본 적이 없다. 우리의 실수는 행복을 향한 우리의 갈망이 너무 강한 데 있는 것이 아니라 너무 약한 데 있다.

셋째 발견. 세 번째 통찰은 앞서 말한 루이스의 설교집 『영광의 무게』에 나왔는데, 파스칼이 조금 더 분명하게 말해 주고 있다.

이제는 공허한 흔적과 표시밖에 남아 있지 않지만 한때는 인간 안에 참된 행복이 있었다. 인간은 현존하는 것들에서 얻을 수 없는 도움을 존재하지 않는 것에서 추구하며, 지금은 사라진 그 행복의 자리를 자기 주변에 있는 것들로 채우려 한다. 하지만 허사다. 그 무한한 심연은 오직 무한하고 불변하는 대상, 즉 하나님으로만 채울 수 있기에 이런 시도들은 모두 적절하지 않다.[3]

이제 와서 돌아보면, 그렇게도 명백한 진리를 어떻게 놓칠 수 있었는지 모르겠다. 대학 시절에 나는 행복을 추구하고픈 엄청난 열망을 억누르려고 무진장 애쓰며, 이기적인 동기를 누르고 조금이라도 더 '고상한'

---

3) Pascal, *Pensees*, 113.

동기로 하나님을 정직하게 찬양하려 했다. 하지만 이 진리를 깨달은 후 나는 행복에 대한 이처럼 지속적이고 거부할 수 없는 갈망은 거부할 대상이 아니라 채워야 할 대상이라는 생각을 하기 시작했다. 찬양의 동기는 오직 우리가 하나님 안에서 찾는 행복이어야 한다는 확신이 점점 커졌고, 점점 자연스럽게 여겨졌다.

넷째 발견. 그다음 통찰 역시 C. S. 루이스에게서 얻었는데, 이번에는 그의 책 『시편 사색』(Reflections on the Psalms)에서 얻었다. 이 책 9장에는 "찬양에 대한 한마디"라는 아주 수수한 제목이 붙어 있다. 하지만 내가 읽은 것 가운데 이만큼 찬양의 성격을 잘 반영한 표현은 또 없다.

루이스는 하나님을 믿기 시작했을 때 자기를 가장 불편하게 했던 걸림돌은 시편 여기저기에 나오는 하나님을 찬양하라는 요구였다고 말한다. 그는 이 명령이 말하고자 하는 바가 무엇인지 몰랐다고 말한다. 그뿐 아니라 이런 명령은 하나님을 "아첨에 귀가 솔깃하는 허영심 많은 여인처럼 우리의 경배를 갈망하는 분"으로 묘사하는 듯했다고 한다. 계속해서 루이스는 어째서 그런 생각이 문제인지 말한다.

그런데 나는 이상하게도 그 대상이 하나님이든, 다른 무엇이든 찬양에 대한 아주 분명한 사실 한 가지를 오랫동안 놓치고 있었다. 나는 찬양을 찬사나 동의, 혹은 경의를 표하는 일로만 생각했다. 모든 기쁨은 자연스럽게 찬양으로 흘러넘친다는 사실에 한 번도 주목하지 못한 것이다. 알고 보면 세상은 온통 찬양 소리로 가득하다. 사랑하는 여인을 찬양하는 소리, 좋아하는 시인을 찬양하는 소리, 여행지의 풍경을 찬양하는 소리, 좋아하는 게임을 찬양하는 소리부터 시작해 날씨, 포도주, 음식, 배우, 자동차, 말, 대학, 나라, 위인, 아이, 꽃, 산, 진귀한 우표, 희귀한 딱정벌레, 심지어 정치인들이나 학자들을 찬양하는 소리에 이르기까지 말이다. 나는 진실로 겸손하며 도량이 넓고 균형감이 있는 사람일수록 칭찬을 많이 하고, 괴짜요 적응하지 못하는 자요 불평만 늘어놓는 사람일수록 칭찬에 인색하다는 사실을 놓친 것이다.

하나님 찬양과 관련해 내가 겪은 좀 더 일반적인 모든 어려움은, 우리가 가치 있게 여기는 다른 모든 것은 기쁘게 찬양하면서도 실제 찬양할 수밖에 없는 가장 고귀한 분에 대해서는 어리석게도 그 사실을 부정한 데서 비롯되었다.

우리는 왜 우리에게 즐거움을 주는 것들을 기꺼이 찬양하는가? 찬양은 우리의 즐거움을 표현할 뿐 아니라 완성하기 때문이다. 즉 찬양은 기쁨의 절정이다.[4]

이 말은 갓 태동하는 나의 희락주의의 정점이 되었다. 인간의 가장 고상한 소명이요 우리의 영원한 소명인 하나님을 찬양하는 일은 내가 그렇게 갈망하던 기쁨을 단념하는 일이 아니라 그 기쁨을 완성하는 일과 밀접하게 연결되어 있다.

사적인 유익을 배제한 채 경배를 완성하려던 나의 노력은 용어상 모순으로 드러났다. 하나님은 자신이 가장 소중한 존재나 기쁨의 대상이 되시지 않는 곳에서는 경배를 받지 않으신다. 찬양은 기쁨의 대체가 아니라 기쁨의 표현이다. 하나님을 즐거워하지 않는 것은 그분께 영광을 드리지 않는 것이다. 다른 것이 나를 더 만족스럽게 한다고 하나님께 말한다면, 그것은 경배와 정반대되는 발언이 된다. 그것은 신성모독이다.

---

4) C. S. Lewis, *Reflections on the Psalms* (New York: Harcourt, Brace & World, 1958), 945.

나는 이런 진리를 C. S. 루이스의 책에서뿐 아니라 18세기 목사 조나
단 에드워즈(Jonathan Edwards)에게서도 확인했다. 그때까지 누구도 내게
우리가 하나님을 기뻐할 때 하나님이 영광 받으신다고 가르쳐 주지 않
았다. 하나님으로 인한 기쁨과 찬양은 하나님을 영광스럽게 하는 일이
지 결코 외식이 아니다. 에드워즈는 이 사실을 아주 분명하고 설득력 있
게 말한다.

하나님은 두 가지 방식으로 피조물을 향해 스스로를 영화롭게 하신다.
첫째, 그들이 이해할 수 있도록 나타나심으로써. 둘째, 그들의 마음에 자
신을 전하시고, 하나님을 하나님 되게 하는 그분의 현시(manifestation)를
우리가 즐거워하고 기뻐하고 만끽하게 함으로써…… **하나님은 자신의
영광이 드러날 때뿐 아니라 우리가 그 영광을 기뻐할 때 영광을 받으신
다.** 우리가 그 영광을 보기만 할 때보다 우리가 그 영광을 보고 즐거워할
때 더 큰 영광을 받으신다. 하나님의 영광에 대한 자신의 생각을 증명하
는 사람은 하나님의 영광에 동의하고 기뻐하는 사람만큼 하나님을 영화
롭게 할 수 없다.[5]

이는 내게 충격적인 발견이었다. 내가 하나님을 온 우주를 아울러 가
장 탁월한 가치로 영화롭게 하려면 **반드시** 하나님을 기뻐해야 한다. 기
쁨은 경배의 선택 사항이 아니라 필수 요소다.[6]

---

5) Jonathan Edwards, "Miscellanies," in *The Works of Jonathan Edwards*, vol. 13, ed. Thomas
Schafer (New Haven: Yale University Press, 1994), 495, miscellany #448, 강조 추가. 또한 #87
(pp.2512); #332 (p. 410); #679 (New Haven volume에는 없다)를 보라.

6) 10장에서 나는 그리스도인의 삶에서 슬픔이 차지하는 위치를 다룰 것이다. 거기서 슬픔이 어떻게
오늘날에는 완전하지 않은 예배의 요소가 될 수 있는지 다룰 것이다. 죄로 인한 진정한 복음적인
낙심(brokenness)은 하나님의 선하심으로 즐거움을 맛보는 사람들과, 마땅히 그래야 하는데도
온전히 그것을 맛보지 못하는 것을 안타깝게 여기는 사람들만 경험하는 슬픔이다.

우리는 찬양의 대상을 전혀 기뻐하지 않으면서도 찬양하려는 사람들을 알고 있다. 우리는 그런 사람들을 외식하는 자들(hypocrites)이라고 부른다. 찬양은 기쁨을 완성하며, 인간의 제일 되는 목적은 이 기쁨을 깊이 마시는 것이다. 이 사실은 다른 무엇보다 나를 가장 자유롭게 해방시킨 발견이었다.

다섯째 발견. 그 후에 나는 혼자서 시편을 살피면서 희락주의 언어들을 여기저기서 발견했다. 기뻐하라는 요청은 선택이 아니라 명령이다. "또 여호와를 기뻐하라 그가 네 마음의 소원을 네게 이루어 주시리로다"(시 37:4).

시편 기자 역시 이를 추구했다. "하나님이여 사슴이 시냇물을 찾기에 갈급함 같이 내 영혼이 주를 찾기에 갈급하니이다 내 영혼이 하나님 곧 살아 계시는 하나님을 갈망하나니 내가 어느 때에 나아가서 하나님의 얼굴을 뵈올까"(시 42:1-2). "하나님이여 주는 나의 하나님이시라 내가 간절히 주를 찾되 물이 없어 마르고 황폐한 땅에서 내 영혼이 주를 갈망하며 내 육체가 주를 앙모하나이다"(시 63:1). 갈망 모티브는 시편 36편에도 등장한다. 거기서 시편 기자는 사람들이 "주의 집에 있는 살진 것으로 풍족할 것이라 주께서 주의 복락의 강물을 마시게 하시리이다"(8절)라고 노래한다.

경배의 근거가 되는 하나님의 선하심은 단지 냉담한 경외심으로 경의를 표해야 하는 대상이 아니라 우리가 즐거워해야 하는 대상이다. "너희는 여호와의 선하심을 맛보아 알지어다 그에게 피하는 자는 복이 있도다"(시 34:8). "주의 말씀의 맛이 내게 어찌 그리 단지요 내 입에 꿀보다 더 다니이다"(시 119:103).

루이스의 말대로, 시편의 하나님은 '모든 것을 만족시키는 대상'이시다. 하나님의 백성들은 자신이 하나님 안에서 발견한 '큰 기쁨'을 부끄러워하지 않고 하나님을 찬양한다(시 43:4). 하나님은 완전하고 다함없는 기쁨의 원천이시다. "주께서 생명의 길을 내게 보이시리니 주의 앞에는 충만한 기쁨이 있고 주의 오른쪽에는 영원한 즐거움이 있나이다"(시 16:11).

기독교 희락주의에 대한 보충 설명

지금까지 내가 기독교 희락주의자가 된 이유를 간략히 소개했다. 나는 지난 40여 년간 이 깨달음을 보금자리로 삼았다. 그리고 거기서 실제로 내 삶의 모든 영역에 영향을 미친 철학이 나왔다. 나는 이것이 성경적이며 내 마음의 가장 깊은 갈망을 만족시켜 준다고 믿는다. 그리고 이것이 하나님 아버지와 우리 주 예수 그리스도를 영화롭게 하는 가르침이라고 믿는다. 나는 나의 말을 귀 기울여 듣는 모든 이들에게 이 깨달음을 권하려고 이 책을 썼다.

나의 말에 반대하는 사람도 많다. 부디 이 책이 가장 심각한 문제들에 대한 답이 되기를 바란다. 그러나 이 책을 본격적으로 전개하기에 앞서 몇 가지를 간략하고 좀 더 분명하게 설명하려 한다. 그러면 몇몇 반대를 미리 해결하는 데 도움이 될 것이다.

첫째, 내가 기독교 희락주의라는 용어를 쓸 때, 그 의미는 하나님이 우리에게 세속적인 쾌락을 가져다주는 수단이 되신다는 뜻이 아니다. 기독교 희락주의가 추구하는 쾌락은 하나님 안에 있는 즐거움이다. 하나님은 우리가 찾는 목적이지 더 나은 목적을 위한 수단이 아니다. 우리의 가장 큰 기쁨은 바로 주님이시다. 결코 황금 길이나 친척들과의 재회나 다른 천상의 축복이 아니다. 기독교 희락주의는 하나님을 금이나 은의 보고를 여는 열쇠로 축소하지 않는다. 기독교 희락주의는 도리어 우리의 마음을 변화시켜 "전능자가 네 보화가 되시며 네게 고귀한 은이 되시도록"(욥 22:25) 도울 것이다.

둘째, 기독교 희락주의는 쾌락을 신으로 삼지 않는다. 사람은 이미 자기가 가장 큰 쾌락이라고 생각하는 것을 신으로 삼고 있다. 기독교 희락주의의 목표는 가장 큰 쾌락을 유일하신 하나님 안에서 찾게 하고 탐욕, 즉 우상숭배를 피하게 하는 데 있다(골 3:5).

셋째, 기독교 희락주의는 사적인 관심으로 하나님을 추구하더라도 하나님보다 자신을 위에 두지는 않는다. 환자는 결코 의사보다 크지 않다. 3장에서 이 문제를 좀 더 다룰 것이다.

넷째, 기독교 희락주의는 '일반적인 도덕적 정당화 이론'[7]이 아니다. 다시 말해서 나는 결코 다음과 같이 말한 적이 없다. "어떤 행동은 그것이 쾌락을 가져다주기 때문에 옳다." 나의 목표는 기쁨을 도덕적 기준으로 삼아 옳고 그름의 여부를 결정하는 것이 아니다. 나의 목표는, 참된 경배와 모든 덕스러운 행위에서 기쁨의 어떤 차원은 도덕적 의무라는 사실을, 대체로 간과되지만 실제로는 굉장한 이 사실을 알리는 데 있다. 내가 하려는 말은 하나님을 사랑하면 기쁨을 얻을 수 있으므로 선하

---

7) 이 책이 출간된 후 기독교 희락주의에 대한 가장 광범위하고 심각한 비판이 리치드 마우(Richard Mouw)가 쓴 *The God Who Commands*(Notre Dame: Notre Dame Press, 1990)에 등장한다. 인용은 33쪽에서(강조는 인용자의 것).

다는 것이 아니다. 하나님을 사랑하는 데서 기쁨을 찾으라고 하나님이 명령하신다는 것이다. "여호와를 기뻐하라"(시 37:4). 그리고 내가 하려는 말은 이웃을 사랑하면 기쁨을 얻을 수 있기에 선하다는 것이 아니다. 이웃을 사랑하는 데서 기쁨을 찾으라고 하나님이 명령하신다는 것이다. "긍휼을 베푸는 자는 즐거움으로 할 것이니라"(롬 12:8).[8]

나는 쾌락주의를 도덕적으로 정당화하기 위한 이론으로 성경을 보지 않는다. 반대로, 즐거움을 추구하는 자가 되라는 하나님의 명령을 성경에서 발견한다. 즉 하나님은 우리에게 하나님 나라를 소유하고 "주인의 즐거움에 참여하기 위해"(마 25:21, 23) 무가치하고, 수확이 적고, 일시적이고, 불만족스럽고, 사람을 파괴하고, 하나님을 경시하는 세상의 즐거움을 버리고 **"기쁨으로"** 모든 소유를 팔라고 명령하신다. 내가 기독교 희락주의자가 된 것은 어떤 철학적 혹은 이론적 이유 때문이 아니라 하나님이 명하시기 때문이다(물론 하나님이 기독교 희락주의라는 명칭을 사용하라고 명령하시지는 않았다).

다섯째, 나는 사랑과 행복의 관계에 있어 "진정한 행복은 사랑을 필요로 한다"고 말하는 것이 아니다. 이것은 기독교 희락주의의 중요하고 결정적인 면을 놓친 지나친 단순화다. 또 나는 기독교 희락주의는 쾌락 추구라는 미덕이 필요하고, 이것이 가장 뚜렷한 특징이라고 말하는 것이 아니다. 쾌락 추구 자체가 본질적으로 미덕이라고 말하고 있다(물론 쾌락 추구에 미덕만 존재하는 것은 아니다).

---

8) 하나님을 기뻐하라는 명령을 담은 그 밖의 성경 구절들은 다음과 같다. 신 28:47; 대상 16:31, 33; 느 8:10; 시 32:11; 33:1; 35:9; 40:8, 16; 42:1-2; 63:1, 11; 64:10; 95:1; 97:1, 12; 98:4; 104:34; 105:3; 사 41:16; 욜 2:23; 슥 2:10; 10:7; 빌 3:1; 4:4. 이웃 사랑의 기쁨을 명령하신 그 밖의 성경 구절은 다음과 같다. 대하 9:7(참조. 행 20:35); 히 10:34; 13:17; 벧전 5:2.

내가 이런 결론에 도달할 수 있었던 이유는 내가 철학적 쾌락주의자로서가 아니라, 아래와 같은 하나님의 명령들을 수용해야 하는 성경학자와 목사로서 일하기 때문이다.

- 인자를 **行하지만** 말고 **"인자를 사랑하라"**(미 6:8).
- **"즐거움으로** 긍휼을 베풀라"(롬 12:8).
- 갇힌 자를 위해 **"기쁘게"** 손해를 보라(히 10:34).
- **"즐겨 내는 자"**가 되라(고후 9:7).
- **우리의 기쁨**이 타인의 기쁨이 되게 하라(고후 2:3).
- 자원함으로, **즐거운 뜻으로**(eagerly) 하나님의 양 무리를 치라(벧전 5:2).
- **"즐거움으로"** 영혼을 위하여 경성하라(히 13:17).

오래도록 그리고 신중히 이 놀라운 명령들을 숙고한다면, 이 안에 함축된 도덕적 암시에 귀가 멍멍해질 것이다. 기독교 희락주의는 이러한 하나님의 명령들을 매우 진지하게 다루려고 한다. 그 결과는 통렬하며 전격적으로 삶을 변화시킨다. 참된 미덕을 추구하는 일에는 기쁨을 추구하는 것이 포함된다. 기쁨은 참된 미덕의 필수 요소이기 때문이다. 이것은 "우리가 행복해질 것이니 선을 행하자!"라고 말하는 것과 전혀 다르다.

여섯째, 기독교 희락주의는 역사적 기독교 개혁주의 신앙의 교리문답을 왜곡하지 않는다. 리처드 마우(Richard Mouw)는 그의 책 『명령하시는 하나님』(*The God Who Commands*)에서 다음과 같이 비판했다.

파이퍼는 자신의 희락주의적 목적과 조화시키기 위해 웨스트민스터 소요리문답의 첫 대답을 바꿀 수도 있다. 그렇게 되면 하나님을 영화롭게 **하고**(and) 그분을 즐거워하는 것이, 하나님을 즐거워**함으로써**(by) 영화롭게 하는 것이 된다. 하지만 하이델베르크 교리문답의 첫 구절을 바꾸는 것은 더 어려울 것이다: "사나 죽으나 내 몸과 영혼은 내 것이 아니요 내 신실한 구주 예수 그리스도에게 속했다."[9]

하이델베르크 교리문답의 첫 부분이 놀라운 이유는 내가 희락주의의 목적을 위해 그것을 바꿀 수 없어서가 아니라, 바꿀 필요가 없기 때문이다. 전체 교리문답이 이미 '위안'을 향한 인간의 갈망 아래 놓여 있기 때문이다.

교리문답의 첫째 질문은 이렇다. "삶과 죽음에서 당신의 유일한 위안은 무엇인가?" 기독교 희락주의를 반대하는 사람들은 이 질문을 던지며 압박한다. 그런데 400년 된 교리문답의 틀을 짠 사람들은 왜 "나의 유일한 위안은 무엇인가?"라는 질문에 대한 해설이 되도록 129개 질문들을 구성했을까?

더욱 놀라운 점은 나머지 교리문답의 개요를 제공하는 둘째 질문에서 '행복'에 대한 관심이 좀 더 분명히 등장한다는 것이다. 둘째 질문은 다음과 같다. "당신이 이 위안을 받으며 **행복하게** 살거나 죽기 위해서 꼭 알아야 할 것은 얼마나 많은가?" 따라서 전체 교리문답은 **행복하게** 살고 죽는 법에 관한 답변이다.

교리문답의 둘째 질문에 대한 답은 이것이다. "세 가지가 있다. 첫째, 나의 죄와 불행이 얼마나 큰지를 알아야 한다. 둘째, 내 모든 죄와 불행

---

9) Mouw, *The God Who Commands*, 36.

에서 어떻게 구원받는지 알아야 한다. 셋째, 그 구속에 대해 어떻게 감사해야 하는지 알아야 한다." 나머지 교리문답은 세 분야로 나뉘어 이 세 가지를 다룬다. 1부 인간의 불행에 관해(질문 3-11), 2부 인간의 구원에 관해(질문 12-85), 3부 감사에 대해(86-129). 이는 **하이델베르크 교리문답 전체가 "행복하게 살기 위해 내가 무엇을 알아야 하는가?"라는 질문에 답하기 위해 쓰였다**는 뜻이다.

기독교 희락주의를 받아들이려면 하이델베르크 교리문답의 첫 구절을 바꾸어야 한다고 생각하는 사람이 있다니 당황스럽다. 사실 전체 교리문답의 구조는 기독교 희락주의가 구조화하고 싶은 방식으로 되어 있다. 따라서 기독교 희락주의는 역사적 개혁주의 교리문답들을 왜곡하지 않는다.

웨스트민스터 교리문답과 하이델베르크 교리문답은 모두 인간이 하나님을 즐거워하는 것에 대한 관심이나 "행복하게 살고 죽으라"는 요구로 시작한다. 나는 기발한 교리를 만든 사람이 되고 싶지는 않다. 도리어 하이델베르크 교리문답이 무려 400년 전에 기록되었다는 사실을 매우 기쁘게 생각한다.

기독교 희락주의를 정의하기 위해

세상을 참신한 방식으로 본다고 해서 (심지어 그것이 수 세기를 이어 왔다고 해서) 세상이 단순하게 정의되는 것은 아니다. 책 한 권을 써서 보여 주어야 사람들이 이해하기 시작할 것이다. 빠르고 피상적으로 판단한다면 분명 잘못 정의할 가능성이 크다. 그러므로 이 책의 내용을 미리 추측하지 않도록 주의하라. 이 책이 자기중심성의 노예가 된 현대인들에 관한 유사 작품일 거라는 전제는 아주 빗나갈 것이다. 이 장을 시작하며 인용한 찰스 윌리엄스(Charles Williams)의 말은 얼마나 놀라운가!

많은 이들에게 **기독교 희락주의**라는 말은 새로울 것이다. 그래서 부록 "왜 기독교 희락주의라고 부르는가?"를 추가했다. 만약 이 용어가 이상하고 불편하다면, 본문에 들어가기 전에 부록을 먼저 읽으면 된다.

나는 이 책 마지막에 기독교 희락주의에 대한 정의를 실었다. 그때쯤이면 모든 오해가 풀리기를 바란다. 작가는 종종 자신의 첫 문장이 마지막 문장의 조명을 받아 읽히거나 혹은 그 반대가 되기를 바란다. 하지만 어쩌겠는가. 우리는 어딘가에서 읽기 시작해야 한다. 그래서 나는 이 사전(事前) 정의가 나머지 부분의 조명과 공감을 받아 해석되기를 바라며 아래와 같이 제시해 본다.

기독교 희락주의는 다음의 5가지 확신 위에 세워진 삶의 철학이다.

1. 행복을 갈망하는 마음은 인간의 보편적인 경험이며 선한 것이지 죄가 아니다.
2. 우리는 행복을 갈망하는 마음이 나쁜 충동이라도 된다는 듯 부정하거나 저항해서는 안 된다. 도리어 이 갈망을 더욱 강화해야 하며, 무엇이든 더욱 깊고 오래도록 지속되는 만족을 추구함으로써 이 갈망을 키워야 한다.
3. 가장 깊고 오래도록 지속되는 행복은 하나님 안에서만 찾을 수 있다. 하나님에게서(from) 오는 것이 아니라 하나님 안에(in) 있다.
4. 우리가 하나님 안에서 발견하는 행복은, 그 행복을 다양한 사랑의 방식으로 이웃과 나눌 때 '완성'된다.

5. 우리 자신의 기쁨을 추구하기를 포기한다면, 그만큼 하나님을 영화롭게 할 수 없고 이웃을 사랑할 수 없게 된다. 이를 좀 더 긍정적으로 표현하자면 다음과 같다. 기쁨을 추구하는 것은 모든 경배와 미덕의 필수 요소다. 다시 말해,

사람의 제일 되는 목적은
영원토록 하나님을 즐거워함으로써(by)
하나님을 영화롭게 하는 것이다.

기독교 희락주의의 중요한 근거

이 책은 주로 성경에 대한 묵상으로 이루어지는데, 사색보다는 해설이 될 것이다. 만약 기독교 희락주의가 성경에서 왔음을 보여 줄 수 없다면, 나는 독자를 설득하는 것은 고사하고 흥미를 갖게 할 수도 없을 것이다. 인간이 만든 삶의 철학은 수없이 많다. 만약 이것이 그중 하나라면 무시해도 좋다. 하나님의 말씀이라는 오직 하나의 반석만이 있을 뿐이다. 오직 한 가지 사실, 즉 하나님이 정한 방식으로 하나님을 영화롭게 하는 것만이 궁극적으로 중요하다. 이것이 내가 기독교 희락주의자가 된 이유이며 이 책을 쓴 이유다.

오직 우리 하나님은 하늘에 계셔서
원하시는 모든 것을 행하셨나이다.

_ 시편 115편 3절

하나님의 주권에 관한 내 생각에 놀라운 변화가 찾아왔다.
그 교리는 자주 지극히 유쾌하고 밝고 달콤하게 여겨졌다.
절대 주권은 즐거이 하나님께 돌려드리는 것이다.

_ 조나단 에드워즈

하나님의 기쁨의 절정은
하나님의 백성들의 찬양 속에서
하나님의 탁월하심이 메아리치는 가운데
하나님이 취하시는 기쁨이다.

_ 존 파이퍼

1장

하나님의 기쁨 :
기독교 희락주의의
토대

기독교 희락주의의 궁극적 토대는 하나님이 최우선으로 사랑하시는 대상이 다름 아닌 하나님 자신이라는 사실이다.

하나님의 제일 되는 목적은
하나님을 영화롭게 하고
영원토록 하나님 자신을 즐거워하는 것이다.

이 말이 기이하게 들리는가? 우리가 하나님의 계획보다는 우리의 의무를 생각하는 데 익숙해졌기 때문이다. 하나님의 계획을 구할 때, 우리는 하나님의 애정의 중심에 있는 우리 자신을 기준으로 진술하려는 경향이 너무 강하다. 가령 하나님의 계획은 세상을 구원하는 것이라고 말할 것이다. 아니면 죄인을 구원하는 것이라거나 창조를 회복하는 것이라고 말하거나, 그와 비슷하게 말할 것이다.

하지만 하나님의 구원 계획은 최종 전(前) 단계이지 최종 단계가 아니다. 구속과 구원과 회복은 하나님의 궁극적인 목표가 아니다. 하나님은 좀 더 큰 무언가를 위해 일하신다. 하나님의 궁극적인 목표는 자기 자신을 영화롭게 함으로써 누리는 즐거움이다. 기독교 희락주의의 근본 토대는 우리를 향한 하나님의 헌신(allegiance)이 아니라 자기 자신을 향한 하나님의 헌신이다.

만약 하나님이 자신의 영광을 보전하고 드러내고 즐거워하는 데 끊임없이 열중하지 않으신다면, 우리도 그분 안에서 행복을 찾으려는 소망을 가질 수 없다. 그러나 하나님이 실제로 자신의 모든 주권적 권능과 무한한 지혜를 사용해 자신의 영광의 기쁨을 극대화하신다면, 우리는 밟고 서서 즐거워할 수 있는 토대를 갖게 된다.

처음에는 이 말이 생경하게 들릴 것이다. 그래서 나는 이 말을 먼저 다룬 다음, 1장 끝에서 다른 주제와 종합하려고 한다.

하나님의 주권 : 하나님의 기쁨과 우리 기쁨의 근거

"오직 우리 하나님은 하늘에 계셔서 원하시는 모든 것을 행하셨나이다"(시 115:3). 이 말씀은 하나님이 자신을 기쁘게 할 모든 일을 행하실 권리와 능력을 가지셨음을 함축한다. 하나님이 주권자시라는 뜻이다. 잠시 생각해 보자. 하나님이 주권을 가지시고 자신이 기뻐하는 것은 무엇이든 하실 수 있다면, 그분의 목적은 결코 실패할 수 없다.

"여호와께서 나라들의 계획을 폐하시며 민족들의 사상을 무효하게 하시도다 여호와의 계획은 영원히 서고 그의 생각은 대대에 이르리로다"
(시 33:10-11).

하나님의 목적이 절대 실패할 수 없다면, 그분은 모든 피조물보다 가장 행복한 분임에 틀림없다. 이 무한한 신적 행복(기쁨)은 기독교 희락주의가 길어 마시고 또 더욱 간절히 마시기를 바라는 샘이다.

세상을 다스리시는 하나님이 기쁘지 않으시다면 어떨까? '잭과 콩나무'에 나오는 거인처럼 늘 불평하고 토라지고 낙심해 있다면 어떨까? 하나님이 낙담하고 침울하고 음울하고 불만이 가득하고 풀이 죽은 분이라면 어떨까? 과연 다윗처럼 "하나님이여 주는 나의 하나님이시라 내가 간절히 주를 찾되 물이 없어 마르고 황폐한 땅에서 내 영혼이 주를 갈망하며 내 육체가 주를 앙모하나이다"(시 63:1)라고 말할 수 있겠는가?

나는 그렇게 하지 못할 것 같다. 우리는 모두 낙담하고 침울하고 음울하고 불만이 가득하고 풀이 죽은 아버지를 둔 어린아이 같이 하나님을 상대하게 될 것이다. 그런 아이들은 아버지를 만끽할 수 없다. 다만 아버지의 비위를 거스르지 않으려고 애쓰거나 혹은 아버지에게 잘 보일 만한 일만 하려고 할 것이다.

그러니 하나님이 행복하지 않으시다면, 기독교 희락주의는 토대를 잃게 된다. 기독교 희락주의의 목표는 하나님 안에서 행복해지고, 하나님을 기뻐하고, 하나님과의 교제와 그분의 호의를 소중히 여기고 만끽하는 것이기 때문이다. 그런데 아버지가 행복하지 않으면 아이들은 아버지와의 교제를 만끽할 수 없다. 따라서 기독교 희락주의의 토대는 하나님의 행복(기쁨)이다.

그런데 하나님의 행복의 토대는 하나님의 주권이다. "오직 우리 하나님은 하늘에 계셔서 원하시는 모든 것을 행하셨나이다"(시 115:3). 하나님이 주권자가 아니시라면, 그래서 그분이 만든 세상이 통제 불가능해지고 그분의 계획이 번번이 좌절된다면, 하나님은 기쁘지 않으실 것이다.

우리 기쁨의 근거는 하나님이 모든 것을 자신의 선한 뜻을 위해 서로 합력하여 역사하게 하실 만큼 강하고 지혜로운 분이시라는 약속에 있다. 마찬가지로 하나님의 기쁨의 근거 역시 바로 그 주권적인 통치다. 하나님은 만물이 자신의 영광을 위하여 합력하게 하신다.

이처럼 많은 것이 하나님의 주권에 달려 있다면, 우리는 그 성경적 근거가 확실한지 분명히 해야 할 것이다.

하나님의 주권적 기쁨은 성경에 기초한다 [1]

하나님이 하나님이시라는 단순한 사실은 아무도 그분의 목적을 좌절시킬 수 없음을 암시한다. 그래서 이사야 선지자는 이렇게 말한다.

"너희는 옛적 일을 기억하라 나는 하나님이라 나 외에 다른 이가 없느니라 나는 하나님이라 나 같은 이가 없느니라 내가 시초부터 종말을 알리며 아직 이루지 아니한 일을 옛적부터 보이고 이르기를 나의 뜻이 설 것이니 내가 나의 모든 기뻐하는 것을 이루리라 하였노라"(사 46:9-10).

하나님의 목적은 좌절될 수 없다. 하나님과 같은 분은 없다. 하나님의 목적이 수포로 돌아간다면, 이는 하나님보다 더 큰 세력이 있다는 뜻이 된다. 곧 다른 누군가가 하나님의 계획과 행동을 막을 수 있다는 뜻

---

1) 하나님의 모든 역사에 나타난 하나님의 주권에 대한 좀 더 충분한 대답을 원한다면, John Piper, *The Pleasures of God: Meditations on God's Delight in Being God* (Sisters, Ore.: Multnomah, 2000), 47-75, 121-55 그리고 *The Justification of God: An Exegetical and Theological Study of Romans 9:1-23* (Grand Rapids, Mich.: Baker, 1993)를 보라. 다음 책들도 참조하라. Wayne Grudem, *Systematic Theology: An Introduction to Biblical Doctrine* (Grand Rapids, Mich.: Zondervan), 315-54; John M. Frame, *The Doctrine of God, Theology of Lordship Series* (Philipsburg, N.J.: Presbyterian & Reformed, 2002), 47-79, 274-88, 313-39, 그리고 *Still Sovereign: Contemporary Perspectives on Election, Foreknowledge, and Grace*, ed. Thomas R. Schreiner and Bruce A. Ware (Grand Rapids, Mich.: Baker, 2000)에서 이 주제와 관계된 장들.

이다. 하지만 느부갓네살의 말대로 그분을 막을 수 있는 이는 아무도 없다. "그 기한이 차매 나 느부갓네살이 하늘을 우러러 보았더니 내 총명이 다시 내게로 돌아온지라 이에 내가 지극히 높으신 이에게 감사하며 영생하시는 이를 찬양하고 경배하였나니 그 권세는 영원한 권세요 그 나라는 대대에 이르리로다 땅의 모든 사람들을 없는 것 같이 여기시며 하늘의 군대에게든지 땅의 사람에게든지 그는 자기 뜻대로 행하시나니 그의 손을 금하든지 혹시 이르기를 네가 무엇을 하느냐고 할 자가 아무도 없도다"(단 4:34-35).

하나님의 주권은 재난도 다스린다

하나님이 폭우 가운데 욥에게 말씀하신 후 욥은 마지막으로 이렇게 고백한다. "주께서는 못 하실 일이 없사오며 무슨 계획이든지 못 이루실 것이 없는 줄 아오니"(욥 42:2). "오직 우리 하나님은 하늘에 계셔서 원하시는 모든 것을 행하셨나이다"(시 115:3).

욥의 이 말은 세상의 모든 악한 일과 재난을 초래하는 일들도 하나님의 주권적 계획에 속하는가 하는 문제를 제기한다. 예레미야 선지자는 예루살렘이 파괴된 후 벌어진 집단학살의 현장을 목도하면서 이렇게 부르짖는다.

"내 눈이 눈물에 상하며 내 창자가 끊어지며 내 간이 땅에 쏟아졌으니 이는 딸 내 백성이 패망하여 어린 자녀와 젖 먹는 아이들이 성읍 길거리에 기절함이로다"(애 2:11).

하지만 하나님을 바라보았을 때, 그는 진실을 부정할 수 없었다.

"주의 명령이 아니면 누가 이것을 능히 말하여 이루게 할 수 있으랴 화와 복이 지존자의 입으로부터 나오지 아니하느냐"(애 3:37-38).

"복을 받았은즉 화도 받지 않겠느냐?"

하나님이 세상을 주권적으로 다스리신다면, 세상의 악은 결코 그분의 계획 밖에 있는 것이 아니다. "여호와의 행하심이 없는데 재앙이 어찌 성읍에 임하겠느냐"(암 3:6).

하나님의 종 욥은 욕창으로 고생하면서도 다음과 같이 하나님을 경외했다. "우리가 하나님께 복을 받았은즉 화도 받지 아니하겠느냐"(욥 2:10). 성경 본문은 분명히 "사탄이 이에 여호와 앞에서 물러가서 욥을 쳐서 그의 발바닥에서 정수리까지 종기가 나게"(욥 2:7) 했다고 말한다. 그런데도 욥은 그렇게 말한 것이다. 사탄에게서 온 것을 하나님께로부터 왔다고 한 욥의 말은 잘못인가? 그렇지 않다. 저자는 욥의 말이 끝나자마자 이렇게 말한다. "이 모든 일에 욥이 입술로 범죄하지 아니하니라"(욥 2:10).

사탄은 하나님이 허락하셔야 악을 행할 수 있다. 그러므로 자신의 재난이 궁극적으로 하나님의 손에서 나왔다는 욥의 생각은 잘못이 아니다. 사탄에게 (혹은 죄인인 인간에게) 하나님의 계획을 좌절시키는 권능이 있다고 말하는 것은 비성경적이며 불경한 태도다.

누가 그리스도의 죽음을 계획했는가?

도덕적인 악도 하나님의 계획에 들어맞는다는 사실을 가장 분명히 보여 주는 예가 그리스도의 십자가다. 가룟 유다가 예수님을 배반한 일은 도덕적으로 악한 행동임을 부인할 사람은 없을 것이다.

그런데 사도행전 2장 23절에서 베드로는 "그가 하나님께서 정하신 뜻과 미리 아신 대로 내준 바 되었거늘 너희가 법 없는 자들의 손을 빌려 못 박아 죽였다"라고 말한다. 배신은 죄이지만 그 역시 하나님의 예정된 계획의 일부였다. 죄가 하나님의 계획을 막지 못했다.

헤롯의 경멸(눅 23:11), 빌라도의 줏대 없는 편의주의(눅 23:24), "십자가에 못 박게 하소서 십자가에 못 박게 하소서"(눅 23:21)라고 외친 유대인들, 이방인 군사들의 조롱(눅 23:36)이 죄가 아니었다고 말할 이가 어디 있겠는가? 그러나 누가는 사도행전 4장 27-28절에서 성도들의 기도를 이렇게 기록한다.

"과연 헤롯과 본디오 빌라도는 이방인과 이스라엘 백성과 합세하여 하나님께서 기름 부으신 거룩한 종 예수를 거슬러 하나님의 권능과 뜻대로 이루려고 예정하신 그것을 행하려고 이 성에 모였나이다."

사람들은 자기 손을 들어 가장 높으신 분을 거슬렀지만, 결국 그들은 그 반역이 자기도 모르게 하나님의 멋진 계획을 이루는 데 기여했음을 알게 되었을 뿐이다. 죄마저도 전능자의 목적을 좌절시킬 수 없다. 하나님은 죄를 짓지 않으시지만, 죄된 행동들이 일어나도록 정하셨다.[2] 빌라도와 헤롯의 행동은 이미 하나님의 계획에 의해 예정된 일이었기 때문이다.

---

2) 이 진술에 대한 설명과 변론은 The Jonathan Edwards Institute에서 1998년에 발표한 "Is God Less Glorious Because He Ordained that Evil Be?"를 참조하라. 다음 웹 페이지에서 확인할 수 있다. http://www.desiringgod.org/resource-library/conference-messages/is-god-less-glorious-because-he-ordained-that-evil-be: "Is God Less Glorious Because He Ordained that Evil Be? Jonathan Edwards on the Divine Decrees."

하나님이 작정하신 대로 쓰신다

마찬가지로 신약성경의 마지막 책인 요한계시록이 말하는 역사의 끝이 오면, 하나님은 전쟁하는 모든 악한 왕들을 완벽하게 통제하실 것이다. 요한계시록 17장에서 요한은 열 뿔 달린 짐승을 탄 음녀에 대해 말한다. 여기서 음녀는 성도들의 피를 마시고 취한 로마를, 짐승은 적그리스도를, 그리고 열 뿔은 '자기 능력과 권세를 짐승에게 주고 어린양과 싸우려 하는 열 왕'(참조. 12-14절)을 가리킨다.

그러면 이 악한 왕들은 하나님의 통제 밖에 있는가? 그들은 하나님의 계획을 좌절시키고 있는가? 전혀 그렇지 않다. 그들 역시 자기도 모르게 하나님이 분부하신 일을 수행하고 있다. "이는 하나님이 자기 뜻대로 할 마음을 그들에게 주사 한 뜻을 이루게 하시고 그들의 나라를 그 짐승에게 주게 하시되 하나님의 말씀이 응하기까지 하심이라"(계 17:17). 이 땅 그 누구도 하나님의 주권적 통치에서 벗어날 수 없다. "왕의 마음이 여호와의 손에 있음이 마치 봇물과 같아서 그가 임의로 인도하시느니라"(잠 21:1; 참조. 스 6:22).

사람의 그릇된 의도도 하나님의 계획을 좌절시키지 못한다. 이것이 요셉이 애굽에서 추락하고 상승한 이야기의 핵심이다. 형들은 요셉을 노예로 팔았다. 보디발의 아내의 중상모략으로 그는 감옥에 갇혔다. 바로의 술 맡은 관원장이 그를 잊어버린 탓에 요셉은 2년을 더 감옥에 머무른다. 이 모든 죄와 재난 중에 하나님은 어디 계셨는가? 요셉이 창세기 50장 20절에서 범죄한 형제들에게 한 말이 그 대답을 준다. "당신들은 나를 해하려 하였으나 하나님은 그것을 선으로 바꾸사 오늘과 같이 많은 백성의 생명을 구원하게 하시려 하셨나니." 인간의 완악한 불순종이 하나님의 계획을 좌절시키기는커녕 도리어 그 계획을 성취했다.

로마서 11장 25-26절에 나온 완고한 마음에 대해 생각해 보라. "형제들아 너희가 스스로 지혜 있다 하면서 이 신비를 너희가 모르기를 내가 원하지 아니하노니 이 신비는 이방인의 충만한 수가 들어오기까지 이스라엘의 더러는 우둔하게 된 것이라 그리하여 온 이스라엘이 구원을 받으리라 기록된 바 구원자가 시온에서 오사 야곱에게서 경건하지 않은 것을 돌이키시겠고." 이 완고한 사람의 수가 들어오고 나가는 것을 주장하여 그 한계를 정함으로써 정한 때에 '모든 이스라엘'이 구원에 이를 길을 열어 주시는 분은 누구인가?

로마서 11장 31절의 불순종에 대해서도 생각해 보라. "이와 같이 이 사람들[이스라엘]이 순종하지 아니하니 이는 너희[이방인]에게 베푸시는 긍휼로 이제 그들도 긍휼을 얻게 하려 하심이라." 이방인이 복음의 혜택을 누리도록 이스라엘이 불순종했다는 바울의 말은 지금 누구의 목적을 염두에 두었는가?

바울은 하나님의 목적만을 염두에 두었다. 이스라엘은 분명 자신들의 불순종이 이방인들을 축복하는 한 방법이 되리라고는, 혹은 그렇게 에두르는 방식으로 그들이 긍휼을 얻게 되리라고는 생각하지 못했을 것이다. 로마서 11장 31절은, 하나님이 이스라엘의 불순종을 주관하셨고 이를 자신이 계획하신 목적에 꼭 맞게 쓰셨다고 말하는 것이 아닌가?

우연은 없다

인간사를 주관하시는 하나님의 주권은 심지어 이 세상에 실재하는 죄와 악에 의해서도 손상되지 않는다. 하나님의 주권은 사람의 선한 행동과 쾌적한 자연현상에 국한되지 않는다. 위로를 주는 선선한 바람이든 생명을 앗아가는 폭풍이든, 모든 바람은 하나님께 속했다.

"내가 알거니와 여호와께서는 위대하시며 우리 주는 모든 신들보다 위대하시도다 여호와께서 그가 기뻐하시는 모든 일을 천지와 바다와 모든 깊은 데서 다 행하셨도다 안개를 땅 끝에서 일으키시며 비를 위하여 번개를 만드시며 바람을 그 곳간에서 내시는도다"(시 135:5-7).

결국 하나님이 하늘에 계신다면 가장 하찮은 세상 일이라 할지라도 우연 같은 건 없음을 알아야 한다. "제비는 사람이 뽑으나 모든 일을 작정하기는 여호와께 있느니라"(잠 16:33). 참새 한 마리도 "아버지께서 허락하지 아니하시면 땅에 떨어지지 아니하리라"(마 10:29).

조나단 에드워즈의 내적 갈등과 해결

하나님의 주권에 관한 교리를 붙들고 씨름하는 이들이 많을 것이다. 우리가 어떤 교리를 마음 깊숙이 받아들일 때 그 교리가 우리의 감정을 뒤흔들어 밤새 뒤척이게 할 수도 있다. 하지만 이런 경험을 하는 편이 교리를 실제 삶에는 영향을 미치지 못하는 학문적인 사상으로만 즐기는 것보다 훨씬 낫다. 적어도 요동치는 마음이 물러간 후 새로운 고요와 확신의 시대가 올 가능성이 있으니 말이다.

조나단 에드워즈도 이런 경험을 했다. 에드워즈는 18세기 초 미국의 뉴잉글랜드에서 사역하던 목사이자 학식 깊은 신학자로서 미국의 1차 대각성 운동을 이끌었다. 그의 많은 저작들은 여전히 우리 시대 위대한 지성들에게 도전을 준다. 그는 논리와 사랑을 놀라울 만큼 잘 결합하여 큰 감동을 주는 작가인데, 나는 영혼이 냉담해지고 약해질 때마다 에드워즈의 선집을 꺼내 설교 한 편을 읽으며 나의 영혼을 흔들어 깨우곤 한다.[3] 에드워즈는 하나님의 주권 교리와 씨름하던 일을 다음과 같이 이야기한다.

어릴 적부터 나의 마음은 하나님의 주권 교리에 대한 반감으로 가득 차 있었다.…… 그것은 내게 끔찍한 교리로 보였다. 그러던 어느 날 나는 하나님의 주권 교리를 확신하고 또 온전히 만족하게 되었는데, 그날이 똑똑히 기억난다.……

하지만 내가 어떻게 혹은 어떤 모든 방법으로 그렇게 확신하게 되었는지 전혀 설명할 수 없었다. 내가 확신하게 된 데는 하나님의 영이 놀랍도록 영향을 미치셨다는 사실을 그 당시뿐 아니라 한참 후에도 상상조차 하지 못했다. 나는 다만 더 멀리 보게 되었고, 나의 이성으로 하나님의 주권 교리의 정당성과 타당성을 이해하게 되었다는 사실만 말할 수 있었다. 그럼에도 나의 지성(mind)은 그 교리 안에서 쉼을 누렸고, 나의 트집과 반대도 막을 내렸다.

그때 이후 지금까지 하나님의 주권 교리에 관한 놀라운 변화가 나의 마음에 일어났다. 이 교리에 반대하려는 생각이 거의 일어나지 않았고, 좀 더 정직히 말하자면 그 교리를 단순히 확신할 뿐 아니라 기쁨에 넘쳐 확신하게 되었다. 그 교리는 종종 지극히 유쾌하고 환하고 달콤한 모습으로 나타나고는 했다. 이제 나는 아주 기쁜 마음으로 절대 주권이 하나님께 속해 있다고 말할 수 있다. 하지만 처음 확신할 때부터 그랬던 것은 아니다.[4]

---

3) 가장 읽기 쉬운 버전의 에드워즈 작품으로는 Banner of Truth사와 Hendrickson사에서 출간한 *The Works of Jonathan Edwards*, 2 vols.,가 있다. 이 전집은 Yale University Press에서 개별 단행본으로 출판하고 있다.

4) Jonathan Edwards, "Personal Narrative," in *Jonathan Edwards: Representative Selections*, ed. C. H. Faust and T. H. Johnson (New York: Hill & Wang, 1962), 589.

조나단 에드워즈도 지금 우리 앞에 놓인 이 문제와 정직하고 심각하게 씨름했다는 사실이 그리 놀랍지는 않다. 하나님이 이 세상에 일어나도록 허락하신 일들과 성경에 나온 하나님의 명령이 모순되는 것을 볼 때 하나님의 주권에 근거해 하나님의 행복을 확신하는 일이 어디 그리 쉽겠는가? 이 세상에 죄와 재앙이 저렇게 많은데 하나님이 여전히 행복하시다고 어찌 말할 수 있겠는가?

에드워즈는 이 신비가 다 해결될 수 있다고 주장하지 않는다. 그 대신 우리가 성경에 충실하면서도 명백한 모순을 피할 수 있는 길을 찾도록 돕는다. 에드워즈의 말을 내 식대로 표현하자면, 하나님의 지성의 복잡성은 마치 두 가지 렌즈로 세상을 보는 것과 같다. 즉 하나님은 협각렌즈와 광각렌즈로 동시에 세상을 보실 수 있다.

하나님은 협각렌즈로 고통스럽고 불의한 일을 보실 때, 죄의 참상을 있는 그대로 보시고는 분노하고 슬퍼하신다. "주 여호와의 말씀이니라 죽을 자가 죽는 것도 내가 기뻐하지 아니하노니 너희는 스스로 돌이키고 살지니라"(겔 18:32).

하지만 광각렌즈로 고통스럽고 불의한 일을 보실 때, 하나님은 죄의 참상을 그에 이르게 한 모든 것과 그로부터 파생될 모든 결과를 관련지으면서 보신다. 즉 하나님은 영원까지 이어지는 어떤 패턴, 곧 모자이크를 형성하는 모든 연관 관계들과 영향들을 고려하면서 보신다. 이 모자이크는 선한 부분이든 악한 부분이든 모두 하나님을 기쁘시게 한다.[5]

---

5) 에드워즈는 하나님께 있는 두 종류의 의지를 구분해 이 문제를 다룬다(앞서 내가 말한 것에 이 내용이 함축되어 있다). 하나님의 '명령 의지'(혹은 계시된 뜻)는 그분이 성경에 명령하신 것이다 ("살인하지 말라" 등). '섭리 의지'(혹은 숨겨진 의지 또는 주권적 의지)는 하나님이 완벽하게 세상에 이루시는 의지다. 에드워즈가 한 아래의 말이 복잡하기는 하지만, 하나님의 깊은 것을 사모한다면 힘써 연구할 가치가 있다.

"하나님의 계시된 의지와 숨겨진 의지를 구분할 때 혹은 명령 의지와 섭리 의지를 구분할 때, 여기서 '의지'에는 두 가지 의미가 있다. 하나님의 섭리 의지는 명령 의지에서 사용할 때와 그 의미

"여호와께서 그가 상함 받기를 원하사"

예를 들어 그리스도의 죽으심은 아버지 하나님의 뜻이고 역사였다. 이사야 선지자는 "우리는 생각하기를 그는 징벌을 받아 하나님께 맞으며 고난을 당한다 하였노라…… 여호와께서 그에게 상함을 받게 하시기를 원하사 질고를 당하게 하셨은즉"(사 53:4,10)이라고 말한다. 그러나 사랑하는 아들의 고뇌와 그를 십자가로 내몬 불의를 보시고 하나님은 분명히 그것을 기뻐하지 않으셨을 것이다(협각렌즈로 보았을 때). 하나님은 죄 자체와 의인의 고난을 혐오하신다.

그런데 아버지 하나님은 고난을 통해 우리의 구원의 창시자를 온전케 하는 것이 합당하다고 여기셨다(참조. 히 2:10). 하나님은 자신이 혐오스럽게 여기는 것을 하려고 하셨다. 하나님은 협각렌즈로 볼 때 그 일을 혐오하셨지만, 영원이라는 광각렌즈로 볼 때는 그렇지 않으셨다. 모든 일의 모든 방면을 두루 고려하시는 하나님은 아들의 죽음을, 자신의 의를 드러내고(롬 3:25-26) 자기 백성을 영광에 들어가게 하며(히 2:10) 천사들이 영원토록 그분을 찬양하게 하는(계 5:9-13) 탁월한 방법으로 여기셨다.

따라서 하나님의 주권이 하나님의 행복의 토대라는 말은, 악에 대한 하나님의 분노나 슬픔을 간과하거나 축소한 것이 아니다. 또 하나님이

가 다르다. 따라서 하나가 다른 하나와 다를 수 있다고 가정하는 데는 어려움이 없다. 두 의미 모두에서 하나님의 의지는 하나님의 성향이다. 하지만 하나님이 덕을 원한다거나(will), 덕을 좋아하거나 자기 피조물의 행복을 원한다고 할 때, 여기서 절대적이고 단순히 고려하는 덕이나 피조물의 행복은 그분의 본성의 성향과 일치한다. 하지만 하나님의 섭리 의지는 절대적이고 단순한 사물에 대한 성향이 아니라, 존재했고 존재하고 있고 존재할 사물의 보편성과의 관련 속에서 고려되는 성향이다. 따라서 하나님은 그 자체로는 싫어하는 것이라고 하더라도, 사물의 보편성과 관련해서는 그것에 마음을 기울이신다. 만물을 포함한 이 보편성 안에서 그리고 어느 시대든, 거룩함을 더욱 증진시키기 위해 하나님은 죄 자체는 미워하시지만 그것을 허락하신다. 그러므로 절대적 의미에서 하나님께는 피조물을 불행하게 할 의도가 없지만, 이 보편성 안에서 행복을 증진시키기 위해 인간의 불행을 의도하시기도 한다."

Jonathan Edwards, "Concerning the Divine Decrees," in *The Works of Jonathan Edwards*, vol.2(Edinburgh: Banner of Truth, 1974), 527-8.

분노하고 슬퍼하신다는 말이 그분을 자신의 피조물 하나 통제하지 못해서 풀이 죽은 분으로 만드는 것도 아니다. 하나님은 영원부터 계획하신 모든 사건을 통해 조금도 실수 없이 장엄한 구속사의 모자이크를 완성하신다.[6] 이 모자이크(밝은 조각과 어두운 조각 모두)를 생각할 때마다 하나님의 가슴은 기쁨으로 충만해진다.

우리 아버지의 마음이 깊고 흔들림 없는 행복으로 충만하다면, 우리가 그분 안에서 행복해지기를 추구할 때, 우리는 분명 기분이 언짢은 하나님이나 혼자 내버려두기를 바라는 풀이 죽고 우울하고 신경과민에 걸린 아버지를 만나지 않을 것이다. 목마른 모든 이들(기독교 희락주의자들)에게 넘쳐흐를 만큼 풍성한 기쁨으로 가슴이 충만한 분을 만날 것이다.

하나님의 기쁨은 하나님 자신 안에 있다

나는 이 장을 시작하며, 기독교 희락주의의 토대는 하나님의 최고의 사랑의 대상이 하나님 자신이라는 데 있다고 말했다.

> 하나님의 제일 되는 목적은
> 하나님을 영화롭게 하고
> 영원토록 하나님 자신을 즐거워하는 것이다.

지금까지 우리는 하나님 한 분만이 세상을 다스리는 절대적 주권자이시며, 그러기에 하나님은 자신이 기뻐하는 것은 모두 하실 수 있고, 따

---

6) '구속사'(redemptive history)라는 용어는 단순히 성경에 기록된 하나님의 활동 역사를 가리킨다. 그것이 실제 역사가 아니라서가 아니라, 성경에 드러난 하나님의 구원 목적의 관점으로 본 역사이기에 그렇게 부른다.

라서 그분은 풀이 죽은 하나님이 아니라 자신의 모든 행사를 구속사와 관련해 생각하면서 기뻐하시는(시 104:31) 매우 행복한 하나님이심을 보았다.

그런데 우리는 아직까지 어떻게 이 흔들릴 수 없는 하나님의 행복이 실제로 **그분 자신** 안에 있는 행복이 되는지는 살피지 않았다. 하나님은 원하는 것을 다 하실 수 있다. 그렇다면 하나님을 기쁘게 하는 것은 구체적으로 무엇인가? 왜 구속사의 모자이크를 묵상하는 것이 하나님에게 기쁨이 되는가? 하나님이 아닌 다른 무엇을 기뻐하는 것은 우상숭배가 아닌가?

따라서 나는 이렇게 질문하지 않을 수 없다. 하나님을 행복하게 하는 것은 무엇인가? 하나님의 마음을 기쁘게 하는 이 구속사란 무엇인가? 이 질문에 대답하려면 하나님이 자신의 모든 역사 속에서 추구하시는 바가 무엇인지 탐구해야 한다. 우리가 하나님의 모든 행사 가운데 그분이 추구하시는 그 한 가지를 발견할 수 있다면, 그분이 가장 기뻐하시는 것이 무엇인지, 그분이 가장 사랑하시는 것이 무엇인지 알게 될 것이다.

하나님은 자기 영광을 기뻐하신다

창조, 아브라함을 부르심, 출애굽, 율법을 주심, 성전, 예수님의 삶과 사역과 죽음, 그리고 그리스도인의 삶이 포함된 구속사의 가장 중대한 시점들은 하나님이 하시는 모든 일들 가운데 나타난 하나님의 궁극적인 목적을 드러낸다. 조나단 에드워즈는 이 주제에 관한 가장 탁월한 책인 『천지 창조의 목적』(*The End for Which God Created the World*)을 집필했다.[7] 이어

---

7) 존 파이퍼, 『하나님의 영광을 위한 하나님의 열심』, 백금산 역 (부흥과개혁사, 2003), 원저 John Piper, *God's Passion for His Glory: Living the Vision of Jonathan Edwards* (Wheaton, Ill.: Crossway, 1998)로 재출간되었다.

지는 내용이 성경과 맞지 않아 보인다면, 에드워즈의 책에서 이를 뒷받침하는 증거들을 찾아보기 바란다.

나의 결론은, 하나님의 사랑의 대상 중에서도 하나님 자신의 영광이 최우선이라는 것이다. 하나님이 하시는 모든 일의 목적은 하나님의 영광을 보존하고 드러내는 데 있다. 그렇다면 하나님의 영광이 하나님의 최우선 애정 대상이라는 말은 무슨 뜻인가? 이 말은 하나님이 다른 무엇보다 자신의 영광을 가장 가치 있게 여기신다는 뜻이다. 하나님은 다른 무엇보다 자신의 영광을 가장 기뻐하신다.

아름다움을 정의하기가 어렵듯이 영광을 정의하기란 쉬운 일이 아니다. 우리는 정의하기보다 몇 가지 사실을 지적할 수밖에 없다. 하지만 그래도 해 보자. 하나님의 영광은 그분의 다양한 완전함의 아름다움이다. 때로는 가시적 형태로 쏟아져 나오는 밝고 장엄한 광채를 가리킬 수 있고, 때로는 하나님의 성품의 무한한 도덕적 탁월성을 가리킬 수 있다. 어떤 경우든 이는 무한한 위대함과 가치의 실재를 나타낸다. 하나님의 영광을 표현하려고 한 C. S. 루이스의 수고가 우리에게도 도움을 준다.

> 자연은 영광의 하나님과 무한한 위엄의 하나님이 존재한다고 한 번도 가르쳐 준 적이 없다. 나는 다른 방법으로 배워야 했다. 하지만 자연은 영광이란 단어의 뜻이 무엇인지 알려 주었다. 나는 여전히 자연 말고 다른 곳에서 이 단어의 뜻을 찾을 수 있을지 모르겠다. 내가 음산한 계곡과 접근할 수 없는 바위산을 보지 않았다면, 하나님을 '경외하는' 것이 나의 안전을 위한 가장 낮은 수준의 신중한 노력임을 몰랐을 것이다.[8]

---

8) *The Four Loves*, in *A Mind Awake: An Anthology of C. S. Lewis*, ed. Clyde Kilby (New York: Harcourt, Brace & World, 1968), 202.에서 인용함.

따라서 하나님의 궁극적인 목적은 자신의 무한하고 위엄 있는 위대함과 가치, 즉 자신의 영광을 보존하고 드러내는 데 있다.

하나님이 자신의 역사를 통해 이루시려는 목적은 많다. 하지만 그중 무엇도 하나님의 영광을 보전하고 드러내는 목적보다 더 궁극적인 것은 없다. 모두 부차적일 뿐이다. 하나님은 자기 영광의 가치를 고양하는 데 압도적인 열정을 쏟으신다. 그 목적을 위해서 자신의 영광을 드러내시고, 그 영광을 하찮게 여기는 이들을 대적하시고, 이를 경멸하는 모든 시도에 대해 그 영광의 정당성을 증명하신다. 하나님의 영광은 분명 그분에게 실재하는 최고의 애정 대상이다. 하나님은 자신의 영광을 무한히 사랑하신다.

"하나님은 무한히 자기 자신을 사랑하신다"라는 말과 "그분 자신이 애정의 최우선 대상이다"라는 말은 같은 의미다. 잠시만 묵상해도 이것이 명백하게 옳다는 사실이 드러날 것이다. 만일 하나님이 가장 가치 있는 것을 두고 다른 무엇을 가치 있게 여기신다면, 그분은 불의한 분이 되실 것이다(우리가 그러하듯). 그런데 하나님 자신이 가장 가치 있는 분이시다. 따라서 하나님이 자신의 영광의 가치를 무한한 기쁨으로 여기지 않으신다면, 그분은 불의한 분이 되신다. 어떤 사람의 영광이 탁월하다면 그 사람을 그만큼 기뻐하는 것이 옳기 때문이다.

하나님은 자기 아들의 영광을 기뻐하신다

잠시 생각해 보자. 우리는 하나님의 아들의 영원한 신성을 확언할 때 이 사실을 확언하는 것이다. 이 모든 사실을 대면할 때 우리는 신비의 언덕 앞에 선 느낌을 받겠지만, 성경은 이 언덕이 얼마나 높은지 우리에게 실마리를 제공한다.

성경은 하나님의 아들이 하나님 자신이라고 가르친다. "태초에 말씀이 계시니라 이 말씀이 하나님과 함께 계셨으니 이 말씀은 곧 하나님이시니라"(요 1:1). 그리스도 안에 "온갖 충만한 신성이 몸이 되어 머물고 계십니다"(골 2:9, 새번역).

따라서 아버지께서 영원 전부터 아들을 보실 때, 그분은 자기 자신의 온전한 표상(representation)을 보셨던 것이다. 히브리서 1장 3절은 그 아들이 "하나님의 영광의 광채시요 그 본체의 형상이시라"고 말하며, 고린도후서 4장 4절은 "그리스도의 영광의 복음은 곧 하나님의 형상"(RSV)이라고 말한다.

이 본문들을 통해 아버지 하나님은 영원 가운데 그분의 아들의 인격 안에서 자기 영광의 형상이 완벽하게 표현된 것을 보셨음을 알게 된다. 따라서 자기 영광에 대한 하나님의 무한한 기쁨을 생각하는 가장 좋은 방법은, 하나님이 자기 영광의 완벽한 반영(reflection)인(요 17:24-26) 아들을 보고 누리신 기쁨을 생각하는 것이다.

그리스도께서 세상에 오셔서 모든 의를 성취하실 때, 아버지 하나님은 "이는 내 사랑하는 아들이요 내 기뻐하는 자라"(마 3:17)고 말씀하셨다. 아버지 하나님은 자기 아들의 인격 안에서 자신의 영광의 형상을 묵상하면서 한없이 행복하셨던 것이다. "내가 붙드는 나의 종, 내 마음에 기뻐하는 나의 택한 사람을 보라"(사 42:1).

삼위 하나님(아버지와 아들과 성령) 안에서 하나님은 영원토록 자기 자신의 최우선 애정 대상이시다. 이것은 영원히 아들을 사랑하고 아버지 되신 하나님, 바로 그분의 성품이다. 따라서 하나님은 삼위일체의 교제 속에서 영원한 기쁨, 최고의 기쁨을 누리신다.[9]

---

9) 이러한 삼위일체 이해에서 성령이 차지하는 위치를 묻는다면, 조나단 에드워즈의 두 책 "Treatise

하나님은 자기 사역의 영광을 기뻐하신다

세상을 창조하실 때, 하나님은 성부와 성자가 서로 즐거이 반향하는 영광을 **"공표"**하셨다(went public).[10] 하나님의 충만한 기쁨에는 흘러넘치려는 경향이 있다. 거기에는 하나님의 기쁨을 확장시키려는 특성이 있다. 다시 말해 그 기쁨은 스스로 자신을 나누어 주기 원한다. 하나님이 세상을 창조하신 이유는 그분께 어떤 결핍이 있어서 창조를 통해 완벽을 이루셔야 했기 때문이 아니다. "샘이 흘러넘치는 경향이 있다는 사실은 샘이 비었다거나 물이 부족하다는 것에 대한 논거가 되지 못한다."[11]

하나님은 자신의 사역 안에 반영된 자기 영광을 보기를 즐거워하신다. 그러기에 삼위 하나님의 영원한 행복이 창조와 구속 사역에서 흘러넘치는 것이다. 자신의 영광을 보면서 얻는 기쁨이 하나님의 원초적인 행복이다. 하나님이 모든 창조와 구속 사역에서 누리시는 행복은 하나

---

on Grace"와 "An Essay on the Trinity"를 주목하라. 그는 이 책에서 삼위일체에 대한 자신의 이해를 아래와 같이 요약했다.

"우리가 성경에서 읽은 저 복되신 삼위일체는 다음과 같으리라고 생각한다. 성부는 제1근원으로서 아무에게도 나지 않으시고, 가장 절대적인 방식으로 존재하는 신이시거나, 혹은 직접적 실존(direct existence)으로 존재하는 신이시다. 성자는 하나님의 오성(understanding)에 의해 존재하기 시작한 신이시거나 혹은 자기 자신에 대한 관념(idea)을 가지시고 또 그 관념으로 존재하는 신이시다. 성령은 활동으로 존재하는 신이시거나 혹은 자기 자신을 향한 하나님의 사랑과 기쁨 안에서 흘러나오고 발산되는 신적 본질이시다. 나는 모든 신적 본질은 진실로 그리고 뚜렷이 신적 관념과 신적 사랑 둘 모두의 형태로 존재하며, 삼위 하나님 각각은 적절히 뚜렷하게 구분되는 위격(persons)이시라고 믿는다."

Jonathan Edwards, "An Essay on the Trinity," in *Treatise on Grace and Other Posthumously Published Writings*, ed. Paul Helm(Cambridge: James Clarke, 1971), 118.

"다시 말해서, 성령은 성부와 성자가 지닌 기쁨이시다. 성령은 성부와 성자의 모든 본질을 자기 자신 안에 매우 충만하게 가지시기에, 제3위로서의 권한을 가지신다."

Jonathan Edwards, "Treatise on Grace," in *Treatise on Grace*, 63.

10) 나는 이 표현을 Daniel Fuller의 책 *The Unity of the Bible: Unfolding God's Plan for Humanity* (Grand Rapids, Mich.: Zondervan, 1922)에서 빌려왔다. 특히 8, 9장을 보라.

11) Edwards, "Dissertation Concerning the End for Which God Created the World," in *The Works of Jonathan Edwards*, 102. 이 논문은 역사 속에 나타난 하나님의 목적에 대한 질문들을 다루는 데 크나큰 가치가 있다. 연구를 도울 보다 완전한 본문을 찾는다면 존 파이퍼, 『하나님의 영광을 위한 하나님의 열심』(*God's Passion for His Glory*)을 보라.

님이 자신의 영광 안에서 누리시는 기쁨과 다를 바 없다. 창조부터 완성까지 하나님이 자기 영광을 보전하고 드러내기 위해 모든 일을 하신 이유는 바로 이 때문이다. 하나님의 모든 사역은 자신의 탁월함으로 인한 무한한 풍성함의 부산물일 뿐이다.

하나님은 우리를 위하시는가, 자신을 위하시는가?

여기서 한 가지 의문이 생긴다. 하나님이 자기 자신의 영광에 그처럼 철저히 매혹되셨다면, 어떻게 사랑의 하나님이 되실 수 있는가? 하나님이 모든 일을 자신을 위해 하시는 것이 확실하다면, 어떻게 하나님이 우리를 위해 무언가를 해 주시리라는 소망을 가질 수 있는가? 바울은 "사랑은 자기의 유익을 구하지 않는다"(고전 13:5)고 말하지 않았는가?

이제 우리는 하나님의 행복이라는 이슈가 어떻게 기독교 희락주의 철학을 형성하거나 깨뜨릴 수 있는지 살펴보려고 한다. 만약 하나님이 너무 자기중심적이어서 자신의 피조물을 사랑할 의도가 전혀 없는 분이시라면, 기독교 희락주의는 수명을 다하고 말 것이다. 기독교 희락주의는 하나님의 열린 두 팔에 달려 있다. 그분 안에서 기쁨을 얻으려는 모든 이를 언제든 영접하고 구원하고 그들의 마음을 흡족하게 하시려는 하나님의 마음에 달려 있다. 그런데 하나님이 너무나 자기중심적이고 이를 누구도 말릴 수 없다면, 그분 안에서 행복을 추구하려는 우리의 시도는 모두 헛된 일일 뿐이다.

과연 하나님은 우리를 위하시는가, 아니면 자기 자신을 위하시는가? 이 질문에 대답할 때, 기독교 희락주의의 가장 중요한 토대를 발견할 수 있을 것이다.

찬양을 명하시는 하나님은 자만심이 강한 분이신가, 사랑스러운 분이신가?

성경에는 하나님을 찬양하라는 명령이 가득하다. 하나님이 영광 받으시는 것이 하나님이 행하시는 모든 일의 궁극적인 목적이기 때문이다. "그 날에 그가 강림하사 그의 성도들에게서 영광을 받으시고 모든 믿는 자들에게서 놀랍게 여김을 얻으시리니 이는 (우리의 증거가 너희에게 믿어졌음이라)"(살후 1:10). 에베소서 1장에서는 세 번이나 이 위대한 목적이 선포된다. "곧 창세 전에 그리스도 안에서 우리를 택하사 우리로 사랑 안에서 그 앞에 거룩하고 흠이 없게 하시려고 그 기쁘신 뜻대로 우리를 예정하사 예수 그리스도로 말미암아 자기의 아들들이 되게 하셨으니 이는 그가 사랑하시는 자 안에서 우리에게 거저 주시는 바 그의 은혜의 영광을 찬송하게 하려는 것이라"(4-6절). "이는 우리가 그리스도 안에서 전부터 바라던 그의 영광의 찬송이 되게 하려 하심이라"(12절). "이는 우리 기업의 보증이 되사 그 얻으신 것을 속량하시고 그의 영광을 찬송하게 하려 하심이라"(14절).

창조와 구속을 통해 자기 영광을 드러내고자 하나님이 선택하신 세 가지 다른 방식은 모두 하나님이 친히 구속하신 백성에게 찬양을 받으시는 대목에서 절정에 이른다. 하나님은 존경과 놀라움과 높임과 찬양의 대상이 되기 위해 영광으로 세상을 다스리신다. 그분의 행복은 성도가 하나님의 탁월함을 찬양하는 소리에 하나님이 기뻐하실 때 절정에 이른다.

그런데 많은 사람들이 이 진리에 걸려 넘어진다. 사람들은 하나님이 자신을 최우선 애정 대상으로 삼으신다는 말 또는 자신의 영광을 위해 모든 일을 하신다는 말, 그리고 하나님이 자기 자신을 높이며 사람들의 찬양을 바라신다는 말을 좋아하지 않는다.

왜 그럴까? 적어도 두 가지 이유가 있다. 첫째, 우리는 그러기를 좋아하는 사람을 좋아하지 않기 때문이다. 둘째, 성경이 우리에게 그렇게 되지 말라고 가르치기 때문이다. 두 가지를 좀 더 면밀히 살펴서 이것이 하나님께도 적용될 수 있는지 알아보자.

하나님은 남의 평판에 의존하는 분이신가?

첫째, 우리는 자신의 지능이나 힘, 솜씨, 멋진 외모나 부에 푹 빠진 사람을 달가워하지 않는다. 전문 지식을 과시하거나 최근 출판된 책 목록을 읊는 학자들도 좋아하지 않는다. 자신이 얼마나 민첩하게 돈을 투자했는지, 어떻게 싸게 사서 비싸게 팔아 시장에서 가장 잘나가게 되었는지 늘어놓는 사업가를 반기지 않는다. "내 것이 더 커!" "내 것이 더 빨라!" "내 것이 더 예뻐!" 하며 항상 앞서려고만 하는 아이들도 마찬가지다. 우리가 이들 중 하나가 아니라면, 기능에 맞게 간단히 입지 않고 최신 유행 스타일로 차려 입고 주목을 받으려는 사람을 좋아하지 않을 것이다.

우리는 왜 그런 사람들을 좋아하지 않을까? 내 생각에는 그런 사람들은 대체로 믿음직스럽지 않기 때문이다. 그들은 마치 아인 랜드(Ayn Rand)가 "평판에 의존하는 자"(Second-Hander)라고 부른 사람들과 같다. 그들은 자신이 가치 있다고 여기는 것을 성취하여 얻는 기쁨을 추구하지 않는다. 그들은 타인의 찬사에 기대어 간접적으로(second hand) 산다. 그들은 한쪽 눈으로는 자신의 활동을 보고, 다른 한쪽 눈으로는 청중을 본다. 우리는 그렇게 자기 외적인 것을 의지해 사는 사람들을 좋아하지 않는다. 그보다는 안정적이고 진중하여, 남의 찬사로 자신의 약점을 보충하거나 결핍을 만회할 필요가 없는 이들을 존경한다.

이런 이유로 그리스도인은 하나님을 '남의 찬사에 만족하려는 자'의 범주에 두는 가르침은 무엇이든 받아들이지 않을 것이다. 하나님이 자기 영광을 과시하고 사람들의 영광을 얻으려 하신다는 가르침 때문에 실제로 많은 이들이 하나님을 '남의 찬사에 만족하려는 자'의 범주에 둔다. 하지만 정말 그래야 하는가?

한 가지는 분명하다. 하나님은 약한 분도, 무언가 결핍된 분도 아니라는 사실이다. "이는 만물이 주에게서 나오고 주로 말미암고 주에게로 돌아감이라 그에게 영광이 세세에 있을지어다 아멘"(롬 11:36). 하나님은 "무엇이 부족한 것처럼 사람의 손으로 섬김을 받으시는 것이 아니니 이는 만민에게 생명과 호흡과 만물을 친히 주시는 이"(행 17:25)시다. 존재하는 모든 것은 하나님 덕분에 존재하며, 누구도 그분으로부터 흘러나오지 않은 무언가를 더할 수도 없다.

따라서 자신의 영광을 추구하고 사람에게 찬양을 받으시려는 하나님의 열정은 그분이 어떤 약점을 만회하고 결핍을 채워야 하기 때문이 아니다. 얼핏 보면, 하나님은 '남의 찬사에 만족을 얻으려는 자'처럼 보이겠지만, 실제로는 그런 부류와 같지 않다. 그런 피상적인 유사성은 달리 설명되어야 한다.

사랑은 자기 유익을 구하지 않는다?

하나님이 스스로 자신을 영화롭게 하며 사람들의 찬양을 추구한다는 가르침에 사람들이 실족하는 둘째 이유는 그것이 성경의 가르침과 다르기 때문이다. 예를 들어 성경은 "사랑은 자기의 유익을 구하지 아니하며"(고전 13:5)라고 말한다. 그런데 사랑의 하나님이 어떻게 '자기 자신의' 영광과 찬양과 기쁨을 구하는 데 완전히 열중하실 수 있단 말인가? 하나님이 그렇게 철저히 자신을 위하는 분이시라면 어떻게 우리를 위하는 하나님이 되시는가?

나는 다음과 같이 답하고 싶다. 하나님은 완전히 영광스럽고 전적으로 자기 충족적인 유일한 분이시기에, 만일 하나님이 우리를 위하신다면 이 또한 반드시 하나님 자신을 위한 것이어야 한다. 피조물에게 적용되는 겸손의 법칙이 창조주에게도 똑같이 적용될 수는 없다. 하나님이 만일 무한한 기쁨의 원천인 자기 자신으로부터 돌아서신다면, 그분은 하나님이시기를 중단하는 것이며, 자기 영광이 가진 무한한 가치를 부정하시는 것이다. 또한 이러한 행동은 그분이 아닌, 다른 더 가치 있는 무언가가 존재함을 암시하는 것이 된다. 그렇다면 이는 결국 우상숭배가 되는 셈이다.

이것은 우리에게도 유익하지 않을 것이다. 우리 하나님이 불의한 분이시라면 우리는 어디로 갈 수 있겠는가? 하나님이 가장 값진 것을 더는 가장 값진 것으로 여기지 않으신다면, 우리가 우주 어디에서 신실한 반석을 찾을 수 있겠는가? 또 하나님 자신이 무한한 가치와 미를 주장하지 않으신다면, 우리가 무엇을 흠모할 수 있겠는가?

우리가 하나님께 하나님 되시기를 중단하라고 요구함으로써 하나님의 자기 예찬(self-exaltation)을 사랑으로 바꿀 수는 없다. 그보다 우리는 하나님이 바로 사랑이심을 분명히 알게 될 것이다. 하나님의 백성은 마음으로부터 끊임없이 그분의 이름을 찬양하기 때문이다.

기쁨은 표현할 때 완전해진다

다음 질문을 생각해 보라. 하나님의 무한한 능력과 지혜와 아름다움을 생각할 때, 인간을 향한 하나님의 사랑에는 무엇이 따라오는가? 달리 표현해 보자. 하나님은 자신이 가장 사랑이 많은 분임을 증명하기 위해 우리에게 무엇을 주어 우리가 만끽하게 하시는가? 우리가 할 수 있는 답은 오직 하나, 하나님 자신이다. 만일 하나님이 우리의 묵상과 교제의 대상이 되기를 포기하신다면, 하나님이 우리에게 무엇을 주시든 우리를 사랑하시는 것이 아니다.

이제 나의 삶을 변화시킨 가장 위대한 발견이 무엇인지 말할 때가 되었다. 우리는 무언가 아름답고 탁월한 것을 보거나 받았을 때 어떻게 하는가? **찬양한다!** 우리는 갓 태어난 아기를 보고 찬사를 보낸다. "와, 저 작고 예쁜 머리를 봐! 저 머리카락 좀 봐! 손가락이 완벽하지 않니?" 우리는 오래 그리워하다 만난 연인을 찬양한다. "그대의 눈은 구름 한 점 없는 하늘 같고 그대의 머리카락은 비단결 같소!" 우리는 9회말 2아웃 상황에서 터진 만루 홈런을 찬양한다. 우리는 세인트 크로이(St. Croix) 섬의 길게 줄지어 선 10월의 나무들을 찬양한다.

앞서 말한 대로, 나는 C. S. 루이스의 『시편 사색』에 나온 "찬양에 대한 한마디" 부분을 읽으면서 내게 가장 중요한 한 가지를 발견했다. 루이스가 하나님은 우리의 찬양을 원하실 뿐 아니라 그것을 명령하기도 하신다는 사실과 씨름하면서 기록한 문장은 다시 살펴볼 가치가 있다.

그런데 나는 이상하게도 그 대상이 하나님이든, 다른 무엇이든 찬양에 대한 아주 분명한 사실 한 가지를 오랫동안 놓치고 있었다. 나는 찬양을 찬사나 동의, 혹은 경의를 표하는 일로만 생각했다. 모든 기쁨은 자연스럽게 찬양으로 흘러넘친다는 사실에 한 번도 주목하지 못한 것이다. 알고 보면 세상은 온통 찬양 소리로 가득하다. 사랑하는 여인을 찬양하는 소리, 좋아하는 시인을 찬양하는 소리, 여행지의 풍경을 찬양하는 소리,

좋아하는 게임을 찬양하는 소리부터 시작해 날씨, 포도주, 음식, 배우, 자동차, 말, 대학, 나라, 위인, 아이, 꽃, 산, 진귀한 우표, 희귀한 딱정벌레, 심지어 정치인들이나 학자들을 찬양하는 소리에 이르기까지 말이다. 나는 진실로 겸손하며 도량이 넓고 균형감이 있는 사람일수록 칭찬을 많이 하고, 괴짜요 적응하지 못하는 자요 불평만 늘어놓는 사람일수록 칭찬에 인색하다는 사실을 놓친 것이다.……

또 하나 내가 놓친 사실은, 사람들은 자기가 높이 평가하는 대상을 찬양할 때 자발적으로 찬양할 뿐 아니라 타인에게도 그 찬양에 동참할 것을 강력히 권고한다는 사실이다. "그녀 정말 사랑스럽지 않나요? 그것 정말 영광스럽지 않나요? 그거 정말 대단하지요? 그렇지 않나요?" 모든 이들에게 찬양하기를 권하는 시편 기자들의 행동도 사람들이 자신이 좋아하는 것을 말할 때의 행동과 똑같다. 하나님 찬양과 관련해 내가 겪은 좀 더 일반적인 모든 어려움은, 우리가 가치 있게 여기는 다른 모든 것은 기쁘게 찬양하면서도 실제 찬양할 수밖에 없는 가장 고귀한 분에 대해서는 어리석게도 그 사실을 부정한 데서 비롯되었다.

우리는 왜 우리에게 즐거움을 주는 것들을 기꺼이 찬양하는가? 찬양은 우리의 즐거움을 표현할 뿐 아니라 완성하기 때문이다. 즉 찬양은 기쁨의 절정이다. 여인들이 서로 거듭거듭 아름답다고 말해 주는 것은 단순히 찬사를 표하기 위함이 아니다. 표현되기 전까지 기쁨은 미완성이기 때문이다.[12]

이것이 해결책이다. 기쁨은 찬양으로 표현될 때 완전해지기에 우리는 자신이 기뻐하는 바를 찬양한다. 우리가 가치 있게 여기는 것과 사랑

---

12) C. S. Lewis, *Reflections on the Psalms* (New York: Harcourt, Brace & World, 1958), 94-5.

하는 것에 대해 말할 수 없고 또 우리가 감탄하는 것을 찬양할 수 없다면, 우리의 기쁨은 온전하지 못할 것이다. 따라서 하나님이 우리의 기쁨을 충만하게 하실 만큼 우리를 사랑하신다면, 그분은 우리에게 자기 자신을 주셔야 할 뿐 아니라 우리 마음에서 우러나오는 찬양을 받으셔야 한다. 이는 그 찬양으로 하나님이 자신의 약점을 보완하거나 자신의 결핍을 만회하셔야 해서가 아니라 하나님이 우리를 사랑하시기 때문이며, 또 존재하는 모든 것 가운데 가장 위대하신 하나님 그분을 알고 찬양하는 데서만 찾을 수 있는 기쁨이 우리에게 충만하기를 추구하시기 때문이다.

하나님은 온 세계 가운데 자신이 찬양받기를 추구하는 것이 궁극적으로 사랑의 활동이 되는 유일한 존재이시다. 하나님께는 자기 예찬(self-exaltation)이야말로 최고의 미덕이다. 하나님이 "자신의 영광이 찬양받도록" 모든 일을 행하실 때에야 하나님은 우리의 갈망을 만족시킬 유일한 것을 우리를 위해 보존하고 제공하실 수 있다. 하나님은 우리를 위하신다! 이 사랑은 하나님이 이전에도, 지금도, 그리고 앞으로도 자기 자신을 위해 존재하신다는 사실을 토대로 한다.

요약

하나님은 절대적인 주권자시다. "오직 우리 하나님은 하늘에 계셔서 원하시는 모든 것을 행하셨나이다"(시 115:3). 따라서 그분은 결코 낙담하지 않으신다. 하나님은 자신의 역사를 구속사라는 형형색색의 장엄한 모자이크로 감상하시면서 그 모든 역사를 기뻐하신다. 하나님은 누구도 흔들 수 없는 행복을 누리시는 하나님이시다.

하나님의 행복은 자기 자신 안에 있는 기쁨이다. 창조 전에 하나님은 그분의 아들의 인격에 있던 자신의 영광의 형상을 보고 기뻐하셨다. 그 후 하나님의 기쁨은 창조와 구속 사역을 통해 '공개'되었다. 하나님의 영광을 반영한 이런 사역들이 하나님의 마음을 기쁘게 했다. 하나님은 그 영광을 보존하고 드러내기 위해 모든 일을 행하신다. 하나님의 영이 이를 기뻐하시기 때문이다.

하나님의 모든 사역은 그분이 구속하신 백성들의 찬양을 통해 완성된다. 하나님의 행복은 하나님의 탁월하심을 찬양하는 성도들의 소리를 듣고 하나님이 기뻐하실 때 절정에 이른다. 이 찬양은 하나님 안에서 우리가 누리는 기쁨의 완성이기도 하다. 따라서 하나님이 우리에게 찬양받으시기를 추구하는 것과 우리가 하나님 안에서 기쁨을 누리기를 추구하는 것은 똑같다. 이는 위대한 복음이다. 이것이 바로 기독교 희락주의의 토대다.

나더러 주여 주여 하는 자마다
다 천국에 들어갈 것이 아니요.
_ 마태복음 7장 21절

천국은 마치 밭에 감추인 보화와 같으니
사람이 이를 발견한 후 숨겨 두고 기뻐하며 돌아가서
자기의 소유를 다 팔아 그 밭을 사느니라.
_ 마태복음 13장 44절

2장

회심:
기독교 희락주의자의
탄생

"문은 좁다"

모든 사람이 천국에 들어간다면 회심을 이야기할 필요가 없을 것이다. 하지만 모두가 천국에 들어가는 것은 아니다. "생명으로 인도하는 문은 좁고 길이 협착하여 찾는 자가 적음이라"(마 7:14).

1장은 하나님이 우리의 찬양을 추구하시는 것과 우리가 하나님 안에서 누리는 기쁨을 추구하는 것이 똑같다는 것으로 마무리했다. 영광을 받으시려는 하나님의 추구와 만족을 얻으려는 우리의 추구는 하나의 경험에서 모두 성취된다. 그것은 찬양을 흘러넘치게 받으시는 하나님 안에서 우리가 누리는 기쁨이다. 찬양은 하나님과 교제를 나누는 삶 가운데 누리는 만족의 절정이다.

놀랍게도 이것은, 하나님이 자신의 영광을 추구하게 한 전능한 에너지가 하나님으로 하여금 하나님 안에서 기쁨을 얻기를 추구하는 이들의 마음을 만족시킨다는 사실을 함축한다. 하나님은 자신을 소망하는 이들의 마음을 기꺼이 만족시키신다. 이것이 성경이 우리에게 들려주는 복음이다. 거꾸로 말할 수도 있다. 하나님은 우리를 가장 행복하게 하는 일을 온 마음과 온 뜻으로 기뻐하신다.

"내가 그들에게 복을 주기 위하여 그들을 떠나지 아니하리라 하는 영원한 언약을 그들에게 세우고 나를 경외함을 그들의 마음에 두어 나를 떠나지 않게 하고 내가 기쁨으로 그들에게 복을 주되 분명히 나의 마음과 정성을 다하여 그들을 이 땅에 심으리라"(렘 32:40-41).

하나님은 온 마음과 온 뜻을 다해, 영원한 기쁨을 추구하는 우리의 노력에 참여하신다. 하나님 안에서 우리가 누리는 기쁨이 완성될 때 하나님의 무한한 가치가 영광을 받게 되기 때문이다. 하나님께 헌신하는 이들은 누구나, 자기 영광을 추구하는 하나님의 전능한 헌신으로 그들이 끝없는 기쁨의 세계로 옮겨진다는 사실을 알게 된다.

"나는 나를 위하며 나를 위하여 이를 이룰 것이라 어찌 내 이름을 욕되게 하리요 내 영광을 다른 자에게 주지 아니하리라"(사 48:11).

그렇다. 전능한 기쁨은 하나님께 자신을 헌신한 모든 이들의 유익을 도모한다. "여호와는 자기를 경외하는 자들과 그의 인자하심을 바라는 자들을 기뻐하시는도다"(시 147:11). 하지만 모든 사람이 그렇게 하는 것은 아니다. "**하나님을 사랑하는 자** 곧 그의 뜻대로 부르심을 입은 자들에게는 모든 것이 합력하여 선을 이루느니라"(롬 8:28). 모든 사람에게 해당하는 것이 아니다. 양과 염소가 있다(마 25:32). 지혜로운 자와 어리석은 자가 있다(마 25:2). 구원을 받는 자와 멸망하는 자가 있다

(고전 1:18). 두 그룹의 차이는 한 그룹은 회심했고 다른 한 그룹은 회심하지 않은 것이다.

이 장의 목표는 회심이 왜 꼭 필요한지 보여 주고, 그것이 기독교 희락주의자의 탄생과 같다는 사실을 논증하는 것이다. 당신이 회심이란 표현을 사용해야 한다거나 혹은 좋아해야 한다는 뜻은 아니다. 예수님을 가장 값진 보화로 즐거이 영접하지 않고 하나님을 높이시는 그리스도 안에 있는 충만한 기쁨을 추구하지 않는 그리스도인은 한 사람도 없다는 뜻이다.

왜 그냥 "믿으라"고 말하지 않는가?

이렇게 질문하는 이들도 있다. "당신의 목표가 회심이라면, 왜 성경이 명령하듯 단도직입적으로 '주 예수를 믿으라 그리하면 구원을 받으리라'(행 16:31)고 말하지 않는가? 왜 기독교 희락주의라는 이 새로운 용어가 필요한 것인가?"

대답은 두 가지다. 첫째, 우리 주위에는 자기가 예수님을 믿는다고 생각하지만 실은 회심하지 않은 사람이 너무도 많다. 거리에 나가면 예수님을 믿는다고 하는 사람이 발에 채인다. 결혼하지 않은 채 동거하는 이들도 믿는다고 말한다. 지난 40년간 한 번도 예배에 참석하지 않은 노인들도 믿는다고 말한다. 온갖 유형의 미지근한 신앙을 갖고서 세상을 더 사랑하는 교인들도 믿는다고 말한다. 세상에는 예수님을 믿는다고 고백하지만 회심하지 않은 사람들이 차고 넘친다.

이 사람들에게 주 예수를 믿으라고 말해 보아야 소용없다. 공허한 말이 될 뿐이다. 나는 복음을 전하는 설교자요 교회 교사로서, 다만 사람들이 아끼는 성경 구절들을 보존하고 되풀이하는 것이 아니라, 성경의 진리로 사람들의 마음을 찔리게 할 책임이 있다. 매일 술에 취해 동네를 돌아다니는 나의 이웃도 예수님을 '믿는다.' 마약거래상들도 예수님을 '믿는다.' 선거철에만 교회를 방문하는 정치인도 예수님을 '믿는다.' 그래서 나는 예수님을 **믿는다**는 것이 무슨 뜻인지 알리기 위해 다른 단어를 사용하려고 한다.

나는 최근 몇 해 동안 "당신은 예수님을 당신의 **보화**로 영접하십니까?"라고 물어 왔다. 단지 예수님을 **구세주**(savior, 모든 사람이 지옥은 가기 싫어하지만 예수님과 함께 있는 것도 싫어한다)로 영접하느냐고 묻지 않았다. **주**(Lord, 그들은 마지못해 순종할 것이다)로 영접하느냐고도 묻지 않았다. 핵심은 이것이다. "당신은 예수님을 다른 무엇보다 귀하게 여기십니까?" 기독교 희락주의로 회심한 자들은 바울처럼 이렇게 말한다. "또한 모든 것을 해로 여김은 내 주 그리스도 예수를 아는 지식이 가장 고상하기 때문이라 내가 그를 위하여 모든 것을 잃어버리고 배설물로 여김은 그리스도를 얻고"(빌 3:8).

이로써 둘째 대답에 이르렀다. "주 예수를 믿으라 그리하면 구원을 받으리라"는 말 외에 단도직입적인 성경의 명령이 더 있다. 기독교 희락주의라는 개념을 끌어온 이유는 이 명령에 주목하게 하기 위해서다.

오늘날 회심에 대한 가장 단도직입적인 명령이 "주 예수를 믿으라"가 아니라 "주를 기뻐하라"가 될 수는 없겠는가? 다시 말해 "**기독교 희락주의자**로 거듭나지 않으면 하나님 나라에 들어갈 수 없다"고 말한다면 수많은 잠자는 영혼들의 정신이 번쩍 들지 않겠는가?

우리의 필요와 하나님의 공급을 요약하는 6가지 핵심 진리

왜 회심이 그렇게도 중요한가? 무엇 때문에 하나님과 사람 모두에게 회심이 꼭 필요한가? 우리의 절박한 필요를 채우기 위해 하나님은 무엇을 하셨는가? 하나님이 공급하시는 혜택을 누리기 위해 우리가 해야 할 일은 무엇인가? 이것은 참으로 중요한 질문이다. 나는 성경에서 가져온 아래 6가지 진리들로 내 대답을 요약하려고 한다.

우리는 무엇을 실패했는가?
1. 하나님은 자신의 영광을 위해 우리를 창조하셨다.

"내가 북쪽에게 이르기를 내놓으라 남쪽에게 이르기를 가두어 두지 말라 내 아들들을 먼 곳에서 이끌며 내 딸들을 땅 끝에서 오게 하며 내 이름으로 불려지는 모든 자 곧 내가 내 영광을 위하여 창조한 자를 오게 하라 그를 내가 지었고 그를 내가 만들었느니라"(사 43:6-7).

인생의 모든 일을 잘 이해하려면 하나님으로부터 시작해야 한다. 하나님이 우리를 창조하신 이유를 모른다면 우리에게 회심이 꼭 필요하다는 사실을 결코 이해하지 못한다. 하나님은 우리로 세상에서 하나님의 영광을 반영하게 하려고 '자신의 형상대로' 창조하셨다. 우리는 하나님의 영광의 빛을 삶의 모든 부분에 반사하는 프리즘이 되도록 지음 받았다. 왜 하나님이 자신의 영광을 비추는 일에 우리를 참여하게 하셨는지는 큰 신비다. 그것을 하나님의 영광을 위한 은혜, 긍휼, 혹은 사랑이라고 부르자. 이는 형언할 수 없는 경이다. 한때 우리는 존재하지 않았지만 이제 존재하게 되었다. 하나님의 영광을 위해 말이다.

2. 따라서 하나님의 영광을 위해 사는 것은 모든 인간의 의무다.

"너희가 먹든지 마시든지 무엇을 하든지 다 하나님의 영광을 위하여 하라"(고전 10:31).

하나님이 자기 영광을 위해 우리를 지으셨다면, 우리가 그분의 영광을 위해 살아야 하는 것은 분명한 사실이다.

하나님을 영화롭게 한다는 것은 무슨 뜻인가?

이는 하나님을 보다 영광스럽게 만든다는 뜻이 아니다. 하나님의 영광을 인정하고, 그것을 다른 모든 것보다 가치 있게 여기고, 그 영광을 알린다는 뜻이다. 이는 마음으로부터 우러나오는 감사를 뜻한다. "감사로 제사를 드리는 자가 나를 영화롭게 하나니 그의 행위를 옳게 하는 자에게 내가 하나님의 구원을 보이리라"(시 50:23). 이는 또한 신뢰의 의미를 담고 있다. 아브라함은 "믿음으로 견고하여져서 하나님께 영광을 돌렸다"(롬 4:20).

하나님을 영화롭게 하는 일은 복음을 들은 사람의 의무일 뿐 아니라, 자연이 전하는 증거와 자기 양심이 전하는 증거를 들은 사람의 의무이기도 하다.

"창세로부터 그의 보이지 아니하는 것들 곧 그의 영원하신 능력과 신성이 그가 만드신 만물에 분명히 보여 알려졌나니 그러므로 그들이 핑계하지 못할지니라 하나님을 알되 하나님을 영화롭게도 아니하며 감사하지도 아니하고 오히려 그 생각이 허망하여지며 미련한 마음이 어두워졌나니"(롬 1:20-21).

자신에게 그런 의무가 있는지 알 방법이 전혀 없었던 이들이 그 의무를 수행하지 못했다면, 하나님은 심판하지 않으실 것이다. 하지만 성경이 아니더라도 모든 사람은 하나님이 우리를 창조하셨고, 따라서 우리는 모든 일에 하나님을 의존하며, 마음으로부터 하나님께 감사와 신뢰를 드려야 한다는 사실을 알 수 있다.

우리의 깊은 내면은, 우리가 하나님께 받은 모든 것에 감사하고, 우리의 모든 필요를 하나님께 의탁하고, 하나님의 드러난 뜻에 순종함으로써 우리를 만드신 분을 영화롭게 하는 것이 모든 인간의 의무임을 알고 있다.

우리 상황은 얼마나 절박한가?

3. 우리는 마땅히 그래야 하는데도 하나같이 하나님을 영화롭게 하지 못했다.

"모든 사람이 죄를 범하였으매 하나님의 영광에 이르지 못하더니"(롬 3:23).

하나님의 영광에 "이르지 못했다"는 말은 무슨 뜻인가? 그것은 우리가 하나님처럼 영광스러워야 하는데 거기에 미치지 못했다는 뜻이 아니다. 그런 의미라면 우리는 하나님의 영광에 이르지 못해야 한다.

로마서 1장 23절이 로마서 3장 23절을 가장 잘 설명해 준다. 거기서는 하나님을 영화롭게도 않고 감사하지도 않는 이들이 어리석은 자가 되어 "썩어지지 아니하는 하나님의 영광을 썩어질 우상으로 바꾸었다"고 말한다. 이것이 우리가 하나님의 영광에 이르지 못한 모습이다. 우리는 하나님의 영광을 그보다 가치가 덜한 것으로 바꾸었다. 모든 죄는 하나님의 영광을 가장 가치 있는 자리에 두지 않는 데서 시작된다. 이것이 바로 죄의 본질이다.

우리는 모두 죄를 범했다. "의인은 없나니 하나도 없으며"(롬 3:10). 누구도 하나님을 마땅히 신뢰하지 않았다. 우리가 얼마나 깊이 그리고 지속적으로 감사해야 하는지 아는 사람도 없었다. 하나님의 지혜와 공정함에 걸맞게 순종한 사람이 아무도 없었다. 우리는 그분의 영광을 바꾸고 더럽히기를 되풀이했을 뿐이다. 우리는 자기 자신만을 신뢰했다. 우리는 자신이 마땅히 하나님의 선물을 받을 자격이 있다고 생각했다. 우리는 자신이 더 잘 안다고 생각해 하나님의 계명에서 떠나버렸다.

이 모든 것으로 우리는 주님의 영광을 멸시했다. 죄가 갖는 가장 큰 악은 우리 자신이나 이웃들에게 미치는 해가 아니다(물론 그것도 크다). 죄가 불의한 것은 그것이 하나님을 향한 경멸을 담고 있기 때문이다. 다윗이 밧세바와 간음하고 그 남편까지 죽였을 때, 하나님은 나단 선지자를 통해 무엇이라 말씀하셨는가? 결혼은 절대 깨뜨려서는 안 되며 인간의 생명은 숭고하다고 말씀하셨는가? 아니다. 하나님은 "네가 **나를** 업신여겼다"고 말씀하셨다(삼하 12:10).

이것이 우리 상황의 전부는 아니다. 우리는 다만 죄 짓기를 선택할 뿐 아니라 태어날 때부터 **죄인**이다. 성경은 우리 마음이 혼미하고(고후 4:4), 굳고(겔 11:19; 36:26), 죽어서(엡 2:1, 5), 하나님의 법에 복종할 수 없다(롬 8:7-8)고 말한다. 우리는 "본질상 진노의 자녀"다(엡 2:3).

4. 따라서 우리는 모두 하나님의 영원한 진노 아래 있다.

"죄의 삯은 사망이요"(롬 6:23).

"이런 자들은 주의 얼굴과 그의 힘의 영광을 떠나 영원한 멸망의 형벌을 받으리로다"(살후 1:9).

우리는 감사하지 않고 신뢰하지 않고 불순종함으로써 하나님의 영광을 경멸했기에, 영원한 지옥에 들어갈 곤경 가운데 살면서 영원 영원히 그 영광의 기쁨에서 배제되는 형벌을 받는다.

지옥(gehenna)이라는 단어는 신약성경에 12번 등장하는데 그중 11번이 예수님의 입에서 나온다. 이것은 음울하고 성난 설교자가 고안한 미신이 아니다. 그 저주에서 죄인들을 구원하고자 죽으신 하나님의 아들의 준엄한 경고다. 이를 무시한다면 엄청난 위험을 감수해야 한다.

지옥은 고통의 장소다. 단지 기쁨이 없는 장소가 아니다. 단순한 소멸도 아니다.[1] 예수님은 지옥을 불타는 곳으로 거듭 묘사하셨다. "형제를 대하여 라가라 하는 자는 공회에 잡혀가게 되고 미련한 놈이라 하는 자는 지옥 불에 들어가게 되리라"(마 5:22). "만일 네 눈이 너를 범죄하게 하거든 빼어 내버리라 한 눈으로 영생에 들어가는 것이 두 눈을 가지고 지옥 불에 던져지는 것보다 나으니라"(마 18:9). "만일 네 눈이 너를 범죄하게 하거든 빼버리라 한 눈으로 하나님의 나라에 들어가는 것이 두 눈을 가지고 지옥에 던져지는 것보다 나으니라 거기에서는 구더기도 죽지 않고 불도 꺼지지 아니하느니라"(막 9:47-48). 예수님은 종종 거기에는 "슬피 울며 이를 갊이 있을 것"(마 8:12; 22:13; 24:51; 25:30)이라고 경고하셨다.

---

1) 소멸설에 반박하기 위해 근거로 든 성경 구절 및 의식 있는 영원한 고통의 장소로서 지옥설을 뒷받침하는 근거를 참고하려면, 존 파이퍼, 『열방을 향해 가라』 (좋은씨앗, 2018), 원저 John Piper, *Let the Nations Be Glad: The Supremacy of God in Missions, 2nd.*, revised and expanded(Grand Rapids, Mich.: Baker, 2003)의 4장과 거기에 인용된 참고 도서들을 보라.

지옥은 고통의 장소일 뿐 아니라 영원한 곳이다. 지옥은 오늘날 많은 대중적인 작가들이 말하는 것과 달리 교정 장소가 아니다.[2] 예수님은 다음과 같이 말씀하시며 최후의 심판 비유를 마무리하신다. "또 왼편에 있는 자들에게 이르시되 저주를 받은 자들아 나를 떠나 마귀와 그 사자들을 위하여 예비된 영원한 불에 들어가라······ 그들은 영벌에, 의인들은 영생에 들어가리라 하시니라"(마 25:41, 46). '형벌'은 '생명'과 마찬가지로 영원하다.

지옥이 영원하다는 사실을 보여 주는 또 다른 증거가 있다. 용서받지 못할 죄가 있다는 예수님의 가르침이다. "그러므로 내가 너희에게 이르노니 사람에 대한 모든 죄와 모독은 사하심을 얻되 성령을 모독하는 것은 사하심을 얻지 못하겠고"(마 12:31). 지옥이 교정 장소이고 언젠가 모든 죄인이 지옥에서 떠난다면, 이는 그들이 용서를 받는다는 뜻이 된다. 하지만 예수님은 용서받지 못할 죄가 있다고 말씀하셨다.

요한계시록 14장 11절에서 요한은 고통과 영속(endlessness)이라는 끔찍한 실재를 다음과 같이 요약한다. "그 고난의 연기가 세세토록 올라가

---

2) 복음주의자들 가운데, 조지 맥도널드(George MacDonald)의 책들은 지옥을 교정 장소요 영원하지 않은 한시적 장소로 보게 하는 경향을 촉진했다. 가령, *Creation in Christ*, ed. Rolland Hein (Wheaton, Ill.: Harold Shaw, 1976), 63-81에 실린 그의 설교 "Justice"에서 그는 지옥에 대한 정통 견해를 거칠게 반박했다.

"나는 지금 행악자를 처벌하는 것이 옳지 않다고 말하는 것이 아니다. 나는 정의란 고통을 통해 충족되지 않으며 충족될 수도 없다고 말하고 있다. 그러니까 정의는 결코 고통에서나 고통을 통해서 그 조건을 채울 수 없다는 것이다. 단테의 정의 같은 그런 정의는 악을 가장 끔찍한 형태로 계속 유지시킬 뿐이다. 그렇게 되면 하나님의 생명이 악의 승리를 계속해서 알리거나 적어도 그것에게 보금자리를 마련해 주는 것밖에 되지 않는다. 그렇다면 하나님은 이 잃어버린 영혼들 중 한 명이 자신에게 반역할 때마다 패하시는 것이 아닌가? 내가 하려는 말은 이런 지옥의 복수를 통해 하나님은 승리하시면서도 패하시게 된다는 것이다. 악에 반대하는 일일지라도, 그것은 독재자의 헛되고 무익한 잔혹함일 뿐이다.······ 형벌의 목적은 교정과 구속이다. 하나님은 사랑의 동기로 피조물을 구원하기 위해 죄를 벌하신다. 그분의 정의로 피조 세계에서 죄를 멸하신다"(71-2).

제임스 패커(J. I. Packer)는 "Good Pagan's and God's Kingdom", *Christianity Today* 17 (17 January 1986), 22-5와 "The Problem of Eternal Punishment", *The J. I. Packer Collection*, selected and introduced by Alister McGrath (Downers Grove, Ill.: InterVarsity, 2000), 210-26에서 이런 형태의 견해들을 논한다.

리로다 짐승과 그의 우상에게 경배하고 그의 이름 표를 받는 자는 누구든지 밤낮 쉼을 얻지 못하리라 하더라."

지옥은 정당하다. 어떤 사람들은 끝없는 형벌은 그 범한 죄의 심각성에 비례하지 않는다며 반대한다. 하지만 이는 사실이 아니다. 우리가 범한 죄의 심각성은 그 한계를 정할 수 없기 때문이다. 조나단 에드워즈의 설명을 생각해 보라.

누군가를 계속해서 멸시하거나 경멸하는 범죄는, 크든 작든 그에게 순종해야 할 의무가 큰지 혹은 작은지에 따라서 그 가증스러움의 정도가 결정된다. 따라서 만약 우리에게 하나님을 사랑하고 존경하고 순종해야 할 무한한 책임이 있다면, 하나님을 거스르는 행동은 분명 무한한 잘못이 될 것이다.

누군가를 사랑하고 존경하고 순종해야 하는 우리의 의무는 그 대상의 사랑스러움과 존경할 만한 가치와 권위에 비례한다.······ 하나님은 한없이 탁월하시고 아름다우시기에 한없이 사랑스러운 분이 되신다.······

따라서 무한한 책임을 다하지 못해 하나님을 거스른 죄는 그 끝을 알 수 없을 만큼 극악한 범죄이며, 따라서 영원한 형벌을 받는 것이 당연하다.······ 경건하지 못한 자들이 받을 형벌의 영원성은 그 형벌을 무한한 형벌이 되게 하며······ 이는 그들이 범한 죄의 극악성에 비례한다.[3]

최후의 심판 때 모든 사람이 하나님 앞에 서는 날, 하나님은 우리가 받은 정죄가 적절한지 보여 주기 위해 굳이 성경 구절까지 사용하실 필

---

3) Jonathan Edwards, "The Justice of God in the Damnation of Sinners," in *The Works of Jonathan Edwards*, vol. 1(Edinburgh: Banner of Truth, 1974), 669.

요가 없다. 질문 세 가지면 충분하다. 첫째, 피고가 소유한 모든 것은 하나님의 선물이며, 피고의 삶과 호흡, 아니 모든 것에 있어 창조주께 분명히 진실로 실제로 의존하고 있는가? 둘째, 사람들이 피고가 베푼 호의에 마땅히 감사하지 않았을 때 법적 정서상[4] 늘 그들을 허물이 있는 자들로 생각하지 않았는가? 셋째, 피고는 내가 피고에게 베푼 호의와 권위만큼 나에게 감사하고 나를 신뢰하는 삶을 살았는가? 사건 종결.

진노에서 우리를 구원하기 위해 하나님은 무슨 일을 하셨는가?

5. 그런데도 하나님은 크신 긍휼로 자신의 아들 예수 그리스도를 보내셔서 죄인들을 대신해 십자가에서 죽게 하시고 죽은 자들 가운데서 육체로 다시 살리셔서 죄인들을 구원하셨다.

"미쁘다 모든 사람이 받을 만한 이 말이여 그리스도 예수께서 죄인을 구원하시려고 세상에 임하셨다 하였도다 죄인 중에 내가 괴수니라"(딤전 1:15).

"예수는 우리가 범죄한 것 때문에 내줌이 되고 또한 우리를 의롭다 하시기 위하여 살아나셨느니라"(롬 4:25).

---

4) 나는 에드워드 존 카넬(Edward John Cornell)의 법적 정서와 하나님의 존재와의 관계에 대한 그의 통찰력 있는 분석에 감사와 경의를 표한다. 법적 정서는 우리가 혹사를 당할 때 정당하게 불쾌감을 느끼게 하는 도덕 기능이다. 다음은 심오하고 멋진 책 *Christian Commitment* (New York: Macmillan, 1957)에 나온 그의 말이다.
"양심은 자아를 고발하는 반면에 법적 정서는 타인을 고발한다. 고발의 방향이 중요하다. 양심은 자기 자신의 도덕적 행위를 감시하지만 법정 정서는 타인의 도덕적 행위를 감시한다. 더욱이 정서는 사회, 문화적 상황에 영향을 받는 반면에, 법적 정서는 그렇지 않다. 과거와 현재와 미래의 모든 보통 사람들은 인격적으로 부당한 대우를 받을 때마다 법적 정서가 일어나는 것을 경험한다(110). 이렇게 생긴 법적 정서는 하나님의 형상이 모욕을 당하고 있다는 하늘이 주는 경고다. 문화적 상황이 법적 정서를 변경시킬 수는 있지만, 그 기능 자체를 바꾸지는 못한다(112). 법적 정서의 목소리는 하나님의 목소리다"(136).

우리는 창조주의 저주 아래 떨어졌고, 하나님은 자신의 의로운 성품에 따라 자기 영광의 가치를 보존하기 위해 죄인인 우리에게 영원한 진노를 쏟으신다. 그런데 이 끔찍한 소식과 대조되는 멋진 복음이 있다. 이 복음은 자연으로부터는 절대로 배울 수 없는 진리다. 우리는 이 진리를 이웃에게 전해야 하고, 교회에서 설교해야 하고, 선교사들이 들고 가야 한다.

복음은 이것이다. 하나님은 전 인류를 정죄하는 대신 그분이 직접 자기 정의의 요구를 만족시키는 방법을 스스로 마련하셨다! 지옥 역시 죄인들을 처리하고 하나님의 정의를 세우는 한 방법이다. 하나님은 지혜로 자신의 정의를 훼손하지 않으면서도 자신의 사랑을 통해 진노에서 우리를 건지는 길을 마련하셨다.

이 지혜는 무엇인가? 바로 죄인들을 위한 하나님의 아들의 죽음이다! "우리는 십자가에 못 박힌 그리스도를 전하니 유대인에게는 거리끼는 것이요 이방인에게는 미련한 것이로되 오직 부르심을 받은 자들에게는 유대인이나 헬라인이나 그리스도는 하나님의 능력이요 하나님의 지혜니라"(고전 1:23-24).

그리스도의 십자가는 하나님의 사랑으로 죄인들을 하나님의 진노에서 구원하고 동시에 그리스도 안에 있는 하나님의 의를 뒷받침하고 증명하는 하나님의 지혜다. 로마서 3장 25-26절은 아마 성경에서 가장 중요한 구절일 것이다.

"이 예수를 하나님이 그의 피로써 믿음으로 말미암는 화목제물 (propitiation)[5]로 세우셨으니 이는 하나님께서 길이 참으시는 중에 전에

---

5) *propitiation*이란 단어는 오늘날 보기 드물다. 많은 번역본이 좀 더 일반적인 단어인 *expiation, sac-*

지은 죄를 간과하심으로 자기의 의로우심을 나타내려 하심이니 곧 이때에 자기의 의로우심을 나타내사 자기도 의로우시며 또한 예수 믿는 자를 의롭다 하려 하심이라."

둘 중 하나가 아니라 양쪽 모두다! 하나님은 온전히 의로우시다! 그뿐 아니라 경건치 않은 자들을 의롭다 하신다! 하나님은 죄인을 사면하시지만 이 일로써 죄를 범하지도 않으신다. 세상에 이보다 더 위대한 소식이 있겠는가![6]

"하나님이 죄를 알지도 못하신 이를 우리를 대신하여 죄로 삼으신 것은 우리로 하여금 그 안에서 하나님의 의가 되게 하려 하심이라"(고후 5:21).

"죄로 말미암아 자기 아들을 죄 있는 육신의 모양으로 보내어 육신에 죄를 정하사"(롬 8:3).

"친히 나무에 달려 그 몸으로 우리 죄를 담당하셨으니 이는 우리로 죄에 대하여 죽고 의에 대하여 살게 하려 하심이라 그가 채찍에 맞음으로 너희는 나음을 얻었나니"(벧전 2:24).

---

*rifice of atonement*으로 바꾸었다. 내가 이 단어를 계속 쓴 것은 원래의 의미, 즉 그리스도께서 죄인을 위해 십자가에서 돌아가신 것은 죄인을 향한 하나님의 진노를 누그러뜨리려는 것이라는 의미를 강조하기 위해서다. 하나님의 영광을 위해 자기 아들을 그런 수치와 고통 가운데 두심으로써, 하나님은 죄를 모르는 척 감추지 않는다는 사실을 공개적으로 보여 주신다. 하나님의 영광에 대한 모든 경멸은, 믿는 이들에 대한 분노를 누그러뜨린 곳인 십자가 위에서든 혹은 하나님을 믿지 않는 이들을 향해 하나님의 진노를 쏟는 장소인 지옥에서든 그에 합당한 처벌을 받는다.

6) 경건치 않은 자를 오직 믿음으로 의롭다 하신 이 진리에 대해서는 따로 책 한 권을 할애할 가치가 있다. 나는 칭의 교리의 영광에 마음을 사로잡혔고 그 교리에 대한 공격에 마음이 몹시 불편했다. 그래서 *Counted Righteousness in Christ* (Wheaton, Ill.: Crossway, 2002)라는 책을 썼다. 그리스도의 의의 전가로서 칭의 교리와 그것에 대한 현대 신학자들의 견해를 알기 원한다면 이 책을 추천한다.

"그리스도께서도 단번에 죄를 위하여 죽으사 의인으로서 불의한 자를 대신하셨으니 이는 우리를 하나님 앞으로 인도하려 하심이라 육체로는 죽임을 당하시고 영으로는 살리심을 받으셨으니"(벧전 3:18).

"만일 우리가 그의 죽으심과 같은 모양으로 연합한 자가 되었으면 또한 그의 부활과 같은 모양으로 연합한 자도 되리라"(롬 6:5).

세상에서 가장 두려워 떨어야 할 소식은 우리가 창조주의 저주 아래에 떨어졌고, 그분은 자신의 의로운 성품에 따라 자기 영광의 가치를 보존하기 위해 우리 죄에 영원한 진노를 쏟으신다는 사실이다. 그리고 세상에서 가장 반가운 소식(복음!)은 하나님이 자신의 영광과 그 아들의 명예와 자신이 선택한 자들의 영원한 구원을 든든하게 떠받쳐 줄 구원의 길을 마련하셨다는 사실이다. 하나님은 자신의 아들을 죽음에 내주어 죄인들을 살리셨고, 그 아들을 다시 살리심으로써 그들이 죽음을 정복하게 하셨다.

구원을 얻기 위해 우리가 할 일은 무엇인가?

6. 그리스도의 죽음을 값으로 치르고 얻는 유익은 누구에게 돌아가는 가? 곧 회개하고 하나님을 신뢰하는 이들에게 돌아간다.

"너희가 회개하고 돌이켜 너희 죄 없이 함을 받으라"(행 3:19).

"주 예수를 믿으라 그리하면 너와 네 집이 구원을 받으리라"(행 16:31).

그리스도께서 죄인을 위해 돌아가셨다고 해서 모든 사람이 구원을 얻는 것은 아니다. 우리가 구원을 얻기 위해 만족시켜야 할 조건이 있다.[7] 바로 내가 여기서 회개와 믿음으로 요약한 '회심'이다. 그리고 나는 회심이 기독교 희락주의의 시초임을 설명하려 한다.

회심이란?

성경에서 **회심**(conversion)[8]이란 단어는 사도행전 15장 3절에 단 한 번 나온다. "그들이[바울과 바나바가] 교회의 전송을 받고 베니게와 사마리아로 다니며 이방인들이 주께 **돌아온 일**(conversion)을 말하여 형제들을 다 크게 기쁘게 하더라" 이 회심은 사도행전 다른 부분에서도 보여 주듯 회개와 믿음을 수반한다.

예를 들어 사도행전 11장 18절에서 사도들은 이방인의 회심에 대한 베드로의 간증을 듣고 다음과 같이 반응한다. "그들이 이 말을 듣고 잠잠하여 하나님께 영광을 돌려 이르되 그러면 하나님께서 이방인에게도 생명 얻는 회개를 주셨도다 하니라."

사도행전 14장 27절은 바울과 바나바가 "하나님이 함께 행하신 모든 일과 이방인들에게 믿음의 문을 여신 것을 보고했다"고 말하면서 회심에 대해 전한다.

---

7) 어쩔 수 없어 쓰긴 했지만 '조건'이라는 단어를 사용하면서 나는 어떤 식으로든 예수님이 우리의 칭의를 위해 칭의의 근거로서 하나님이 요구하신 바를 모두 충족시키셨다는 진리를 축소시키고 싶지 않다. 하나님이 우리에게 요구하시는 바는 어떤 식으로든 우리가 하나님 앞에 바로 서는 근거로서의 그리스도의 의를 향상시키는 것이 아니다. 그보다는 다른 의미로서의 '조건'이다. 곧 우리는 그리스도께서 우리를 위해 하신 일과 모든 약속들과 그분께서 대가를 치르면서 허락하신 하나님과의 기쁨 가득한 교제를 보화로 수용해야 한다는 뜻이다.

8) **회심**(conversion)이라는 단어의 동사형은 흠정역의 마태복음 13:15(=막 4:12=요 12:40=행 28:27), 18:3, 누가복음 22:32, 사도행전 3:19, 야고보서 5:19-20에 쓰였다.

회심에는 회개(죄와 불신에서 돌아서는 것)와 믿음(그리스도 한 분만을 구원자로 믿는 것)이 포함된다.[9] 이 둘은 실제로 한 동전의 양면이다. 한 면은 꼬리다. 불신의 열매로부터 꼬리를 빼고 달아난다. 다른 한 면은 머리다. 예수 그리스도를 향해 똑바로 나아가며 그분의 약속을 신뢰한다. 한 번에 양방향을 다 볼 수 있거나 두 주인을 동시에 섬길 수 있는 게 아니라면, 다른 한 면이 없이 한 면만을 취할 수 없다.

다시 말해 구원하는 믿음은 그리스도 안에서의 깊은 마음의 변화를 수반한다는 뜻이다. 믿음은 단순히 특정 교리에 동의하는 것만을 의미하지 않는다. **사탄**도 참 진리에 동의는 한다(약 2:19). 구원하는 믿음은 그보다 훨씬 깊게 스며든다.

회심은 하나님의 선물이다

사도행전을 통해 회심이 하나님의 선물이라는 암시를 발견하면, 회개와 믿음의 배후에 놀라운 무언가가 있음을 알게 될 것이다. "하나님께서…… 생명 얻는 회개를 주셨도다"(행 11:18). "이스라엘에게 회개함과 죄 사함을 주시려고 그를 오른손으로 높이사 임금과 구주로 삼으셨느니라"(행 5:31). 하나님께서는 "이방인들에게 믿음의 문을 여셨다"(행 14:27). 주께서 "그[루디아] 마음을 열어 바울의 말을 따르게 하셨다"(행 16:14).

회심은 기적이라고 고백하기 전에는 누구도 결코 회심이 얼마나 깊고도 놀라운 일인지 온전히 이해할 수 없다. 다시 한 번 말하는데, 우리는 죄를 지었을 뿐 아니라 본질상 죄인으로서 우매하고 완고하고 죽은 자였으며 하나님의 법에 순복할 수 없는 존재들이었다. 따라서 하나님이

---

9) 더 자세히 살펴려면, Wayne Grudem, *Systematic Theology: An Introduction to Biblical Doctrine* (Grand Rapids, Mich.: Zondervan, 1994), 709-21을 참조하라.

중생의 기적을 베풀지 않으시면 복음을 듣더라도 긍정적으로 반응할 수 없다. [10]

믿음은 하나님이 행하셨기 때문에 가능해진 우리의 행위다

회개와 믿음은 우리의 일이다. 하지만 하나님이 우리의 완악하고 반역하는 마음을 이기도록 역사하지 않으시면 결코 회개할 수도 없고 믿을 수도 없다. 여기서 하나님의 역사를 **중생**(regeneration)이라고 부르며 우리의 일을 **회심**(conversion)이라고 부른다. [11]

회심은 죄를 거부하고 그리스도의 권세에 자신을 굴복시키고 소망과 신뢰를 하나님 안에 두는 등 인간의 의지적인 활동을 포함한다. 우리는 이것을 해야 할 책임이 있고 그렇게 하지 않으면 정죄를 받는다. 하지만 성경은 분명히 우리는 완악한 마음과 고집스런 우매함, 영적 무감각 때문에 이 책임을 다할 수 없다고 말한다. [12]

---

10) **중생**은 거듭남을 표현하는 중요한 단어다. 중생의 헬라어 단어(palingenesia)는 신약성경에서 딱 한 번 나오는데, 인간의 거듭남을 가리킨다. (마태복음 19:28에서도 나오는데 여기서는 마지막 날 세상이 새롭게 될 것을 나타낸다.) 중생에 대해 더 알기 원하면, Grudem, *Systematic Theology*, 699-708을 참조하라.

11) "회심에 있어서 인간은 능동적이다. 회심은 전적으로 인간의 활동으로 이루어진다. 하지만 중생에 있어서는 성령만이 능동적 원인이 되신다." Samuel Hopkins, "Regeneration & Conversion," in *Intro duction to Puritan Theology*, ed. Edward Hindson (Grand Rapids, Mich.: Baker, 1976), 180. 중생(신생)과 회심(회개와 믿음)의 관계에 대한 탁월한 진술인 이 논문 전체를 추천한다.

12) 도덕적으로 불가능한 일을 해야 할 책임이 우리에게 있다는 이 말이 많은 이들에게 큰 걸림돌이 된다. 하지만 우리가 그렇게 주장하는 이유는 그것이 우리의 일반적인 이성에 비추어볼 때 분명해서가 아니라, 성경이 그렇다고 분명히 가르치기 때문이다. 여기서 말하는 무능력이란 육체적 장애가 아닌 도덕적 타락 때문이라는 사실을 고려하면 유익할 것이다. 우리가 믿지 못하는 것은 육체적으로 뇌가 손상되었기 때문이 아니라 도덕적으로 뒤틀린 의지 때문이다. 육체적 무능력은 책임을 물을 수 없지만, 도덕적 무능력은 그렇지 않다. 우리의 부패하고 타락한 본성이 빛을 미워하기에 우리는 빛으로 나아갈 수 없다. 따라서 누군가 빛으로 나아갔다면, 그것은 "그의 행위가 **하나님에 의해서** 행해졌음을 분명히 드러내기 위해서다"(요 3:21). 내가 아는 한 이 어려운 문제를 가장 잘 다룬 책은 조나단 에드워즈의 *Freedom of the Will* (Morgan, Penn.: Soli Deo Gloria, 1998, original 1754)이다. 그 밖에 *The Works of Jonathan Edwards*, vol. 1도 있다. 에드워즈의 주장을 가장 잘 요약해 놓은 글은 C. Samuel Storms, "Jonathan Edwards on the Freedom of the Will," *Trinity Journal* 3 (Fall 1982): 131-69이다.

우리는 먼저 중생케 하시는 성령의 역사를 경험해야 한다. 성경은 오래전 하나님이 자기 자신을 위해 신실한 백성을 창조하고자 이 사역에 헌신하실 것이라 약속한 바 있다.

"네 하나님 여호와께서 네 마음과 네 자손의 마음에 할례를 베푸사 너로 마음을 다하며 뜻을 다하여 네 하나님 여호와를 사랑하게 하사 너로 생명을 얻게 하실 것이며"(신 30:6).

"내가 여호와인 줄 아는 마음을 그들에게 주어서 그들이 전심으로 내게 돌아오게 하리니 그들은 내 백성이 되겠고 나는 그들의 하나님이 되리라"(렘 24:7).

"내가 그들에게 한 마음을 주고 그 속에 새 영을 주며 그 몸에서 돌 같은 마음을 제거하고 살처럼 부드러운 마음을 주어 내 율례를 따르며 내 규례를 지켜 행하게 하리니 그들은 내 백성이 되고 나는 그들의 하나님이 되리라"(겔 11:19-20).

"또 새 영을 너희 속에 두고 새 마음을 너희에게 주되 너희 육신에서 굳은 마음을 제거하고 부드러운 마음을 줄 것이며 또 내 영을 너희 속에 두어 너희로 내 율례를 행하게 하리니 너희가 내 규례를 지켜 행할지라"(겔 36:26-27).

이 위대한 구약의 약속은, 돌 같이 굳은 마음을 살처럼 부드러운 마음으로 바꾸어 그들로 하나님을 '알고' '사랑하고' '순종하게' 하실 하나님의 역사를 기술하고 있다. 이런 영적인 마음의 이식(移植)이 없이는 하나님을 알지도, 사랑하지도, 순종하지도 못할 것이다. 하나님의 선행적 역사가 바로 우리가 말한 중생(regeneration)의 의미다.

우리도 나사로처럼 예수님께 부르심을 받았다: 사망에서 생명으로

신약성경에서 하나님은 사람들을 어둠에서 불러내시고[13] 그들로 복음을 믿고 빛 가운데 걷게 하심으로써 하나님 자신을 위해 그들을 창조하시는 활동적인 분으로 등장한다.

"예수께서 그리스도이심을 믿는 자마다 하나님께로부터 난(has been born) 자니"(요일 5:1).

동사의 시제는 요한의 의도를 분명히 보여 준다. "예수께서 그리스도이심을 계속해서 믿는(pisteuōn, 현재 시제, 계속적인 동작) 자마다 하나님께로부터 난(gennēsanta, 완료 시제, 이미 완료되었고 그 효력이 계속 미치고 있는 동작) 자다." 믿음은 새로운 탄생의 증거지 이유가 아니다. 이는 요한의 저술 전체에 일관되게 등장한다(참조. 요일 2:29; 3:9; 4:2-3; 4:7).

---

13) 성경은 우리가 하나님의 '부르심'을 말할 때 두 가지로 구분하여 사용하도록 요구한다. 하나는 일반적 혹은 외적 소명으로서 복음을 전하도록 부르시는 소명이다. 복음의 메시지를 듣거나 성경을 읽는 사람들은 누구나 이런 의미에서 부르심을 받는다. 그러나 하나님은 다른 의미로 복음을 듣는 사람을 부르신다. 이 부르심은 하나님의 내적 혹은 유효한 부르심이다. 이 소명은 그 사람의 마음을 변화시켜 믿음이 견고해지게 한다. 이 부르심은 "빛이 있으라" 혹은 "나사로야 나오너라" 같은 부르심이다. 이런 구분을 요구하는 핵심 구절이 고린도전서 1:23-24이다. "우리는 십자가에 못 박힌 그리스도를 전하니(일반적 부르심) 유대인에게는 거리끼는 것이요 이방인에게는 미련한 것이로되 오직 부르심(유효한 부르심)을 받은 자들에게는 유대인이나 헬라인이나 그리스도는 하나님의 능력이요 하나님의 지혜니라." 일반적 부르심을 받은 사람들 중에 복음을 지혜와 능력으로 생각하도록 부르심을 받은 그룹도 있다. 유효한 부르심에 의한 변화가 다름 아닌 중생의 변화다. 유효한 부르심에 대한 더 자세한 것은, 존 파이퍼, 『존 파이퍼의 거듭남』, 전의우 역 (두란노, 2009), 원저 John Piper, *Finally Alive*를 참고하라.

오직 하나님의 중생하게 하시는 역사로만 말미암아 믿음과 회개가 가능하다. 그러기에 믿음과 회개 모두 하나님의 선물이라고 불린다.

"허물로 죽은 우리를 그리스도와 함께 살리셨고 (너희는 은혜로 구원을 받은 것이라)…… 너희는 그 은혜에 의하여 믿음으로 말미암아 구원을 받았으니 이것[14]은 너희에게서 난 것이 아니요 하나님의 선물이라"(엡 2:5, 8).

"주의 종은 마땅히 다투지 아니하고 모든 사람에 대하여 온유하며 가르치기를 잘하며 참으며 거역하는 자를 온유함으로 훈계할지니 혹 하나님이 그들에게 회개함을 주사 진리를 알게 하실까 하며 그들로 깨어 마귀의 올무에서 벗어나 하나님께 사로잡힌 바 되어 그 뜻을 따르게 하실까 함이라"(딤후 2:24-26).

회심은 구원의 조건이며 하나님의 기적이다

회심의 성격과 기원에 대한 이러한 묵상을 통해 두 가지가 분명해진다. 하나는 회심이 구원의 조건이라는 말의 의미인데, 여기서 구원을 정확히 정의하지 못하면 계속 혼동하게 된다.

만약 **구원**이 거듭남(new birth)을 가리킨다면, 회심은 구원의 조건이 **아니다.** 먼저 거듭나고 그것이 회개와 믿음이라는 회심을 가능하게 한다.

---

14) 은혜(charis)와 믿음(pisteōs)이란 단어는 원래 희랍어에서는 여성명사인데, **"이것"**(touto)은 중성명사다. 어떤 이들은 이런 불일치 때문에 여기서 말하는 선물이 믿음이 아니라고 주장한다. 하지만 이는 5절이 함축하는 의미를 간과한 해석이다. "우리가 죽었을 때." 은혜는 **심지어 죽은 상태에 있던** 우리를 구원했으므로 은혜가 되는 것이다. 하지만 은혜는 '믿음으로'(through faith) 구원한다. 어떻게 은혜가 믿음을 통해 죽은 자를 구원하는가? 죽은 믿음을 산 믿음으로 일깨움을 통해서 구원한다. 에베소서 2:5-8에서 믿음이 선물인 이유가 바로 이것이다. "이것"은 믿음을 통해 은혜로 구원하는 사건 전체를 가리키며, 따라서 믿음이 선물이라는 것까지 포함한다. (참조. 행 18:27: "그가 가매 **은혜**로 말미암아 믿은 자들에게 많은 유익을 주니.")

새로 태어나기 전에 우리는 죽은 자였고, 죽은 자들은 어떤 조건도 충족시키지 못한다. 중생은 전적으로 무조건적이다. 중생(regeneration)은 오직 하나님의 자유로운 은혜의 결과다. "원하는 자로 말미암음도 아니요 달음박질하는 자로 말미암음도 아니요 오직 긍휼히 여기시는 하나님으로 말미암음이니라"(롬 9:16).[15] 우리에게는 공로가 전혀 없다. 하나님이 모든 영광을 받으신다.

하지만 만약 **구원**이 칭의를 가리킨다면, 우리가 충족시켜야 할 한 가지 분명한 조건이 있다. 예수 그리스도를 믿는 믿음이다(롬 3:28; 4:4-5; 5:1). 또 **구원**이 장차 최후의 심판 때 하나님의 정죄에서 건짐 받아 영생에 들어가는 것이라면, 신약성경은 우리가 '믿어야' 할 뿐 아니라 이 믿음이 순종의 열매를 맺을 만큼 실제적이어야 한다고 말한다. "행함이 없는 믿음은 그 자체가 죽은 것이라"(약 2:17; 참조. 26절). "그리스도 예수 안에서는 할례나 무할례나 효력이 없으되 사랑으로써 역사하는 믿음뿐이니라"(갈 5:6). "모든 사람과 더불어 화평함과 거룩함을 따르라 이것이 없이는 아무도 주를 보지 못하리라"(히 12:14).

"구원을 얻으려면 어떻게 해야 합니까?"라는 질문에 대한 대답은 우리가 무엇을 묻느냐에 따라 다르다. 어떻게 하면 거듭나는가, 어떻게 하면 칭의를 얻는가, 어떻게 하면 결국 천국으로 들어가는가? 그 답은 "기독교 희락주의자가 되는 것"이다. 즉 거듭나게 하시는 하나님의 역사와

---

15) 로마서 9장은 개인과 그들의 영원한 운명과 상관없다고 주장하는 이들도 있다. 하지만 이 9장에서 바울이 씨름하는 문제는, 어떻게 하나님의 택하심을 받은 개별적인 유대인들이 저주를 받을 수 있으며 동시에 하나님의 말씀이 여전히 설 수 있는가이기 때문에(롬 9:3-6을 보라), 나는 여기서 바울이 이것을 염두에 두고 있음을 보여 주려고 노력해왔다. 나는 이 해석을 보여 주기 위해 책 한 권을 썼다. *The Justification of God: An Exegetical and Theological Study of Romans* 9:1-23, 2nd ed. (Grand Rapids, Mich.: Baker, 1993). 또한 Thomas R. Schreiner, "Does Romans 9 Teach Individual Election unto Salvation?" in *Still Sovereign: Contemporary Perspective on Election, Foreknowledge, and Grace*, ed. Thomas R. Schreiner and Bruce A. Ware (Grand Rapids, Mich.: Baker, 2000), 89-106.

그리스도를 믿는 우리의 믿음과, 믿음으로 사는 우리의 삶 가운데 우리가 그리스도께 순종하도록 돕는 하나님의 일하심이 있어야 한다. 이것이 회심의 가장 온전한 의미다.

정리가 되었다면 이제 두 번째 논의로 나아가자. 우리는 회심을 그리스도께 순종하는 새로운 본성(기독교 희락주의자)으로 들어가는 것이라 이해했는데, 이 회심은 인간의 결정에만 달려 있지 않다. 물론 회심은 인간의 결심이다. 하지만 그 이상이다. 회개하는 믿음(혹은 믿음의 회개)은 하나님이 주권적으로 베푸시는 기이한 기적에 근거한다. 회심은 그리스도 안에 있는 새로운 피조물의 호흡이다.

구원하는 믿음은 다양한 요소들로 구성된다. 이 구성 요소의 성질로 인해 믿음은 우리 삶에서 변화를 일으키는 매우 강력한 것이 된다. 이를 이해하지 못한다면, 신약성경에 나오는 현재의 구원과 최종 구원을 위한 일련의 조건들이 몹시 당황스러울 것이다. 아래의 몇몇 조건을 살펴보자.

구원을 얻으려면 무엇을 해야 하는가?

사도행전 16장 31절은 "주 예수를 믿으라 그리하면 너와 네 집이 구원을 받으리라"고 대답한다.

요한복음 1장 12절은 우리가 그리스도를 영접해야 한다고 대답한다. "영접하는 자 곧 그 이름을 믿는 자들에게는 하나님의 자녀가 되는 권세를 주셨으니."

사도행전 3장 19절의 대답은 "너희가 회개하고 돌이켜 너희 죄 없이 함을 받으라"는 것이다.

히브리서 5장 9절은 그리스도께 순종하라고 한다. 그리스도께서는 "자기에게 순종하는 모든 자에게 영원한 구원의 근원이 되신다." 그래서 요한복음 3장 36절은 "아들에게 순종하지 아니하는 자는 영생을 보지 못한다"고 말한다.

예수님도 이 질문에 다양한 방식으로 대답하신다. 예를 들면, 마태복음 18장 3절에서는 어린아이와 같이 되는 것을 구원의 조건으로 말씀하신다. "진실로 너희에게 이르노니 너희가 돌이켜 어린 아이들과 같이 되지 아니하면 결단코 천국에 들어가지 못하리라."

마가복음 8장 34-35절에서 구원의 조건은 자기 부인이다. "누구든지 나를 따라오려거든 자기를 부인하고 자기 십자가를 지고 나를 따를 것이니라 누구든지 자기 목숨을 구원하고자 하면 잃을 것이요 누구든지 나와 복음을 위하여 자기 목숨을 잃으면 구원하리라."

마태복음 10장 37절은 다른 무엇보다 예수님을 더 사랑하는 것이 구원의 조건이라고 말한다. "아버지나 어머니를 나보다 더 사랑하는 자는 내게 합당하지 아니하고 아들이나 딸을 나보다 더 사랑하는 자도 내게 합당하지 아니하며." 고린도전서 16장 22절은 이를 이렇게 표현했다. "만일 누구든지 주를 사랑하지 아니하면 저주를 받을지어다."

누가복음 14장 33절에서는 자기 소유에 대한 사랑에서 해방되는 것을 구원의 조건으로 말씀하신다. "너희 중의 누구든지 자기의 모든 소유를 버리지 아니하면 능히 내 제자가 되지 못하리라."

이상은 신약성경이 제시한 우리가 온전하고 최종적인 의미의 구원을 얻기 위해 충족시켜야 할 조건들 중 일부다. 우리는 예수님을 믿고 영접하고 죄에서 돌이켜 그분께 순종하고, 우리 자신을 낮추어 어린아이처럼 되고, 가족이나 자신의 소유나 심지어 자기 목숨보다 예수님을 더 사랑해야 한다. 이것이 그리스도께로 회심했다는 말의 의미다. 이것이 영원한 구원을 얻는 유일한 길이다.

그런데 이 모든 조건들을 한데 모으고 통합하는 것은 무엇인가?[16] 또 이 모든 것들이 행위로 인한 구원이 되지 않게 하는 개념은 무엇인가? 바로 경이로운 실재인 구원하는 믿음(saving faith)이다. 즉 우리 자신에 대한 신뢰가 아닌, 하나님의 용서와 그리스도의 약속, 그리고 성령의 권능에 대한 신뢰다. 이것이 칭의를 얻도록 우리를 그리스도와 연합시킬 뿐 아니라, 성화되도록 우리에게 권능을 주는 통합의 열쇠다.

그런데 구원하는 믿음의 무엇이 우리 삶의 그토록 많은 부분을 통합하고 변화시키는가?

기독교 희락주의자의 탄생

예수님은 마태복음 13장 44절의 짧은 비유에서 그 답을 암시하신다.

"천국은 마치 밭에 감추인 보화와 같으니 사람이 이를 발견한 후 숨겨 두고 기뻐하며 돌아가서 자기의 소유를 다 팔아 그 밭을 사느니라."

이 비유는 사람이 어떻게 회심하고 천국에 들어가는지 묘사한다. 어떤 사람이 보화를 발견하고는 너무 기뻐서 그 보화를 얻기 위해 자신이 가진 모든 것을 판다. 천국은 왕이 거하시는 장소다. 천국에 대한 열망은 천상의 부동산을 소유하고픈 열망이 아니라 왕과 친교를 나누고픈 갈망이다. 밭에 있는 보화는 다름 아닌 그리스도 안에서 누리는 하나님과의 교제를 가리킨다.

---

16) 구원의 조건과 이것들이 어떻게 모두 믿음과 사랑으로 귀결되는지 더 알기 원한다면, John Piper, *The Purifying Power of Living by Faith in Future in Future Grace* (Sisters, Ore.: Multnomah, 1995), 19, 20장, 특별히 pp. 255-9를 참조하라.

나는 이 천국 보화 비유의 결론을 이렇게 내리고 싶다. "우리가 천국에 들어가려면 진정으로 회심해야 한다. 우리의 모든 죄를 씻으시고 우리에게 모든 의를 주시며 친히 함께하심으로 우리의 최고의 희락이 되신 예수 그리스도, 곧 십자가에 달리시고 부활하신 구세주, 그 그리스도께서 우리의 거룩한 기쁨의 보고(寶庫)가 되실 때 우리는 진정으로 회심한 것이다."

새로운 심미안의 창조

그렇다면 이런 기쁨에 도달한 것과 구원하는 믿음은 어떤 관계인가? 일반적으로 기쁨은 믿음의 열매라고 한다. 어떤 의미에서 이 말은 맞다. "소망의 하나님이 모든 기쁨과 평강을 **믿음 안에서** 너희에게 충만하게 하시기를 원하노라"(롬 15:13). 우리가 기쁨으로 충만해지는 것은 바로 이 '믿음 안에서'다. 하나님의 약속을 신뢰할 때 근심을 이기고 평강과 기쁨으로 충만해진다. 바울은 이를 가리켜 '믿음의 기쁨'(빌 1:25)이라고 했다.

그러나 기쁨과 믿음의 관계를 보는 다른 방식도 있다. 히브리서 11장 6절은 "믿음이 없이는 하나님을 기쁘시게 하지 못하나니 하나님께 나아가는 자는 반드시 그가 계신 것과 또한 그가 자기를 찾는 자들에게 상 주시는 이심을 믿어야 할지니라"고 말한다. 다시 말해 하나님을 기쁘시게 하는 믿음은 우리가 하나님께 나아갈 때 하나님이 상 주시리라 확신하는 것이다. 하지만 이 말이 물질을 기쁨의 동기로 삼아도 된다는 뜻은 아니다. 우리가 갈망하는 상은 분명 하나님의 영광이며 그리스도와의 온전한 친교다(히 2:10; 3:6; 10:34; 11:26; 12:22-24; 13:5). 우리는 그리스도라는 보화를 얻기 위해 전부를 팔 것이다.

하나님을 기쁘시게 하는 믿음은, 우리가 하나님께 향할 때 모든 것을 만족시키는 보화를 발견하리라는 확신을 말한다. 이것이 함축하는 바가 무엇인지 알겠는가? 이 말은 곧 믿음의 행위 **이전에** 우리 마음에 무슨 일이 일어난다는 것을 암시한다. 하나님을 기쁘시게 하는 믿음의 행위 아래에서, 배후에서, 그 안에서 새로운 심미안(taste), 즉 하나님의 영광과 그리스도의 아름다움을 알아보는 감각이 창조되는 것이다. 보라, 기쁨이 탄생했도다!

한때 우리는 하나님을 전혀 기뻐하지 않았고, 우리에게 그리스도는 모호한 역사적 인물일 뿐이었다. 우리가 즐거워한 것은 음식, 우정, 생산, 투자, 휴가, 취미, 게임, 독서, 쇼핑, 성, 스포츠, 예술, TV, 여행이었지 하나님이 아니었다. 하나님은 하나의 개념(좋은 개념이긴 해도)과 토론 주제였을 뿐 기쁨의 보화는 아니었다.

그런데 기적 같은 일이 벌어졌다. 금빛 찬란한 새벽에 맹인의 눈이 열리는 것과 같은 기적이다. 형언할 수 없는 거룩한 아름다움 앞에서 우리는 놀라 침묵할 뿐이다. 그런 다음 우리가 정말로 흑암을 좋아했다는 사실을 깨닫고 충격과 공포에 사로잡힌다. 뒤이어 영혼의 목적인 잔잔한 기쁨이 깃든다. 탐구는 끝난다. 영원 영원히 이 영광의 임재 안에 살게 된다면, 우리는 무엇이든 내놓을 것이다.

그런 후에 믿음이 찾아온다. 즉 그리스도께서 죄인인 나를 위해 길을 여셔서 영원히 그분과의 영광스러운 교제를 나누며 살게 하셨다는 확신, 그리고 그리스도를 통해 하나님께로 나아가면 하나님은 자신의 거룩함을 나와 공유하시고 자신의 영광을 향한 갈망을 내게 주실 것이라는 확신이 찾아온다. 그러나 그 확신 이전에 갈망이 있고, 결정 이전에 기쁨이 있고, 신뢰 이전에 보화 발견이 있다.

빛을 사랑할 때 우리는 그리스도께 나아간다

요한복음 3장 18-20절은 이것을 가르치고 있지 않은가?

"그를 믿는 자는 심판을 받지 아니하는 것이요 믿지 아니하는 자는 하나님의 독생자의 이름을 믿지 아니하므로 벌써 심판을 받은 것이니라 그 정죄는 이것이니 곧 빛이 세상에 왔으되 사람들이 자기 행위가 악하므로 빛보다 어둠을 더 사랑한 것이니라 악을 행하는 자마다 빛을 미워하여 빛으로 오지 아니하나니 이는 그 행위가 드러날까 함이요."

사람들이 빛으로 나아오지 않는 이유는 빛을 사랑하지 않기 때문이다. 물론 빛으로 나아간다고 빛을 사랑하게 되는 것은 아니다. 그러나 빛을 사랑하면 빛으로 나아간다. 그런 이유가 아니라면 빛으로 나아간다고 해도 빛에게 전혀 영광이 되지 않는다. 그리스도의 아름다움에 대한 심미안이 전혀 없는데 그리스도를 믿을 만한 거룩한 동기가 있을 수 있겠는가? 물론 지옥을 모면하거나 부자가 되거나 혹은 사별한 연인을 다시 만나고 싶은 마음이 동기가 될 수는 있다. 하지만 빛으로 나아가려는 목적이 다만 우리가 어둠 가운데 있을 때 좋아했던 것들을 얻으려는 것뿐이라면, 어떻게 그 동기가 빛을 영화롭게 하겠는가?

이것이 과연 구원하는 믿음인가?

그리스도께서는 우리에게 하나님을 갈망하는 마음을 주려고 죽으셨다

구원하는 믿음은 그리스도 안에서 새로운 피조물이 된 자의 외침이다. 새로운 피조물에게는 새로운 심미안이 새롭게 생긴다. 이전에는 혐오하거나 지루하게 여기던 일들을 이제는 갈망하게 된다. 그리스도께서는 친히 거룩한 기쁨의 보고가 되셨다. 그리스도께서는 우리에게 최고의 선물을 갈망하는 마음을 주고자 죽으셨다. 믿음의 나무는 여기에서만 자란다. 우리가 갈망해야 할 최선의 선물은 건강도 부도 명성도 아니다. 바로 하나님 자신이시다.[17] 여기서 스스로를 점검해 보라. 하나님이 아니라 하나님이 주시는 선물만을 기뻐하는 그리스도인이 많다. 당신은 천국에 하나님이 없고 하나님의 선물만 있어도 가고 싶은가?[18]

"그리스도께서도 단번에 죄를 위하여 죽으사 의인으로서 불의한 자를 대신하였으니 이는 우리를 하나님 앞으로 인도하려 하심이라"(벧전 3:18).

"그로 말미암아 우리 둘이 한 성령 안에서 아버지께 나아감을 얻게 하려 하심이라"(엡 2:18).

"그로 말미암아 우리가 믿음으로 서 있는 은혜에 들어감을 얻었으며 하나님의 영광을 바라고 즐거워하느니라…… 이제…… 우리 주 예수 그리스도로 말미암아 하나님 안에서 또한 즐거워하느니라"(롬 5:2,11).

---

17) 1장(각주 9)에서 살핀 삼위일체에 대한 논의를 떠올려 보자. 성령은 우리에게 믿음의 새 마음을 주시는 하나님의 일꾼이며, 그분 자신은 성부와 성자가 서로 안에서 누리는 기쁨의 화신(per-sonification)이라는 말에 담긴 함축적인 의미는 묵상할 가치가 있다. 구원하는 믿음이 가능하도록 우리 마음에서 일어나야 하는 변화는 성령에 의한 투과(permeation)인데, 이는 성부와 성자가 서로의 아름다움 안에서 누리는 기쁨에 의한 투과와 다를 바 없다. 다시 말해 구원하는 믿음을 낳는 하나님을 향한 심미안은 성령을 통해 적절하게 우리에게 나누어 주시는 그분 자신을 향한 하나님의 심미안이다.

18) 하나님의 임재 그 자체가 천국의 크나큰 기쁨임을 더 알고 싶다면, 존 파이퍼,『하나님이 복음이다』, 전의우 역 (IVP, 2006), 원저 John Piper, *God Is the Gospel* (Wheaton Ill.: Crossway, 2005)를 보라.

하나님의 임재를 기뻐하는 새로운 열망

하나님 안에서 기쁨을 추구하는 일은 선택 사항이 아니다. 믿음을 갖게 된 후 길러야 할 추가 조항도 아니다. 또한 주님과 동행하는 삶을 향상시키는 일도 아니다. 우리가 전심으로 이 기쁨을 추구하지 않는다면 결코 하나님을 기쁘시게 할 수 없다. 이 기쁨을 추구하지 않는다면 구원하는 믿음이 아니다.

구원하는 믿음은, 우리가 가진 전부를 팔고 모든 악한 쾌락을 버리면, 감추어져 있던 기쁨의 보화가 우리 마음 속 가장 간절한 바람을 채워 주리라는 확신이다. 구원하는 믿음은 그리스도가 신뢰의 대상일 뿐 아니라 갈망의 대상임을 마음으로부터 확신하는 것이다. 또한 그리스도께서는 자신이 하신 약속을 이루시며, **그리고** 우리는 그분의 약속을 세상의 약속보다 더욱 갈망해야 한다고 확신하는 것이다.

우리는 '믿음의 기쁨'을 세 단계로 말할 수 있다. 첫째는 하나님의 영광을 위해 성령께서 창조하신 새로운 영적 심미안이다. 이 새로운 심미안은 기쁨의 씨앗이며 뿌리이다. 그러므로 이것은 배아(胚芽) 단계의 '믿음의 기쁨'이다. 둘째는 하나님이 그리스도 안에서 우리를 위하시는 모든 것을 향해 활기차게 뻗어나가는 믿음의 새싹 혹은 줄기이다. 이 줄기의 골수는 하나님 안에 있는 기쁨이다. 그 기쁨의 샘에서 나오는 절대적이고 참된 믿음에 참여하지 않기란 불가능하다. 하나님이 정말 누구신지 안다면, 소망의 하나님을 기쁨 없이 받아들이기란 불가능하다. 셋째는 일상적인 기쁨이 맺는 열매다. 바울은 로마서 15장 13절에서 이렇게 말한다. "소망의 하나님이 모든 **기쁨**과 평강을 **믿음 안에서** 너희에게 충만하게 하시기를 원하노라." 여기서 기쁨과 평강은 믿음**에서**(from) 시작해 삶의 전 영역으로 흘러넘친다.

우리는 회심할 때 하나님 나라의 숨겨진 보화를 발견한다. 그래서 위험을 무릅쓰고 그것을 얻으려 한다. 그런 씨름의 삶이 한 해 두 해 지나면서 우리는 그 보화의 가치를 지속적으로 증명하고, 이전에는 몰랐던 그 풍성함의 깊이를 발견하게 된다.

일시적인 쾌락을 버리고 새로운 순종의 행위로 나아오라고 그리스도께서 우리를 부르실 때, 우리는 그분의 제자 됨의 더없는 가치를 떠올리며, 이미 입증된 그리스도의 가치를 믿는 믿음으로 기꺼이 세상 쾌락을 버린다. 그 결과는 어떠한가? 기쁨은 더욱 커지고 믿음은 더욱 깊어진다! 이로써 우리는 계속해서 더 큰 기쁨으로 나아가고 더 깊은 믿음으로 나아가게 된다.

죄에서 돌이키는 회개와 그리스도를 영접하는 믿음의 배후에는 언제나 하나님의 임재를 즐거워하는 새로운 심미안, 새로운 갈망, 새로운 열망의 창조가 있다. 이것이 회심의 뿌리다. 이것이 기독교 희락주의자의 탄생이다.

왜 그리스도를 믿었고,
왜 그리스도인이 되었느냐고 묻는다면,
모든 사람이 이렇게 대답할 것이다.
"행복하기 위해서."

_ 성 어거스틴

아버지께 참되게 예배하는 자들은
영과 진리로 예배할 때가 오나니 곧 이 때라.
아버지께서는 자기에게
이렇게 예배하는 자들을 찾으시느니라.
하나님은 영이시니
예배하는 자가 영과 진리로 예배할지니라.

_ 요한복음 4장 23-24절

3장

예배:
기독교 희락주의의
향연

영혼 사냥꾼

영적으로 잠든 이들에게는 가끔 충격 요법이 필요하다. 그들에게 꼭 들려줄 말이 있는가? 그렇다면 그들이 귀를 기울이도록 그들에 대한 헛소문을 내야 할지도 모른다. 예수님은 이런 일에 특히 능숙하시다. 예수님은 우리에게 예배에 대해 가르치시려고 매춘부까지 사용하신다!

"가서 그대의 남편을 불러오시오." 예수님이 사마리아 여인에게 말씀하신다.

"제게는 남편이 없습니다." 여인이 대답한다.

"그 말이 맞소." 예수님이 대답하신다. "그대에게 남편이 다섯 있었지만, 지금 함께하는 그 사람은 당신의 남편이 아니니 말이오."

여인은 충격을 받는다. 우리에게도 충격이다. 그러나 예수님은 팔짱을 끼고 우물곁에 앉아서 날카로운 시선으로 여인을 응시하신다. 그리고 우리에게 예배에 대해 가르치시려고 한다.

첫 번째로 예배는 실제 삶과 관련이 있다고 가르치신다. 예배는 이번 주와 다음 주 사이에 있는 비현실적인 막간이 아니다. 예배는 간음과 굶주림과 민족 갈등과 관련이 있다.

예수님은 긴 여행에 지쳐 있다. 몹시 무덥고 목이 마르다. 예수님은 결심하신다. "그래, 바로 지금이야. 저 간음한 사마리아 여인이 아버지께 예배드리도록 해야겠다. 예배가 불가능해 보이는 현실 가운데 나의 아버지가 어떻게 예배를 받으시는지 제자들에게 알려 주어야지. 사마리아인, 그것도 여인, 그것도 음란한 여인을 통해 말이야. 그래, 제자들에게 희어져 추수하게 된 사마리아의 매춘부의 밭에서 어떻게 참된 예배자를 만드는지 한두 가지 보여 주자."

충격의 강도 높이기

이야기의 첫 부분으로 가보자. 예수님은 갈릴리로 가시는 길에 "사마리아를 지나셔야" 했다. 예수님은 수가라 하는 사마리아 성에 당도하셨다. "거기 또 야곱의 우물이 있더라 예수께서 길 가시다가 피곤하여 우물 곁에 그대로 앉으시니 때가 여섯 시쯤 되었더라"(요 4:4-6).

사마리아인은 주전 722년 이스라엘 민족의 고위 관리들과 귀족들이 포로로 잡혀간 후 북이스라엘 땅에 남겨져 이방인들과 결혼한 사람들이다. 그들은 한때 그리심 산에 그들만의 성전도 세웠다. 그들은 모세 오경을 제외하고는 모든 구약성경을 거부했다. 그들은 (예수님 같은) 유대인을 향해 해묵은 증오심을 안고 있었다.

예수님은 이 적대감 사이로 곧장 걸어 들어가 함께 앉으시고는 여인에게 물을 달라고 청하신다. 여인은 예수님이 자신에게 말을 거는 것만으로도 놀랐을 것이다. "당신은 유대인으로서 어찌하여 사마리아 여자인 나에게 물을 달라 하나이까"(9절).

예수님은 바로 대답을 주는 대신 그녀가 받을 충격의 수준을 다른 차원으로 옮기신다. "예수께서 대답하여 이르시되 네가 만일 하나님의 선물과 또 네게 물 좀 달라 하는 이가 누구인 줄 알았더라면 네가 그에게 구하였을 것이요 그가 생수를 네게 주었으리라"(10절). 우리가 여기서 정말로 놀라야 하는 사실은 예수님이 그녀에게 물을 달라고 하신 것이 아니다. 그녀가 예수님께 아무것도 구하지 않았다는 사실이다! 예수님은 '생수'이시며, 이 생수는 '하나님의 선물'이라고 말씀하신다.

하지만 여인은 그리 놀라지 않고 다만 이렇게 말한다. "주여 물 길을 그릇도 없는데 어디서 당신이 그 생수를 얻겠습니까?" 여인은 아직 예수님의 말뜻을 알아듣지 못했다.

예수님은 충격의 차원을 한 번 더 높이신다. "이 물을 마시는 자마다 다시 목마르려니와 내가 주는 물을 마시는 자는 영원히 목마르지 아니하리니 내가 주는 물은 그 속에서 영생하도록 솟아나는 샘물이 되리라"(13-14절). 놀라운 것은 예수님이 물 긷는 그릇 없이도 물을 줄 수 있다는 사실이 아니라, 예수님이 주시는 물은 영원히 목마르지 않게 한다는 사실이다. 더구나 이 물을 마시면 당신의 영혼은 샘이 된다. 이것은 기적의 물이다. 이 물은 사막과 같은 영혼 속에 묻혀 있다가 생명의 샘이 솟아나게 한다. 무슨 뜻인가?

생명의 샘이 되는 물

"지혜 있는 자의 교훈은 생명의 샘이니"(잠 13:14). 아마도 예수님은 자신의 가르침이 생명의 샘이란 뜻으로 말씀하셨을 것이다. 목마른 이들이 그 물을 마시면 생기를 되찾아 다른 이에게도 준다. 예수님은 "내가 너희에게 이른 말은 영이요 생명이라"(요 6:63)고 말씀하지 않으셨는가?

그런데 이와 더 가까운 병행 구절이 있다. 요한복음 7장 37-39절이다. "명절 끝날 곧 큰 날에 예수께서 서서 외쳐 이르시되 누구든지 목마르거든 내게로 와서 마시라 나를 믿는 자는 성경에 이름과 같이 그 배에서 생수의 강이 흘러나오리라 하시니 이는 그를 믿는 자들이 받을 성령을 가리켜 말씀하신 것이라." 따라서 예수님이 주시는 물은 성령이시다. 우리 삶 속에 하나님의 영이 임재하시면 영혼의 낙심과 갈증이 물러나고, 우리가 곧 다른 사람들이 생명을 발견할 수 있는 샘으로 바뀐다.

이 두 가지 의미는 모두 참일 것이다. 예수님의 가르침도 성령도 모두 우리 영혼의 갈망을 만족시키며, 우리로 타인을 위한 샘이 되게 한다. 예수님은 말씀과 영을 한데 결합시키신다. 예를 들어 요한복음 14장 26절에서 예수님은 "보혜사 곧 아버지께서 내 이름으로 보내실 성령 그가 너희에게 모든 것을 가르치고 내가 너희에게 말한 모든 것을 생각나게 하리라"고 말씀하신다. 그리스도의 영은 그리스도께서 하신 말씀의 뜻을 보다 분명하게 하고, 영혼을 만족시키는 말씀이 되게 하신다.

예수님이 사마리아의 부정한 여인에게 주신 물은 진리의 말씀이며 성령의 능력이었다. 우리가 그리스도께 나아가 받아 마시는 것은 진리다. 그 진리는 마르고 생기 없고 능력 없는 진리가 아니라, 생명을 주시는 하나님의 영으로 흠뻑 젖은 진리다. 사마리아의 간음한 여인에게 주신 생수는 바로 하나님의 말씀과 성령의 능력이었다.

상처를 통해 마음에 다가간다

하지만 여인은 다시 핵심을 놓친다. 여인은 자신의 오감을 넘어서지 못한다. "주여 그런 물을 내게 주사 목마르지도 않고 또 여기 물 길으러 오지도 않게 하옵소서"(요 4:15). 그렇다고 너무 일찍 포기하지는 말라.

예수님은 여인을 구원자의 시선으로 바라보신다. 예수님의 목표는 이 여인을 '영과 진리로' 하나님을 예배하는 자로 세우는 것이다.

그래서 예수님은 여인의 삶 가운데 가장 민감하고 연약한 부분을 건드리신다. "가서 네 남편을 불러 오라"(16절). 마음에 가장 빨리 다가서는 방법은 때로 상처를 이용하는 것이다. 왜 예수님은 이처럼 여인의 내면 생활을 까발리셨을까?

예수님은 요한복음 3장 20절에서 이렇게 말씀하신다. "악을 행하는 자마다 빛을 미워하여 빛으로 오지 아니하나니 이는 그 행위가 드러날까 함이요." 감춰진 죄는 우리가 그리스도의 빛을 보지 못하게 한다. 죄는 영적 나병과 같다. 죄는 우리의 영적 감각을 마비시켜 우리의 영혼을 만신창이가 되게 하며, 그러고도 그것을 느끼지 못하게 한다. 그런데 그리스도께서 여인의 영적 나병을 폭로하신다. "너에게 남편 다섯이 있었고 지금 있는 자도 네 남편이 아니니 네 말이 참되도다."

덫에 걸린 짐승은 자신의 다리를 물어뜯는다

이제 죄책감을 회피하려는 한 인간의 보편적인 반응을 보라. 여인은 예수님께 탁월한 통찰력이 있음을 인정한다. "주여 내가 보니 선지자로소이다"(요 4:19). 하지만 예수님이 가리키신 방향으로 가지 않고 관심을 신학적인 논쟁으로 전환한다. "우리 조상들은 이 산에서 예배하였는데 당신들의 말은 예배할 곳이 예루살렘에 있다 합니다. 이 문제에 대해 어떻게 생각하십니까?"

덫에 걸린 짐승은 빠져나가기 위해 자기 다리를 물어뜯는다. 덫에 걸린 죄인은 자신의 생각을 헝클고 논리 법칙을 무시한다. "그래요. 지금 우리는 저의 간음에 대해 이야기하고 있지요. 그런데 당신은 사람들이 어디에서 예배해야 한다고 생각하시죠?” 이것이 덫에 걸린 죄인들이 회피하고자 사용하는 이중적 이야기 방식의 전형이다.

하지만 이 위대한 영혼의 사냥꾼은 그렇게 쉽게 도망갈 길을 열어 주지 않으신다. 그분은 자신의 길로 따라오라고 여인에게 강요하지도 않으신다. 도리어 그분이 그녀가 있는 수풀로 들어가신다. 아니, 그녀가 예배라는 주제를 꺼낼 때, 벌써 빙 돌아가 이미 거기서 그녀를 기다리고 계셨다. 예수님은 결코 간음이라는 주제로 돌아가지 않으신다. 그 주제는 여인의 닫힌 문을 열기 위한 공격이었다. 그러나 이제 그분의 발이 문 안에 들어섰고, 예수님은 예배의 문제를 다루기 시작하신다.

예배의 문제로 들어가다

누구를 어떻게 예배하는가

여인은 사람들이 어디서 예배해야 하는지를 묻는다. 그러나 예수님은 “그보다는 **어떻게** 그리고 **누구에게** 예배해야 하는지가 훨씬 더 중요하다”고 대답하신다.

먼저 예수님은 ‘어떻게’라는 문제에 주목하게 하신다. “여자여 내 말을 믿으라 이 산에서도 말고 예루살렘에서도 말고 너희가 아버지께 예배할 때가 이르리라”(요 4:21). 다시 말해 소모적인 논쟁에 휘말리지 말라는 뜻이다. 어디서 예배하든 모두 헛될 수 있다는 말씀이다. “이 백성이 입으로는 나를 가까이 하며 입술로는 나를 공경하나 그들의 마음은 내게서 멀리 떠났나니”(사 29:13). 중요한 것은 장소가 아니라 방법이다.

그러고 나서 예수님은 여인의 관심을 예배의 대상으로 돌리신다. “너희는 알지 못하는 것을 예배하고 우리는 아는 것을 예배하노니 이는 구

3장 예배 : 기독교 희락주의의 향연 109

원이 유대인에게서 남이라"(22절). 이는 여인의 귀에 매우 거슬리는 말이다. 하지만 생사가 달린 문제 앞에서는 단호하게 표현해야 할 때가 있는 법이다. 폐암 환자에게 담배를 끊으라고 말할 때처럼 말이다.

사마리아인은 그들이 가진 오경을 제외하고는 모든 구약성경을 거부했기 때문에 하나님을 충분히 알지 못했다. 그래서 예수님은 여인에게 사마리아인의 예배가 충분하지 못하다고 말씀하신다. 중요한 것은 예배하는 대상을 제대로 알고 예배하는가이다.

중요한 것은 예배의 **대상**과 **방법**이지 장소가 아니다. 예배는 살아 있고 참된 마음으로 드려야 하며, 반드시 하나님에 대한 바른 인식에 기초해야 한다. 무엇보다 거기에는 성령과 진리가 있어야 한다. 그래서 예수님은 "아버지께 참되게 예배하는 자들은 영과 진리로 예배할 때가 오나니 곧 이 때라"고 말씀하신다. 이 두 단어 **영**과 **진리**는 곧 예배의 **방법**과 **대상**을 가리킨다.

영으로 드리는 예배는 외적인 방식들로만 드리는 예배와 대조된다. 이는 텅 빈 형식주의나 전통주의와 정반대되는 방식이다. 진리로 드리는 예배는 하나님께 대한 그릇된 견해에 근거한 예배와 대조된다. 예배는 반드시 가슴과 머리로 드려야 하며, 감정과 생각을 모두 사용해 드려야 한다.

감정이 빠진 진리는 죽은 정통(orthodoxy)과 억지 찬미자들(판에 박힌 기념 카드를 쓰는 사람들처럼)로 가득 찬 (혹은 절반을 채운) 교회를 만들 뿐이다. 반대로 진리가 빠진 감정은 공허한 광란을 일으키고 엄격한 사유 훈련을 거부하는 천박한 사람들을 양산한다. 참 예배는 감정에 충실한 사람들과 깊고 건전한 교리를 사랑하는 사람들에게서 나온다. 하나님에 대한 진리에 뿌리박은 강한 애정이 성경적 예배의 뼈와 골수다.

예배의 연료, 화로, 열기

우리는 이 모든 그림을 한데 연결시킬 수 있다. 예배의 연료는 하나님의 진리요, 예배의 화로는 사람의 영이요, 예배의 열기는 경외심과 헌신과 신뢰와 감사와 기쁨에 대한 살아 있는 애정이다. 하지만 이 그림에서 한 가지 빠진 것이 있다. 바로 **불**이다. 우리 영의 화로 속에 있는 진리라는 연료는 예배의 열기를 자동적으로 만들어내지 못한다. 반드시 점화와 불이 있어야 한다. 이 불이 곧 성령이시다.

어떤 해석자들은 "참되게 예배하는 자들은 영과 진리로 예배한다"는 예수님의 말씀에서 영을 성령으로 본다. 하지만 나는 우리의 영이라고 본다. 이 두 해석은 예수님 안에서 별개가 아니다. 요한복음 3장 6절에서 예수님은 하나님의 영과 우리의 영을 놀라운 방식으로 연결하신다. "육으로 난 것은 육이요 영으로 난 것은 영이니." 다시 말해 성령께서 우리의 영을 생명의 불꽃으로 소생시키지 않으시면 우리의 영은 죽어서 반응할 수 없으며, 따라서 영이라고 할 수도 없다.

이제 우리의 그림을 완성시킬 수 있다. 예배의 연료는 하나님의 위대하심에 대한 참된 비전이며, 그 연료를 뜨겁게 타오르게 하는 불은 소생시키시는 성령의 사역이다. 진리의 불꽃으로 살아나고 달궈진 화로는 우리의 갱신된 영이며, 그 결과로 생긴 우리 애정의 열기는 능력 있는 예배가 된다. 그 애정의 열기는 고백과 갈망과 환호와 눈물과 노래와 외침과 조아린 머리와 높이 든 손과 순종하는 삶으로 분출되기 때문이다.

양식의 문제에서 믿음의 문제까지

사마리아로 다시 가보자. 제자들은 양식을 구하러 성에 들어가고 없었다. 예수님은 홀로 우물가에 여인과 함께 계셨다. 제자들이 돌아와 예수님께 점심을 드린다. 그런데 예수님은 제자들에게는 여인에게와는 다른 방식으로 접근하신다. 예수님은 양식의 문제에서 믿음의 문제로 건너뛰신다. "내게는 너희가 알지 못하는 먹을 양식이 있느니라"(요 4:32). 예수님은 그들이 가고 없는 동안 양식을 드셨다. 어떤 양식을 드셨을까? "나의 양식은 나를 보내신 이의 뜻을 행하며 그의 일을 온전히 이루는 이것이니라"(34절).

그렇다면 아버지의 일이란 무엇인가? 아버지는 영과 진리로 예배하는 자를 찾으신다.

예수님과 사마리아 여인 사이에 오고간 모든 대화가 바로 참된 예배자를 만드시는 하나님의 일이었다. 이에 예수님은 이 일화를 제자들에게 적용하신다. 그리고 우리에게도 적용하신다! "너희는 넉 달이 지나야 추수할 때가 이르겠다 하지 아니하느냐 그러나 나는 너희에게 이르노니 너희 눈을 들어 밭을 보라 희어져 추수하게 되었도다"(35절).

다시 말해 예수님은 이렇게 말씀하시는 것이다. "이곳이 바로 사마리아의 음란한 여인들로 가득한, 희어져 추수할 밭이다. 내가 방금 한 사람을 하나님을 예배하는 자로 만들었다. 아버지는 이를 위해 나를 보내셨다. 그러므로 나도 이를 위해 너희를 보낸다. 하나님은 영과 진리로 예배하는 자를 찾으신다. 여기 희어져 추수할 곳이 있다. 너희가 하나님의 영광을 사랑한다면, 추수할 준비를 하라."

이 말씀을 통해 예수님은 예배에 관한 이 장의 나머지 부분에서 우리가 가야 할 진로를 정해 주셨다. '영과 진리'로 예배한다는 것은 실제로 무슨 뜻인가? 성령께서 생기를 회복해 주신 사람의 영은 어떻게 반응하는가? 이 경험과 진리는 어떤 관련이 있는가? 우리는 이 장 나머지 부분에서 마음의 문제로서 예배의 성격에 대해 생각하고, 이어서 지성의 문

제로서 예배의 성격을 생각할 것이다. 그다음 마지막으로 예배의 외적
형식에 대해 짧게 생각해 보려 한다.[1]

마음의 문제

성경적인 예배가 몇몇 외적인 활동을 수반한다는 데는 대부분 동의
할 것이다. 히브리어로 예배는 "절하다"라는 뜻이다. 예배는 절하고, 손
을 들고, 기도하고, 노래하고, 암송하고, 설교하고, 먹고, 정결하게 하
고, 안수하는 등의 의식이다. 그런데 깜짝 놀랄 사실이 있다. 이 모든 것
이 헛될 수 있다. 이런 외적인 활동들은 무의미하고 쓸모없고 공허한
것이 될 수 있다. 이것이 마태복음 15장 8-9절에서 예수님이 이사야
29장 13절 말씀을 인용해 바리새인들을 곤혹스럽게 하신 경고다.

> "이 백성이 입술로는 나를 공경하되 마음은 내게서 멀도다 사람의 계명
> 으로 교훈을 삼아 가르치니 나를 헛되이 경배하는도다."

경배와 공경

이 본문의 첫째 교훈은, 예배란 본질적으로 하나님을 공경하는 일이
라는 것이다. '나를 공경하다'와 '나를 경배하다' 간의 병행 관계를 보라.
물론 이 말이 우리가 예배를 통해 하나님을 공경할 만한 분이 되게 한다
거나 그분의 명예를 더 높아지게 한다는 뜻은 아니다. 우리가 예배를 통

---

1) 예배에 대한 논점을 좀 더 분명히 하자면, 나는 예배를 그리스도인들이 노래하는 단체 활동이란
뜻으로 제한하지 않는다. 그것은 예배의 한 표현이다. 하지만 성경을 읽고 기도하고 노래를 해도
그것이 예배가 되지 않을 수도 있다. 예배는 우선적으로 마음의 활동이기 때문이다. 예배는 하나
님이 예수님 안에서 우리를 위하신다는 사실만으로 만족을 얻는다. 그런 만족이 노래로 혹은 죄수
를 방문하는 일로 표현될 수 있다.

해 하나님의 명예를 인정하고, 그분의 가치를 느끼며, 그분의 성품에 어울리는 모든 방법으로 그 명예를 하나님께 돌려드린다는 뜻이다.

> "존귀와 위엄이 그의 앞에 있으며 능력과 아름다움이 그의 성소에 있도다 만국의 족속들아 영광과 권능을 여호와께 돌릴지어다 여호와께 돌릴지어다 여호와의 이름에 합당한 영광을 그에게 돌릴지어다 예물을 들고 그의 궁정에 들어갈지어다"(시 96:6-8).

따라서 이사야 29장 13절을 인용하신 예수님의 말씀에서 맨 먼저 우리가 발견하는 사실은, 예배란 하나님의 광채를 그분께 기쁘게 되돌려 비추는 한 방법이라는 것이다.

내가 **기쁘게**라고 말한 이유는 산과 나무까지도 그분의 광채를 하나님께 되돌려 비추기 때문이다. "너희 용들과 바다여 땅에서 여호와를 찬양하라…… 산들과 모든 작은 산과 과수와 모든 백향목이며"(시 148:7,9). 하지만 자연은 의식적으로 하나님의 영광을 반향하지(reflect) 않는다. 온 땅 가운데 오직 사람만 그렇게 할 수 있다.

만약 우리가 예배 가운데 기쁘게 하나님의 영광을 되돌려 비추지 않는다면, 우리는 우리가 받을 정죄로 그분의 공의를 찬양할 것이다. "진실로 사람의 노여움은 주를 찬송하게 될 것이요"(시 76:10). 하지만 마지 못해서 하나님의 가치를 반향하는 것은 예배가 아니다. 따라서 예배를 정의할 때 단순히 그분의 광채를 하나님께 되돌려 드린다고만 할 것이 아니라, 반드시 기쁘게 해야 한다고 정의해야 한다.

그런데 (앞으로 살펴보겠지만) 예배는 종종 우리가 일반적으로 기쁨과 연결시키지 않는 통회나 상심의 마음을 포함할 때가 있다. 그러기에 **기쁘**

게라는 단어가 오해를 불러일으키기도 한다. 하지만 굳이 내가 이 단어를 쓰는 이유는, 예배란 그분의 가치를 '자발적으로' 하나님께 되돌려 비추어 드리는 것이라고 말하면 더 심한 오해를 낳을 수 있기 때문이다. 우리는 참된 갈망이 없더라도, 혹은 예수님 말씀처럼 "마음은 하나님에게서 멀더라도" 예배할 마음은 가질 수 있다. 그러나 참되며 성경적인 통회에서는 하나님이 "통회하는 자의 마음을 소생시킬 것"(사 57:15)이라는 소망에서 흘러나오는 한 줄기 기쁨을 보게 될 것이라고 생각한다.

하나님을 헛되이 예배하는 일

마태복음 15장 8절이 보여 주는 예배에 관한 둘째 교훈은 우리가 하나님께 헛된 예배를 드릴 수 있다는 것이다. "이 백성이 입술로는 나를 공경하되 마음은 내게서 멀도다." 마음에서 우러나오지 않는 예배 행위는 헛되고 무익하다. 이것은 사마리아 여인에게 하신 예수님의 말씀에도 암시되어 있다. "아버지께 참되게 예배하는 자들은 영과 진리로 예배할 때가 오나니 곧 이 때라 아버지께서는 자기에게 이렇게 예배하는 자들을 찾으시느니라"(요 4:23). 여기서 영으로 예배한다는 것은 어떤 경험인가? 헛되지 않은 예배를 드릴 때는 마음에 어떤 일이 일어나는가?

예배는 단순히 의지적인 행위 이상이다. 모든 외적인 예배 활동에는 의지가 필요하지만, 그런 의지가 모든 활동들을 진실하게 만들지는 않는다. 진심을 다하지 않아도 (혹은 예수님 말씀대로 '마음이 멀어도') 의지는 존재할 수 있다(다양한 이유 때문에). 예배 가운데 마음을 기울인다는 것은 마음의 느낌(feeling)과 감정(emotion)과 애정(affection)이 살아 있다는 뜻이다.[2]

---

2) 나는 이 책에서 느낌(feeling)과 감정(emotion)이란 단어를 서로 다른 뜻으로 사용하지는 않았다. 둘이 뚜렷이 구분되어야 할 경우가 있다면 문맥에서 지시할 것이다. 대부분 동의어로 사용했고, 조나단 에드워즈의 수작 *Treatise Concerning the Religious Affections*, in *The Works of Jonathan*

하나님을 향한 느낌이 죽을 때 예배도 죽는다.

예배를 참되게 하는 감정

좀 더 구체적으로 말해 보자. 외적인 예배 행위를 참되게 하는 이런 느낌이나 감정은 무엇인가? 이 질문에 대답하기 위해 구약성경에 나오는 시편들을 살펴보자. 다양하고 서로 뒤엉킨 감정들은 불시에 마음을 사로잡기도 한다. 따라서 아래 나열한 시편의 범위와 순서에, 우리 마음에 존재할 수 있는 즐거운 감정의 경우의 수를 제한하려는 의도는 없다.

Edwards, vol. 1 (Edinburgh: Banner of Truth, 1974), 237에서 의도한 대로 사용했다.
에드워즈는 애정(affections)을 "좀 더 왕성하고 지각 있는 영혼의 성향(inclination)과 의지의 작용"이라고 정의한다. 이를 이해하려면 우리는 인간의 영혼이나 지성을 그가 어떻게 생각하는지 짧게 살펴볼 필요가 있다.

"하나님은 인간의 영혼에 두 가지 기능을 부여하셨다. 하나는 인지하고 숙고하는 기능 혹은 분별하고 판단하는 기능, 즉 **이해**(understanding) 기능이다. 다른 하나는 영혼이 생각하거나 고려하는 대상에 관심을 기울이게 하는 기능이다. 즉 영혼이 어떤 대상에 무관심하거나 영향을 받지 않은 채 그저 관중으로 대하지 않고, 좋아하든지 싫어하든지, 기뻐하든지 불쾌해하든지, 동의하든지 부정하든지 반응하는 기능을 말한다. 이 기능은 다양한 이름으로 불린다. 어떨 때는 **성향**(inclination)이라고 불리고, 지배나 결정의 계기를 주는 활동을 부를 때는 **의지**(will)라고 하고, 이 기능의 작용과 관련하여 **지성**(mind)은 종종 **마음**(heart)이라고도 불린다.……
의지와 영혼의 감정(affections)은 서로 다른 두 기능이 아니다. 감정은 본질적으로는 의지와 구분되지 않으며, 의지와 성향의 활동과 다르지 않다. 단지 좀 더 그 활동이 생동감 있고, 분별력을 겸비하고 있을 뿐이다."

감정(affections)의 예로, 에드워즈는 사랑, 미움, 욕구, 기쁨, 즐거움, 슬픔, 두려움, 소망 등을 언급한다. 이것들은 "좀 더 왕성하고 지각 있는(즉 지각되고 느낄 수 있는) 의지의 작용"이라고 한다. 에드워즈는 이 부분에서 몸과 영혼 간에는 심오하고 복잡한 관계가 존재한다는 사실을 인지하고 있다.

"어떤 경우든지 몸에 영향을 주지 않고서 성향이 활발하게 그리고 왕성하게 작용하는 법은 없다. 그것이 우리의 본성이며, 그것이 몸과 영혼의 연합 법칙이다.…… 하지만 몸이 아니라 지성(mind)이 가장 적절한 감정의 자리다. 인간의 몸은 사랑이나 미움, 기쁨이나 슬픔, 두려움이나 희망의 주체가 될 수 없다. 그것은 나무의 몸통이나 혹은 똑같은 사람의 몸이 사고하거나 이해할 수 없는 것과 같다. 영혼만 사상(ideas)을 가질 수 있듯이, 오직 영혼만 그 사상을 기뻐하거나 싫어할 수 있다. 영혼만 생각할 수 있듯이, 영혼만이 자신이 생각한 것을 사랑하거나 미워하거나 즐거워하거나 슬퍼할 수 있다."

이에 대한 성경적 근거는, 신체가 없으신 하나님이 많은 감정을 갖고 계신다는 사실에서 찾을 수 있다. 빌립보서 1:23과 고린도후서 5:8은, 그리스도인이 죽은 후에 그리고 몸으로 부활하기 전에 주와 함께 있을 것이고, 여기서 우리가 알았던 것보다 '훨씬 나은' 기쁨을 누릴 수 있을 것이라고 가르친다.

하나님의 장엄한 거룩하심을 본 후 가장 먼저 일어나는 마음의 반응은 감동에 사로잡힌 침묵일 것이다. "너희는 가만히 있어 내가 하나님 됨을 알지어다"(시 46:10). "오직 여호와는 그 성전에 계시니 온 땅은 그 앞에서 잠잠할지니라"(합 2:20).

침묵 가운데 하나님의 순전한 고결함을 본다면, 경외감과 경이감과 경탄이 흘러나올 수밖에 없다. "온 땅은 여호와를 두려워하며 세상의 모든 거민들은 그를 경외할지어다"(시 33:8).

우리는 죄인이기에 우리의 경외심에는 하나님의 의로우신 권능에 대한 거룩한 두려움이 있다. "만군의 여호와 그를 너희가 거룩하다 하고 그를 너희가 두려워하며 무서워할 자로 삼으라"(사 8:13). "오직 나는 주의 풍성한 사랑을 힘입어 주의 집에 들어가 주를 경외함으로 성전을 향하여 예배하리이다"(시 5:7).

하지만 이 두려움은 하나님의 절대 권위에 대한 반감으로 가득찬 공포가 아니며, 우리를 무기력하게 하는 공포도 아니다. 이 두려움은 자신의 경건하지 못한 삶에 대한 상하고 통회하고 애통하는 마음으로 표현된다. "하나님께서 구하시는 제사는 상한 심령이라 하나님이여 상하고 통회하는 마음을 주께서 멸시하지 아니하시리이다"(시 51:17). "지극히 존귀하며 영원히 거하시며 거룩하다 이름하는 이가 이와 같이 말씀하시되 내가 높고 거룩한 곳에 있으며 또한 통회하고 마음이 겸손한 자와 함께 있나니 이는 겸손한 자의 영을 소생시키며 통회하는 자의 마음을 소생시키려 함이라"(사 57:15).

하나님을 향한 갈망이 순전한 상함과 통회의 감정과 뒤섞인 채 우러나온다. "하나님이여 사슴이 시냇물을 찾기에 갈급함 같이 내 영혼이 주를 찾기에 갈급하니이다 내 영혼이 하나님 곧 살아 계시는 하나님을 갈망하나니 내가 어느 때에 나아가서 하나님의 얼굴을 뵈올까"(시 42:1-2).
"하늘에서는 주 외에 누가 내게 있으리요 땅에서는 주 밖에 내가 사모할 이 없나이다 내 육체와 마음은 쇠약하나 하나님은 내 마음의 반석이시요 영원한 분깃이시라"(시 73:25-26). "하나님이여 주는 나의 하나님이시라 내가 간절히 주를 찾되 물이 없어 마르고 황폐한 땅에서 내 영혼이 주를 갈망하며 내 육체가 주를 앙모하나이다"(시 63:1).

하나님은 통회하는 영혼의 갈망을 결코 외면하지 않으신다. 그 영혼에 찾아와 죄짐을 들어 주시고 우리의 마음을 기쁨과 감사로 충만하게 하신다. "주께서 나의 슬픔이 변하여 내게 춤이 되게 하시며 나의 베옷을 벗기고 기쁨으로 띠 띠우셨나이다 이는 잠잠하지 아니하고 내 영광으로 주를 찬송하게 하심이니 여호와 나의 하나님이여 내가 주께 영원히 감사하리이다"(시 30:11-12).

지난 일에 감사할 때만 기쁨이 나오는 것은 아니다. 앞에 있을 일을 소망할 때도 흘러나온다. "내 영혼아 네가 어찌하여 낙심하며 어찌하여 내 속에서 불안해 하는가 너는 하나님께 소망을 두라 그가 나타나 도우심으로 말미암아 내가 여전히 찬송하리로다 내 하나님이여 내 영혼이 내 속에서 낙심이 되므로 내가 요단 땅과 헤르몬과 미살 산에서 주를 기억하나이다"(시 42:5-6). "나 곧 내 영혼은 여호와를 기다리며 나는 주의 말씀을 바라는도다"(시 130:5).

궁극적으로 우리 마음은 하나님이 주시는 어떤 좋은 선물을 갈망하는 것이 아니라, 하나님 그분을 갈망한다. 하나님을 뵈어 알고 그분의 임재 안에 거하는 것이 영혼이 갈망하는 궁극적인 향연이다. 그 이상 추구할 것이 없다. 말로 표현할 수 없는 그것을 우리는 즐거움, 기쁨, 희락이라고 부른다. 하지만 이 표현들은 형언할 수 없는 경험을 가리키기에는 턱없이 부족하다. "내가 여호와께 바라는 한 가지 일 그것을 구하리니 곧 내가 내 평생에 여호와의 집에 살면서 여호와의 아름다움을 바라보며 그의 성전에서 사모하는 그것이라"(시 27:4). "주께서 생명의 길을 내게 보이시리니 주의 앞에는 충만한 기쁨이 있고 주의 오른쪽에는 영원한 즐거움이 있나이다"(시 16:11). "또 여호와를 기뻐하라"(시 37:4).

이것들이 '헛된' 예배가 되지 않게 하는 몇몇 마음의 감정들이다. 예배는 하나님의 광채를 즐거이 그분께 되비추는 하나의 방식이다. 그것은 단순히 외적 활동을 수행하는 의지적 행위만은 아니다. 마음을 기울이지 않고는 참된 예배를 드릴 수 없다. 마음을 담아 예배한다는 것은 살아 있는 느낌과 감정과 애정으로 예배한다는 뜻이다. **하나님을 향해 아무 느낌이 없는 예배는 죽은 예배다.**

참 예배에는 하나님의 가치를 반향하는 내적 감정이 담겨야 한다. 그런 것이 아니라면 **외식**이라는 말은 무의미할 것이다. 그러나 외적인 행동(찬양과 기도와 헌금과 성경 암송 같은)은 있지만 마음의 감정은 없는 것, 즉 외식은 존재한다. **"이 백성이 입술로는 나를 공경하되 마음은 내게서 멀도다."**

"사실! 믿음! 감정!"

구호의 미덕은 간결함이며, 구호의 악덕은 모호함이다. 그래서 구호는 위험한 소통방식이다. 강력하면서도 위험하다. 그러니 우리는 구호의 힘을 사용하되 위험성은 설명해야 한다. 나는 "사실! 믿음! 감정!"이라는 구호의 의미를 정확히 바로잡으려 한다.

이는 예부터 내려온 복음주의 진영의 통상적인 구호다. F. B. 마이어(F. B. Meyer), A. T. 피어슨(A. T. Pearson) 그리고 L. E. 맥스웰(L. E. Maxwell)

세 사람은 모두 이 제목으로 설교했다. 오늘날 C.C.C. 소책자에도 이 구호가 유력하게 사용된다. 이 구호의 초점은 순서에 있다. 첫째는 그리스도에 관한 사실이고, 둘째는 믿음의 반응이고, 셋째는 따르거나 따르지 않을 수도 있는 감정이다.

그런데 무엇이 모호하다는 것인가? 두 가지다. 첫째, 변화된 '감정'은 참된 기독교 회심의 부차적인 부분이 아닌 본질일 수 있다. 둘째, '믿음'과 감정은 완전히 뚜렷하게 구분되지 않을 수 있다.

한 유명한 소책자에는 이 구호가 기차로 등장한다. 이 기차의 기관차는 '사실'이다. 연료차는 '믿음'이다. 객차는 '감정'이다. 그리고 다음과 같은 설명이 이어진다. 기차는 객차가 있든 없든 달릴 수 있다. 하지만 객차만으로 기차를 끌려는 시도는 헛될 것이다. 그렇다면 '그리스도인의 삶'이라는 기차가 달리는 데 아무 지장을 주지 않는 이 '감정'이란 무엇인가? 이 감정은 단지 땀에 젖은 손바닥과 꿇은 무릎과 경주하듯 뛰는 가슴과 가늘게 떨리는 입술, 눈물 젖은 눈 같은 육체적 경험을 가리키는가? 만약 단지 감정이 그런 것이라면 이 구호는 정확하고 분명하다.

하지만 사람들 대부분은 감정을 그렇게 생각하지 않는다. 감정에는 감사와 소망과 기쁨과 만족과 평화로움과 욕망, 우정, 두려움, 미움, 분노, 슬픔 같은 것이 모두 포함된다. 하지만 이 중에 육체적인 것은 아무것도 없다. 몸이 없는 천사와 귀신과 죽은 신자들도 이런 '감정'을 가질 수 있다. 나는 그리스도인의 삶에서 감정이 차지하는 위치를 다룬 책으로 성경을 제외한다면, 조나단 에드워즈가 쓴 책이 가장 중요하다고 생각한다. 그 책은 『신앙감정론』(*The Religious Affections*)이다. 에드워즈는 '감정'(affections)을 다음과 같이 정의한다. "영적 성향이나 의지의 좀 더 왕성하고 민감한 활동." 다시 말해서 실제로 중요한 감정은 육체적 감각이 아니라는 뜻이다. 감정은 어떤 보물이나 어떤 위협을 발견했을 때 느끼게 되는 영혼의 진동이다.

영혼의 감정과 몸의 감각 사이에는 연관 관계가 있다. 에드워즈의 말대로, "창조주가 영혼과 몸 사이에 정해 놓은 연합 법칙 때문이다."[3] 다시 말해 마음에서 우러나오는 감사는 우리를 울릴 수 있다. 하나님에 대한 경외심이 우리를 떨게 할 수 있다. 울음과 떨림 그 자체는 영적으로 무의미하다. 그런 것 없이도 기차는 달릴 수 있다. 이것이 이 구호의 옳은 면이다. 하지만 그리스도인의 삶에서 감사와 경외심은 선택 사항이 아니다. 하지만 이것이 사람들 대부분이 감정이라고 부르는 것이다. 이것이 바로 이 구호가 갖는 위험한 측면이다. 성경이 본질적이라고 말하는 것을 선택 사항으로 만드는 듯 보이기 때문이다.

감정 변화의 중요성을 축소할 때, 그리스도인의 회심은 덜 초자연적인 일이 되고 덜 급진적인 일이 된다. 그리스도를 위한 의지적인 결단은 인간의 힘만으로도 할 수 있다. 기도하거나 카드에 서명하거나 예배당을 드나들거나 난잡한 성 생활을 중단하는 데 초자연적인 능력은 전혀 필요하지 않다. 다 좋은 일이다. 하지만 그것만으로는 무언가 영적인 일이 벌어졌다는 사실을 증명하지 못한다. 회심은 초자연적이고 급진적인 일이다. 마음이 변하는 일이다. 회심의 증거는 새로운 결단들이 아니라, 새로운 애정, 즉 새로운 감정이다.

사도 바울은 '분쟁'과 '시기'와 '분냄'과 '투기' 같은 옛 삶의 방식을 계속 고수하는 자는 "하나님의 나라를 유업으로 받지 못할 것"이라고 말한다 (갈 5:20-21). 이것들은 모두 감정이며, 반드시 변해야 할 것들이다. 이 감

---

3) Jonathan Edwards, *Religious Affections*, in *The Works of Jonathan Edwards*, vol. 2, ed. John E. Smith (New Haven: Yale University Press, 1959), 96.

정들이 변하지 않고서 기차는 결코 천국에 당도할 수 없다. 바꿔 표현하자면, 그리스도인은 하나님을 공경하는 감정을 갖도록 명령받는다. 우리는 기뻐하고(빌 4:4), 소망하고(시 42:5), 두려워하고(눅 12:5), 평강을 갖고(골 3:15), 열심을 품고(롬 12:11), 울고(롬 12:15), 사모하고(벧전 2:2), 불쌍히 여기고(엡 4:32), 슬퍼하고 애통하라(약 4:9)는 명령을 받는다.

더욱이 믿음 안에도 대부분의 사람들이 감정이라고 부를 만한 것이 들어 있다. 구원하는 믿음은 '그리스도를 영접하는 것'이다. "영접하는 자 곧 그 이름을 믿는 자들에게는 하나님의 자녀가 되는 권세를 주셨으니"(요 1:12). 하지만 그리스도를 무엇으로 영접한다는 뜻인가? 우리는 대개 "주와 구주로" 영접한다고 말한다. 맞는 말이다. 하지만 그것으로 충분하지 않다. 구원하는 믿음은 그리스도를 우리의 **보화**로 영접하는 것이다. 보배롭지 않은 그리스도는 구원할 수 없는 그리스도다. 믿음 안에는 그리스도를 최고의 가치로 여기고, 환영하고, 소중히 여기고, 기뻐하는 요소들이 담겨 있다. 이는 밭에 감춰진 보화를 발견하고 '기뻐하며' 돌아가서 자기의 소유를 다 팔아 그 밭을 산 사람과 같다(마 13:44).

그러므로 육체적 감각이 본질적이지 않다는 뜻이라면 이 구호(사실! 믿음! 감정!)는 맞다. 하지만 '사실'이라는 기관차는 그리스도를 **보화**로 여기는 '믿음'의 연료차가 그 뒤를 따르지 않는다면, 그리고 불완전할지라도 새로운 '감정'의 객차를 끌지 않는다면, 결코 천국을 향해 나아가지 못할 것이다.

예배의 목적은 예배다

그렇다면 이것은 예배의 향연과 관련해 무엇을 암시하는가? 놀랍게도 이것은 예배 그 자체가 예배의 목적임을 암시한다. 우리는 다른 것을 위한 수단으로 예배의 향연을 누리지 않는다. 하나님 안에서 누리는 행복이 우리가 추구하는 모든 목적이다. 이보다 더 높은 목표는 없다. 존 칼빈은 다음과 같이 표현했다. "하나님이 마르지 않는 샘처럼 그분 자신 안에 온갖 좋은 것을 충분히 담고 계신다면, 최고의 선과 모든 행복의 요소를 추구하는 사람은 그분 외의 다른 무엇도 추구해서는 안 된다."[4]

마음의 감정이 되살아날 때 외적인 의식이 진정한 예배로 전환된다면, 참 예배는 다른 어떤 경험을 위한 수단이 될 수 없다. 감정은 그런 것이 아니기에 그렇다. 진정한 마음의 감정은 다른 무언가를 위한 징검다리가 되도록 찍어내듯 만들 수 없기 때문이다.

예를 들어 보자. 1974년 어느 날 매형이 장거리 전화로 어머니께서 방금 돌아가셨다는 소식을 전해 왔다. "조니, 밥일세. 나쁜 소식이네……. 장인어른과 장모님이 큰 교통사고를 당하셨네. 장모님은 가망이 없으시고 장인어른은 중상이시네."

여기서 한 가지 분명한 사실이 있다. 그 소식을 들었을 때 나는 주저앉아 "자, 무엇을 위해 슬퍼할까?"라고 말하지 않았다는 것이다. 무릎에 앉아 있던 어린 아들을 아내에게 넘기고 혼자 있기 위해 방으로 걸어가면서 '내가 앞으로 30분 동안 운다면, 어떤 선한 목적을 이룰 수 있을까?'라고 생각하지 않았다. 나의 의식적인 동기만 갖고 생각한다면, 슬픔의 감정은 그 자체가 목적이다.

슬픔은 자연히 찾아온다. 다른 무언가를 위한 수단으로 슬퍼하는 것이 아니다. 의식적인 의지를 발휘하지도 않는다. 각오할 일도 아니다. 슬픔은 의식적인 의지에 앞서 내면 깊은 곳에서부터 흘러나온다. 그것으로

---

4) John Calvin, *Institute of the Christian Religion*, ed. John T. McNeill, trans. Ford Lewis Battles (Philadelphia: Westminster, 1960), 3.25.10.

생기는 부차적인 결과들도 많은데 대부분 선한 것들이다. 하지만 내가 침대에 얼굴을 파묻고 울 때 이런 논의는 전적으로 무의미하다. 내 마음에서 터지듯 솟구쳐 오르는 감정만 있을 뿐이다. 그 자체가 목적이다.

슬픔만이 유일한 예는 아니다. 바다 한가운데서 배가 침몰된 후 사흘 동안 먹을 물 없이 뗏목을 타고 표류하다가 지평선 멀리 희미하게 보이는 육지를 발견한 사람은 "자, 무엇을 위해 저 땅을 향해 노를 저어 갈까? 무슨 선한 목적을 가지고 희망을 품기로 결심할까?"라고 말하지 않는다. 그는 자신의 마음속에 있는 열망 때문에 그 육지를 향해 나아갈 새로운 힘을 얻게 될 뿐, 거기로 가기 위해 소원하고 소망하고 열망하는 것이 아니다. 그 땅에 있을 물(그리고 생명)의 가치가 너무 크기 때문에 마음 깊은 곳에서부터 열망이 솟아나는 것이다. 그 감정은 그가 바라는 것을 얻기 위한 수단(비행기 표를 구입하듯이)으로 계획되거나 실행되는 것이 아니다. 그것은 무언가를 얻기 위한 결심이 아니다. 마음에서 나오는 진정한 감정인 그 열망은 그 자체로 목적이 된다.

두려움에 대해서도 생각해 보자. 미네소타주에 있는 바운더리 워터스(Boundary Waters)에서 야영을 하는데, 밤에 밖에서 으르렁거리는 소리가 들려 잠에서 깼다. 텐트 밖으로 나갔더니 달빛 아래 큰 곰이 텐트를 향해 걸어오는 것이다. 그렇다면 당신은 "내가 무엇을 위해 두려워해야 하지?"라고 말하지 않을 것이다. 두려움 때문에 분비되는 아드레날린이 자신에게 미칠 유익한 결과들을 계산하지도 않을 것이고, 두려움은 우리가 품음직한 적절하고 유익한 감정이라고 생각하지도 않을 것이다. 그냥 두려워할 뿐이다.

또 어느 해질녘, 난생 처음 그랜드캐니언 끝에 서서 세월이 켜켜이 쌓아 올린 지층 아래로 어둠이 물러가는 것을 본다면, "내가 무엇을 위해 이 아름다움 앞에서 경외감과 경이감을 느껴야 하는가?"라고 말하지 않을 것이다.

성탄절 아침에 어린아이가 첫 번째 선물을 뜯었는데 몇 날 동안 그렇게 갖고 싶던 '가장 좋아하는' 로켓 장난감을 보았다면, 그 아이는 **"내가 무슨 목적으로 행복해하고 감사하는 마음을 품어야 하지?"**라고 생각하지 않을 것이다. 우리는 마음에서 우러나오는 감사가 아닌 엎드려 절받듯이 떠밀려 의무적으로 감사하는 사람을 배은망덕한 사람이라고 부른다.

5살 된 아이가 유치원에 들어갔는데 6살 된 아이가 매일 그를 괴롭혔다. 그런데 7살 형이 와서 자기편이 되어 주었다고 하자. 그 아이는 자신의 조그마한 마음에서 솟아오르는 자신감과 사랑을 느끼겠다고 '결심하지' 않는다. 그 아이는 그렇게 느낄 뿐이다.

모든 진정한 감정은 그 자체가 목적이다. 다른 무언가를 얻기 위한 수단으로 의식적으로 만들어내지 않는다. 그렇다고 그런 특정한 감정들을 추구할 수 없다거나 그래서는 안 된다는 뜻은 아니다. 우리는 그런 감정을 추구할 수 있고 또 그래야 한다. 우리는 그런 감정이 보다 잘 불붙는 상황에 자신을 둘 수도 있다. 그 감정 자체뿐 아니라 그 감정의 결과도 소중히 여길 수 있다. 하지만 진실한 감정의 순간에는 계산이 사라진다. 우리는 지성적 추론 과정 너머로 옮겨가 (아마 순간적으로) 논리적으로 혹은 실제적으로 함축된 의미와 상관없이 그 감정을 경험한다.

이런 감정이 예배가 헛되지 않도록 막아 준다. 하나님을 향한 감정이 목적 자체로서 마음에서 우러나올 때 진정한 예배가 된다. 우리가 예배드릴 때 하나님은 수화기 너머에서 흘러나오는 두려운 소식이 된다. 우리가 예배드릴 때 하나님은 지평선 너머 섬이 된다. 그때 하나님은 곰이 되고 지는 해가 되고 가장 좋아하는 로켓이 되고 그 장난감을 사주는 엄마가 되고 덩치 크고 힘이 센 7살 형이 된다.

하나님의 실재가 그분의 말씀 안에서 혹은 그분의 세상에서 우리에게 드러나는데도, 마음에 아무런 슬픔이나 열망이나 소망이나 두려움이나 경외감이나 기쁨이나 감사나 확신을 느끼지 못한다면, 어쩌면 우리는 의무적으로 찬양하고 기도하고 말씀을 암송하고 있을지 모른다. 그것은 진정한 예배가 되지 못할 것이다. "우리의 마음이 하나님에게서 멀다면" 그분을 공경할 수 없다.

예배는 하나님의 광채를 기쁘게 그분께 되돌려 비추는 한 방법이다. 의무적인 활동만으로는 할 수 없다. 마음에서 우러나오는 자발적인 감정으로만 가능하다. 하나님을 향한 이 감정 자체가 목적이다. 이 감정이 영원한 예배의 진수다. 어거스틴은 이를 다음과 같이 표현했다. 최고의 선은 "우리가 행복하기 위해 더 이상 추구할 것이 없게 한다. 그러기에 우리의 모든 활동은 그것과 관계되며, 다른 무언가를 위해 그것을 추구하기보다는 그것 자체를 위해서 추구한다."[5]

나에게 입맞춤 하라. 하지만 의무로 하지는 마라

결혼기념일을 예로 들어보자. 우리 부부의 결혼기념일은 12월 21일이다. 결혼기념일에 나는 아내 노엘을 위해 붉은 장미 한 다발을 들고 집으로 간다. 아내가 문 앞에서 나를 보고 그 장미를 받아들며 말한다. "어머, 조니, 너무 아름다워요. 정말 고마워요." 그리고 나를 꼭 안는다. 그런데 그 순간 내가 잠시 멈추라는 듯 손을 들고 담담히 이렇게 말했다고 하자. "그런 말 말아요. 이건 내 의무니까."

---

5) Saint Augustine, *The City of God*, trans. Marcus Dods (New York: Modern Library, 1950), 8.8.

이 말을 어떻게 보아야 하는가? 의무 수행도 고상한 일 아닌가? 의무적으로 섬겼더라도 우리는 그 사람을 존중한(honor) 것 아닌가? 꼭 그렇지만은 않다. 마음을 담지 않았다면 존중이 아니다. 의무감으로 사온 장미라는 말은 형용 모순이다. 한 인격인 아내를 향한 자발적인 애정에 감동하여 산 장미가 아니라면, 그 장미는 아내에게 존중의 의미가 되지 못하고 도리어 모욕이 된다. 사실 그 장미는 아내를 형편없는 존재가 되게 한다. 그럴 때 그 장미는, 아내에게 애정의 불을 당길 만한 가치나 아름다움을 발견하지 못했다는 남편의 본심을 가리는 매우 얇은 보자기에 불과하다. 그런 마음으로 내가 할 수 있는 일은 오로지 결혼의 의무를 이행하기 위해 계산된 표현뿐이다.

에드워드 존 카넬(Edward John Carnell)은 다음과 같이 말했다.

자기 아내에게 잘 자라는 입맞춤을 해야 하는지 묻는 남편이 있다고 하자. 아내는 이렇게 대답할 것이다. "당연히 해야죠. 하지만 그런 식의 의무적인 입맞춤은 말고요." 아내가 하고 싶은 말은 이것이다. "내 인격을 향한 자발적인 애정에서 나온 것이 아니라면, 당신의 그 제안은 도덕적 가치가 전혀 없어요."[6]

---

6) E. J. Carnell, *Christian Commitment* (New York: Macmillan, 1967), 160-1. 카넬의 책 전체가 이 점을 강조하고 있다(pp. 162, 176, 196, 213, 222, 289, 301). 222쪽에 나오는 다음의 통찰력 가득한 언급을 생각해 보라.
  "정직이 계산된 노력의 대상이 될수록, 우리는 더욱 도덕적 성취를 이루기 어려워지는데, 도덕적 성취는 자발성과 사랑으로 이루는 성취이기 때문이다. 사랑에는 나름의 충동성(sense of compulsion)이 있다. 사랑은 생명의 성령의 법의 날개 위에서 태어난다. 우리가 이성적 혹은 법적인 필요에 의해 사랑할 수밖에 없을 때, 사랑은 예측과 이해관계와 계산으로 전락하게 된다. 겁에 질린 자녀를 돕기 위해 달려가는 엄마가 있다고 하자. 엄마는 자발적인 사랑에서 그와 같은 행동을 한다. 엄마는 법적인 의무가 있기 때문에 그처럼 자녀를 도와야 한다는 제안을 불쾌하게 생각할 것이다. 그런데 의식적인 노력을 하지 않는다면 우리는 결코 하나님을 사랑하지 않을 것이기에, 도덕적 분투는 역설적이다. 우리는 법적인 의를 얻기 위해 노력해야 하는데, 이로써 우리는 결코 의롭지 않음을 증명하는 셈이 된다. 만약 우리의 감정이 도덕적, 영적 환경의 열매라면, 우리의 호흡에 작용하는 것과 똑같은 무의식적인 필연성에 따라 그 법을 성취하게 될 것이다. 이 역설

우리는 대개 하나님을 향한 의무는 결코 외적인 행위로만 축소될 수 없음을 인식하지 못한다. 그렇다. 우리는 하나님을 예배해야 한다. "하지만 의무적인 예배는 안 된다." 그렇다면 어떤 예배를 드려야 하는가? C. S. 루이스는 쉘던 베너컨(Sheldon Vanauken)에게 이렇게 말했다. "당신도 아시다시피, 가능한 한 모든 이들이 행복을 누리는 것이 기독교적 의무입니다."[7] 진정한 예배의 의무는 어떤 예식을 말하거나 수행하는 외적인 의무가 아니다. 이는 다음 명령과 같은 내적인 의무다. "너희 의인들아 여호와를 기뻐하며 즐거워할지어다 마음이 정직한 너희들아 다 즐거이 외칠지어다"(시 32:11).

이것이 예배의 진정한 의무인 이유는, 이처럼 기쁘고 즐거워하는 마음만이 하나님을 공경하는 일이기 때문이다. 결혼을 기념하며 저녁에 아내를 데리고 외식을 나왔는데 아내가 "왜 이렇게 친절하지요, 오늘?"이라고 물었다고 하자. 이때 아내를 존중하는 가장 적절한 대답은 "오늘 밤 당신과 함께 있는 것보다 더 행복한 일은 없기 때문이오"일 것이다.

"그것은 나의 의무요"라고 대답한다면 아내에게 수치가 될 것이다.

"그것은 나의 기쁨이오"가 존중이다.

바로 여기에 기독교 희락주의의 향연이 있다. 예배 때 우리는 어떻게 하나님을 공경할까? "예배는 나의 의무입니다"로 대답할 것인가, 아니면 "예배는 나의 기쁨입니다"로 대답할 것인가?

은 아마 위대해지려고 의도적인 노력을 하는 화가를 예로 들어 설명할 수 있다. 그가 노력하지 않는다면, 그는 위대한 예술가는 고사하고 그냥 예술가도 되지 못할 것이다. 하지만 천재가 되려고 의도적인 노력을 기울인다면 그는 스스로 자신은 천재가 아니며 절대 천재가 될 수 없음을 증명하는 셈이 된다. 대가는 위대해지려고 하지 않기에 위대하다. 그의 재능은 태양 앞에서 활짝 벌어지는 장미꽃처럼 펼쳐진다. 천재성은 하나님의 선물이다. 그것은 열매일 뿐 노력의 결실이 아니다. 예배도 마찬가지다!"

7) Sheldon Vanauken, *A Severe Mercy* (New York: Harper & Row, 1977), 189에 수록된 C. S. 루이스가 쉘던 베너컨에게 쓴 편지에서 발췌.

예배는 하나님의 광채를 그분께 되돌려 비추어 드리는 한 방법이다. 그리고 그분의 광채를 받아서 되비치는 거울은 바로 기쁨 가득한 우리의 마음이다. 이를 다음과 같이 표현할 수 있다.

인간의 제일 되는 목적은
영원토록 하나님을 즐거워함으로써
그분을 영화롭게 하는 것이다.

오직 하나님만 향한 예배가 되게 하라

예배가 그 자체로 목적이라는 사실이 왜 중요한지 분명해졌다. 예배는 우리가 창조된 궁극적 목적이기 때문에 그 자체로 목적이 된다.

또한 우리의 감정이 그 자체로 목적이라는 말이 왜 우상숭배가 아니며 인간 중심적인 사고도 아닌지 분명해졌다. 예배를 드리는 우리의 감정은 오직 하나님만 향하기에 인간 중심적인 태도가 아니다. 우리가 자신에게서 눈을 돌려 하나님을 향할 때, 우리 마음의 다양한 감정들은 예배로 분출된다.[8]

예배를 드릴 때 우리의 감정은 그 자체로 목적이 된다는 말이 우상숭배가 아닌 이유는, 하나님을 향하는 우리의 마음은 우리 자신이 아닌 하나님을 영화롭게 하기 때문이다. 침묵과 경외감에 사로잡혀 몇 시간 동안 그랜드캐니언 주위에 서 있는 사람 중에 지금 자신이 그랜드캐니언

---

8) 기독교 희락주의는, 자의식(self-consciousness)이 기쁨을 잃게 하며 따라서 예배도 질식시킨다는 것을 알고 있다. 우리가 시선을 자신에게로 돌려 자신이 기쁨을 경험하고 있다는 사실을 의식하는 순간, 기쁨은 사라지고 만다. 기독교 희락주의자들은 기쁨의 비밀은 자기 망각(self-forgetfulness)임을 알고 있다. 그렇다. 우리는 그림을 감상하는 기쁨을 위해 미술관에 간다. 하지만 기독교 희락주의는 이렇게 조언한다. 모든 관심을 그림에 기울이고, 자신의 감정에 기울이지말라. 그렇지 않다면 모든 경험을 망칠 것이다. 따라서 예배를 드릴 때 우리는 우리 자신이 아니라 오직 하나님을 향해서만 전적으로 향해야 한다.

이 아닌 자기 자신을 영화롭게 하고 있다고 생각하는 사람이 어디 있겠는가? "이 저녁을 당신과 함께할 수 있어서 너무 기뻐요"라는 남편의 고백은 그 아내가 아닌 남편 자신에게 영광을 돌리는 것이라고 비난할 사람이 누가 있겠는가? 성탄절 아침에 장난감 로켓을 선물로 받은 아이가 기쁨과 감사를 이기지 못해 엄마에게 달려가 껴안고 고맙다고 말하는 것을 보고, 누가 이 아이를 자기중심적이라고 비난하겠는가?

한편, 예배의 기쁨 자체를 목적으로 삼으면, 우리 자신이 하나님의 목적을 위한 수단이 되기보다, 하나님이 우리의 목적을 위한 수단이 되실 수 있다고 반대하는 이들도 있다. 실제로 이 말은 우리 자신을 하나님보다 더 높이는 듯 보이기도 한다. 하지만 다음 질문을 생각해 보라. 둘 중 어느 편이 하나님을 더 영화롭게 할 것 같은가? 둘 중 어느 편이 하나님의 위대한 영광을 좀 더 분명히 하나님께 되돌려 비추어 드릴 것 같은가? (1) 하나님을 향한 경이감에 기뻐하면서 절정에 이르는 예배 체험. (2) 하나님의 목적에 기여하기 위해 너무 큰 기쁨에 빠지지 않으려고 고상한 노력을 하면서 절정에 이르는 예배 경험.

이것은 미묘한 문제다. 만약 그분을 기뻐하는 것이 **우리의** 목적이 되지 않고서도 우리가 그분의 목적을 위한 수단이 될 수 있다고 생각한다면, 그것은 모든 것을 온전히 충족시키는 하나님의 영광을 인정하지 않는 태도다. 기독교 희락주의는 예배의 기쁨을 예배의 목적으로 삼을 때에라도 결코 우리를 하나님 위에 두지 않는다. 하나님이 없다면 우리는 낙심되고 가망 없는 상태일 뿐이라고 고백하는 바로 그때가 우리가 하나님을 공경하는 때이다. 환자는 건강해지기를 간절히 바라기에 의사보다 더 크지 않다. 아이는 아빠와 재미있게 놀기를 바라기에 아빠보다 크지 않다.

반대로 하나님보다 자신을 위에 두는 사람은, 하나님께 무언가를 얻으려고 나아오기보다 하나님께 무언가를 드리려고 나아오는 듯 행세하는 사람이다. 그는 자기를 부인하는 체하지만, 세상과 세상 모든 것이 처음부터 하나님의 것(시 50:12)은 아니었다는 듯 하나님께 호의를 베푸는 체한다. 희락주의자의 태도로 하나님께 나아가는 것만이 그분께 겸손하게 나아가는 유일한 방법이다. 그것만이 빈손으로 나아가는 방법이기 때문이다.

기독교 희락주의는 오직 하나님 한 분만이 우리의 행복해지려는 마음의 열망을 채우실 수 있다고 시인함으로써 (그리고 실제로 느낌으로써) 하나님을 공경한다. 하나님을 영원토록 즐거워함**으로써**(by) 그분을 영화롭게 할 수 있기에, 예배는 그 자체로 목적이 된다.

예배의 세 단계

하지만 이 말은 오해하기 쉽다. 우리 마음에 기쁨, 즐거움, 소망, 감사, 경이감, 경외감, 숭배가 넘쳐흐르지 않으면 하나님께 참된 예배를 드릴 수 없다는 인상을 주기 때문이다. 하지만 나는 여기에 꼭 이런 의미만 함축되어 있다고 생각하지 않는다.

나는 이상적인 예배를 경험하기 위한 세 단계의 흐름이 있다고 본다. 우리는 한 시간 안에 이 세 단계를 모두 경험할 수도 있다. 하나님은 이 세 단계를 모두 기뻐하신다(이것들이 하나님 안에서 누리는 온전한 기쁨으로 나아가는 단계라면). 이제 그 단계를 역순으로 언급하려 한다.

1. 최종 단계는 하나님의 다양한 완전하심 때문에 거칠 것 없는 기쁨 (감사, 경이, 소망, 탄복의 기쁨)**을 느끼는 단계다.**

"기름지고 맛깔진 음식을 배불리 먹은 듯이 내 영혼이 만족하니, 내가 기쁨에 가득 찬 입술로 주님을 찬양하렵니다"(시 63:5, 표준새번역). 이 최종 단계에서 우리는 하나님의 탁월하심에 만족하며, 또 우리 속에는 하나님과의 교제에서 흘러나오는 기쁨이 넘친다. 이것이 기독교 희락주의의 향연이다.

2. 우리가 종종 맛보는 그 이전 단계에서는, 충만함을 느끼지 않고 그 대신 갈망과 바람을 갖는다.

잔치를 경험하기 전에 우리는 주님의 선하심을 떠올린다. 하지만 너무 멀게만 느껴진다. 우리는 반드시 다시 주님을 찬양할 것이니 결코 낙심하지 말라고 우리 영혼에게 말한다(시 42:5). 그러나 당장에는 마음이 그다지 뜨겁지 않다.

이 단계는 열렬한, 그리고 마음에서 우러나오는 찬양과 소망을 하나님께 드리는 이상적인 단계에는 미치지 못하지만, 그래도 하나님을 크게 공경하는 단계다. 우리는 산 중턱에서 물을 잔뜩 마신 후 아주 흡족한 마음에 물을 칭송하기도 하지만, 계속 그 산을 오르는 동안 더욱 만족을 얻으려는 꺼지지 않는 갈망 때문에 물을 칭송하기도 한다.

사실, 참 성도 안에서 이 두 단계는 서로 분리할 수 없다. 이 세상 모든 만족은 여전히 갈망으로 가득하며, 동시에 모든 참된 갈망은 생명을 흡족하게 하는 물을 맛보는 데서 나오기 때문이다. 데이비드 브레이너드(David Brainerd)는 이 역설을 다음과 같이 설명한다.

최근 하나님이 거의 쉼 없이 제 영혼을 목마르게 하기를 기뻐하셨으며, 그래서 제 마음은 일종의 유쾌한 고통으로 가득 찼습니다. 제가 진정으로 하나님을 만끽할 때, 그분을 향한 만족할 줄 모르는 갈망과 거룩함을 향한 꺼지지 않는 목마름은 더욱 커졌습니다.[9]

3. 예배의 맨 아래 단계(거기서 모든 참된 예배가 시작되고, 때로 그 예배가 암흑기로 돌아가기도 하는)**는 영혼의 광야와 같다.**

이 단계에서 우리는 갈망을 거의 느끼지 못하지만, 그래도 여전히 자신의 사랑이 매우 적다는 사실에 회개의 눈물을 흘릴 만큼의 은혜를 받는다. "내 마음이 산란하며 내 양심이 찔렸나이다 내가 이같이 우매 무지함으로 주 앞에 짐승이오나"(시 73:21-22). E. J. 카넬(Carnell)은 이 단계를 다음과 같이 표현한다.

우리가 알듯이, 정직함은 다음의 두 방법 중 하나로 성취된다. 선에 대한 자발적인 표현이나 실패에 대한 자발적인 슬픔. 하나는 직접적인 성취고, 다른 하나는 간접적인 성취다.[10]

예배는 하나님의 광채를 그분께 기쁘게 되돌려 비추는 한 방법이다. 이것은 이상(ideal)이다. 왜냐하면 하나님은 분명 우리가 그분의 위대하심에 별로 감동을 받지 않아서 거의 무언가를 느끼지 못할 때나 또 느낄 수 있기를 바라기만 할 때보다, 그것을 기뻐할 때 더욱 영광을 받으시기 때문이다. 하지만 하나님은 또한 우리가 자신의 미지근한 마음을 보고 슬퍼하는 것, 즉 기쁨을 기대하는 마음의 불꽃이 우리 안에 있음을 보시는 것만으로도 영광을 받으신다. 짐승처럼 무감각하다는 생각 때문에

---

9) E. M. Bounds, *The Weapon of Prayer* (Grand Rapids, Mich.: Baker, 1975), 136에서 인용함.

10) Carnell, *Christian Commitments*, 213.

우리가 느끼는 비참한 죄책감 속에서도 하나님의 영광은 빛난다. 하나님이 우리가 갈망할 만큼 영광스러운 분이 아니시라면, 왜 우리가 그분의 아름다움을 온전히 누리지 못한 것 때문에 그렇게 슬퍼하겠는가?

그런데 하나님을 공경하려면, 이런 슬픔까지도 어떤 의미에서는 목적 자체가 되어야 한다. 이 슬픔이 좀 더 나은 무언가로 우리를 이끌지 않기 때문이 아니라, 이 슬픔이 실제적이고 자발적인 감정이어야 하기 때문이다. 계산된 슬픔으로는 하나님의 영광을 반영할 수 없다. 카넬은 말한다. "간접적인 성취는 그것이 의식적으로 추구하는 목표가 될 때마다 덕을 잃고 만다. 의도적으로 슬퍼하려는 사람은 절대 슬퍼하지 못할 것이다. 슬픔은 절대 인간의 노력으로 생길 수 없다."[11]

도덕적인 행위가 예배를 방해한다

이러한 예배의 성격을 묵상하며 나는 기독교 희락주의에 대한 반발이 많은 교회와 청중들 가운데서 예배의 영을 죽여 왔다는 결론을 내렸다. 수준 높은 도덕적 행위들은 스스로를 이롭게 하려는 동기가 없어야 한다는, 이 널리 유행하는 생각은 참된 예배를 저해하는 대적이다. 그들이 생각하는 예배는 인간이 수행할 수 있는 가장 높은 수준의 도덕적 행위이기에, 사적 감정을 배제한 의무 수행으로서의 도덕 개념에만 예배의 유일한 기초와 동기를 둔다. 하지만 사적 감정을 배제한 의무로 축소될 때 예배는 더 이상 예배가 아니다. 예배는 본래 잔치이기 때문이다.

의무감만으로 우리 삶의 의미 있는 날을 축하한다면, 아내든 하나님이든 모두 영광을 받지 못할 것이다. 내가 그들을 기뻐할 때 그들은 영광을 받는다. 따라서 예배드릴 때 하나님을 공경하려면, 예배 때 누리는

---

11) 같은 책, 213-4.

기쁨이 혹시라도 예배가 지닌 도덕적 가치를 손상시킬까 두려워 냉담한 마음으로 하나님을 구해서는 안 된다. 도리어 우리는 목마른 사슴이 시냇물을 찾기에 갈급함 같이 기쁜 마음으로, 오직 하나님을 보고 아는 기쁨만을 위해 하나님을 구해야 한다. 예배는 하나님의 계명("여호와를 기뻐하라")에 대한 순종과 다르지 않다.

오도된 덕이 예배의 영을 질식시킨다. 사적인 유익을 누리고 싶은 마음을 극복하는 것이 미덕이라는 모호한 관념을 가진 사람과 희락을 추구하는 것이 악이라고 생각하는 사람은 진정으로 예배드릴 수 없을 것이다. 예배는 가장 희락주의적인 일이며, 또한 약간의 냉담한 생각으로도 손상되어서는 안 되기 때문이다. 진정한 예배를 방해하는 가장 큰 장애물은 즐거움을 추구하는 태도가 아니라, 보잘것없는 쾌락에 만족하려는 태도다.

예레미야 선지자는 이렇게 말한다.

"어느 나라가 그들의 신들을 신 아닌 것과 바꾼 일이 있느냐 그러나 나의 백성은 그의 영광을 무익한 것과 바꾸었도다 너 하늘아 이 일로 말미암아 놀랄지어다 심히 떨지어다 두려워할지어다 여호와의 말씀이니라 내 백성이 두 가지 악을 행하였나니 곧 그들이 생수의 근원되는 나를 버린 것과 스스로 웅덩이를 판 것인데 그것은 그 물을 가두지 못할 터진 웅덩이들이니라"(렘 2:11-13).

사람들이 즐거움을 추구하기를 포기하고 터진 웅덩이로 만족할 때 하늘은 소스라치게 놀라고 충격을 받는다.

우리는 너무 쉽게 만족한다

기독교 희락주의를 향해 순례하는 동안 내가 읽은 가장 중요한 글은 1941년에 C. S. 루이스가 설교한 내용이다.

만약 현대인의 사고에 자기 자신의 행복을 추구하고 만끽하기를 바라는 것이 나쁘다는 인식이 있다면, 이는 칸트나 스토아학파의 사상에서 스며든 것이지 기독교 신앙의 일부는 아니다. 복음서가 당당하게 약속하는 보상, 즉 엄청난 보상을 생각한다면, 우리 주님은 우리의 갈망이 너무 강하기는커녕 너무 약하다고 말씀하실 것이다. 주님이 무한한 기쁨을 주신다고 해도 우리는 술과 섹스와 야망에만 집착하는 냉담한 피조물들이다. 마치 멋진 해변에서 휴일을 보내자고 말해도 그게 무엇인지 몰라 그저 빈민가 한구석에서 진흙 파이나 만들며 놀려고 하는 철없는 아이처럼 말이다. 우리는 너무 쉽게 만족한다.[12]

바로 이것이다! 예배의 대적은 즐거움을 추구하려는 우리의 욕구가 너무 강한 데 있는 것이 아니라 너무 약한 데 있다. 우리는 가족과 몇몇 친구와 직업과 텔레비전과 전자 오븐과 가끔씩 즐기는 저녁 외식과 매년 한 번 떠나는 휴가, 그리고 새로 산 컴퓨터 정도에 만족하고 만다. 그런 밋밋하고 잠깐 있다 곧 사라지는 즐거움에 쉽게 적응하다 보니, 기쁨을 향유할 줄 아는 능력이 감퇴되고, 이 때문에 우리의 예배도 시들고 말았다. 많은 이들이 '바닷가에서 즐기는 휴가', 즉 살아계신 하나님을 예배한다는 것이 무엇인지 거의 상상조차 할 수 없게 되었다.

---

12) C. S. Lewis, "The Weight of Glory", *The Weight of Glory and Other Essays* (Grand Rapids, Mich.: Eerdmans, 1965), 1-2.

시들어가는 다윈의 영혼

진흙 파이 만들기 정도의 즐거움에 만족하며 터진 웅덩이의 물을 오래도록 마신 많은 이들은 하나님을 즐거워하는 능력을 거의 잃어버렸다. 찰스 다윈(Charles Darwin)도 그랬다. 생이 거의 끝나갈 무렵, 다윈은 자녀들에게 남긴 자서전에서 이렇게 후회하는 심경을 밝힌다.

서른 살 혹은 그 이상까지도 나는 많은 시들을 즐겼다. 학창시절까지도 셰익스피어의 작품을 읽고 엄청난 희열을 느꼈다. 전에는 그림과 음악도 큰 기쁨이었다. 하지만 지난 수년 동안 나는 시 한 줄을 읽는 것마저 견디기 어려운 사람이 되었다. 셰익스피어를 읽으려고 해 보았지만 너무 지루한 나머지 참지 못해 구토가 날 정도였다. 그뿐 아니라 음악과 미술을 즐기는 안목도 거의 다 잃고 말았다. 아름다운 풍경화를 즐기는 안목만은 조금 남았지만, 그마저도 이전에 느꼈던 강렬한 희열은 주지 못한다. 내 머리는 사실들을 수집해 일반 법칙을 만들어내는 커다란 기계가 된 듯하다. 하지만 이것이 어째서 더 고상한 심미안을 누리게 하는 뇌기능을 저하시켰는지 도무지 모르겠다.…… 안목의 상실은 행복의 상실이며, 아마 지성에도 해를 끼칠지 모르고, 더욱이 본성 가운데 정서적인 면을 약화시켜서 도덕적인 특징에도 위험을 초래할지 모른다.[13]

이 땅의 예배에는 이런 과정이 남긴 흉터가 있다. 많은 이들에게 기독교는 성경적 사실을 수집해 일반적인 교리 법칙을 만들어내는 일이 되어버렸다. 그 대신 어린아이와 같은 순진한 경이감이나 경외감은 사라

---

13) Virginia Stem Owens, "Seeing Christianity in Red and Green as Well as Black and White," *Christianity Today* 27, no. 13 (2 September 1983): 38에 인용됨.

졌다. 하나님의 위엄을 노래하는 그림과 시와 음악은 냉장고 맨 안쪽에서 잊혀진 채 말라비틀어진 복숭아처럼 되었다.

그런데 아이러니한 것은 바로 우리가 자신의 즐거움만을 추구해서는 안 된다고 (특별히 예배 때) 말함으로써 사람들을 그렇게 말라비틀어지도록 부추겼다는 사실이다.[14] 많은 이들이 어떤 행위의 미덕은 그것을 만끽하는 만큼 그 가치가 축소되며, 행복을 낳기 때문에 그 행위가 나쁘다는 암시를 수천 가지 방식으로 받아 왔다. 이런 생각이 기독교의 대기 중에 가스처럼 떠다닌다.

임마누엘 칸트와 히브리서 11장 6절의 전쟁

C. S. 루이스는 임마누엘 칸트(Immanuel Kant, 1804년 사망)가 이러한 혼란의 주범이라고 생각했다. 무신론자인 아인 랜드도 그렇게 생각했다. 역사적으로는 정확하지 않지만, 칸트의 윤리학에 대한 아인 랜드의 충격적인 묘사는 적어도 교회를 무력화시킨 효과와 관련해서는 훌륭한 기술이다.

칸트는 말하기를, 그것을 수행하려는 아무런 욕구가 없을지라도, 다만 의무감에서 수행하고, 물질적이든지 영적이든지 그것을 통해 아무 이익(benefit)도 손에 넣지 않는다면 그 행위는 도덕적이 된다고 한다. 이익은

---

14) 예를 들면, 칼 질스트라(Carl Zylstra)는 말한다. "문제는 예배가 실제로 자기 성취와 기쁨을 희생하는 시간이 되어야 하느냐, 아니면 무엇보다도 하나님을 높이고 섬기는 시간, 즉 찬미의 시간이 되어야 하느냐."("Just Dial the Lord," *The Reformed Journal* [October 1984], 6). 이런 식으로 질문하면 진심으로 대답할 수 없다. 그것은 매우 오해를 불러일으키기 쉬운 질문이다. 물론 예배는 하나님을 높이는 시간이다. 하지만 사람들에게 자기 기쁨을 추구하지 못하게 경고함으로써 그 가능성을 질식시킬 수 있다. 우리는 사람들에게 기쁨을 추구하도록(하나님 안에서!) 거듭거듭 말해 주어야 한다. 만약 질스트라가 자기 자신에게만 집중하거나 음악이나 교제의 경험만을 통해 성취하려는 태도를 경고한 것이라면, 우리는 그의 경고를 잘 받아들여야 한다.

그 행위의 도덕적 가치를 파괴한다. (따라서 악해지려는 욕구가 없더라도 우리는 선해질 수 없다. 반대로 악해지려는 마음이 있더라도 우리는 선해질 수 있다).[15]

아인 랜드는 덕에 대한 이러한 생각과 기독교를 동일시했으며, 즉시 기독교의 모든 것을 거부해버렸다. 하지만 이것은 기독교가 아니다! 기쁨의 추구는 부도덕하지 않지만 도덕에 미치지도 못한다는 이러한 생각이 기독교계에 만연한 것은 아인 랜드에게도, 교회에도 비극이었다.

아인 랜드가 당대 그리스도인인 플래너리 오코너(Flannery O'Connor)의 말을 이해했더라면 좋았을 것이다.

> 나는 절제(renunciation)가 복종과 어울린다거나 그 자체로 선하다고 생각하지 않는다. 우리는 항상 더 선한 것을 위해 덜 선한 것을 절제한다. 그 반대로 하는 것은 죄다.……
> 복종하려는 몸부림은…… 단순히 복종하려는 몸부림만이 아니라 열정적으로, 즉 '기쁘게' 수용하려는 몸부림이다. 기쁨에 겨워 아랫니를 드러내면서 웃되, 그렇게 웃는 것은 매우 위험한 일이라는 듯 빈틈없이 무장한 채 (즉 절제하면서) 웃는 내 모습을 상상해 보라.[16]

아멘!

주일 아침 11시면, 히브리서 11장 6절은 임마누엘 칸트와 전쟁에 돌입한다. "믿음이 없이는 하나님을 기쁘시게 하지 못하나니 하나님께 나아가는 자는 반드시 그가 계신 것과 또한 **그가 자기를 찾는 자들에게 상**

---

15) Ayn Rand, *For the Intellectual* (New York: Signet, 1961), 32.

16) Flannery O'Connor, *The Habit of Being, ed. Sally Fitzgerald* (New York: Farrar, Straus, & Giroux, 1979), 126.

주시는 이심을 믿어야 할지니라." 상을 기대하며 하나님께 나아가지 않는 자는 하나님을 기쁘시게 할 수 없다. 따라서 하나님을 기쁘시게 하는 예배는 희락주의적으로 하나님을 추구하는 것이다. 하나님은 우리의 가장 위대한 상이시다! 하나님의 임재 안에 충만한 기쁨이 있으며, 하나님의 오른손에 영원한 **희락**이 있다. 예배는 기독교 희락주의의 향연이다.

지성(mind)의 문제

하나님은 우리가 "영과 진리로"(요 4:23) 예배하기를 원하신다. 앞 단락에서 나는 예배의 '영'을 크게 강조한 바 있다. 이제 균형을 맞추기 위해 참 예배는 늘 마음과 지성, 감정과 사고, 애정과 묵상, 송영과 신학이 결합하는 것임을 다시 강조하려 한다.

"참되게 예배하는 자들은 영과 진리로 아버지를 예배한다." 성경적 교리라는 견고한 땅에 뿌리를 내리지 않은, 양치식물 같은 감정을 지닌 사람은 참 예배를 드릴 수 없다. 하나님을 공경하는 유일한 감정은 성경의 진리라는 견실한 땅에 뿌리내린 감정이다.

다른 데서 사도 바울이 말하려고 했던 것도 이것이다. "그들이 하나님께 열심이 있으나 올바른 지식을 따른 것이 아니니라"(롬 10:2). 주께서도 "그들을 진리로 거룩하게 하옵소서 아버지의 말씀은 진리니이다"(요 17:17)라고 기도하시지 않았는가? 그리고 "진리를 알지니 진리가 너희를 자유롭게 하리라"(요 8:32)고 말씀하시지 않았는가? 예배 때 누리는 거룩한 자유는 진리의 열매다. 하나님을 진정으로 인식하는 데서 비롯되지 않은 종교적 감정은 그것이 아무리 강하다 할지라도 거룩하지 않으며 진실로 자유롭게 하지 못한다.

따라서 조나단 에드워즈의 목회 간증이 내게는 분명히 성경적으로 보인다. 그는 1740년대 초 뉴잉글랜드에서 일어난 대부흥을 맨 앞에서 지켜낸 사람이다. 그때 대부흥은 외견상 나타난 지나친 감정적 현상 때문에 심한 비판을 받았다.

보스턴에 있던 올드 퍼스트 교회(The old First Church)의 목사였던 찰스 촌시(Charles Chauncy)는 이 부흥 운동을 격렬하게 반대했다. 그는 "졸도해 땅에 넘어지고 격렬하게 떨고 비명을 지르고, 경련 같은 떨림과 흥분, 몸부림과 덤블링"[17] 등의 도를 넘는 현상을 지적했다. 에드워즈는 이런 과도한 현상을 옹호하지는 않았지만, 진리에 기초한 깊고 진실한 감정의 개입은 적극적으로 두둔했다. 그는 신중하게 고른 말로 다음과 같이 논증한다.

> 만약 내 청중이 다름 아닌 진리에 감명을 받고, 그들이 감명 받은 것의 본질(nature)에 부합하는 감동을 받는다면, 가능하면 내 청중들이 더 큰 감명을 받게 하는 것이 내 의무다.[18]

조나단 에드워즈는 예배에서 강한 감정이 결정적으로 중요하다고 확신했다.

> 신앙적인 것들은 너무도 중요하기에, 생동감 넘치고 강한 마음이 없이는 그 본질과 중요성에 어울리도록 우리 마음을 발휘할 수 없다. 신앙만큼

---

17) C. H. Faust and T. H. Johnson, eds., *Jonathan Edwards: Selections* (New York: Hill & Wang, 1962), xviii에서 인용됨.

18) Jonathan Edwards, *Some Thoughts Concerning the Revival in the Great Awakening*, ed. C. C. Goen (New Haven: Yale University Press, 1972), 387.

우리의 성향(inclination)이 활발하게 활동해야 하는 것은 없으며, 신앙만큼 미지근할 때 가증한 것도 없다.[19]

그렇다. 그가 예배에서 가치 있다고 여긴 유일한 열기는 빛과 함께 발산되는 열기뿐이었다. 1744년 에드워즈는 "그는 타서 환히 밝히는 빛이다"(요 5:35, KJV)라는 세례 요한에 관한 본문으로 안수식 설교를 했다. 마음(heart)에는 열기가, 지성(mind)에는 빛이 있어야 한다. 그리고 그것은 빛에 의해 정당성이 확보된 열기여야 한다!

만약 사역자에게 열기 없이 빛만 있다면, 경건의 능력이나 정신(spirit)의 열정, 또 하나님과 영혼(soul)의 유익을 향한 정열이 없이 해박한 강론만으로 청중들을 즐겁게 한다면, 그는 가려운 귀를 만족시키고 공허한 관념들로 사람들의 머릿속을 채울 수는 있을 것입니다. 그러나 그들의 영혼에까지 가닿지는 못할 것입니다. 반면에 사역자가 빛이 없이 맹렬하고도 과도한 열정과 뜨거운 열기에만 휘둘린다면, 청중들 안에 부정한 불꽃을 타오르게 하고 그들의 부패한 욕망과 감정에 불을 붙일 뿐 그들을 더 나은 신앙인이 되게 하지도 못하고, 천국의 계단으로 인도하지도 못하며, 오히려 다른 길로 속히 내몰 것입니다.[20]

성경의 진리로 만들어지고 그것에 뿌리를 내린 하나님을 향한 강한 감정, 이것이 바로 성경적 예배의 뼈와 골수다. 따라서 기독교 희락주의는 심오한 사고와 강력한 감정 사이를 이간하려는 모든 시도들을 강력

---

19) Edwards, *Religious Affections*, 238.

20) Edwards, "The true Excellency of a Gospel Minister," in *The Works of Jonathan Edwards*, 2:958.

히 반대한다. 또한 강한 감정이 교리의 부재를 일관되게 촉진할 것이라는 가정도 거부한다.

도리어 기독교 희락주의는, (에드워즈가 그랬듯) 하나님의 가치를 찬미하는 감정은 오직 그분의 영광을 진정으로 이해할 때에만 나온다고 확신한다. 예배의 향연을 이 땅에서 찾아볼 수 없다면, 그것은 하나님 말씀의 기근이 찾아왔기 때문일 것이다(암 8:11-12).

예배의 형식이 제공해야 하는 두 가지

그러므로 예배의 형식은 두 가지를 제공할 수 있어야 한다. 먼저 지성(mind)이 하나님의 실재에 대한 진리를 이해할 수 있는 통로를 제공해야 한다. 그리고 마음(heart)이 그 진리의 아름다움에 반응할 수 있는 통로를 제공해야 한다. 다시 말해서 성경적 진리로 감정에 불을 붙이는 형식과 성경적 열정으로 감정을 표현하는 형식이 필요하다.

물론 좋은 형식은 둘 다를 제공한다. 좋은 설교와 찬양과 기도는 예배를 표현하고 예배에 영감을 불어넣는다. 그런데 설교와 찬양과 기도가 희락주의가 추구하는 대로 하나님 중심이 될 때, 예배를 가장 잘 표현하고 그 예배에 영감을 불어넣을 수 있다.

설교 한 편을 예로 들어 보자. 존 브로더스(John Broadus)는 이미 백 년 전에 이 점을 잘 지적했다.

사역자는 행복을 추구하려는 욕망과 그것과 반대 짝인 불행에 대한 두려움 모두에 호소할 수 있고, 그것은 정당한 일이다. 단지 그것이 옳기 때문에 항상 옳은 일을 해야 한다고 주장하는 철학자(칸트?)는 사실 전혀 철학자가 아니다. 그들은 인간 본성(성경도 포함하고 싶다)을 전혀 모르거나 단지 환상적인 사변에만 몰두하기 때문이다.[21]

찬송을 예로 들어 보자. 찬송이 얼마나 당당하게 희락주의적인지 보라! 찬송은 교회로 모인 사랑에 빠진 이들의 목소리다. 이 연인들은 세상에서 가장 작은 의무감으로 살고 하나님께 가장 매료된 사람들이다.

예수,
당신은 사랑하는 마음의 기쁨이요,
생명의 원천이요, 인생들의 빛이며,
우리는 이 땅의 어떤 지복(至福)으로도 채울 수 없는 마음을 가지고
다시 당신께 돌아갑니다.
_ 클레르보의 베르나르(Bernard of Clairvaux)

예수,
매우 귀중한 보배요,
가장 순전한 기쁨의 근원이요,
나의 참 친구.
당신으로 목말라
이젠 거의 숨이 막힐 듯
오래도록 내 마음이 갈급하나이다.
나는 당신의 것,

---

21) John Broadus, *On the Preparation and Delivery of Sermons*, 4th ed., rev. Vernon Stanfield (New York: Harper & Row, 1979), 117.

오, 흠 없는 어린양이여,

당신을 피난처 삼으니 나에겐 괴롬 없으리,

당신 외에 구할 것 더 없으리.

_ 요한 프랑크(Johann Franck)

예수,

당신의 기쁨 안에서

내가 쉬고 또 쉬나이다.

당신의 사랑하는 마음이

얼마나 큰지요!

당신만을 바라봅니다.

당신의 아름다움이 내 영혼을 채웁니다.

당신의 변화시키는 권능으로

나는 온전해집니다.

_ 장 소피아 피고(Jean Sophia Pigott)

예수,

주님을 아는 것,

주님을 아는 것,

그보다 더 큰 것은 없습니다.

당신은 나의 전부,

당신은 나의 최고,

당신은 나의 기쁨,

나의 의,

오, 주님! 내가 당신을 사랑합니다.

_그레이엄 켄드릭(Graham Kendrick)

교회의 기도를 생각할 때, 시편 기자들의 영감 어린(희락주의적인!) 기도보다 더 만족스러운 것이 있겠는가?

"주께서 내 마음에 두신 기쁨은 그들의 곡식과 새 포도주가 풍성할 때보다 더하니이다"(시 4:7).

"그러나 주께 피하는 모든 사람은 다 기뻐하며 주의 보호로 말미암아 영원히 기뻐 외치고 주의 이름을 사랑하는 자들은 주를 즐거워하리이다"(시 5:11).

"내가 주를 기뻐하고 즐거워하며 지존하신 주의 이름을 찬송하리니"(시 9:2).

"나는 의로운 중에 주의 얼굴을 뵈오리니 깰 때에 주의 형상으로 만족하리이다"(시 17:15).

"나의 하나님이여 내가 주의 뜻 행하기를 즐기오니 주의 법이 나의 심중에 있나이다"(시 40:8).

"하나님이여 내 속에 정한 마음을 창조하시고 내 안에 정직한 영을 새롭게 하소서…… 주의 구원의 즐거움을 내게 회복시켜 주시고 자원하는

심령을 주사 나를 붙드소서"(시 51:10, 12)

"하나님이여 주는 나의 하나님이시라 내가 간절히 주를 찾되 물이 없어 마르고 황폐한 땅에서 내 영혼이 주를 갈망하며 내 육체가 주를 앙모하나이다 내가 주의 권능과 영광을 보기 위하여 이와 같이 성소에서 주를 바라보았나이다 주의 인자하심이 생명보다 나으므로 내 입술이 주를 찬양할 것이라"(시 63:1-3).

"하늘에서는 주 외에 누가 내게 있으리요 땅에서는 주 밖에 내가 사모할 이 없나이다 내 육체와 마음은 쇠약하나 하나님은 내 마음의 반석이시요 영원한 분깃이시라"(시 73:25-26).

하나님의 백성들, 특별히 예배 인도자들이 이런 하나님 중심의 희락주의 방식으로 기도하기 시작할 때, 그 형식은 진정한 예배를 나타내고 또 영감을 불어넣을 것이다.

하지만 결국 이슈는 형식이 아니라 그리스도의 탁월함이 그 예배에서 드러나는가 하는 것이다. "어두운 가운데 빛이 비치라"고 말씀하신 하나님이 "예수 그리스도의 얼굴에 있는 하나님의 영광을 아는 빛"을 우리 마음에 비추실 때(고후 4:6) 그런 예배를 드릴 수 있다.

우리는 그 무엇과도 비교할 수 없는 하나님의 아들에게서 탁월하심을 보고 느껴야 한다. 왜 비교할 수 없는가? 그분 안에서는 무한한 영광과 가장 낮은 겸손이 만나고, 무한한 위엄과 초월적인 온유함이 만나고, 하나님을 향한 가장 깊은 경외심과 하나님과의 동등함이 만나고, 무한한 선의 가치와 악을 감내하는 최고의 인내가 만나고, 최고의 통치권과 최

고의 순종이 만나고, 신적인 자기 충족과 아이와 같은 신뢰가 만나기 때문이다.[22]

우리 인간의 상태의 아이러니는 하나님이 우리를 그리스도 안에서 하나님의 영광의 히말라야를 볼 수 있는 곳에 두셨건만, 우리가 스스로 (심지어 교회에서마저) 샬레(스위스 목동들의 오두막집-역주)의 차일을 내리고 벅힐(Buck Hill)의 비탈을 보여 주기로 했다는 사실에 있다. 바닷가에서 휴가를 보낸다는 것이 무슨 뜻인지 모르기에 빈민가에서 진흙 파이를 만드는 정도에 만족하는 것이다.

권면과 체험

나는 권면과 체험으로 이 장을 마무리하려 한다. 당신의 예배가 단순한 의무 수행으로 전락하지 않게 하라. 덕에 대한 비성경적인 견해 때문에 천진난만한 경외감과 경이감이 질식하지 않게 하라. 하나님과의 관계에서 나온 그림과 시와 음악이 말라 죽지 않게 하라. 당신에게는 상상 이상으로 기뻐할 수 있는 능력이 있다. 그 능력은 하나님을 즐거워하도록 주어졌다. 얼마나 오래 그 능력이 잠들었던지 간에 하나님은 깨우실 수 있다. 우리를 흔들어 깨우시는 하나님의 능력을 간구하라. 눈을 들어 그분의 영광을 보라. 이 모든 것이 당신 곁에 있다. "하늘이 하나님의 영광을 선포하고 궁창이 그의 손으로 하신 일을 나타내는도다"(시 19:1).

---

22) 이 한 쌍들은 "The Excellency of Christ"라는 제목의 조나단 에드워즈의 설교에서 인용한 것이다. 이 설교에서 에드워즈는 요한계시록 5:5-6에 나온 유다 지파의 사자요 죽임 당한 어린 양으로 묘사된 그리스도의 이미지를 묵상하고 있다. 이 설교는 The Works of Jonathan Edwards, 1:680-9에 수록되어 있다. 그리스도의 다양한 차원의 탁월하심에 대한 나의 묵상은 『예수님이 복음입니다』, 송용자 역 (부흥과개혁사, 2008), 원저 Seeing and Savoring Jesus Christ (Wheaton, Ill.: Crossway, 2004)를 참조하라.

언젠가 밤에 시카고에서 미네아폴리스로 이동하고 있었다. 비행기 탑승객은 나 혼자뿐이었다. 미시간호(湖)를 지나 위스콘신주로 들어가는데 기장이 천둥 번개가 친다고 방송했다. 그는 난기류를 피해 서쪽으로 가려고 했다. 나는 자리에 앉아 칠흑 같은 어둠 속을 응시했다. 그런데 갑자기 온 하늘이 환하게 빛나고 흰 구름이 만든 터널이 비행기 아래 4마일 떨어진 곳에 뚫리다가 사라졌다. 잠시 후 엄청나게 큰 빛의 터널이 지평선을 가로질러 북쪽에서 남쪽으로 순식간에 작렬하며 생기더니 다시 어둠 속으로 사라졌다. 곧 번갯불이 연달아 번쩍였으며, 빛의 화산이 구름 골짜기 사이에서 그리고 멀리 뒤편 흰 산에서 뿜어 나왔다. **오, 주님, 이것이 당신의 날카로운 검에서 나온 불꽃이라면, 주께서 나타나시는 날엔 어떠하겠나이까?** 그리고 나는 주님의 말씀을 떠올렸다.

> "번개가 하늘 아래 이쪽에서 번쩍이어 하늘 아래 저쪽까지 비침같이 인자도 자기 날에 그러하리라"(눅 17:24).

지금도 그 장관을 떠올릴 때마다 **영광**이란 단어가 충만하게 느껴진다. 내가 하나님을 갈망하도록, 하나님을 보도록, 그리고 기독교 희락주의의 향연에 앉아 영광의 왕을 예배하도록 내 마음을 일깨우신 하나님께 감사드린다. 이 잔치 자리는 너무도 넓다.

> "성령과 신부가 말씀하시기를 오라 하시는도다…… 목마른 자도 올 것이요 또 원하는 자는 값없이 생명수를 받으라"(계 22:17).

세상에서 가장 자비롭고 너그러운 사람은
어떤 의미에서
타인을 위해 선을 행하는 데서 자기 행복을 추구하는 사람이다.
그런 사람은 타인이 유익을 얻는 일에
자신의 행복을 건 사람이기 때문이다.
말하자면, 그는 타인을 자기 안으로 이끌어 들일 만큼
자기 마음을 넓히는 사람이다.
그래서 타인이 행복할 때 자신도 행복해한다.
그들과 행복을 나누고 그들의 행복 속에서 자신도 행복해한다.
이것은 값없이 자비를 베푸는 것과 모순되지 않는다.
도리어 이런 태도가 바로 자비와 친절이다.

_ 조나단 에드워즈

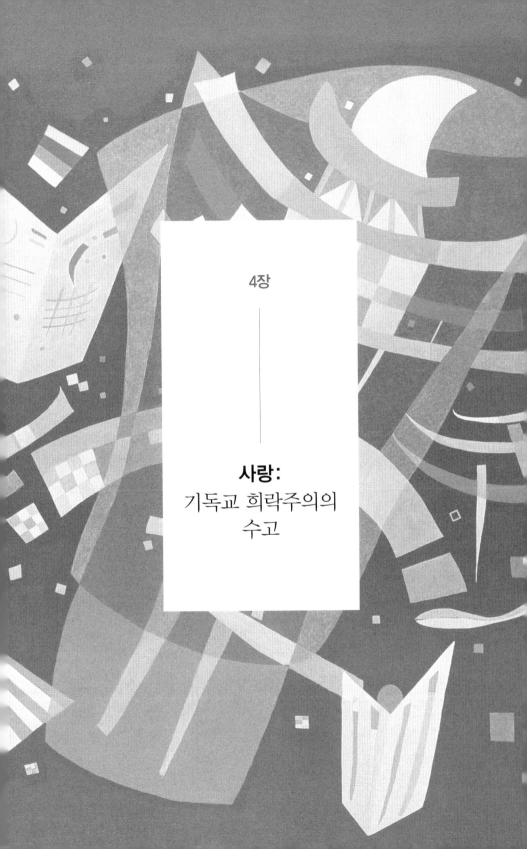

4장

사랑:
기독교 희락주의의
수고

지금까지 우리는 하나님께 무관심한 채로 베푸는 선행은 악이라는 사실을 논의했다. C. S. 루이스는 다음과 같이 말했다. "'나는 거지가 아니요. 나는 당신에게 관심은 없지만 사랑하오'라고 허풍 떨면서 창조주 앞에 나아온 자처럼 어리석고 무례한 피조물은 없을 것이다."[1] 주님과의 교제라는 상에 갈급해서가 아니라, 그 교제를 하나님께 보상으로 드리려는 의무감으로 그분께 나아간다면, 그것은 자신을 하나님보다 더 높여서 자신이 시혜자가 되고 하나님은 도움이 필요한 수혜자로 격하시키는 일, 즉 악이다.

예배에서 하나님의 모든 충만을 영화롭게 하는 유일한 길은 "주의 앞에는 충만한 기쁨이 있고 주의 오른쪽에는 영원한 즐거움이 있기"(시 16:11)에 하나님께 나아가는 것이다. 이것이 이제껏 강조해 왔던 요점이며, 나는 이것을 **수직적 기독교 희락주의**라고 부른다. 인간과 하나님 사이의 삶의 수직축에서 볼 때, 즐거움을 추구하는 것은 단지 용인되는 정도에 그치지 않는다. 도리어 그것은 의무다. "여호와를 기뻐하라"(시 37:4). 인간의 제일 되는 목적은 하나님을 영원토록 즐거워함으로써 그분을 영화롭게 하는 것이다.

그렇다면 **수평적 기독교 희락주의**란 무엇인가? 타인과의 관계에서는 어떤가? 무관심한 채 베푸는 호의가 사람들 사이에서도 이상적인가? 아

---

1) C. S. Lewis, *The Four Loves* (London: Geoffrey Bles, 1960), 12.

니면 즐거움을 추구하는 것은 하나님을 기쁘시게 하는 모든 인간애에 적합하고 또 실제로 의무적인가?

이 장이 내놓는 대답은 즐거움의 추구는 모든 선한 행실의 본질적인 동기라는 것이다. 이를 다음과 같이 표현할 수도 있다. 온전하고 지속적인 즐거움을 추구한다는 목표를 포기하면, 우리는 결코 사람을 사랑하거나 하나님을 기쁘시게 할 수 없다.

사랑은 자신의 유익을 구하는가?

이 단락에는 몇 가지 설명과 변론을 실을 것이다. 독자들의 열린 마음과 인내를 구한다. 이 장에서 나는 외경심의 대상이 된 어떤 강을 거스르며 헤엄칠 것이다. 내가 이 주제로 설교를 했을 때 한 철학자가 내게 다음과 같은 비판이 담긴 편지를 보내왔다.

그것이 선이기 때문에 선을 행해야 한다는 것이 도덕성 논쟁 아닙니까?…… 저는 선이 선하고 덕스럽기 때문에 선을 행하되 덕스럽게 수행해야 한다고 생각합니다. 하나님이 선을 복되게 하시고 우리를 행복하게 하시는 것은 선의 결과이지 선을 행할 동기는 아닙니다.

다른 유명한 작가는 이렇게 말했다.

그리스도인에게 행복은 결코 추구하는 목표가 아니다. 행복이란 늘 봉사의 삶이 주는 예기치 않은 놀라움이다.

나는 이 말들이 성경과 배치되고, 사랑과도 배치되며, 따라서 (의도하지는 않았겠지만) 하나님을 욕되게 하는 말이라고 생각한다.

분명 성경은 내가 말한 것과 정확히 정반대로 말하는 듯 보인다. 예컨대, 저 위대한 사랑 장(章)에서 사도 바울은 사랑은 "자기의 유익을 구하지 않는다"(고전 13:5)고 말한다. 고린도전서 앞부분에서는 "**누구든지 자기의 유익을 구하지 말고** 남의 유익을 구하라…… 나와 같이 모든 일에 모든 사람을 기쁘게 하여 **자신의 유익을 구하지 아니하고** 많은 사람의 유익을 구하여 그들로 구원을 받게 하라"(고전 10:24, 33)고 말하고, 로마서 15장 1-3절에서는 "믿음이 강한 우리는 마땅히 믿음이 약한 자의 약점을 담당하고 **자기를 기쁘게 하지 아니할 것이라** 우리 각 사람이 이웃을 기쁘게 하되 선을 이루고 덕을 세우도록 할지니라 **그리스도께서도 자기를 기쁘게 하지 아니하셨나니**"라고 말한다.

깊은 묵상 없이 이 구절들을 따로 떼어 생각하면, 기독교적 도덕의 핵심은 타인을 위해 선을 행할 때 자기 이익을 구하는 마음을 완전히 버리는 것이라는 인상을 받는다. 하지만 이런 인상이 잘못되었다고 말할 이유는 충분하다. 이런 인상을 받는 이유는 문맥을 전혀 고려하지 않았기 때문이다. 또 이는 신약의 다른 많은 가르침을 설명해 주지도 못한다.

예를 들어, 고린도전서 13장의 문맥을 생각해 보자. 5절은 사랑은 자기 유익을 구하지 않는다고 말하는데, 과연 이 구절이 사랑을 즐거워하는 것은 잘못이라고 말하는가? 첫째로 보다 넓은 성경의 문맥을 고려해 보자.

우리는 인자를 기뻐해야 하는가?

미가 선지자는 하나님이 인자를 행하라고만 하시지 않고 "인자를 사랑하라"고 명령하셨다고 말한다. "사람아 주께서 선한 것이 무엇임을 네게 보이셨나니 여호와께서 네게 구하시는 것은 오직 정의를 행하며 인자를 사랑하며 겸손하게 네 하나님과 함께 행하는 것이 아니냐"(미 6:8). 다시 말해서 이 구절은 단지 자비를 행할 뿐 아니라, 자비로워지기를 **기뻐하고** 또 자비로워지기를 **원하라**는 뜻이다. 인자를 사랑한다면, 우리가 어떻게 인자를 행할 때 자신의 갈망을 만족시키지 못하겠는가? "인자를 사랑하라"는 명령에 순종하려면 고린도전서 13장 5절, 즉 "사랑은 자기 유익을 구하지 않아야 한다"는 말씀에는 불순종해야 하는가?

그렇지 않다. 더 근접 문맥은 이 말씀의 초점이 사랑의 기쁨을 추구하는 것을 금하는 데 있지 않다는 몇 가지 실마리를 제공한다. 조나단 에드워즈가 다음과 같이 바른 의미를 제시하고 있다.

고린도전서 13장 5절이 금하는 것은 사람이 자신의 행복을 어느 정도 사랑해야 하는지에 대한 문제가 아니다. 사람이 자신의 행복을 두지 않아야 할 곳에 두는 문제와 자신의 행복을 제한하고 한정하는 문제를 다루고 있다. 어떤 이들은 자신의 행복을 사랑하면서도, 그 행복을 자신만의 제한된 유익에 국한하지 않고, 즉 자기 자신의 유익으로 제한하지 않고 타인의 유익에서 자기 행복을 찾고 타인 안에서 그리고 타인에 의해서 즐거움과 유익을 누림으로 행복하려고 한다. 사랑이 자기 유익을 구하지 않는다고 말할 때, 우리는 이를 자기 자신의 사적인 이익, 즉 자기 자신을 위한 이익으로만 제한하지 않는 태도로 이해해야 한다.[2]

바울은 우리가 아무 유익을 바라면 안 된다고 전제하는가?

에드워즈의 지적이 바울이 실제로 의미했던 것임을 알려 주는 첫 번째 실마리가 3절에 있다. 여기서 바울은 참된 사랑을 하도록 동기를 유발하기 위해 이렇게 말한다. "내가 내게 있는 모든 것으로 구제하고 또 내 몸을 불사르게 내줄지라도 사랑이 없으면 **내게 아무 유익이 없느니라.**" 참된 사랑이 자기 '유익'에 관심을 두지 않는 것이라면, 바울은 왜 사랑이 없으면 '유익'을 빼앗기게 되리라고 경고했을까? 바울은 사실상 이렇게 말하는 것이다. "여러분이 진정한 사랑을 하지 않는다면, 여러분은 진정한 유익을 얻지 못할 것입니다."

어떤 이들은 이렇게 말한다. 그 유익은 진정한 사랑의 확실한 결과지만, 만약 그 유익이 사랑의 동기가 된다면 그 사랑은 진정한 사랑이 아니라고 말이다. 다시 말해 하나님이 사랑의 행위에 보상하시는 것은 옳지만, 우리가 그 보상의 약속 때문에 사랑하는 것은 옳지 못하다는 것이다. 하지만 이 말이 사실이라면, 바울은 왜 3절에서 우리가 진정으로 사랑하지 않는다면 보상을 잃게 될 것이라고 말했을까? 사랑하여 '유익'을 얻으려는 갈망이 사랑의 도덕적 가치를 떨어뜨린다면, '유익'을 잃지 않도록 사랑하라고 가르치는 것은 아주 엉터리 교육 방법 아닌가?

그렇다면 이 의심스러운 유익에 대해, 잘못된 동기에서 얻는 유익이 있고(그러니 "자기 유익을 구하면 안 된다") 바른 동기에서 얻는 유익이 있다(그러니 "사랑이 없으면 아무 유익이 없다")고 말해야 할까? 에드워즈는 동기가 되는

---

2) Jonathan Edwards, *Charity and Its Fruit* (Edinburgh: Banner of Truth, 1969, orig. 1852), 164.

합당한 유익은 사랑의 행위 그 자체에서 얻는 행복, 혹은 그로써 성취된 선행에서 얻는 행복이라고 말한다.

냉담한 사랑이 진리 안에서 기뻐할 수 있을까?

에드워즈의 지적이 옳다는 두 번째 실마리는 6절에 있다. "불의를 기뻐하지 아니하며 진리와 함께 기뻐하고." 사랑은 가까스로 내린 선택이나 단순한 행위가 아니다. 사랑에는 감정이 담겨 있다. 사랑은 단지 진리를 **행하는** 것만도 아니며, 옳은 것을 선택하는 것만도 아니다. 사랑은 진리의 방식을 **기뻐한다**. 따라서 미가서 6장 8절과 고린도전서 13장 6절을 함께 보는 데는 무리가 없다. "인자를 사랑하라!"

사랑이 기쁨으로 선택하는 것이라면 결코 냉담할 수 없다. 그리고 그 기쁨에 무관심할 수도 없다. 사랑의 행위를 기뻐하는 사람은 그 행위에서 기쁨을 얻을 것이다. 그리고 이 기쁨이 '유익'이다. 우리는 이 이상의 유익을 얻거나, 아니면 사실 이 기쁨이 영원불멸한 기쁨의 첫 열매일 것이다.

이 시점에서 우리는 적어도 이렇게 말할 수 있다. 바울은 우리가 사랑을 실천하기를 기뻐하여 거기에서 기쁨을 얻기를 기대하기 바란다. 바울은 그 기쁨이 동기가 되어 우리가 사랑을 실천했다 해도 그것이 도덕적 가치를 훼손한다고 생각하지 않을 것이다. 그것이 아니라면, 이런 논리가 성립될 수 있다. 어떤 나쁜 사람이 있는데, 그는 사랑의 결과를 싫어하고 그래서 사랑의 기쁨을 취하지 않는다. 하지만 그렇기 때문에 그는 순수한 사랑의 행위를 하게 되는 것이다. 반대로 사랑의 결과를 즐거이 기대하는 선한 사람은, 거기서 기쁨을 얻기 때문에 결국 순수한 사랑을 망치게 된다.

따라서, 고린도전서 13장 5절("사랑은 자기의 유익을 구하지 않는다")은 **즐거움을 추구하는 것은 모든 선한 행실의 본질적인 동기**라는 명제를 거스르지 않는다. 사실 놀랍게도 그 문맥은 "사랑은 진리와 함께 기뻐한다"고 말한다. 사랑의 유익, 곧 이제부터 영원까지 사랑할 때 누리는 기쁨의 유익을 잃지 않도록 주의해야 한다고 암시함으로써 말이다.

바울이 고린도전서 13장 5절에서 전하려던 바가 이것이라면, 10장 24절과 33절도 마찬가지다. 이 구절들은 13장 5절의 기본 원리를 반영한 구체적 사례들일 뿐이다. 바울이 자기의 유익을 구하지 말고 이웃의 구원을 위해 그들의 유익을 구하라고 말할 때, 그는 우리가 이웃의 구원을 **기뻐하지** 말아야 한다는 뜻으로 말한 것이 아니다.

실제로 바울은 회심자들에게, "너희는 우리의 영광이요 **기쁨**이니라"(살전 2:20)고 말한다. 다른 데서는 "내 마음에 **원하는 바**(desire)와 하나님께 구하는 바는 이스라엘을 위함이니 곧 그들로 구원을 받게 함이라"(롬 10:1)고 말한다.

이것은 냉담한 사랑의 목소리가 아니다. 타인의 구원은 바울의 기쁨이요 열망이었다. 바울이 이 기쁨을 위해 자신의 안락을 스스로 거절했을 때조차 그는 기독교 희락주의자였지 의무감에 사로잡힌 스토아학파가 아니었다. 그래서 바울은 고린도전서 10장 24절과 33절에서 우리의 수고로 타인이 구원에 이르는 것을 가장 큰 위안으로 삼으라고 말한 것이다.

이것은 바울이 로마서 15장 1-3절에서 말하려는 것이기도 하다. 여기서 바울은 우리 자신을 기쁘게 하지 말고 이웃을 기쁘게 하되 선을 이루고 덕을 세우라고 말한다. 이 구절 역시 "사랑은 자기의 유익을 구하지 않는다"는 원리를 적용한다. 이는 이웃의 덕을 세우는 기쁨을 추구하지 말라는 뜻이 아니다. **이 기쁨**을 추구함으로, 우리를 타인의 유익에 무관심하게 하는 이기적인 즐거움의 속박으로부터 자유롭게 되라는 뜻이다. 사랑은 **자기 자신에게만 국한된** 기쁨을 추구하지 않는다. 그보다는 타인의 선(구원과 덕)을 이루는 데서 얻는 기쁨을 추구한다.[3]

이런 식으로, 우리는 하나님이 사랑하시는 것처럼 사랑하기 시작한다. 하나님은 사랑하기를 기뻐하기에 사랑하신다. 하나님은 사랑할 때 얻으리라 예상되는 기쁨 때문에 그 사랑의 행위가 손상될까 두려워 사랑의 보상을 회피하는 분이 아니시다.

"자랑하는 자는 이것으로 자랑할지니 곧 명철하여 나를 아는 것과 나 여호와는 사랑과 정의와 공의를 땅에 행하는 자인 줄 깨닫는 것이라 나는 이 일을 기뻐하노라 여호와의 말씀이니라"(렘 9:24).

사랑은 행위 이상이다

이제 방어에서 공격으로 나아갈 때다. 문제가 될 듯한 구절이 있기는 하지만, 많은 구절들이 기독교 희락주의를 긍정적으로 가리키고 있다. 고린도전서 13장 3절을 출발점으로 삼을 수 있겠다. "내가 내게 있는 모든 것으로 구제하고 또 내 몸을 불사르게 내줄지라도 사랑이 없으면 내게 아무 유익이 없느니라." 참으로 깜짝 놀랄만한 본문이다. 왜냐하면 예수님은 "사람이 친구를 위하여 자기 목숨을 버리면 이보다 더 큰 사랑

---

3) 로마서의 이 구절에는 "그리스도께서도 자기를 기쁘게 하지 아니하셨나니 기록된 바 주를 비방하는 자들의 비방이 내게 미쳤나이다 함과 같으니라"(15:3)는 말씀도 포함되어 있다. 이를 염두에 두고, 이 장 후반부에 "사랑은 기쁨을 위해 오래 참는다"는 제목 아래 언급한 히브리서 12:1-2에 관한 논의를 살펴보라.

이 없나니"(요 15:13)라고 말씀하셨기 때문이다. 어떻게 바울은 사랑이 없이도 자기 생명을 내줄 수 있다고 말한 것일까?

한 가지는 분명하다. 사랑은 희생적인 행위와 동일시될 수 없다. 아니, 사랑은 어떤 행위와도 동일시될 수 없다. 이 말은 "사랑은 느낌이 아니라 행동이다"라는 보편적인 가르침에 대한 강력한 교정 수단이다. 물론 이 구호는 두 가지 사실을 보여 준다는 이점이 있다. 첫째, 단지 따스한 감정만으로는 실제적인 사랑의 행위를 대신할 수 없다(약 2:16; 요일 3:18). 둘째, 기쁨이 없을 때도 사랑하려는 노력을 기울여야 한다. 하지만 단순히 사랑은 느낌이 아니라 행동이라고 말함으로써 이 두 진리를 뒷받침하는 것은 부주의한 일이다. 이것은 또한 정확하지도 않다.[4] (원하지 않을 때는 어떻게 순종해야 하는지 "에필로그" 중 네 번째 이유를 참조하라.)

고린도전서가 내린 사랑의 정의는 이런 좁디좁은 사랑의 개념에 이의를 제기한다. 가령 바울은 사랑은 **시기하지** 않으며, 쉽게 **성내지** 않으며, 진리와 함께 **기뻐하고,** 모든 것을 **바란다**고 말한다(고전 13:4-7). 이것들은 모두 느낌이다. 우리가 거룩하지 않은 시기심이나 분노를 느낀다면, 우리는 사랑하고 있지 않다. 우리가 진리와 소망을 기뻐하지 않는다면, 우리는 사랑하고 있지 않다. 다시 말해 사랑은 감정 이상이며, 적어도 그 이하는 아니다.

---

4) 가령, 한 인기있는 책은 이렇게 말한다. "사랑은 당신이 반드시 느껴야 하는 무엇이 아니라, 당신이 행해야 하는 무엇이다. 좋은 느낌은 사랑의 행위에 뒤따르지만, 우리는 그것을 좋아하든 그렇지 않든 상관 없이 사랑하라는 명령을 받고 있다. 예수님은 자신의 목숨을 바쳐 인류를 구원하기를 좋아하지 않으셨다(마 26:38-39)." Josh McDowell & Norman Geisler, *Love is Always Right: A Defense of the One Moral Absolute* (Dallas: Word, 1996), 73. 예수님이 인류를 구원하기 위해 자기 목숨을 내주기를 좋아하지 않으셨다고 말하는 것은 지나친 단순화다. 예수님은 십자가가 매우 고통스럽다는 것을 아셨고, 고통 앞에서 움츠러드신 것도 사실이다. 하지만 히브리서 12장 2절은 "그는 그 앞에 있는 기쁨을 위하여 십자가를 참으셨다"고 말한다. 미래의 기쁨이 현재의 겟세마네로 흘러들어왔으며, 그 미래의 기쁨을 맛봄으로써 예수님은 십자가를 질 수 있었다. 더 즐거운 사랑의 행위들이 있다. 하지만 그것이 고난 가운데서 누리는 고통스런 기쁨이 없다는 것을 뜻하지는 않는다.

우리 몸을 불사르게 내줄지라도 사랑이 아닐 수 있다는 놀라운 진술을 설명하는 데 이것이 도움이 될 것이다. 동기가 올바르지 않은 행동은 분명 사랑으로서 자격이 없다. 그렇다면 죽음까지 불사하겠다는 의지는 선한 동기임을 보여 주는 표가 아닌가? 사심 없음(disinterestedness)이 사랑의 본질이라면, 그럴 수도 있겠다. 혹 누군가는 자기 몸을 불사르게 내주고 죽은 후에 보상을 얻겠다는 생각이나 이 땅의 사람들에게 고상한 기억을 남기겠다는 의도가 자기희생적인 사랑의 행위를 훼손한다고 말할지 모른다. 이것도 대답이 될 수 있지만 완전한 대답은 아니다. 사랑의 행위에 어떤 종류의 사후 보상을 목표로 삼는 것이 바람직한지 분명히 하지 않았기 때문이다. 또 참 사랑이 되려면 외적인 사랑의 '행위'에 '어떤 감정'이 수반되어야 하는지도 묘사하지 않았기 때문이다.

이 질문에 답하기 위해 우리는 다르게 질문해야 한다. 인간을 향한 사랑은 하나님을 향한 우리의 사랑과 우리를 향한 그분의 은혜와 어떤 관계가 있는가? 자기 몸을 불사르게 내줄지라도 사랑이 아닐 수 있다면, 그 행위가 하나님을 향한 참된 사랑과 전혀 관계가 없었기 때문이라고 말할 수 있는가? 사람 사이의 수평적 사랑은, 하나님과의 수직적 사랑의 확장일 때만 진실하다는 것이 바울이 가진 견해인가? 바울은 "믿음을 따라 하지 아니하는 것은 다 죄니라"(롬 14:23)고 말한다. 그런 그가 하나님과의 관계를 거론하지 않은 채 참된 사랑을 정의한다면 오히려 이상할 것이다.

사랑은 하나님을 향한 넘치는 기쁨이다

바울은 진정한 사랑은 오직 하나님과의 관계 안에 있다고 생각하는 듯하다. 고린도후서 8장 1-4, 8절을 보자.

"형제들아 하나님께서 마게도냐 교회들에게 주신 은혜를 우리가 너희에게 알리노니 환난의 많은 시련 가운데서 그들의 넘치는 기쁨과 극심한 가난이 그들의 풍성한 연보를 넘치도록 하게 하였느니라 내가 증언하노니 그들이 힘대로 할 뿐 아니라 힘에 지나도록 자원하여 이 은혜와 성도 섬기는 일에 참여함에 대하여 우리에게 간절히 구하니…… 내가 명령으로 하는 말이 아니요 오직 다른 이들의 간절함을 가지고 너희의 사랑의 진실함을 증명하고자 함이로라."

바울은 마게도냐 성도들이 베푼 놀라운 은혜의 역사를 고린도 성도들이 알기 원했다. 고린도 성도들 가운데서도 그런 일이 일어나기를 기대했기 때문이다. 바울은 예루살렘의 가난한 성도들을 구제할 헌금을 모금하며 교회들을 두루 다니고 있었다(롬 15:26; 고전 16:1-4). 바울은 고린도 성도들도 넉넉하게 헌금하기를 바라는 심정으로 고린도후서 8장과 9장을 썼다. 여기서 주목해야 할 중요한 부분은 이것이 그들에게 주어진 사랑의 시험이라고 말한 부분이다. "나는 이 말을 명령으로 하는 것이 아닙니다. 다른 사람들의 열성을 말함으로써, 여러분의 **사랑도**(love also) 진실하다는 것을 확인하려고 하는 것뿐입니다"(고후 8:8, 표준새번역).

8장 8절은 분명히 마게도냐 성도들의 넉넉함은 고린도 성도들'**도**'(also) 본받아야 할 사랑의 모델임을 암시한다(특별히 '~도'[also]라는 말이). 마게도냐 성도들의 진실한 사랑을 다시 언급함으로써 바울은 고린도 성도들'**도**'(also) 진실한 사랑을 하도록 북돋으려 했다. 이 구절은 고린도전서 13장의 사랑이 실제 삶에서는 어떻게 나타나는지 볼 수 있는 경우다. 마게도냐 성도들은 고린도전서 13장 3절("내가 내게 있는 모든 것으로 구제하고")처럼 자기 소유를 내놓았다. 하지만 **여기**에는 진정한 사랑이 있었고

거기에는 사랑이 전혀 없었다. 어떻게 해서 마게도냐 성도들의 넉넉함은 진정한 사랑의 행위가 되었을까?

진정한 사랑의 특징은 네 가지로 볼 수 있다.

첫째, 진정한 사랑은 하나님의 **은혜**의 역사다. "형제들아 하나님께서 마게도냐 교회들에게 주신 은혜를 우리가 너희에게 알리노니"(고후 8:1). 마게도냐 성도들의 넉넉함은 사람에게서 나온 것이 아니다. 3절은 그들이 '자원하여' 드렸다고 말하지만 그 자원함도 하나님의 선물, 즉 은혜의 역사였다.

하나님의 주권적 은혜와 그 결과로 나온 인간의 자원하는 마음의 결합을 16-17절에서도 볼 수 있다.

"너희를 위하여 같은 간절함을 디도의 마음에도 주시는 하나님께 감사하노니 그가 권함을 받고 더욱 간절함으로 자원하여 너희에게 나아갔고"(고후 8:16-17).

하나님이 그렇게 할 마음을 주셨다. 그래서 디도는 자기 **자신의** 자원함으로 나아간다. 자원함은 선물, 즉 하나님의 은혜의 역사다.

둘째, 이러한 하나님의 은혜를 경험함으로 마게도냐 성도들의 마음은 기쁨으로 가득 찼다. "환난의 많은 시련 가운데서 그들의 넘치는 기쁨과 극심한 가난이 그들의 풍성한 연보를 넘치도록 하게 하였느니라"(2절). 그들은 하나님이 재정적으로 풍성하게 해 주셨기에 기뻐한 것이 아니었다. 하나님은 그렇게 하시지 않았다. 그들은 '극심한 가난' 가운데서도 기뻐했다. 따라서 이 기쁨은 하나님께 대한 기쁨, 즉 그분의 은혜를 경험한 데서 나온 기쁨이다.

셋째, 하나님의 은혜를 경험하는 기쁨이 이웃의 필요를 채워줄 만큼 넉넉하게 **넘쳤다**. "그들의 **넘치는**(overflow) 기쁨이 그들의 풍성한 연보를 넘치도록 하게 하였느니라"(2절). 따라서 이웃을 향한 수평적인 넉넉함은 하나님의 은혜로 인한 기쁨이 넘친 결과였다.

넷째, 마게도냐 성도들은 얼마 안 되는 자신들의 소유를 예루살렘 성도들을 위해 내줄 기회를 달라고 구했다. "내가 증언하노니 그들이 힘대로 할 뿐 아니라 힘에 지나도록 자원하여 **이 은혜와 성도 섬기는 일에 참여함에 대하여 우리에게 간절히 구하니**"(3-4절). 다시 말해 하나님을 향한 그들의 기쁨이 베풂을 통해 표현되었다. 그들은 베풀기를 **원했다**. 그것이 그들의 기쁨이었다!

이제 우리는 하나님과 또 사랑의 외적 행위에 수반되어야 하는 감정을 포함해 사랑을 정의할 수 있다. 곧 **하나님을 향한 넘치는 기쁨으로 이웃의 필요를 즐거이 채우는 것이 사랑이다.**

바울은 마게도냐 성도들이 단지 이웃의 필요를 위해 희생했기 때문에 그들을 모델로 제시한 것이 아니다. 바울이 강조하는 것은 그들이 어떻게 그렇게 행하기를 사랑했는지를 보여 주는 사랑의 방식이다(미 6:8을 기억하라). 그들은 넘치는 **기쁨**으로 했다. 베풀 기회를 달라고 '간절히 구했다.' 그들은 가난한 중에도 하나님의 은혜를 예루살렘의 가난한 성도들에게 전달하기를 즐거워했다. 그들의 이런 반응이 그저 놀라울 뿐이다.

그러기에 자기 몸을 불사르게 내줄지라도 사랑이 아닐 수 있다. 사랑은 넘치는 기쁨, 특별히 **하나님을 향한** 기쁨이다. 의무를 위한 의무나 정의를 위한 정의가 아니다. 타인의 유익을 위해 자신의 유익을 전적으로 포기하는 것만도 아니다. 사랑은 무엇보다도 하나님의 충만한 은혜를 깊이 만족스럽게 경험하는 것이며, 그 은혜를 타인과 나눔으로써 두 배의 만족을 경험하는 것이다.

가난으로 고생하던 마게도냐 성도들이 다른 가난한 성도들에게 연보할 특권을 달라고 구하는 것을 볼 때, 우리는 이것이 그들이 꼭 해야 할 일이 아니라 그들이 꼭 하고 싶은 일이었음을 알게 된다. 그것은 그들의 기쁨이었다. 하나님을 향한 기쁨의 연장으로서의 기쁨이었다. 그들이 연보하기를 선택하여 포기한 즐거움이나 위안이 무엇이었든지 간에, 그들은 분명히 자기 자신을 부인했다.

이웃에게까지 확장된 하나님의 은혜가 주는 기쁨은 돈으로 살 수 있는 그 무엇보다도 훨씬 값진 보상이다. 마게도냐 성도들은 기독교 희락주의의 수고(labor)인 '사랑'을 발견한 것이다. 그 사랑은 이웃의 필요를 즐거이 채우는, 하나님을 향한 넘치는 기쁨이다.

하나님은 즐겨 내는 자를 사랑하신다

나는 고린도후서 9장 6-7절에서 우리가 바른 길을 가고 있다는 확증을 얻는다. 바울은 계속해서 넉넉히 베풀기를 도전한다.

"이것이 곧 적게 심는 자는 적게 거두고 많이 심는 자는 많이 거둔다 하는 말이로다 각각 그 마음에 정한 대로 할 것이요 인색함으로나 억지로 하지 말지니 **하나님은 즐겨 내는 자를 사랑하시느니라.**"

나에게 이 구절은, 하나님은 자비로우시지만 기쁘게 자비를 행하지 않는 이들을 기뻐하지 않으신다는 뜻으로 들린다. 즐거이 봉사하지 않는다면 하나님은 그 봉사를 즐거워하지 않으신다. 하나님은 즐겨 내는 자, 즐거이 섬기는 종을 좋아하신다. 그렇다면 어떤 즐거움을 말하는 가? 어떤 즐거움이 마게도냐 성도들을 넉넉한 사람이 되게 했는지 떠올려 보자. 이것이 이 질문에 대답하는 가장 안전한 길일 것이다. 그들은 하나님의 은혜로 인한 넘치는 기쁨으로 그렇게 했다. 그러므로 하나님은 그분을 향한 넘치는 기쁨으로 이웃에게 즐겨 내는 자를 사랑하신다.

자신의 충만한 그리고 지속적인 기쁨을 추구하기를 포기한다면, 하나님도 다른 사람도 사랑할 수 없다는 이 장의 명제가 점점 분명해진다. 사랑이 이웃의 필요를 즐거이 채우는, 하나님을 향한 넘치는 기쁨이라면, 이 즐거이 하는 마음을 추구하기를 포기할 때 우리는 하나님이 기뻐하시지 않는 길에 들어설 것이다. 우리가 선행을 즐거이 하고 있는지에 무관심하다면, 우리는 하나님이 기뻐하시는 일에 무관심한 사람이 된다. 하나님은 즐겨 내는 자를 사랑하시기 때문이다.

따라서 하나님과의 수직적인 관계에서만 아니라 이웃과의 수평적인 관계에서도 우리는 기독교 희락주의자가 되어야 한다. 만약 사랑이 하나님을 향한 넘치는 기쁨으로 이웃의 필요를 채우는 것이라면, 또 하나님은 그렇게 기쁨으로 내는 자를 사랑하신다면, 베푸는 기쁨은 그리스도인의 의무이며 그 기쁨을 추구하지 않는 것은 죄가 된다.

사랑은 사랑하는 자의 기쁨을 기뻐한다

고린도후서를 마무리하기 전에 사랑의 속성에 대한 암시를 가득 담은 구절을 하나 더 살펴보자. 1장 23절부터 2장 4절에서 바울은 그가 고린도를 방문하지 못한 일에 대해, 그리고 눈물로 편지를 써 보낼 수밖에 없던 일에 대해 말한다. 그때 그의 마음속에 어떤 일이 벌어졌는지 설명한다.

"내가 내 목숨을 걸고 하나님을 불러 증언하시게 하노니 내가 다시 고린도에 가지 아니한 것은 너희를 아끼려 함이라 우리가 너희 믿음을 주관하려는 것이 아니요 오직 **너희 기쁨**을 돕는 자가 되려 함이니 이는 너희가 믿음에 섰음이라 내가 다시는 너희에게 근심 중에 나아가지 아니하기로 스스로 결심하였노니 내가 너희를 근심하게 한다면 내가 근심하게한 자밖에 **나를 기쁘게 할** 자가 누구냐 내가 이같이 쓴 것은 내가 갈 때에 마땅히 **나를 기쁘게 할** 자로부터 도리어 근심을 얻을까 염려함이요또 너희 모두에 대한 **나의 기쁨이 너희 모두의 기쁨인** 줄 확신함이로라내가 마음에 큰 눌림과 걱정이 있어 많은 눈물로 너희에게 썼노니 이는 너희로 근심하게 하려 한 것이 아니요 오직 내가 **너희를 향하여 넘치는 사랑이 있음을** 너희로 알게 하려 함이라."

성도들의 기쁨을 위한 바울의 노력과 바울 자신의 기쁨을 위한 노력이 어떻게 사랑과 연관되는지 주목하라. 바울은 2장 2절에서 자신이 고린도를 다시 방문하지 못한 이유를 밝힌다. "내가 너희를 근심하게 한다면 내가 근심하게 한 자밖에 **나를 기쁘게 할** 자가 누구냐." 다시 말해서, 바울이 방문하지 않은 이유는 자기 자신의 기쁨을 지키기 위해서였다. 그는 실제로는 이렇게 말한 것이다. "내가 여러분의 기쁨을 깨뜨린다면, 나의 기쁨도 깨질 것입니다." 왜 그런가? 그들의 기쁨이 바울의 기쁨이기 때문이다.

1장 24절을 보면 여기서 말하는 기쁨이 믿음의 기쁨인 것을 분명히 알 수 있다. 그것은 하나님의 은혜를 알고 그 안에서 안식을 누리는 기쁨이며, 마게도냐 성도들을 넉넉한 사람이 되도록 감동한 바로 그 기쁨이다(고후 8:1-3). 이 기쁨이 회심자들 안에 충만할 때 바울은 큰 기쁨을 느꼈다. 그래서 바울은 **자신의 기쁨**을 잃지 않기 위해 성도들의 기쁨을 빼앗지 않겠다고 당당히 말할 수 있었던 것이다. 이것이 기독교 희락주의식 이야기 방식이다.

2장 3절에서 바울은 자신이 성도들의 마음을 아프게 할 편지를 보낸 이유를 밝힌다. "내가 이같이 쓴 것은 내가 갈 때에 마땅히 **나를 기쁘게 할** 자로부터 도리어 근심을 얻을까 염려함이요 또 너희 모두에 대한 **나의 기쁨이 너희 모두의 기쁨**인 줄 확신함이로라." 여기서도 그의 동기는 지금까지와 같다. 바울은 자신이 근심하기 원치 않는다고 말한다. 그는 근심이 아니라 기쁨을 원한다. 그는 기독교 희락주의자다. 그런데 여기서 그는 2절에서 한 걸음 더 나아간다. 그가 근심이 아니라 기쁨을 원하는 이유는 자신의 기쁨이 그들의 기쁨이 될 것을 확신하기 때문이라고 말이다. "너희 모두에 대한 나의 기쁨이 너희 모두의 기쁨인 줄 확신함이로라."

따라서 3절은 2절과 정반대다. 2절의 요점은 **그들의** 기쁨이 바울의 기쁨이라는 것이다. 즉, 그들이 기뻐하면 바울도 그 기쁨 때문에 즐거워한다는 것이다. 그런데 3절의 요점은 **바울의** 기쁨이 그들의 기쁨이 된다는 것이다. 바울이 기뻐하면 성도들도 그의 기쁨에 즐거워한다는 것이다.

이어서 4절은 사랑과의 관련성을 더욱 분명히 드러낸다. 바울은 "너희로 근심하게 하려 한 것이 아니요 오직 내가 **너희를 향하여 넘치는 사**

랑이 있음을 너희로 알게 하려고" 이 편지를 쓴다고 말한다. 그렇다면 사랑이란 무엇인가? 사랑은 당신의 기쁨이 나의 기쁨이 되고 나의 기쁨이 당신의 기쁨이 될 때 둘 사이에 넘친다. 내가 당신의 기쁨을 추구하기 때문이 아니라, 당신의 기쁨을 **나의 기쁨**으로 추구하기 때문에 그것이 사랑이 된다.

예를 들어 아들에게 "동생에게 잘해 주렴. 방 치우는 것도 도와주고 동생을 행복하게 해야지 슬프게 하면 안 된다"라고 말했다고 하자. 아들이 동생의 방을 깨끗이 청소했지만, 내내 토라져서 불만을 토한다면 어떻겠는가? 아들의 수고가 미덕이 되는가? 그렇게 큰 미덕은 되지 않을 것이다. 문제는 동생의 행복이 형 자신의 행복이 되지 못한 데 있다. 동생을 도울 때 형은 동생의 행복에서 자신의 행복을 추구하지 않았다. 그는 기독교 희락주의자처럼 행동하지 않았다. 그의 수고는 사랑의 수고가 아닌 율법주의의 수고일 뿐이다. 그는 벌 받지 않으려고 단지 의무감에서 수고했을 뿐이다.

사랑은 이웃의 기쁨을 생각하며 이웃의 기쁨을 불러일으키기를 기뻐한다

이제 고린도후서 8장과 2장에 나온 사랑의 이미지들의 관계를 생각해 보자. 8장에서 사랑은 이웃의 필요를 즐거이 채우는, 하나님을 향한 넘치는 기쁨이다. 사랑은 샘물을 흘러넘치게 하는 자극(impulse)이며, 그 사랑의 기원은 하나님의 은혜다. 하나님의 은혜는 텅 빈 곳을 채우기를 기뻐하기에 늘 아낌없이 넘친다. 사랑은 또한 이웃의 필요를 아낌없이 채우기 위해 넘치기를 기뻐하므로 하나님 은혜의 특성을 공유한다.

고린도후서 2장에서 사랑은 이웃의 기쁨을 기뻐할 때 그들 사이에 존재하는 것이다. 이것은 고린도후서 8장의 사랑과 모순되지 않는가? 8장에서는 기쁨이 하나님에게서 나와서 이웃에게로 흘러간다고 하지 않았는가? 2장에서는 기쁨이 하나님이 아니라 사람들에게서 나오는 듯이 보인다. 사랑에 관한 이 두 진술 방식은 어떻게 서로 연관되는가?

사랑은 이웃의 텅 빈 마음에 기쁨을 불러일으키기를 기뻐한다(고후 8장). 그뿐 아니라 충만한 이들 안에 있는 기쁨을 묵상하기를 기뻐한다(고후 2장). 이 두 기쁨은 전혀 상충하지 않는다. 하나님의 은혜는 회개할 마음을 주기를 기뻐하고(딤후 2:25), **또** 회개하는 죄인을 기뻐한다(눅 15:7). 따라서 우리 마음이 하나님의 은혜로 인한 기쁨으로 가득할 때, 우리는 이웃을 기쁘게 하기 원할 뿐 아니라, 이웃의 기쁨을 묵상하기 원한다.

따라서 사랑은 이웃의 필요를 즐거이 채우는, 하나님을 향한 넘치는 기쁨이라는 말과 **또** 사랑은 이웃의 기쁨에서 자신의 기쁨을 발견하는 것이라는 말은 서로 모순이 아니다. 사랑, 곧 이웃 안에서 기쁨이 탄생하기를 기뻐하는 것이 기독교 희락주의의 **수고**(labor)라면, 이웃 안에 이 기쁨이 잉태되기를 기뻐하는 것은 기독교 희락주의의 **여가**(leisure)다.[5]

---

5) 역사적으로 윤리는 사랑을 아가페와 에로스, 혹은 박애와 자기 만족으로 구분하는 경향을 보였다. 하지만 이런 구분에는 언어학적 근거가 있지도 않고 개념으로도 둘은 근본적으로 한 종류의 사랑으로 분석된다.

하나님의 아가페는 그분의 에로스를 초월하지 않고 그것을 표현한다. 호세아는 죄된 자기 백성을 구원하시는 하나님의 자기희생적 사랑을 가장 에로틱한 용어로 표현한다. "에브라임이여 내가 어찌 너를 놓겠느냐 이스라엘이여 내가 어찌 너를 버리겠느냐 내가 어찌 너를 아드마 같이 놓겠느냐 어찌 너를 스보임 같이 두겠느냐 내 마음이 내 속에서 돌이키어 나의 긍휼이 온전히 불붙듯 하도다 내가 나의 맹렬한 진노를 나타내지 아니하며 내가 다시는 에브라임을 멸하지 아니하리니 이는 내가 하나님이요 사람이 아님이라 네 가운데 있는 거룩한 이니 진노함으로 네게 임하지 아니하리라"(호 11:8-9). 탐욕스럽게 죄를 범한 포로된 자기 백성을 향해 하나님은 예레미야 선지자를 통해 이렇게 말씀하신다. "내가 **기쁨으로 그들에게 복을 주되** 분명히 **나의 마음과 정성을 다하여** 그들을 이 땅에 심으리라"(렘 32:41).

자기 충족적 기쁨의 신적 동기를 예수님의 사역에서도 볼 수 있다. 바리새인들이 왜 자신을 낮추어 세리와 죄인들과 음식을 같이 먹는지 물었을 때(눅 15:1-2), 예수님은 "내가 너희에게 이르노니 이와 같이 죄인 한 사람이 회개하면 **하늘에서는** 회개할 것 없는 의인 아흔아홉으로 말미암아 **기뻐하는 것보다 더하리라**"(7절)고 대답하신다. 끝으로 우리는 히브리서 12장 2절에서 예수님이 어떤 능력으로 고난을 참으실 수 있었는지 듣는다. "그는 **그 앞에 있는 기쁨을 위하여** 십자가를 참으사 부끄러움을 개의치 아니하시더니 하나님 보좌 우편에 앉으셨느니라." 고통스런 구속적 사랑의 역사를 펼치시는 동안, 하나님은 자신이 수고하여 얻은 만족에 깊은 관심을 기울이시며, 자기희생

사랑은 우는 것이다

고린도후서 2장에서 바울이 한 말은 또 다른 문제를 제기한다. 4절에서 바울은 "큰 눌림과 걱정이 있어 많은 눈물로" 편지를 썼다고 말한다. 이 마음은 사랑인가? 지금까지 사랑이란 기쁨이 넘치는 것이라고 강조했기에, 사랑의 마음에는 슬픔이나 걱정이 들어설 자리가 없고 얼굴에 눈물이 흘러내릴 여지가 없으리라고 생각할 수도 있다. 하지만 그런 생각은 매우 잘못되었다.

기독교 희락주의자의 만족은 이웃의 아픔에 동요하지 않는 부처 같은 태연함이 아니다. 기독교 희락주의자의 만족은 매우 **불만족스러운 만족**(dissatisfied contentment)이다. 하나님의 은혜의 향연을 지속적으로 갈망하는 상태다. 하나님이 주시는 만족은 타인에게로 그 만족을 확대하려는 (고후 8:4; 요일 1:4) 만족할 줄 모르는 욕구(impulse)를 담고 있다.

기독교적 만족은 이웃의 필요를 인식할 때마다 불만족스러운 만족을 스스로 드러낸다. 그래서 사랑으로 그 필요를 채우고 이웃의 마음에 믿음의 기쁨을 불러일으키기 원한다. 하지만 우리가 이웃의 필요를 인식할 때와 이웃이 회복된 기쁨으로 즐거워할 때에는 종종 간격이 있다. 때문에 그 중간에 울 수밖에 없는 자리가 존재한다. 이 안타까움의 눈물은 이웃에게 기쁨이 확대되는 일이 지연되어 흘리는 기쁨의 눈물이다.

에 대해 큰 보상으로 돌려받는 기쁨을 요구하신다고 추론할 수 있지 않을까?

하나님은 사람의 손으로 섬김을 받으실 필요가 없고 (행 17:25) 삼위 하나님의 영원한 교제 속에서 깊은 충족감과 행복을 경험하신다. 그러나 동시에 먼저 창조되고 구원받아야 할 다른 사람들에게로 기쁘게 그 기쁨을 확장함으로써 기쁨을 키우라는 권유도 있다. 하나님의 이러한 권유는 하나님 안에 있는 기쁨을 다른 사람들도 공유하게 하여 그 기쁨을 배가시키기를 하나님이 갈망하신다는 표현이다.

이로써 우리가 "하나님은 자기 백성의 행복을 위한 수단으로 자신의 행복을 추구하시는가?"라는 질문이나 "하나님은 자신의 행복을 위한 수단으로 백성의 행복을 추구하시는가?"라는 질문을 던져서는 안 된다는 사실이 분명해졌다. 둘 중 하나만 선택할 수 있는 문제가 아니기 때문이다. 둘은 하나다. 이것이 타락한 인간의 에로스와 거룩한 하나님의 에로스의 차이다. 하나님의 에로스는 자기 백성의 거룩하고 영원한 기쁨을 즐거워하고 갈망한다.

사랑은 그 보상을 기억한다

바울이 기독교 희락주의에 얼마나 전념하는지를 드러내면서도 눈물을 보인 다른 사례가 있다. 사도행전 20장에서 바울은 에베소 교회의 장로들과 마지막으로 만난다. 바울이 마지막 설교를 마치자 그들은 서로 껴안으며 많은 눈물을 흘렸다(행 20:37). 이 눈물은 사역의 기쁨이 무엇인지 가르쳐 준 사도를 향해 장로들이 품은 통렬한 감정을 분명히 보여 주는 것이었다.

35절에서 바울은 "범사에 여러분에게 모본을 보여준 바와 같이 수고하여 약한 사람들을 돕고 또 주 예수께서 친히 말씀하신 바 주는 것이 받는 것보다 복이 있다 하심을 **기억하여야** 할지니라"고 말한다. 밀레도 해변에서 장로들의 귀에 울린 바울의 마지막 말은 기독교 희락주의에 부과된 사역이었다. "주는 것이 받는 것보다 복이 있다."

사람들은 대부분 **기억하다**라는 단어의 의미를 묵상하지 않는다. 그래서 이 단어에 담긴 희락주의적 의미를 감지하지 못한다. 문자적으로 보면, 바울은 이렇게 말하고 있다. "나는 모든 일에서 여러분에게 본을 보였습니다. 우리는 대단히 힘써서 약한 자들을 도와야 하고 또 주 예수께서 하신 말씀, 즉 주는 것이 받는 것보다 복되다 하신 말씀을 마땅히 기억해야 합니다."

다시 말해 바울은 필수적인 두 가지를 말한다. 첫째, 약한 사람들을 돕고 둘째, 주는 것이 받는 것보다 복되다 하신 예수님의 말씀을 기억하라. 왜 이 두 가지를 꼭 해야 하는가? 왜 약한 자를 돕기만 하면 안 되는가? 왜 주는 것이 복이라는 사실도 기억해야 하는가?

오늘날 그리스도인들은 대부분 주는 것이 복이 있다는 말은 진리라고 생각하면서, 우리가 이것을 '기억해야 한다'는 사실은 진리라고 생각하지 않는다. 널리 알려진 기독교 격언은 이렇게 말한다. 축복은 베풂의 결과로 찾아오지만, 이것을 늘 기억해 행동의 동기로 삼는다면, 베풂의 도덕적 가치는 파괴되고 당신은 돈을 바라고 일하는 사람으로 전락할 것이다. 그런데 사도행전 20장 35절의 '**기억하다**'라는 단어는 이 잘 알려진 격언에 큰 걸림돌이 된다. 사역의 혜택을 기억하는 사역자가 삯꾼 목자일 뿐이라면, 바울은 왜 교회 장로들에게 그것을 기억하라고 말했을까?

기독교 희락주의는 이렇게 대답한다. 우리가 삯꾼 목자가 되지 **않으려면** 반드시 사역의 진정한 보상을 기억해야 한다. C. S. 루이스는 이 점을 분명히 알았다.

이 보상에 대한 약속을 근거로 불신자들이 그리스도인의 삶을 상거래라 말한다 해도 걱정할 것 없다. 보상에도 여러 종류가 있기 때문이다. 첫째, 합당하지 않은 보상이 있다. 보상을 획득하기[6] 위해 당신이 행하는 일들과 그 보상 간에 자연스런 연관성이 없는 경우다. 즉 동기가 불순한 경우라고 할 수 있다. 돈은 사랑에 따르는 당연한 보상이 아니다. 그렇기 때문에 돈 때문에 결혼하는 사람을 속물이라고 부른다. 둘째, 합당한 보상이 있다. 진정한 연인에게 결혼은 합당한 보상이며, 그들이 결혼을 원한다고 속물이라 손가락질하지 않는다. 귀족 작위를 얻기 위해 싸우는 장군은 속물이지만, 승리를 위해 싸우는 장군은 속물이 아니다. 결혼이

---

6) 나는 그리스도인이 사랑의 보상을 만끽하는 방식을 표현할 때 **획득하다**(earn)라는 단어를 쓴 적이 없다. '획득하다'라는 말에는 받은 것의 가치 때문에 꼭 값을 지불해야 하는 가치 교환의 의미가 함축되었기 때문이다. 그런데 사실 그리스도인이 하나님께 '드리는' 것은 모두 하나님이 우리에게 주신 선물을 돌려드리는 것일 뿐이다. 우리의 섬김 역시 "하나님이 공급하시는 힘으로" 하는 것이다(벧전 4:11). 따라서 우리를 위해 그리고 우리를 통해 보상을 실제로 "획득하시는" 분은 하나님이시다. 하지만 이 사실 때문에 보상의 성격에 대한 C. S. 루이스의 언급이 덜 유익해지지는 않는다.

사랑의 합당한 보상이듯이, 승리는 전투의 합당한 보상이기 때문이다. 합당한 보상은 어떤 활동에 대한 대가로 주어진 부산물이 아니라, 그 활동 자체의 완성이다.[7]

사도행전 20장 35절에 나오는 **기억하다**라는 단어를 존중하는 동시에 기쁨의 보상을 추구하며 사역하는 것을 잘못이라 생각할 수 있는지 잘 모르겠다. 오히려 바울은 우리가 반드시 기쁨을 우리 앞에 견고하게 두어야 한다고 말한다. 이것이 자신이 떠나기 전 바울이 에베소 장로들에게 전하고 싶었던 가장 중요한 최후의 가르침이었을 것이다. "주는 것이 받는 것보다 더 복되다는 말을 **기억하라!**"

사랑은 기쁨으로 사역한다

장로들에게 사역의 축복을 기억하고 추구하라고 권면한 것은 사도 바울만이 아니다. 사도 베드로는 베드로전서 5장 1-2절에서 이렇게 편지한다.

> "너희 중 장로들에게 권하노니 나는 함께 장로 된 자요…… 너희 중에 있는 하나님의 양 무리를 치되 억지로 하지 말고 하나님의 뜻을 따라 자원함으로 하며 더러운 이득을 위하여 하지 말고 기꺼이 하며."

다시 말해서, "하나님은 자원하는 목사를 사랑하신다." 이 권면이 얼마나 희락주의적인지 주목하라. 베드로는 무슨 사역이든 그냥 열심히 하라고 권면하지 않는다. 어려운 시간을 잘 인내하는 것은 좋은 일이다.

---

7) C. S. Lewis, *The Weight of Glory and Other Addresses* (Grand Rapids, Mich.: Eerdmans, 1965), 2.

그리고 꼭 그래야 한다. 하지만 그것이 목사가 받은 명령의 전부는 아니다. 우리는 우리의 사역을 즐기라는 명령을 받는다.

베드로는 두 가지 동기를 꾸짖는다. 하나는 '억지로 하는 태도'다. 강요에 못 이겨 사역하지 말라. 이 말은 사역에 대한 마음이 자기 안에서부터 기쁘게 흘러나와야지 밖에서부터 억지로 주어져서는 안 된다는 뜻이다. 부모의 압력, 공동체의 기대, 실패에 대한 두려움이나 하나님의 책망 등은 지속적인 목회 사역을 위한 좋은 동기가 아니다. 안에서부터 우러나오는 자원함이 있어야 한다. 사역하고 **싶어 하는** 마음이 있어야 한다. 사역이 우리의 기쁨이 되어야 한다. 사역을 기뻐하는 것이 우리의 의무다. 그것은 가벼운 짐이며 쉬운 멍에다.

베드로가 꾸짖는 또 다른 동기는 돈을 바라고 사역하는 태도다("더러운 이득을 위하여 하지 말고 기꺼이 하며"). 돈이 동기인 사람의 기쁨은 사역에서 나오지 않고 봉급을 받아 구입하고 싶은 것들에서 나온다. 이것이 바로 루이스가 말한 '상거래'다. 돈 같은 외적인 보상이 아닌, 하나님의 은혜가 우리를 통해 이웃에게로 흘러가기를 보는 일 같은 내적인 보상을 바랄 때 우리는 자원하는 마음으로 사역하게 된다. 요한삼서 1장 4절은 이 기쁨에 대한 좋은 예를 보여 준다. "내가 내 자녀들이 진리 안에서 행한다 함을 듣는 것보다 더 기쁜 일이 없도다." 우리가 이런 보상을 바라면서 기쁨이 넘치는 마음으로 즐겁게 사역할 때, 그리스도께서 영광을 받으시고(그분이 그의 자녀들이 따르는 '진리'이시기에) **자녀들은** 사랑을 받는다(그리스도를 따르는 은혜보다 더 큰 혜택은 없기에). 그러기에 베드로는 사역에서 기쁨을 추구하라고 명령했다. 이는 선택 사항이 아니다. 예기치 않게 얻을 수 있는 결과도 아니다. 이것은 의무다! 사도가 경험하라고 명령한 것에 관심이 없다면, 하나님의 뜻에 관심이 없는 것과 같다. 그것은 죄다.

백 년 전에 보스톤에서 사역한 회중교회 목사인 필립스 브룩스(Phillips Brooks)는 베드로가 목사들에게 준 권면의 정신을 잘 이해했다.

다시 말하지만, 나는 설교자가 자기 일을 철저히 즐기는 것이 설교자의 성공에 필수적이라고 생각한다. 이 말은 실제 그 일을 하면서 즐거워하라는 뜻이지 단지 그런 이상(idea)만을 즐거워하라는 뜻은 아니다. 자기 사명에 속한 세세한 일을 싫어한다면, 아무리 그 일의 정신을 잘 알고 있더라도 결코 그 사명을 지속적으로 감당할 수 없다. 혹 대담하게 착수해 혐오의 마음을 이겨낼 수 있을지 모르지만, 매일 그리고 매해 계속할 수는 없을 것이다.

그러므로 글을 쓰고자 하는 열정이 일어날 때, 설교하고자 하는 열망으로 달아오를 때, 사람들 앞에 서서 그들을 감동시키고자 할 때, 젊은이들과 만날 때 사역자로서 당신이 감당해야 하는 일을 기쁨으로 맞이할 수 있다면, 단지 그것을 누려 마땅한 기쁨 정도로 생각하지 말고 당신의 능력을 발휘하기 위한 필수 요소라고 생각하라. 사역을 즐기면 즐길수록 그 사역을 더 잘해낼 것이다.

설교도 마찬가지다. 설교의 가장 큰 기쁨은 설교 앞에 놓인 위대한 열망(ambition), 즉 주를 영화롭게 하고 영혼을 구원하는 데 있다. 이 땅의 다른 어떤 기쁨도 이 기쁨에 비할 수 없다. 그런 기쁨이 없는 사역은 죽은 사역이다.

건강한 몸이 깊은 사유, 마음과 영혼의 순전한 욕구와 공감할 때 떨리는 감동을 경험하듯이, 가장 위대한 사역자들은 설교 사역과 겸허한 조화를 이루며 울리는 그 최고의 기쁨 이면에 있는 '사역 자체'를 행하는 데서 얻는 또 다른 즐거움을 늘 누렸다. 영향력 있는 과거 설교자들의 생애를 읽거나 오늘날 강력한 설교자들을 만난다면, 그들의 사역이 얼마나 분명하고 심오하게 그들에게 기쁨을 주는지 느낄 것이다.[8]

사랑은 쉽게 만족하지 않는다

그렇다면, 목회의 길이든 아니면 다른 길을 가든, 이웃 사랑을 방해하는 장애물은 3장에서 살핀 예배를 방해하는 장애물과 같다고 할 수 있지 않을까? 다시 말해 첫째 계명(수직적 계명)의 장애물과 둘째 계명(수평적 계명)의 장애물이 같다는 뜻이다. 우리의 문제는 자기 자신을 만족시키려고 너무 애쓰는 데 있지 **않고** 너무 쉽게 만족하는 데 있다. 예수님은 물질이 주는 위안에 몰두할 때보다 이웃을 돕는 데 열중하는 삶을 살 때 더 큰 축복, 더 큰 기쁨, 더 오래 지속되는 희락이 있다고 말씀하셨다. 그런데 우리는 그 말씀을 믿지 않는다. 그래서 만족하고자 하는 갈망이 우리를 단순한 삶과 사랑의 수고를 하도록 이끌지 못하고, 도리어 번영과 위안이라는 터진 웅덩이에 머물게 한다.

부자가 들어야 할 메시지는 이것이다. "세속적인 사람이여, 그대는 기쁨을 온전히 누리지 못하고 있다오!"

"너희를 위하여 보물을 땅에 쌓아 두지 말라 거기는 좀과 동록이 해하며 도둑이 구멍을 뚫고 도둑질하느니라 오직 너희를 위하여 보물을 하늘에 쌓아 두라 거기는 좀이나 동록이 해하지 못하며 도둑이 구멍을 뚫지도 못하고 도둑질도 못하느니라"(마 6:19-20).

---

8) Phillips Brooks, *Lecture on Preaching* (Grand Rapids, Mich.: Baker, 1969, orig. 1907), 53-4, 82-3.

5퍼센트밖에 안 되는, 그마저도 인플레이션이란 좀과 죽음이란 동록에게 먹히는 쾌락에 이제 그만 만족하라. 하나님이 보장하시는 고수익 우량주에 투자하라. 물질적 위안과 짜릿함에 몰두하는 삶은 쥐구멍에 돈을 던지는 것과 같다. 하지만 사랑의 수고에 투자하는 삶은 비할 데 없이 영원한 기쁨의 배당금을 가져다 줄 것이다.

> "너희 소유를 팔아 구제하여 낡아지지 아니하는 배낭을 만들라 곧 하늘에 둔 바 다함이 없는 보물이니 거기는 도둑도 가까이 하는 일이 없고 좀도 먹는 일이 없느니라"(눅 12:33).

여기 복음의 메시지가 있다. "그리스도께 나아오라. 그분 앞에는 충만한 기쁨과 즐거움이 영원토록 있다. 기독교 희락주의의 수고에 동참하라. 주께서 말씀하신다. 사치하는 삶보다 사랑하는 삶이 더 복되다!"

사랑은 기쁨을 위해 오래 참는다

사랑은 값비싸다. 사랑은 늘 어떤 종류의 자기 부인이 뒤따른다. 때로 고통을 요구할 때도 있다. 하지만 기독교 희락주의는 유익(gain)이 고통(pain)보다 크다고 말한다. 기독교 희락주의는 눈물이 마르지 않는 환경에서만 번성하는, 희귀하지만 멋진 기쁨이 있다고 분명히 말한다. "눈에 눈물이 없는 영혼에 무지개도 없다."[9]

사랑의 값진 기쁨은 히브리서 10-12장에 반복적으로 예시되어 있다. 세 가지 예를 살펴보자.

---

9) 미국 원주민 속담. Guy A. Zona, ed., *The Soul Would Have No Rainbow If The Eye Had No Tears: And Other Native American Proverbs* (New York: TouchStone, 1994)에서 인용함.

히브리서 10장 32-35절 : 초대 교인들의 예

"전날에 너희가 빛을 받은 후에 고난의 큰 싸움을 견디어 낸 것을 생각
하라 혹은 비방과 환난으로써 사람에게 구경거리가 되고 혹은 이런 형
편에 있는 자들과 사귀는 자가 되었으니 너희가 갇힌 자를 동정하고 너
희 소유를 빼앗기는 것도 **기쁘게** 당한 것은 더 낫고 영구한 소유가 있는
줄 앎이라 그러므로 너희 담대함을 버리지 말라 이것이 큰 상을 얻게 하
느니라."

내가 겪은 하찮은 고난을 근거로, 여러분에게 기쁘게 소유를 빼앗기
자고 말할 권한이 나에게는 없다. 하지만 기독교 희락주의가 가진 권위
의 근거는 나에게 있지 않고 성경에 있다. 나는 "그리스도의 고난에 참
여하는 것으로 즐거워하라"(벧전 4:13)고 말할 권한이 없지만, 베드로와
다른 사도들은 복음을 위해 고난을 받았고 "그 이름을 위하여 능욕 받는
일에 합당한 자로 여기심을 기뻐하면서 공회 앞을 떠났기에"(행 5:41) 그
럴 권한이 있다.

히브리서 10장 32-35절에 나오는 그리스도인들도 우리에게 값진 사
랑을 가르칠 권한이 있다. 그들의 상황은 이러한 듯하다. 회심한 지 얼
마 되지 않은 성도 몇몇이 신앙 때문에 감옥에 갔다. 다른 성도들은 힘
겨운 선택의 기로에 섰다. 지하로 내려가서 '안전하게' 거할 것인가, 아
니면 목숨과 재산을 빼앗길 위험을 무릅쓰고 감옥에 있는 형제자매를
방문할 것인가? 그들은 사랑의 길을 따라 그 대가를 치르기로 결정했
다. "너희가 갇힌 자를 동정하고 너희 소유를 빼앗기는 것도 기쁘게 당
한 것은." 하지만 그들이 진 것인가? 아니다. 그들은 재산을 잃었지만

기쁨을 얻었다! 그들은 상실을 **기쁘게** 받아들였다. 어떤 의미에서 그들은 자기 자신을 부인했다. 하지만 다른 의미에서 그들은 그러지 않았다. 그들은 기쁨의 길을 선택했다. 이들이 감옥 사역을 한 동기는 분명 마게도냐 성도들이 가난한 자들을 구제하기로 한 동기와 같았다(고후 8:1-9). 하나님을 향한 그들의 기쁨이 이웃을 향한 사랑으로 흘러넘쳤다.

그들은 자신의 삶을 돌아보며 이렇게 말했다. "주의 인자가 생명보다 낫다"(시 63:3 참조). 그들은 자신의 모든 소유를 보면서 이렇게 말했다. "이것보다 더 낫고 영구한 소유가 하늘에 있다"(히 10:34). 그리고 그들은 서로를 보면서 이렇게 말했다.

재물과 친척과 생명까지도 소멸하리라.
그들이 몸은 죽일 수 있으리.
하지만 하나님의 진리는 살아서
그 나라는 영원하리라.
_ 마르틴 루터(Martin Luther)

그들은 **기쁨으로** "자기의 모든 소유를 버리고"(눅 14:33) 그리스도를 따라 감옥으로 가서 형제자매들을 방문했다. 사랑은 이웃의 필요를 채우는, 하나님을 향한 넘치는 기쁨이다.

히브리서 11장 24-26절 : 모세의 예

히브리서 저자는 요점을 분명히 하고자, 이런 종류의 기독교 희락주의의 예로 모세를 제시한다. 모세의 동기가 10장에 나온 초기 그리스도인들의 동기와 얼마나 비슷한지에 주목하라.

"믿음으로 모세는 장성하여 바로의 공주의 아들이라 칭함 받기를 거절
하고 도리어 하나님의 백성과 함께 고난 받기를 잠시 죄악의 낙을 누리
는 것보다 더 좋아하고 그리스도를 위하여 받는 수모를 애굽의 모든 보
화보다 더 큰 재물로 여겼으니 이는 상 주심을 바라봄이라."

히브리서 저자는 10장 34절에서 더 낫고 영구한 소유를 향한 그리스
도인들의 갈망이 자기 재산을 희생하는 기쁨 가득한 사랑 안에서 넘쳤
다고 말한 바 있다. 그런데 여기 11장의 모세가 바로 그런 교회를 위해
제시된 영웅이다. 약속된 보상에 대한 기쁨이 너무나 풍성해 모세는 애
굽이 주는 낙을 쓰레기로 여기고 사랑으로 하나님의 백성과 영원히 함
께하기로 결심했기 때문이다.

여기에 절대적인 자기 부인에 관한 내용은 없다. 다만 모세는 애굽에
서 얻는 낙은 영원하지 않음을 보는 안목을 얻었다. 또한 "메시아를 위
해 당하는 고난이 애굽의 모든 보화보다 더 큰 재물"임을 아는 안목을
얻었다. 이것들을 고려한 끝에 그는 기독교 희락주의의 수고, 즉 사랑에
자신을 다 바치지 않을 수 없었다. 그리고 나머지 인생을 이스라엘 백성
에게 하나님의 은혜를 전하면서 보냈다. 하나님을 향한 그의 기쁨은 나
머지 사역 기간 내내 완고하고 곤고한 백성에게로 흘러넘쳤다.

히브리서 12장 1-2절 : 예수님의 예

앞서 우리는 예수님의 예가 기독교 희락주의의 원리와 상충되는지 논
의한 바 있다. 즉 사랑이 기쁨의 길이며, 바로 그 이유 때문에 우리는 사
랑을 선택해야 한다. 그렇지 않으면 전능자에게 마지못해 순종하거나,
은혜의 통로가 되는 특권에 분노하거나, 약속된 보상을 하찮게 여기는

사람이 되고 말 것이다. 히브리서 12장 12절은 예수님이 이 원리를 부정하지 않으셨음을 분명히 말하는 듯하다.

> "이러므로 우리에게 구름 같이 둘러싼 허다한 증인들이 있으니 모든 무거운 것과 얽매이기 쉬운 죄를 벗어 버리고 인내로써 우리 앞에 당한 경주를 하며 믿음의 주요 또 온전하게 하시는 이인 예수를 바라보자 그는 그 앞에 있는 기쁨을 위하여 십자가를 참으사 부끄러움을 개의치 아니하시더니 하나님 보좌 우편에 앉으셨느니라."

예수님은 우리가 떠올릴 수 있는 가장 큰 기쁨, 즉 구원받은 백성들 가운데서 하나님의 우편으로 높임 받는 기쁨을 추구하셨기에, 지금껏 존재한 것 가운데 가장 위대한 사랑의 수고를 하실 수 있었다. "그는 그 앞에 있는 기쁨을 위하여 십자가를 참으사."

1978년 12월, 나는 대학 수업 시간에 이 사실을 설명해 보려고 했다. 평소처럼 몇몇 학생이 매우 회의적인 반응을 보였다. 그중 좀 더 사려 깊은 학생이 내 의견에 반대하는 자기 견해를 편지로 써 보냈다. 이 견해는 기독교 희락주의에 반대해 제기되는 가장 진지한 반대 의견이다. 여기 론(Ronn)의 편지에 대한 나의 답장을 실으면 다른 이들에게도 도움이 되리라 생각한다.

파이퍼 교수님께

교수님, 저는 사랑이 사랑 자체의 즐거움(pleasure)을 추구하며, 또 그것이 사랑의 동기가 되어야 한다는 교수님의 견해에 동의할 수 없습니다.

저도 교수님이 제시한 모든 예들이 옳다고 생각합니다. 교수님은 개인적인 기쁨이 커지고 또 심지어 하나님과 이웃을 사랑하는 동기가 될 수도 있는 많은 경우들을 예로 제시하셨습니다.

하지만 모든 증거가 그런 교리와 상충되지 않음을 보여 줄 수 없다면, 그 교리를 뒷받침하는 몇몇 증거들이 있다는 사실만으로 교리를 세울 수는 없습니다.

두 번째 경우에 해당하는 예가 두 가지 있습니다.

교수님이 겟세마네의 그리스도와 함께 있다고 생각해 보십시오. 그분은 이제 곧 역사상 가장 위대한 사랑의 행위를 수행하실 것입니다. 그런데 교수님이 그 예수님께 다가가 기독교 희락주의의 입장을 시험하기로 한다고 합시다. 이 최고의 사랑은 큰 즐거움과 넘치는 기쁨을 가져와야 하지 않겠습니까? 하지만 교수님이 보고 있는 것은 무엇이지요? 그리스도께서는 땀을 비 오듯이 흘리며 고통 중에 울부짖고 계십니다. 기쁨은 어디서도 찾아볼 수 없습니다. 그리스도께서는 기도하고 계십니다. 예수님은 피할 길이 없느냐고 하나님께 묻습니다. 눈앞에 다가온 일이 너무 힘들고 고통스러울 것이라고 말씀하십니다. 여기에 재미 요소가 있을 여지는 어디에 있습니까?

그리스도께서 힘겨운 길을 택하신 것을 하나님께 감사할 따름입니다.

성경에 그런 예가 더 많지만, 다른 예를 들어보겠습니다. 도로시 데이(Dorothy Day)를 잘 아시지요? 그분은 이웃, 특별히 가난하고 갈 곳 잃고 짓밟힌 사람들을 사랑하는 일에 평생을 바친 할머니입니다. 기쁨이 없이도 사랑해야 했을 때의 경험을 기억하면서 그분은 이렇게 말합니다. "사랑의 실천은 호되고 끔찍한 일이다."

저는 전적으로 이 말에 찬성합니다.

저의 이런 생각을 교수님이 어떻게 생각하실지 궁금합니다. 너무 간단하게 말씀드린 것 같습니다만, 이것이 제 진심입니다.

_론

나는 론에게 답장을 보냈다. 물론 도로시 데이 할머니는 죽고 안 계셨지만, 나는 우리가 나누었음직한 대화를 남기고자 했다. 물론 지금까지 나는 론을 친구로 그리고 기독교 세계관에 관해서는 아주 날카로운 사상가로 여기고 있다.

론에게

론 군이 기독교 희락주의에 대한 온전한 성경적 입장, 즉 모든 증거를 존중하는 입장을 취하는 것에 관심을 가져 주어 매우 감사합니다. 이것은 저의 관심사이기도 합니다. 그러니 우선 론 군이 제시한 두 가지 예(겟세마네의 그리스도와 힘겨운 사랑의 수고를 한 도로시 데이)가 저의 입장과 상충되는지 아니면 확증해 주는지 물어야 할 것 같습니다.

(1) 겟세마네 이야기를 먼저 생각해 봅시다. 저의 이론을 세우려면, 저는 십자가가 공포스러운 일이긴 하지만, 예수님이 십자가를 받아들이기로 결정한 것은, 불순종의 길보다는 이 길이 더 큰 기쁨을 안겨 주리라는 확신 때문이었음을 보여 주어야겠지요. 히브리서 12장 2절은 "**그는 그 앞에 있는 기쁨을 위하여** 십자가를 참으사 부끄러움을 개의치 아니하시더니"라고 말합니다. 이를 통해 히브리서 기자는 11장의 성도들과 더불어 예수님을 하나님이 주시는 기쁨을 갈망하고 확신하여 "잠시 죄악의 낙"(11:25)을 누리기를 포기하고 하나님의 뜻을 따르고자 박해받는 삶을

선택한 사람들의 또 다른 예로 제시하는 것입니다. 따라서 겟세마네의 암흑의 시간 속에서 그리스도를 지탱해 준 것은 십자가 너머에 있는 기쁨에 대한 소망이었다는 말이 비성경적인 것은 아닙니다.

이것이 우리를 향한 그분의 사랑의 위대함이나 실제성을 감소시키지는 않습니다. 예수님이 기대하신 기쁨은 많은 아들들을 이끌어 영광에 들어 가게 하시는 기쁨이었기 때문입니다(히 2:10). 예수님은 **하나님의** 영광을 높이는 우리의 구원을 기뻐하십니다. 십자가를 버림으로써 우리를 버리고 또 아버지의 뜻을 버리는 것은 그리스도께 너무나 끔찍한 일이었습니다. 그러기에 그것을 거절하고 죽음을 받아들이신 것입니다.

「만족되지 않은 만족」("Dissatisfied Contentment", 론은 이 논문을 읽고 편지를 썼다. 이 논문의 내용이 이 장에 포함되어 있다)이라는 저의 논문은 그 이상을 주장하고 있습니다. 즉 보다 깊은 의미에서, 만약 그것이 하나님을 기쁘게 하는 일이라면 그 사랑의 행위에는 반드시 기쁨이 따라야 합니다.

론 군은 만약 이것이 예수님의 죽음의 경우에도 사실이려면, 기쁨과 '재미'는 근본적으로 구분되어야 함을 분명히 보여 주었습니다. 하지만 이미 알지 않습니까? 그런 구분은 있습니다.

겟세마네에는 '재미 요소'가 전혀 없었다고 말하다가 "기쁨은 어디서도 찾아볼 수 없다"고 바꾼 것은 공평하지 않습니다. 저는 가장 값비싼 대가를 치르고서라도 선행을 하기로 결심했을 때, (상처를 받긴 했지만) 선행을 하면서 아주 큰 기쁨을 느꼈던 일을 기억합니다.

저는 겟세마네에서 예수님이 죽기로 결심하는 마지막 기도를 드리고 일어서셨을 때, 그분의 영혼에는 그날 밤의 시험을 이긴 영광스런 승리감이 넘쳐흘렀으리라고 생각합니다. 그래서 예수님은 "나의 양식은 나를 보내신 이의 뜻을 행하며 그의 일을 온전히 이루는 것"(요 4:34)이라고 말쏟하신 게 아닐까요? 우리가 양식을 소중히 여기듯 예수님은 아버지의 뜻을 소중히 여기셨습니다. 아버지의 뜻을 성취하는 것이 예수님께는 양식이었습니다. 그 뜻을 성취하기를 포기하는 것은 굶기로 작정한 것과 같습니다. 저는 예수님이 겟세마네를 떠나실 때 겟세마네에 기쁨이 있었다고 생각합니다. 그것은 이 세상이 줄 수 있는 재미나 감각적인 쾌락이나 웃음이나 다른 무엇이 아닙니다. **예수님 마음 깊은 곳에는 자신의 행동이 아버지를 기쁘게 하고 있으며, 앞으로 받을 보상은 모든 고통을 능가하리라는 좋은 느낌이 자리 잡고 있었을 것입니다.** 바로 이 좋은 느낌이 예수님이 우리를 위해 그같은 일을 하실 수 있게 한 기쁨입니다.

(2) 도로시 데이를 생각해 봅시다. "기쁨이 없이도 사랑해야 했을 때"의 경험을 기억하면서 그분은 이렇게 말합니다. "사랑의 실천은 호되고 끔찍한 일이다."

우선, 호되고 끔찍한 일에는 기쁨이 없다고 성급하게 결론내리지 말아야 합니다. 절벽 앞에서 잠도 자지 않고 온 밤을 보내고, 영하의 기온에 손가락과 발가락을 잃으면서도 정상에 오르기 위해 끔찍한 고통을 감내하는 등반가들이 있습니다. 그들도 호되고 끔찍했다고 말합니다. 그런데도 왜 그렇게 고생하면서 산에 오르느냐고 물으면, 그들은 다양하게 대답할 것입니다. "영혼의 희열이 있어서요. 그 느낌이 너무 좋아서 어떤 고통도 감수할 수 있다니까요."

산을 등정하는 일이 그렇다면, 사랑에 있어서도 사실일 수 있지 않을까요? 우리가 삶과 사회에서 미움의 절벽을 정복하는 것보다 산 정상에 오른 희열을 더 좋아한다면, 우리는 너무 세속적인 것이 아닐까요? 그렇습니다. 사랑은 때로 '호되고 끔찍합니다'. 하지만 선을 사랑하고 예수님을 경외하는 사람이 이웃을 사랑할 수 있는데도(은혜로) 어떻게 기쁨 가득한 희열을 느끼지 못할 수 있는지, 나는 상상할 수 없습니다. 이제 다른 식으로 도로시 데이의 상황에 접근해 보려고 합니다. 제가 바로 그분이 큰 희생을 치르면서 도우려고 하는 가난한 사람들 중 하나라고 가정해 봅시다. 저는 다음과 같은 대화를 나누리라고 생각합니다.

파이퍼: 데이 할머니, 왜 저에게 이렇게 잘 해주시는 거지요?

데이: 당신을 사랑하니까요.

파이퍼: 저를 사랑한다는 게 무슨 뜻인가요? 저는 아무것도 해드린 게 없는걸요. 저는 사랑받을 만한 사람이 아니에요.

데이: 그럴지도 모르지요. 하지만 나의 사랑을 받는 데는 이력서가 필요 없답니다. 예수님께 사랑을 배웠거든요. 예수님은 나를 아주 많이 도와주셨어요. 그래서 나도 당신을 돕고 싶어요.

파이퍼: 그러니까 할머니는 자신의 '바람'(want)을 채우려고 하신다는 말씀이시지요?

데이: 당신이 그렇게 표현하고 싶다면 그렇다고 볼 수 있겠네요. 나의 가장 간절한 바람 중 하나는 당신이 행복해지고 또 의미 있는 사람이 되는 거예요.

파이퍼: 할머니가 오신 후로 제가 더 행복해지고, 더 의미 있는 사람이 된 듯한 느낌이 들어요. 혹시 이런 결과가 당혹스러우신가요?

데이: 절대 그렇지 않아요. 그보다 더 내게 좋은 일이 어디 있겠어요?

파이퍼: 그러니까 할머니가 행복해지려고 이 많은 밤을 잠도 안 자고 고생하셨다는 말씀이네요?

데이: 그렇다고 말하면, 더러는 오해를 하기도 할 거예요. 내가 당신은 안중에도 없고 내 자신에게만 관심을 둔다고 생각할지도 모르죠.

파이퍼: 하지만 적어도 제게는 그렇게 말씀하지 않으실 거죠?

데이: 그래요, 대신 이렇게 말할게요. 나는 내게 가장 큰 기쁨을 가져다주
　　　는 것, 바로 당신의 기쁨을 위해서 일해요.

파이퍼: 고마워요. 이제 할머니가 저를 사랑하시는 줄 알겠어요.

사랑의 행위와 보상 간에는 유기적인 관계가 있다

이 편지에서 간단히 다룬 내용 중에 좀 더 자세히 살필 것이 있다. 바
로 실제 사랑의 행동을 통해 얻는 기쁨과 장래에 받기로 약속된 보상에
서 오는 기쁨의 관계이다. 이 문제가 중요하다고 생각하는 이유는, 만약
기대하는 보상이 상을 받기 위한 행동과 어떤 식으로든 유기적으로 연
관되지 않는다면, 그 보상이 동기가 될 때 사랑은 상거래 행위(앞서 살펴보
았듯이)가 될 수 있기 때문이다.

만약 행위의 성격과 보상의 본질이 함께 가지 않는다면, 우리는 지혜
롭거나 선하다고 생각하는 보상을 얻기 위해 어리석거나 악하다고 생각
하는 행동을 할 수 있다. 하지만 우리가 어리석거나 악하다고 생각하는
일을 하면서 이를 사랑이라고 한다면, 그것은 사랑이라는 단어의 의미
를 성경의 범주 밖까지 무리하게 넓힌 것이다. 사랑의 행위는 (비록 매우
고통스럽더라도) 우리 양심의 인정을 받아야 한다. 그러므로 장래의 보상을
동기로 삼는 것이 옳고 선하다는 말은(히 11:26, 10:34, 12:2의 모세와 초기 그리
스도인들과 예수님처럼), 기대하는 장래의 보상과 그 본질이 유기적으로 연관
된 행동을 선택하지 않아도 된다는 뜻이 아니다.

여기서 '유기적으로 연관되어야 한다'는 말은, 우리가 행동하는 동기
는 반드시 거룩한 보상을 기대하며 선택한 어떤 사랑의 행위여야 한다
는 뜻이다. 왜냐하면 우리는 그 행동에서 우리가 약속받은 보상의 도덕

적 특성을 보기 때문이다. 다시 말해 사랑의 행위에 걸맞은 유일한 보상은, 그 도덕적 차원이 우리가 선택한 행동을 매력적이게 만드는 하나님의 영광을 경험하는 것뿐이다.

기독교 희락주의자로서 우리가 하도록 명령받은 모든 선행에 대한 보상이 로마서 8장 29절에 잘 요약되어 있다. "하나님이 미리 아신 자들을 또한 그 아들의 형상을 본받게 하기 위하여 미리 정하셨으니 이는 그로 많은 형제 중에서 맏아들이 되게 하려 하심이니라." 여기서 우리가 예정함을 받은 두 가지 목적을 알 수 있다. 하나는 우리의 영광을 드러내는 것이고, 다른 하나는 그리스도의 영광을 드러내는 것이다.

하나님이 우리를 예정하신 첫째 목적은 우리로 그리스도처럼 되게 하는 것이다. 이는 그리스도와 같이 우리도 부활의 새 몸을 입는 것을 포함한다(빌 3:21; 고전 15:49). 하지만 그보다 더 중요한 것은, 우리가 그리스도와 같이 영적이고 도덕적인 능력을 갖춘 사람이 되는 것이다(요일 3:2-3). 둘째 목적은 "그리스도로 많은 형제 중에서 맏아들이 되게 하는 것"이다. 다시 말해 하나님은 자기 아들을 그분의 살아 있는 형상들로 두르심으로써, 가장 탁월한 하나님의 본래 형상이 자기 형상들 안에서 더욱 환하게 빛나도록 하시려는 것이다.

정리하자면, 하나님이 우리를 예정하신 목적은 첫째, 우리를 하나님처럼 거룩하게 하심으로써 우리에게 기쁨을 주시는 것과 둘째, 변화되고 기쁨 넘치는 백성들 가운데 그리스도께서 가장 뛰어난 분으로 높임을 받으심으로써 그분이 기쁨을 얻게 하시는 것이다.

그런데 우리가 바라는 보상은 가장 탁월하신 그리스도를 바라고 본받는 것이라고 하면서, 그리스도의 성품과 도덕적으로 일치하지 않은 행동을 선택한다면 모순이다. 만약 우리가 그리스도처럼 거룩해지는 보상에 매력을 느낀다면, 그분의 거룩한 성품을 나누는 행동에도 매력을 느낄 것이다. 우리가 그리스도께 아신 바 된 것처럼 우리도 그리스도를 알게 될 것을 기뻐한다면, 그분의 도덕적 성품을 반영하는 행위나 태도 또한 기뻐할 것이다.

그러므로 진정한 기독교 희락주의에서는, 그리스도께서 명하신 사랑과 그리스도께서 약속하신 보상이 유기적인 관계에 있다. 그것은 우리가 즐거워하는 것을 얻기 위해 혐오하는 것을 하는 상거래가 결코 아니다. 예수님은 누가복음 6장 35절에서 행위와 보상 간의 관계를 예를 들어 설명하신다.

> "오직 너희는 원수를 사랑하고 선대하며 아무 것도 바라지 말고 꾸어 주라 그리하면 **너희 상이 클 것이요** 또 지극히 높으신 이의 아들이 되리니 그는 은혜를 모르는 자와 악한 자에게도 인자하시니라."

인간적인 보상도 바라지 않아야 하는 우리에게("아무 것도 바라지 말고") 주님은 그분의 보상, 즉 지극히 높으신 이의 아들이 되는 보상을 약속하심으로써 사랑하기를 격려하신다. '아들이 된다'는 말에는 서로 닮는다는 의미가 담겨 있다("그는 은혜를 모르는 자에게도 인자하시니라."). 따라서 명령과 보상은 한 동전의 양면이다. '사랑하라'가 명령이고 '사랑하는 분처럼 되리라'가 보상이다. 그러므로 이 두 가지를 강조하는 것이 중요하다. 첫째, 기독교 희락주의자가 추구하는 보상은 하나님과 같이 되는 것, 그리고 자신의 소유를 향한 하나님의 강렬한 사랑, 비할 데 없는 기쁨이다(요 17:26). 둘째, 기독교 희락주의자가 행하는 사랑의 행위는 그 자체로 기쁨이 된다. 왜냐하면 그 행위에는 궁극적으로 받을 보상의 품격이 담겨 있기 때문이다. 그리고 우리가 살핀 대로 이것이 C. S. 루이스가 "그 활동 자체의 완성으로서의" "합당한 보상"이라고 말한 것이다.

사랑은 은혜의 능력을 갈망한다

이 장에서 다루어야 할 마지막 질문이 있다. 나는 사랑이 이웃의 필요를 채우는, 하나님을 향한 넘치는 기쁨이라고 정의했다. 이것은 실제로 경험상 어떻게 효력을 발휘할까? 이 질문이 결론을 맺는 데 도움이 될 것이다. 하나님을 향한 기쁨이 실제 사랑의 행위로 나아가는 심리적 과정은 과연 무엇인가?

우리는 기적으로 시작한다. 즉 죄인인 내가 하나님을 기뻐해야 한다! 하나님이 주시는 물질적 보상이 아니라 하나님 자신, 하나님의 모든 풍성한 탁월성을 기뻐해야 한다. 앞서 본대로, 이러한 회심 경험이 기독교 희락주의의 '탄생'이다. 그렇다면 이렇게 하나님을 기뻐하는 마음에서 어떻게 실제적 사랑이 생기는가?

우리가 도덕적 아름다움을 기뻐한다면, 이를 **보기를** 갈망하는 것과 **되기를** 갈망하는 것은 떼려야 뗄 수 없다. 성령께서 사람의 마음을 일깨워 하나님의 거룩하심을 기뻐하게 하실 때, 그 사람 안에는 하나님의 거룩하심을 **보기를** 원할 뿐 아니라 하나님이 거룩하시듯 자신도 **거룩해지기 원하는** 만족시킬 수 없는 갈망이 생긴다. 우리가 멀리 떨어져 하나님의 영광을 바라보기만 할 뿐 그 영광에 참여할 수 없다면 우리의 기쁨은 불완전할 것이다. 특별석에서 미식축구를 관전하며 신나게 응원하는 것도 좋지만 스스로 팀을 구성해 실제로 경기를 한다면 그 기쁨이 완전해질 것이다.

우리는 죄인을 구원하고 성도를 거룩하게 하시는 하나님의 은혜를 보는 데서 그치기를 원하지 않는다. 우리는 은혜의 능력에 참여하고 싶어 한다. 우리도 은혜의 능력이 구원하는 것을 느끼고 싶어 한다.

우리는 은혜의 능력이 시험을 이기는 것을 **우리의** 삶에서도 느끼기 원한다. 은혜의 능력이 우리를 통해 이웃을 구원하는 것을 느끼고 싶어 한다. 그런데 왜인가? 하나님을 향한 우리의 기쁨은 도무지 만족을 모르기 때문이다. 가지면 가질수록 우리는 더 원한다. 보면 볼수록 우리는 더 보고 싶어 한다. 느끼면 느낄수록 더 느끼기를 원한다.

이는 하나님의 영광의 현시(manifestations)를 더 보고 싶어 하고 더 느끼고 싶어 하는, 하나님을 기뻐하려는 거룩한 욕심(holy greed)이 우리를 사랑의 삶으로 밀어 넣으리라는 뜻이다. 내가 삶에서 교만과 이기심을 정복하는 하나님의 은혜의 능력을 느끼기 원할 때, 그 갈망으로 인해 나는 은혜의 승리, 즉 사랑을 드러내기 원하는 사람이 된다. 참 사랑은 인간의 본성과 너무나 반대되기에 그 사랑이 우리 안에 있다면 엄청난 능력을 드러내 보일 것이다. 기독교 희락주의자가 사랑을 추구하는 것은 그 능력을 경험한 후 매료되었기 때문이다. 그는 자신의 삶을 통치하시는 하나님의 은혜를 더욱더 느끼기 원한다.

하나님의 능력으로 내적 교만의 산을 정복한다

믿음이 없는 마음에 존재하는 강력한 동기를 설명하는 유비가 하나 있다. 실제로 그리스도 밖에 있는 모든 사람은 자기 삶의 한계를 극복하고 자기에게도 능력이 있다고 느낌으로써 행복을 찾고 싶어 한다. 스위스 알프스 산의 아이거(Eiger) 북벽(north wall)을 등반한 첫 번째 팀의 일원인 하인리히 하러(Heinrich Harrer)도 불안감을 극복해야 했다. 그는 이렇게 말했다. "자기 확신은 사람이 가질 수 있는 가장 귀한 선물입니다. 하지만 이 참된 확신을 갖기 위해서는 어떤 한계 상황 앞에서 자기 자신이 누구인지 알아야 합니다.…… 눈덩이가 끝도 없이 성난 짐승처럼 쏟아져 내려오고, 아이거 북벽에 거미처럼 붙어 있을 때 저는 그런 한계 상황을 경험했습니다."[10]

기쁨을 추구하는 데 있어 기독교 희락주의자와 비그리스도인의 가장 큰 차이점이 바로 이것이다. 기독교 희락주의자는, 자기 확신으로는 한계를 극복하고픈 마음의 갈망을 결코 만족시킬 수 없음을 안다. 그는 우리 자신의 능력이 커지는 데서 느끼는 짜릿함이 아니라, 우리의 죄악된 마음에 있는 미움의 절벽을 정복하는 하나님의 능력이 커지는 데서 느끼는 짜릿함이 우리의 실제 목표임을 안다.

하나님의 능력으로 교만한 자기 마음의 산을 정복할 때보다, 자신의 능력으로 외부의 화강암 산을 정복할 때 더 희열을 느낀다면, 우리는 너무 세속적이라는 비난을 받을 것이다. 모든 형태의 자기 확신보다 하나님의 은혜로 사랑의 장애물을 넘는 것에 더 큰 매력을 느끼는 것, 이것이 기독교 희락주의의 기적이다. 이기심을 이기는 하나님의 은혜의 능력을 경험한 데서 오는 기쁨은 도무지 만족될 수 없는 중독과 같다.

이웃의 기쁨을 추구할 때 나의 기쁨도 배가 된다

하나님을 향한 사랑에서 사랑의 수고로 나아가는 심리적 과정을 묘사하는 또 다른 방법이 있다. 하나님의 영광스런 은혜를 보고 기뻐할 때, 우리는 가능하면 다른 사람 안에서도 그 영광을 더 많이 보고 싶어 한

---

10) Daniel P. Fuller, *Hermeneutics* (Pasadena, Calif.: Fuller Theological Seminary, 1969), 7:4-5에서 인용됨.

다. 내가 이웃의 기적적인 회심을 위한 하나님의 도구가 된다면, 나는 그것을 큰 기쁨으로 여길 것이다. 이웃의 기쁨에서 하나님의 은혜의 아름다움이 드러나는 일보다 더 보고 싶은 것이 없기 때문이요, 이웃의 기쁨으로 내 기쁨이 배가 될 것이기 때문이다.

기독교 희락주의자가 소망이나 기쁨이 없는 사람을 볼 때 그 사람의 필요(need)는, 하나님의 은혜 안에 있는 기쁨이라는 고기압대로 이동하는 저기압대와 같다. 이런 영적 대기에서는 기독교 희락주의자의 기쁨이라는 고기압대에서 필요의 저기압대로 이동하는 기류가 형성된다. 기쁨은 필요를 채우기 위해 확장되는 경향이 있기 때문이다. 이 기류를 가리켜 사랑이라고 부른다.

하나님을 향한 넘치는 기쁨으로 이웃의 필요를 채우는 것이 사랑이다. 이 넘침은 이웃의 기쁨을 나의 기쁨으로 추구할 때 생생하게 경험한다. 이 기쁨을 이웃의 삶으로 확장할 때 하나님 안에서 누리는 우리의 기쁨이 배가 된다. 우리의 궁극적인 목적이 하나님을 기뻐하는 것이 아닌 다른 무엇이라면, 우리는 우상숭배자이며 영원히 이웃에게 도움을 주지 못할 것이다. 따라서 기쁨을 추구하는 것은 모든 선한 행실을 위한 본질적인 동기가 된다. 만약 온전하고 영원한 기쁨을 추구하기를 포기한다면, 우리는 사람을 사랑할 수 없을 뿐더러 하나님을 기쁘시게 할 수도 없다.

하나님은 즐겨 내는 자를 사랑하십니다.
_ 사도 바울

여호와의 교훈은 정직하여 마음을 기쁘게 하고
여호와의 계명은 순결하여 눈을 밝게 하시도다.……
금 곧 많은 순금보다 더 사모할 것이며 꿀과 송이꿀보다 더 달도다.
또 주의 종이 이것으로 경고를 받고 이것을 지킴으로 상이 크니이다.
_시편 19편 8절, 10-11절

내가 매일 수행해야 하는 가장 중요하고 우선적인 일은
내 영혼이 주 안에서 행복해지는 것임을
다른 어느 때보다 더 분명하게 알게 되었다.
내가 맨 먼저 관심을 기울여야 하는 것은
내가 얼마나 주님을 섬길지 혹은
내가 어떻게 주님을 영화롭게 할지가 아니라,
내가 어떻게 내 영혼을 행복하게 할 것인지
어떻게 나의 내적 사람이 성숙해질 것인지이다.
내가 해야 할 가장 중요한 일은
하나님의 말씀을 읽고 그것을 묵상하는 데
전념하는 것임을 알게 되었다.
_브리스톨의 조지 뮬러

5장

———

성경:
기독교 희락주의의
불씨

기독교 희락주의는 주님과 함께하는 매일이 '어제보다 더 달콤하지' 않다는 사실을 잘 알고 있다. 주님과 함께해도 어떤 날은 심사가 뒤틀린다. 주님과 함께해도 어떤 날은 너무 슬퍼서 마음이 깨지고 부서진다. 어떤 날은 주님과 함께해도 매우 의기소침하고 낙심해 뒷마당에 주저앉아 엉엉 울고 싶어지기도 한다.

주님과 함께하는 매일이 어제보다 더 달콤하지는 않다. 우리는 그것을 경험해 알고 성경을 통해서도 안다. 다윗은 시편 19편 7절에서 "여호와의 율법은 완전하여 영혼을 **소성시킨다**(reviving)"고 말했다. 주님과 함께하는 매일이 어제보다 달콤하다면, 우리의 삶이 하나님을 향한 감정의 추락 없이 늘 꾸준한 상승만 있다면, 우리는 **다시** 원기를 회복할 필요가 없을 것이다.

다윗은 다른 곳에서 비슷한 말로 여호와를 칭송한다. "그가 나를 푸른 풀밭에 누이시며 쉴 만한 물 가로 인도하시는도다 내 영혼을 **소생시키시고**(restores) 자기 이름을 위하여 의의 길로 인도하시는도다"(시 23:2-3). 다윗에게도 힘겨운 날들이 있었다.

다윗의 영혼이 소생되어야 할 날들이 있었다. 시편 19편 7절이 말하듯 "여호와의 율법은 완전하여 영혼을 **소성시킨다**." 평범한 그리스도인의 삶은 회복과 갱신이 되풀이되는 과정이다. 우리의 기쁨은 정적이지 않다. 실제 삶과 함께 부침을 거듭하고 늘 사탄의 공격을 받는다.

바울은 고린도후서 1장 24절에서 "우리가 너희 믿음을 주관하려는 것이 아니요 오직 너희 기쁨을 돕는 자가 되려 함이니"라고 말한다. 우리는 이 구절을 이렇게 강조해야 한다. "우리는 너희의 기쁨을 위하여 너희와 함께 **일한다.**" 하나님을 계속해서 기뻐하려면 우리는 일해야 한다. 그 일은 싸움이다. 우리의 원수 마귀는 오직 한 가지, 믿음의 기쁨을 파괴하고픈 그칠 줄 모르는 욕망으로 우는 사자같이 두루 다닌다(벧전 5:8). 하지만 성령께서는 그 기쁨을 지키도록 우리에게 하나님의 말씀이라는 검을 주셨다 (엡 6:17).

다른 이미지로 묘사해 보자. 사탄이 기쁨의 불길을 잠재우려고 할지라도 우리는 하나님의 말씀 안에서 끝없이 불씨를 공급받는다. 심지어 우리 영혼의 모든 장작이 차갑게 식은 듯한 날에도, 하나님 말씀 앞에 나아가 우리의 간구에 귀를 기울여 달라고 외치면, 차가운 재가 들썩거리고, 작은 생명의 불꽃이 피어날 것이다. "여호와의 율법은 완전하여 영혼을 **소성시키기**" 때문이다. 성경은 기독교 희락주의의 불씨다.

이 장의 목표는 하나님의 말씀인 성령의 검을 착용하고, 그것을 사용해서 하나님을 향한 우리의 기쁨을 지키도록 돕는 것이다. 여기 우리가 함께 올라야 하는 세 계단이 있다.

첫째, 우리는 왜 성경을 믿을 만한 하나님의 말씀으로 받아들여야 하는지 알아야 한다. 둘째, 우리는 성경의 유익과 능력을 알고 어떻게 성경이 우리의 기쁨에 불을 붙이는지 알아야 한다. 셋째, 우리는 하나님의 말씀에 대한 매일의 묵상을 새롭게 하고 그 칼을 허리 주변에 단단히 착용해 절대 말씀이 없이 사는 일이 없게 하라는 실제적인 도전을 받아들여야 한다.

성경은 얼마나 신뢰할 만한가?

유일한 참 신이신 하나님의 말씀을 외면하는 사람은 결코 영원한 행복을 누릴 수 없을 것이다. 여기에 동의하지 않을 사람이 있을까? 하지만 모든 사람이 성경을 살아계신 하나님의 말씀으로 믿는 것은 아니다. 그리고 모든 사람이 충분한 이유를 가지고 성경을 하나님의 말씀으로 믿는 것도 아니다.

이 책을 읽는 어떤 이들은 성경이 하나님의 말씀이라는 나의 확신을 공유하게 될 것이다. 그들은 앞으로 계속해서 성경을 읽고 싶어질 수도 있다. 그러나 성경을 자기 삶에서 그렇게까지 중요한 위치에 두어야 할지 고민하는 이들도 있을 것이다. 그들은 내가 그렇게 확신하는 합리적인 이유를 제시해 주기를 바랄지 모른다. 나는 이 주제에 대해 글과 설교로 폭 넓게 다루었는데, 그 대부분은 웹사이트 www.desiringgod. org에서 확인할 수 있다.[1] 성경을 하나님의 말씀으로 확실히 의지하며 살게 하는 데 이 자료들이 도움이 되기를 바란다.

영원한 행복을 추구하려면, 창조주와의 관계 속에서 그것을 추구해야 한다. 우리는 그분의 말씀을 들을 때만 그렇게 할 수 있다. 그분의 말

---

1) 그런 자료 중 하나인 "Why We Believe the Bible, Part 1"을 다음 주소에서 비디오와 오디오 그리고 글로 확인할 수 있다. http://www.desiringgod.org/resource-library/seminars/why-we-believe-the-bible-part-1.

씀은 성경에 있다. 가장 반가운 소식은 하나님이 자기 책에 하신 말씀이 기독교 희락주의의 불씨라는 사실이다.

성경의 유익과 능력

성경의 목적은 우리의 기쁨을 타오르게 하는 것이지 *끄는* 것이 아니다. 이를 확증하는 구절들이 성경에 많다. 우리의 참된 행복을 지속하고 심화하는 성경의 유익에 시선을 고정하면 이를 발견할 것이다.

성경은 우리의 생명이다

신명기 32장 46-47절에서 모세는 이렇게 말한다. "그들에게 이르되 내가 오늘 너희에게 증언한 모든 말을 너희의 마음에 두고 너희의 자녀에게 명령하여 이 율법의 모든 말씀을 지켜 행하게 하라 이는 너희에게 헛된 일이 아니라 **너희의 생명이니.**" 하나님의 말씀은 하찮은 것이 아니다. 여기에 살고 죽는 문제가 있다. 성경을 하찮은 말로 혹은 헛된 말로 여긴다면 생명을 잃게 된다.

우리는 하나님의 말씀으로 지음 받았고(시 33:6; 히 11:3) 하나님은 "그의 능력의 말씀으로 만물을 붙들고 계신다"(히 1:3). 그러기에 육체적인 삶 역시 하나님의 말씀에 달려 있다. 우리의 영적인 삶도 하나님의 말씀으로 시작한다. "자기의 뜻을 따라 진리의 말씀으로 우리를 낳으셨느니라"(약 1:18). "너희가 거듭난 것은…… 살아 있고 항상 있는 하나님의 말씀으로 되었느니라"(벧전 1:23).

우리는 하나님의 말씀으로 삶을 시작할 뿐 아니라 하나님의 말씀으로 삶을 지속한다. "사람이 떡으로만 살 것이 아니요 하나님의 입으로부터 나오는 모든 말씀으로 살 것이라 하였느니라"(마 4:4; 신 8:3). 이처럼 우리의 육체적 삶은 하나님의 말씀으로 창조되고 유지되며, 영적인 삶 역시 하나님의 말씀으로 활기를 얻고 유지된다.

생명을 주시는 하나님의 말씀의 능력을 증명하는 이야기들은 얼마든지 모을 수 있다. 초기 영국의 개혁주의자 리틀 빌니(Little Bilney, 1495년생)의 이야기를 생각해 보자. 그는 법을 전공했으며 외적으로는 종교적인 활동에 열성적으로 참여하던 사람이었다. 하지만 내적으로는 생명이 없었다. 그런데 에라스무스(Erasmus)의 헬라어 신약성경 라틴어 번역본을 우연히 손에 쥐게 된다. 다음은 그에게 일어난 일이다.

나는 우연히 디모데전서 1장에서 사도 바울이 말한 다음 구절을 읽었다 (내 영혼에 가장 달콤하고 위안을 주는 문장이다). "미쁘다 모든 사람이 받을 만한 이 말이여 그리스도 예수께서 죄인을 구원하시려고 세상에 임하셨다 하였도다 죄인 중에 내가 괴수니라." 이 한 문장이 이전에는 미처 몰랐던 하나님의 말씀과 내적인 역사를 통해, 죄책감으로 깊은 상처를 입은 채 거의 절망 가운데 있던 내 마음에 원기를 회복시켜 주었다. 나는 즉시 "내 부러진 뼈가 기뻐 뛸" 만큼 엄청난 평안과 고요함을 느꼈다. 이후로 성경은 내게 꿀, 곧 송이꿀보다 더욱 큰 기쁨을 주었다.[2]

참으로 성경은 우리에게 헛된 것이 아니라 우리의 생명이다. 모든 기쁨의 토대는 생명이다. 순전한 존재(우리의 창조와 보존)보다 더 근본적인 것은 없다. 이 모든 것은 하나님의 능력의 말씀에 달려 있다. 바로 그 능력

---

2) Norman Anderson, *God's Word for God's World* (London: Hodder & Stoughton, 1981), 25에 수록된 편지에서 발췌함.

으로 하나님은 우리의 영적 삶을 창조하고 유지하기 위해 성경으로 말씀하셨다. 그러므로 성경은 헛된 말씀이 아니라 우리의 기쁨을 타오르게 하는, 우리의 생명이다.

믿음은 들음에서 난다

하나님의 말씀이 영적 **생명**을 낳고 유지하는 이유는 그 말씀이 **믿음**을 낳고 유지하기 때문이다. "오직 이것을 기록함은 너희로 예수께서 하나님의 아들 그리스도이심을 **믿게** 하려 함이요 또 너희로 믿고 그 이름을 힘입어 **생명**을 얻게 하려 함이니라"(요 20:31). "그러므로 믿음은 들음에서 나며 들음은 그리스도의 말씀으로 말미암았느니라"(롬 10:17). 그리스도 안에서의 우리의 삶을 시작하게 하고 계속 그 삶을 유지하게 하는 믿음은 하나님의 말씀을 들음에서 난다.

믿음이 없이는 참된 기쁨도 없다. "소망의 하나님이 모든 기쁨과 평강을 **믿음 안에서** 너희에게 충만하게 하사 성령의 능력으로 소망이 넘치게 하시기를 원하노라"(롬 15:13). "내가 살 것과 너희 **믿음**의 진보와 **기쁨**을 위하여 너희 무리와 함께 거할 이것을 확실히 아노니"(빌 1:25). 하나님이 모든 것으로 합력하여 선을 이루실 것(롬 8:28)이라는 약속의 말씀 없이 어떻게 우리가 캄캄한 고난의 시간을 지나면서 기쁨을 유지할 수 있겠는가?

믿음을 낳고 유지하는 말씀의 능력에 대한 큰 증거가 있다. 우리는 그 증거를 1918년 도쿄에서 살인 혐의로 교수형을 당한 토키치 이치히(Tokichi Ichii)의 회심과 사형 집행 이야기에서 찾아볼 수 있다. 그는 호랑이처럼 잔인하기로 유명한 사람으로, 20여 차례 이상 감옥을 들락거렸다. 한번은 교도소 간수를 공격해 입에는 재갈이 물리고 몸은 단단히 묶인 채 발가락만 간신히 땅에 닿는 상태로 구금된 적도 있었다. 하지만 그는 자기가 한 일에 대해 사과하기를 완강히 거부했다.

사형을 당하기 직전 토키치는 두 명의 기독교 선교사인 웨스트(West)와 맥도널드(McDonald)에게 신약성경을 받았다. 웨스트가 방문한 후 그는 예수님의 재판과 사형 집형 이야기를 읽기 시작했다. 한 문장이 그의 관심을 사로잡았다. "예수께서 이르시되 아버지 저들을 사하여 주옵소서 자기들이 하는 것을 알지 못함이니이다"(눅 23:34). 이 한 구절이 토키치의 삶을 변화시켰다.

나는 읽기를 중단했다. 내 마음이 15센티미터는 되는 칼에 찔린 것 같았다. 이 구절에서 난 무엇을 본 것인가? 그것을 그리스도의 사랑이라고 불러야 하나? 그분의 긍휼이라고 불러야 하나? 뭐라고 불러야 할지 난 모르겠다. 단지 말로 할 수 없을 만큼 감사하는 마음으로 내가 믿었음을 알 뿐이다.

토키치는 사형 선고를 받았지만 그것을 "공정하고 치우침 없는 하나님의 판결"로 수용했다. 그에게 믿음을 갖게 한 말씀이 이제는 놀랍도록 그의 믿음을 지켜 주었다. 마지막 순간이 다가올 무렵 웨스트는 토키치에게 의인의 고난에 관한 구절인 고린도후서 6장 8-10절을 읽어 보라고 했다. 그 말씀이 토키치에게 큰 감동을 주었다. 그는 이렇게 썼다.

"근심하는 자 같으나 항상 기뻐하고." 사람들은 내가 날마다 사형 집행을 기다리면서 매우 근심하고 있을 것이라 말할 것이다. 하지만 전혀 그렇지 않다. 나는 근심하지도 않고 낙심하지도 않고 아무런 고통도 느끼지 않는다. 가로 2미터 세로 3미터의 감옥에 갇혔지만, 나는 하나님을 모르고서 내가 죄 짓던 날들보다 훨씬 행복하다. 주야로 나는 예수 그리스도와 이야기를 나눈다.

"가난한 자 같으나 많은 사람을 부요하게 하고." 회심하기 전 나의 악한 삶에는 전혀 적용되지 않는 말씀이다. 하지만 아마 장래에 누군가는 역사상 가장 악독했던 놈이 자기 죄를 회개하고 그리스도의 능력으로 구원을 받았다는 소식을 듣고 회개할지 모른다. 만약 그렇게 된다면 나는 비록 가난하지만 부요하게 한 자가 될 수 있을 것이다.

말씀이 그를 끝까지 붙들었다. 그는 교수대 위에서 위대한 겸손과 진실함으로 최후의 한마디를 남겼다. "순결해진 나의 영혼, 이제 하나님의 도성으로 돌아갑니다!"[3] 믿음은 하나님의 말씀에서 나오고 하나님의 말씀으로 유지된다. 그리고 기쁨의 꽃은 믿음에서 자란다.

믿음으로 들을 때 하나님이 성령을 보내 주신다

우리는 성령으로 충만하라는 명령을 받았다. "술 취하지 말라 이는 방탕한 것이니 오직 성령으로 충만함을 받으라"(엡 5:18). 어떻게 성령으로 충만함을 받는가? 갈라디아서 3장 2절에서 바울은 "내가 너희에게서 다만 이것을 알려 하노니 너희가 성령을 받은 것이 율법의 행위로냐 혹은 듣고 믿음으로냐"라고 묻는다. 그러므로 그 대답은 "들음에서 난 믿음으로"다. 그렇다면 무엇을 듣는가? 물론 하나님의 말씀이다.

성령은 말씀을 영감하셨기에 말씀이 있는 곳에 성령도 계신다. 하나님의 말씀을 많이 알고 사랑할수록 우리는 하나님의 영을 더 많이 경험

---

3) 이 이야기는 앞의 책 38-41쪽에 나온다.

할 것이다. "육신을 따르는 자는 육신의 일을, 영을 따르는 자는 영의 일을 생각하나니"(롬 8:5).

성령의 일이란 무엇을 말하는가? 바울은 고린도전서 2장 14절에서 "육에 속한 사람은 성령의 일들을 받지 아니하나니"라고 하면서, 자신은 성령께서 가르치신 것을 전한다고 말한다(13절). 따라서 무엇보다도 성경의 가르침이 '성령의 일'이다. 우리는 마음에 성령의 일들, 즉 하나님의 말씀을 둠으로써 성령 안에서 마신다. 성령의 열매는 희락(기쁨)이다(갈 5:22).

성경은 소망을 준다

때로 성경에서 믿음과 소망은 사실상 동의어다. "믿음은 **바라는 것들**의 실상이요"(히 11:1). 장래에 대한 이 소망이 없다면 우리는 낙심하고 좌절할 것이다. 우리의 기쁨은 남김없이 고갈될 것이다. 소망은 분명 그리스도인의 기쁨의 필수 요소다. "우리가 환난 중에도 즐거워하나니 이는 환난은 인내를, 인내는 연단을, 연단은 **소망**을 이루는 줄 앎이로다"(롬 5:3-4).

그럼 우리는 어떻게 소망을 유지하는가? 시편 기자는 이렇게 기록한다. "여호와께서 증거를 야곱에게 세우시며 법도를 이스라엘에게 정하시고 우리 조상들에게 명령하사 그들의 자손에게 알리라 하셨으니……그들로 그들의 **소망**을 하나님께 두며 하나님께서 행하신 일을 잊지 아니하고 오직 그의 계명을 지켜서"(시 78:5, 7). 다시 말해 '증거'와 '법도', 즉 하나님의 말씀이 우리 자녀들의 소망에 불을 지핀다는 말이다.

바울은 다음과 같이 분명히 말한다. "무엇이든지 전에 기록된 바는 우리의 교훈을 위하여 기록된 것이니 우리로 하여금 인내로 또는 성경의 위로로 **소망**을 가지게 함이니라"(롬 15:4). 모든 성경에는 이 목표와 이 능력, 즉 하나님의 백성들의 마음에 소망을 낳는 목표와 능력이 있다. 소망이 풍성할 때 마음은 기쁨으로 충만해진다.

진리가 너희를 자유케 하리라

기쁨의 또 다른 필수 요소는 자유다. 미워하는 마음에서 자유롭지 못하고 사랑을 위해 자유롭지 못하다면, 누구도 행복할 수 없다. 그렇다면 우리는 진정한 자유를 어디에서 찾을 수 있는가? 시편 119편 45절은 말한다. "내가 주의 법도들을 구하였사오니 자유롭게 걸어갈 것이오며." 나는 이 말씀에서 어떤 열린 장소가 떠오른다. 말씀은 우리를 좁은 마음(왕상 4:29)과 위협적인 감금에서(시 18:19) 자유롭게 한다.

예수님도 말씀하신다. "진리를 알지니 진리가 너희를 자유롭게 하리라"(요 8:32). 예수님이 염두에 두신 자유는 죄의 종 노릇으로부터의 자유다(34절). 이를 긍정적으로 진술하면, 곧 거룩함을 위한 자유다. 우리는 거룩하라고 하신 하나님의 요구를 하나님의 은혜를 힘입어 공포가 아닌 자유로 경험하게 된다.

베드로는 우리를 자유롭게 하는 하나님의 약속의 능력을 이렇게 묘사한다. "이로써 그 보배롭고 지극히 큰 약속을 우리에게 주사 이 약속으로 말미암아 너희가 정욕 때문에 세상에서 썩어질 것을 피하여 신성한 성품에 참여하는 자가 되게 하려 하셨느니라"(벧후 1:4). 다시 말해서 우리가 하나님의 약속을 신뢰하면, 우리는 우월한 약속의 능력으로 부패의 뿌리를 끊어버릴 수 있다.

그러므로 우리는 요한복음 17장 17절에서 예수님이 우리를 위해 기도하신 것처럼 서로를 위해 기도해야 한다. "그들을 진리로 거룩하게 하옵소서 아버지의 말씀은 진리니이다." 우리를 거룩하게 하는 진리가 얼마나 중요한가! 거짓 쾌락의 능력을 깨부수는 그 말씀이 얼마나 소중한가! 하나님의 말씀으로 우리의 길을 밝히고 우리의 마음을 채우기 위해 우리는 얼마나 깨어 있어야 하는가! "주의 말씀은 내 발의 등이요 내 길에 빛이니이다"(시 119:105). "내가 주께 범죄하지 아니하려 하여 주의 말씀을 내 마음에 두었나이다"(시 119:11; 참조. 9절).

주의 증거는 우둔한 자를 지혜롭게 한다

물론 성경이 삶의 모든 문제에 해답을 주는 것은 아니다. 도로의 모든 갈림길마다 성경적인 방향이 있는 것은 아니다. 우리는 영원한 기쁨의 길을 아는 지혜가 필요하다. 그 역시 성경의 선물이다. "여호와의 율법은 완전하여 영혼을 소성시키며 여호와의 증거는 확실하여 우둔한 자를 지혜롭게 하며 여호와의 교훈은 정직하여 마음을 기쁘게 하고 여호와의 계명은 순결하여 눈을 밝게 하시도다"(시 19:7-8; 참조. 119:18). 그 마음이 하나님의 말씀에 깊이 잠기고, 하나님의 생각에 복종하는 사람에게는 언제까지나 세상의 모든 세속적 지혜보다 우월한 지혜가 있다. "지혜를 얻은 자와 명철을 얻은 자는 복이 있나니"(잠 3:13).

성경은 우리에게 확신을 준다

그럼에도 불구하고 우리의 뒤틀린 의지와 불완전한 이해 때문에 우리는 종종 어리석은 행동과 해로운 환경에 미혹되고는 한다. 이런 일이 생기는 날은 그 전날보다 결코 즐겁지 않으며, 그런 날에는 회복되고 위로를 받아야 한다. 위안을 얻으려면 우리는 어디로 향해야 하는가? 우리는 다시 시편 기자를 따라간다. "이 말씀은 나의 고난 중의 위로라 주의 말씀이 나를 살리셨기 때문이니이다…… 여호와여 주의 옛 규례들을 내가 기억하고 스스로 위로하였나이다"(시 119:50, 52).

실패와 고난이 믿음의 확신을 위협할 때, 우리는 확신을 다시 세우기 위해 어디로 향해야 하는가? 요한은 우리를 하나님의 말씀으로 초대한다. "내가 하나님의 아들의 이름을 믿는 너희에게 이것을 **쓰는** 것은 너희로 하여금 너희에게 영생이 있음을 **알게** 하려 함이라"(요일 5:13). 성경은 우리에게 영생의 확신을 주기 위해 기록되었다.

하나님의 말씀은 사탄을 압도한다

사탄의 첫 번째 목표는 우리에게 있는 믿음의 기쁨을 파괴하는 것이다. 그런데 우리에게도 공격 무기가 하나 있다. 바로 성령의 검, 곧 하나님의 말씀이다(엡 6:17). 그런데 많은 그리스도인이 다른 사람의 칼집에서는 칼을 꺼낼 수 없다는 사실을 깨닫지 못한다. 칼을 차지 않으면, 결코 그 칼을 사용할 수 없다. 하나님의 말씀이 우리 안에 있지 않으면(요 15:7), 적들이 공격해 올 때 칼을 잡으려 해도 소용없다. 하지만 그 말씀을 지니고 그 말씀이 우리 안에서 살아 있다면, 우리는 얼마나 강력한 군사가 되겠는가! "내가 너희에게 쓴 것은 너희가 강하고 하나님의 말씀이 너희 안에 거하시며 너희가 흉악한 자를 이기었음이라"(요일 2:14).

이것이 하나님의 위대한 영적 용사들의 비밀이었다. 그들은 하나님의 말씀에 깊이 잠겨 있었다. 내지선교회(OMF)의 설립자인 허드슨 테일러(Hudson Taylor)는 잘 훈련된 매일의 성경 묵상을 통해 극심한 역경 속에서도 자신을 잘 지킬 수 있었다. 그의 아들 부부인 하워드 테일러 부부는 그 훈련의 일면을 우리에게 보여 준다.

변화가 심한 환경 속에서 기도하고 성경 공부하는 시간을 내기가 쉽지 않았지만, 아버지는 그것이 매우 중요하다는 사실을 아셨다. 아버지와 함께 몇 달이고 이륜마차와 외손수레를 타고 밤에는 가장 형편없는 여관에서 자면서 북중국을 여행한 일이 뚜렷하게 기억난다. 큰 방 하나밖에 없어서 하급 노동자들과 여행자들이 모두 함께 묵어야 할 때 우리는 커튼으로 모퉁이에 막을 쳐서 한쪽은 아버지께 드리고 다른 한쪽은 우리가 사용했다. 그리고 마침내 모두가 잠이 들고 조용해지면, 아버지가 계신 쪽에서 성냥 긋는 소리가 들려오고 촛불이 흔들리는 것이 보였다. 아버지는 아무리 피곤한 밤에도 두 권으로 된 조그마한 성경을 손에서 놓지 않으셨다. 새벽 2시부터 4시까지는 아버지가 늘 기도에 전념하는 시간이었다. 아버지는 이 시간이 가장 방해받지 않고 하나님을 방문하는 시간이라고 생각하신 듯했다.[4]

성령의 검은 승리로 충만하다. 하지만 그 검을 붙잡고 기쁨과 능력으로 사용하기 위한 진지하고도 절제된 영혼의 훈련에 헌신하는 사람이 얼마나 적은지 모른다!

성경을 소홀히 여기지 말라

이처럼 성경은 하나님의 말씀이다. 하나님의 말씀은 하찮은 것이 아니다. 생명과 믿음과 능력과 소망과 지혜와 위로와 확신과 가장 막강한 원수를 향한 승리의 원천이다. 그것을 가장 잘 알았던 사람들은 "여호

---

4) Dr. and Mrs. Howard Taylor, *Hudson Taylor's Spiritual Secret* (Chicago: Moody, n. d., orig. 1932), 235.

와의 교훈은 정직하여 마음을 기쁘게 하고"(시 19:8)라고 말했다. 이는 놀라운 일이 아니다. "주의 율례들을 즐거워하며 주의 말씀을 잊지 아니하리이다"(시 119:16). "내가 주의 법을 어찌 그리 사랑하는지요 내가 그것을 종일 작은 소리로 읊조리나이다"(시 119:97). "주의 증거들로 내가 영원히 나의 기업을 삼았사오니 이는 내 마음의 즐거움이 됨이니이다"(시 119:111). "만군의 하나님 여호와시여 나는 주의 이름으로 일컬음을 받는 자라 내가 주의 말씀을 얻어 먹었사오니 주의 말씀은 내게 기쁨과 내 마음의 즐거움이오나"(렘 15:16).

우리도 기독교 희락주의자처럼 이 기쁨을 추구할 수 있겠는가? 날마다 기쁨의 불에 하나님의 말씀이란 불씨를 던질 수 있겠는가? 그렇다. 우리는 할 수 있다. 날마다 그럴 수 있을 뿐 아니라 주야로 그럴 수 있다. "복 있는 사람은 악인들의 꾀를 따르지 아니하며 죄인들의 길에 서지 아니하며 오만한 자들의 자리에 앉지 아니하고 **오직 여호와의 율법을 즐거워하여 그의 율법을 주야로 묵상하는도다**"(시 1:1-2).

이 기쁨이 바로 우리에게 말씀을 주심으로써 성취하려 하신 주님의 계획이다. "내가 이것을 너희에게 **이름은 내 기쁨이 너희 안에 있어 너희 기쁨을 충만하게 하려 함이라**"(요 15:11). 날마다 하나님의 말씀 안에서 우리의 기쁨을 추구하지 않는 것은 하나님의 계시된 뜻을 저버리는 것이다. 그것은 죄다.

우리는 결코 성경을 하찮은 것으로 취급해서는 안 된다. 그렇게 한다면, 우리는 우리 자신을 거스를 뿐 아니라, 하나님의 말씀을 위해 수고하고 고난을 당한 성도들을 멸시하는 것이다. 당대 세속적인 교회 권력에 당당히 맞섰던 마르틴 루터(Martin Luther)의 용기를 생각해 보라. 당시 권력은 하나님의 말씀에 대한 루터의 견해 때문에 그를 추방하고 심지어 죽이려 했다. 트리어(Trier)의 대주교는 루터에게 마지막 질문을 던졌다. "그대는 그대의 책을 부정하고 그 책 안에 담긴 모든 오류들을 부정하겠는가, 아니면 인정하겠는가?" 루터는 이렇게 대답했다.

폐하와 각하들께서 정직한 대답을 원하실 것이오니, 저도 주저 없이 반항하지 않고 답하겠습니다. 성경과 명백한 이성에 비추어 (저는 교황의 권위와 공의회의 권위를 인정하지 않습니다. 둘은 상충되기 때문입니다.) 양심의 가책을 받지 않는다면, 저의 양심은 오로지 하나님의 말씀에 사로잡혀 있습니다. 저는 무엇도 철회할 수 없고 철회하지도 않을 것입니다. 저의 양심을 거스르는 일은 옳지도 않고 안전하지도 않기 때문입니다. 저는 여기 서 있는 일 외에 달리 할 수 있는 것이 없습니다. 하나님, 저를 도우소서.[5]

루터는 그의 유죄를 선고하는 칙령이 반포된 후 갑자기 사라졌다. 위대한 예술가 알브레히트 뒤러(Albrecht Dürer)는 일기에서 그때의 상황을 이렇게 회고한다.

나는 그가 살았는지 아니면 살해당했는지 모른다. 다만 어떤 경우든 그는 기독교 진리 때문에 고난을 당했다. 우리가 만약 수 세기 동안 그 누구보다도 분명하게 글을 써 온 이 사람을 잃는다면, 하나님이 그분의 영을 다른 이에게 주시기를! 오, 하나님! 만약 루터가 죽는다면, 누가 우리에게 복음을 설명해 주겠습니까? 10년, 아니 20년 더 그가 우리를 위해 글을 쓰지 않는다면 우리는 어떻게 되는 것입니까?[6]

---

5) Ronald Bainton, *Here I Stand* (New York: Mentor, 1950), 144에 인용됨.
6) 같은 책, 149.

루터는 죽지 않았다. 그는 그 후 25년 동안이나 글을 썼다. 그리고 다른 담대한 종교개혁가들과 함께 우리를 위해 교회 전통의 속박에서 하나님의 말씀을 회복시켜 주었다. 아, 우리도 그들처럼 하나님의 말씀을 사용하면 좋으련만! 그들에게 하나님의 말씀은 원수와 맞서는 강력한 검이었다.

루터도 예수님과 함께하는 매일이 늘 그 전날보다 달콤하지는 않다는 사실을 알았다. 그의 전기 작가인 롤란드 베인턴(Roland Bainton)에 따르면, 루터는 아래의 유명한 시를 그의 생애 중 가장 힘겨웠던 시절에 썼다고 한다.

이 세상에 마귀 들끓어

우리를 삼키려 하나 겁내지 않으리라.

하나님이 진리로 우리를 통해 이기시리라.

어둠의 왕은 소름 끼치지만

우리는 떨지 않으리라.

우리는 그의 맹위를 견딜 수 있으리라.

주님이 계시니, 그의 파멸은 분명하리라.

말씀 한마디면 넘어지리라.

검을 사용하려면 검을 지녀야 한다

그러나 검을 사용하려면 반드시 검을 지녀야 한다. 우리는 반드시 에스라 같은 사람이 되어야 한다. "하나님의 선한 손의 도우심을 입어 다섯째 달 초하루에 예루살렘에 이르니라 에스라가 **여호와의 율법을 연구하여** 준행하며 율례와 규례를 이스라엘에게 가르치기로 결심하였었더라"(스 7:9-10). 우리는 또한 율법에 대한 위대한 사랑의 노래를 지은 시편

119편의 저자와 같은 사람이 되어야 한다. "내가 주의 법을 어찌 그리 사랑하는지요 내가 그것을 종일 작은 소리로 읊조리나이다"(시 119:97). 예배를 위해 그리고 영적 전투를 위해 하나님의 말씀을 암송하려고 애쓰라. 우리가 머릿속에 하나님의 말씀을 담고 다니지 않으면, 그 말씀을 마음으로 음미하고 성령 안에서 사용할 수 없다. 기독교 희락주의의 불씨를 지니지 않은 채 밖으로 나간다면, 그리스도인의 행복의 불은 반나절이 지나기도 전에 꺼질 것이다.

조지 뮬러는 어떻게 자신의 시대를 열었는가?

이제 위대한 기도와 믿음의 사람이 한 간증으로 이 장을 마무리하려 한다. 조지 뮬러(George Müller, 1805-1898)는 영국에 고아원을 설립하고 자신의 모든 필요를 전적으로 그리고 기쁘게 하나님께 의존했던 사람으로 유명하다. 그는 이 기쁨과 믿음을 어떻게 더욱 불붙게 했는가? 1841년, 그는 인생을 바꿀 만한 것을 발견했다. 그의 전기에서 발췌한 이 간증은 내 인생에 어마어마하게 값진 보화가 되었다. 이제 이 간증이 여러분 안에서도 열매 맺기를 기도한다.

네일스워스(Nailsworth)에 머무는 동안 하나님은 내게 인간적인 도움을 통하지 않고도 진리를 가르치기를 기뻐하셨고, 40년도 더 지난 지금까지 나는 그 유익을 계속 누리고 있다.

요점은 이렇다. 나는 내가 매일 해야 하는 가장 우선되고 중요한 일은 주 안에서 내 영혼이 행복해지는 것임을 이전보다 더 분명히 알게 되었다. 내가 맨 먼저 관심을 기울여야 하는 일은, 내가 얼마나 주님을 섬겨야 하는가 혹은 내가 어떻게 주님을 영화롭게 해드릴까 하는 것이 아니다. 도리어 나의 영혼이 어떻게 행복해질까, 어떻게 내적인 존재가 성숙해질까 하는 것이다. 왜 그런가? 물론 우리는 불신자 앞에서 진리를 전할 수 있다. 신자들의 유익을 위해 애쓸 수 있다. 낙심한 자를 위로할 수 있다. 그 밖에 여러 모양으로 이 세상에서 하나님의 자녀인 듯 행동할 수 있다. 하지만 주 안에서 행복하지 않으며 속사람이 매일 성숙하고 강건해지지 않는다면, 이 모든 일을 올바른 정신으로 행하지는 못할 것이다.

지난 10년 동안 아침에 옷을 갈아입은 후 기도하는 것이 내 습관이었다. 그런데 **이제야** 나는 내가 했어야 할 가장 중요한 일은 하나님의 말씀을 읽고 그것을 묵상하는 것임을 알았다. 말씀으로 내 마음이 위로와 격려를 받고 경고와 질책을 들으며 훈계를 받을 수 있기 때문이다. 또 말씀을 묵상할 때 내 마음은 주님과 체험적인 교제를 나눌 수 있다. 그래서 이제 나는 아침 일찍 신약성경을 처음부터 묵상하기 시작했다.

나는 주님의 귀한 말씀에 주께서 복 주시기를 몇 마디 간구한 후, 먼저 하나님의 말씀을 묵상하기 시작했다. 구절구절 살펴서 거기서 복을 얻으려고 했다. 공적인 말씀 사역이나 설교할 거리를 찾기 위해서가 아니라 내 영혼의 양식을 얻기 위해 묵상했다. 그 결과는 거의 늘 한결같았다. 몇 분 안에 내 영혼은 고백, 감사, 참회, 혹은 간구에 이르게 되었다. 즉, 나는 기도하지 않고 묵상에 몰두했을 뿐인데 그 묵상이 거의 즉시 기도로 변한 것이다.

그래서 잠시 참회, 고백, 간구, 혹은 감사를 드리고 단어나 구절을 묵상하다 보면, 그 과정에서 말씀이 이 모두를 나 자신이나 이웃을 위한 기도로 바뀌도록 인도해 준다. 하지만 그러면서도 내 영혼의 양식을 얻는 것이 묵상의 목적이라는 사실만은 잊지 않았다. 그 결과 늘 많은 고백, 감사, 간구 혹은 참회가 내 묵상과 결합되었고, 내 속사람이 지속적으로 눈에

띄게 자라나고 강건해졌다. 아침 식사 시간까지 거의 예외 없이, 행복할 정도는 아니더라도, 내 마음은 평안했다. 공적인 사역을 위해서가 아니라 나의 속사람의 유익을 위해 묵상에 전념한 것인데도, 주님은 내가 다른 신자들에게도 필요한 양식을 찾을 수 있도록 말씀하기를 기뻐하셨다.

나의 이전 습관과 현재 습관의 다른 점은 이렇다. 전에는 일어나면 가능한 한 빨리 기도부터 시작했다. 그리고 아침 식사 전까지 기도하는 데 거의 모든 시간을 보냈다. 무슨 일이든 나는 거의 한결같이 기도로 시작했다. 그 결과는 어떠했는가? 내 영혼이 위로와 격려를 얻고 마음이 겸손해지기를 의식하기까지 무릎을 꿇고 15분, 30분, 때로는 1시간 동안 기도하고는 했다. 그리고 처음 10분, 15분 심지어 30분 정도는 마음을 잡지 못해서 많이 고생한 후에야 **진짜 기도에 들어가기** 시작한 적도 많았다.

이제 이렇게 고생하는 일은 거의 없다. 내 마음이 진리로 양육을 받고 하나님과의 체험적인 관계를 누리기에, 나는 주님의 고귀한 말씀으로 내 앞에 두신 것들에 관해 내 아버지께 그리고 내 친구 예수님께 (나는 천하고 그분의 친구가 될 만한 자격이 없지만) 이야기한다.

내가 좀 더 빨리 성경 묵상을 몰랐다는 사실이 놀랍기도 하다. 어떤 책에서도 묵상에 대해 읽은 적이 없다. 어떤 공적인 사역도 이 문제를 가르쳐 주지 않았다. 형제들과의 어떤 개인적인 교제를 통해서도 내가 묵상해야 한다는 도전을 받은 적이 없었다. 하지만 이제 하나님이 묵상의 유익과 의미를 내게 가르쳐 주셨으니, 하나님의 자녀가 해야 할 가장 중요한 일은 매일 아침 자기 속사람을 위한 양식을 얻는 것임을 나는 확신한다.

밥을 먹지 않으면 오랜 시간 일할 수 없기에 우리 겉사람은 아침에 맨 먼저 식사부터 한다. 속사람도 마찬가지다. 모든 사람이 인정하는 대로 우리는 속사람을 위해서도 음식을 섭취해야 한다. 그럼 속사람을 위한 음식은 무엇인가? **기도**가 아니라 **하나님의 말씀**이다. 다시 말하지만, 이는 단지 성경을 읽는 것을 말하지 않는다. 그렇게 하면 물이 파이프를 지나가듯 단지 성경이 우리 마음을 통과하는 데 그칠 것이다. 우리는 그 말씀을 상고하고 다시 한번 깊이 숙고하고 그 말씀을 우리 마음에 적용해야 한다.

나 자신이 이 묵상으로부터 엄청난 영적인 유익과 회복의 유익을 얻었기에 나는 아주 특별히 이 문제를 강조한다. 그리고 깊은 애정을 담아 또 엄숙하게 내 모든 동료 신자들에게 성경을 묵상하도록 간절히 부탁한다. 내가 전에 겪었던 것보다 더 크고 다양한 시련을 하나님의 도우심과 능력을 힘입어 평안하게 잘 지날 수 있었던 것은 바로 성경 묵상 덕분이라고 생각한다. 40년 이상 이 방법을 시도해 보았으니 이제 나는 하나님을 두려워하는 마음으로 이 묵상의 삶을 강력히 추천할 수 있다. 영혼이 원기를 회복하고 행복해지면서 시작한 하루와 영적인 준비 없이 업무와 시련과 유혹과 맞닥뜨리는 하루는 얼마나 다른가![7]

---

7) *Autobiography of George Muller*, comp. Fred Bergen (London: J. Nisbert, 1906), 152-4.

지금까지는 너희가 내 이름으로 아무 것도 구하지 아니하였으나
구하라, 그리하면 받으리니 너희 기쁨이 충만하리라.
_ 요한복음 16장 24절

너는 기도할 때에 네 골방에 들어가
문을 닫고 은밀한 중에 계신 네 아버지께 기도하라.
은밀한 중에 보시는 네 아버지께서 갚으시리라.
_ 마태복음 6장 6절

우리는 얼마나 자주 고귀한 평안을 잃어버리는가.
우리는 얼마나 자주 쓸 데 없는 고통을 겪는가.
이는 우리가 기도로 하나님께
모든 문제를 가져가지 않기 때문이다.
_ 조셉 스크라이븐

6장

기도:
기독교 희락주의의
능력

기독교 희락주의에 대한 가장 일반적인 반대 가운데 하나는 기독교 희락주의가 하나님의 영광보다 사람의 유익을 더 중시하고 하나님의 명예보다 자기 자신의 행복을 더 우위에 둔다는 것이다. 하지만 결코 그렇지 않다.

기독교 희락주의자들이 자신의 유익과 행복을 전력을 다해 추구하는 것은 분명하다. 우리는 젊은 시절 조나단 에드워즈가 한 결심에 동감한다. "결심: 내가 할 수 있는 한 많은 행복을 다른 세계에서 얻으려 노력할 것. 모든 힘, 능력, 열정과 열심을 다해. 가능한 모든 방법으로."[1]

우리는 이미 성경에서 (그리고 조나단 에드워즈에게서) 하나님의 관심은 우리에게 넘치는 긍휼을 베푸심으로써 자신의 충만한 영광을 더욱 크게 하는 것임을 배웠다. 그러므로 우리의 유익과 행복을 추구하는 것은 결코 하나님의 영광을 추구하는 것보다 **더 중요하지 않으며**, 늘 하나님의 영광을 추구하는 것 안에 있다.

성경이 말하는 가장 값진 진리는, 하나님의 가장 큰 관심은 자기 안에서 죄인들을 행복하게 함으로써 자신의 은혜의 부요함을 영광스럽게 하는 것이라는 사실이다. **하나님** 안에서 말이다. 우리가 어린아이처럼 자신을 낮추고 자부하지 않고 우리 아버지 품에 안기는 기쁨을 향해 행복

---

1) 에드워즈의 결심은 다음 소책자로 출판되었다. Stephen J. Nichols, *Jonathan Edwards' Resolutions, and Advice to Young Converts* (Phillipsburg, N. J.: Presbyterian & Reformed, 2002).

하게 달려간다면, 하나님의 은혜의 영광은 커지고 우리 영혼의 갈망은 채워질 것이다. 우리의 유익과 하나님의 영광은 하나다. 그러므로 기독교 희락주의자들이 하나님 안에서 누리는 행복을 추구할 때, 그들은 자기 행복을 하나님의 영광보다 결코 더 중요하게 여기는 것이 아니다.

기독교 희락주의자들이 무릎을 꿇는 이유

우리의 기쁨을 추구하는 것과 하나님의 영광을 추구하는 것은 하나이며, 사실상 같음을 보여 주는 증거를 성경에서 찾을 수 있다. 기도에 대한 예수님의 가르침이 담긴 두 핵심 구절, 요한복음 14장 13절과 16장 24절을 보자. 하나는 기도가 하나님의 영광을 추구하는 일임을 보여 주고, 다른 하나는 기도가 우리의 기쁨을 추구하는 것임을 보여 준다.

요한복음 14장 13절에서 예수님은 말씀하신다. "너희가 내 이름으로 무엇을 구하든지 내가 행하리니 **이는 아버지로 하여금 아들로 말미암아 영광을 받으시게 하려 함이라.**" 요한복음 16장 24절에서는 이렇게 말씀하신다. "지금까지는 너희가 내 이름으로 아무 것도 구하지 아니하였으나 구하라 그리하면 받으리니 **너희 기쁨이 충만하리라.**" 이 두 목표(하나님의 영광과 자녀들의 기쁨)의 조화(unity)가 기도라는 행위 안에 분명히 유지된다. 따라서 기독교 희락주의자들은 무엇보다도 진실한 기도에 충실한 사람들일 것이다. 목마른 사슴이 시냇가에서 목을 축이려고 무릎을 꿇듯이 기독교 희락주의자들은 무릎을 꿇는다.

하나님의 영광을 추구하는 기도

다시 한번 요한복음 14장 13절에서 예수님이 하신 말씀을 들어 보자. "너희가 내 이름으로 무엇을 구하든지 내가 행하리니 **이는 아버지로 하여금 아들로 말미암아 영광을 받으시게 하려 함이라.**" 만약 당신의 몸이 마비되어 할 수 있는 것은 말뿐이라고 가정해 보자. 그리고 건강하고 믿을 만한 친구가 함께 살면서 필요한 일을 다 해주기로 약속했다고 하자. 낯선 사람이 방문했을 때 당신은 이 친구를 어떻게 영광스럽게 할 것인가? 침대에서 일어나 친구를 데려와서 그 친구의 너그러움과 능력을 영광스럽게 할 것 같은가?

아니다! 당신은 다만 "친구, 나 좀 일으켜 주겠나. 그리고 손님을 볼 수 있도록 내 등 뒤에 베개를 넣어 주고 안경을 씌워 주게." 그러면 손님은 당신이 친구에게 부탁하는 것을 보고, 당신은 아무것도 할 수 없으며 당신의 친구가 얼마나 강하고 친절한지 알게 될 것이다. 그를 필요로 하고, 그에게 도움을 청하고, 그를 의지함으로써 당신은 그 친구를 영광스럽게 할 수 있다.

요한복음 15장 5절에서 예수님은 이렇게 말씀하신다. "나는 포도나무요 너희는 가지라 그가 내 안에, 내가 그 안에 거하면 사람이 열매를 많이 맺나니 나를 떠나서는 너희가 아무 것도 할 수 없음이라." 실제로 우리는 꼼짝도 못한다. 그리스도가 없으면 선한 일을 전혀 할 수 없다. 사도 바울은 로마서 7장 18절에서 "내 속 곧 내 육신에 선한 것이 거하지 아니하는 줄을 아노니 원함은 내게 있으나 선을 행하는 것은 없노라"고 말한다.

하지만 요한복음 15장 5절을 보면, 하나님은 우리가 무언가 선한 일, 즉 열매 맺기를 원하신다. 그래서 우리의 강하고 믿을 만한 친구인("너희를 친구라 하였노니"[요 15:15]) 예수님이 우리 힘으로는 할 수 없는 일을 하도록 우리를 돕겠다고 약속하신 것이다.

그렇다면 우리는 어떻게 그분을 영화롭게 할 수 있을까? 예수님은 요한복음 15장 7절에서 대답하신다. "너희가 내 안에 거하고 내 말이 너희 안에 거하면 무엇이든지 원하는 대로 구하라 그리하면 이루리라." 그렇다. 우리는 **기도한다**. 우리는 우리 힘으로는 할 수 없는 일, 즉 열매 맺는 일을 그리스도를 통해 하게 해달라고 하나님께 간구한다. 8절은 그 결과를 말해 준다. "너희가 열매를 많이 맺으면 내 아버지께서 영광을 받으실 것이요 너희는 내 제자가 되리라." 그렇다면 하나님은 어떻게 기도를 통해서 영광을 받으시는가? 기도는 그리스도 없이는 우리가 아무 것도 할 수 없음을 공개적으로 인정하는 행위다. 그리고 기도는 우리 자신에게서 떠나 하나님이 우리에게 필요한 도움을 주실 것이라 확신하며 하나님께로 향하는 것을 말한다. 기도는 우리 자신을 도움이 필요한 가난한 자로 낮추고 하나님을 부요한 분으로 높이는 일이다.

그를 알았다면 구했을 것이다!

요한복음에는 기도로 어떻게 하나님을 영화롭게 할 수 있는지 보여 주는 다른 본문이 있다. 여기서 예수님은 한 여인에게 마실 물을 달라고 청하신다.

"사마리아 여자가 이르되 당신은 유대인으로서 어찌하여 사마리아 여자인 나에게 물을 달라 하나이까 하니 이는 유대인이 사마리아인과 상종하지 아니함이러라 예수께서 대답하여 이르시되 네가 만일 하나님의 선물과 또 네게 물 좀 달라 하는 이가 누구인 줄 알았더라면 네가 그에게 구하였을 것이요 그가 생수를 네게 주었으리라"(요 4:9-10).

당신이 괴혈병을 심하게 앓고 있는 선원이라고 가정해 보자. 그런데 어떤 인심이 후한 사람이 비타민 C를 두둑하게 가지고 배에 올랐다고 하자. 아직 그에게 무엇이 있는지 몰랐을 때, 그가 당신에게 오렌지 한 조각을 달라고 한다면 당신은 줄 것이다. 하지만 그가 인심이 후한 사람이고 당신에게 필요한 것을 모두 가지고 있음을 알았다면, 도리어 당신이 먼저 그에게 도움을 청했을 것이다.

예수님은 여인에게 "네가 만일 하나님의 선물과 또 내가 누구인 줄 알았다면 네가 나에게 구했을 것이다"라고 하셨다. 예수님을 잘 모르는 것과 그에게 많이 구하지 않는 것 사이에는 직접적인 관계가 있다. 기도 생활이 실패하는 이유는 대부분 그분을 아는 일에 실패한 데서 비롯된다. "너에게 말하고 있는 이가 누구인 줄 알았다면 네가 나에게 구했을 것이다." 기도하지 않는 그리스도인은 슈퍼맨이 자기 차에 탄 줄도 모른 채 움푹 팬 구덩이에 빠진 차를 빼려고 혼자서 안간힘을 쓰는 운전자와 같다. "네가 알았다면 구했을 것이다." 기도 없는 그리스도인은 글을 읽을 줄 몰라서 유명 백화점 상품권으로 자기 방을 도배하고 자기 주머니의 푼돈으로 동네 가게에서 물건을 사는 사람과 같다. "네가 하나님의 선물을 알았고 네게 말하고 있는 이가 누구인줄 알았다면, **네가 구했을 것이다.**"

이 말씀은 구하는 사람, 즉 기도하는 그리스도인은 하나님이 위대한 공급자시며 그리스도께서는 측량할 수 없을 만큼 지혜롭고 자비롭고 능력이 큰 분이심을 알기에 구한다는 뜻을 내포한다. 따라서 그들의 기도는 그리스도를 영화롭게 하고 아버지를 존귀하게 한다. 인간의 제일 목적은 하나님을 영화롭게 하는 것이다. 따라서 하나님이 창조하실 때 의도하신 존재가 되려면, 우리는 기도의 사람이 되어야 한다.

로빈슨 크루소의 본문

찰스 스펄전(Charles Spurgeon)은 언젠가 '로빈슨 크루소의 본문'이라는 제목으로 기도에 관해 설교한 적이 있다. 그는 이런 말로 시작했다.

로빈슨 크루소가 탄 배가 난파당했습니다. 그는 무인도에 홀로 남았습니다. 그의 처지는 참으로 비참했습니다. 열병에 걸려 고생했습니다. 병은 오래도록 낫지 않았고 곁에서 간호해 줄 사람은 아무도 없었습니다. 심지어 물 한 잔 갖다 줄 사람 하나 없었습니다. 죽음이 점점 가까워졌습니다. 그는 죄짓는 데 익숙한 사람이었고, 선원이라면 다들 갖는 악덕이 그에게도 있었습니다. 그런데 이 어려운 상황을 만나고 보니 로빈슨은 자신에 대해 다시 생각하게 되었습니다. 그는 품고 있던 성경을 꺼내 펼쳤는데, 다음 본문에서 그의 마음이 환히 밝아졌습니다. "환난 날에 나를 부르라 내가 너를 건지리니 네가 나를 영화롭게 하리로다." 그날 저녁 그는 난생처음으로 기도라는 것을 드렸습니다. 그리고 그 후로 로빈슨 안에는 하나님에 대한 소망이 자리 잡기 시작했습니다. 이것은 그가 하늘 생명으로 거듭났음을 보여 줍니다.[2]

---

2) Charlse Spurgeon, *Twelve Sermons on Prayer* (Grand Rapids, Mich.: Baker, 1971), 105.

로빈슨 크루소가 읽은 본문은 시편 50편 15절이었다. 이것이 바로 하나님 스스로 영광을 취하시는 방법이다. **내게 기도하라 내가 너를 건지리라! 그러면 너는 나를 영화롭게 하리라.**

스펄전의 설명에는 통찰력이 넘친다.

> 이 본문에는 하나님의 몫과 기도하는 사람의 몫이 나옵니다.…… 먼저 우리의 몫입니다. "환난 날에 나를 부르라." 그리고 하나님의 몫입니다. "내가 너를 건지리라." 다시 우리가 취할 몫입니다. 즉, 우리는 건짐을 받습니다. 그리고 다시 하나님의 몫입니다. "네가 나를 영화롭게 하리로다." 여기 하나님께 기도하고 하나님의 도우심을 받는 우리와 하나님이 맺으시는 언약 혹은 계약이 있습니다. 하나님은 말씀하십니다. "너는 구원을 얻을 것이고 나는 반드시 영광을 받으리라." 얼마나 기분 좋은 동반자 관계입니까! 우리는 우리가 가장 필요로 하는 것을 얻고, 하나님은 오직 그의 이름에 합당한 영광만을 얻으십니다.[3]

참으로 기쁨이 넘치는 동반자 관계다! 기도는 기독교 희락주의의 중심이다. 하나님은 영광 받으시고 우리는 기쁨을 얻는다. 하나님은 우리를 기쁨으로 옮길 만큼 강하고 완전한 분으로 자신을 나타내심으로써 그 영광을 확실히 받으신다. 그리고 우리는 하나님이 모든 영광의 원천이며 삶의 목적이시기에 충만한 기쁨을 얻는다. 여기서 우리는 한 가지 놀라운 사실을 발견한다. 우리는 하나님의 필요를 채움으로써 하나님을 영화롭게 하지 않는다. 다만 하나님이 우리의 필요를 채우시도록 간구함으로써, 또 응답하실 것을 신뢰함으로써 하나님을 영화롭게 한다.

---

3) 같은 책, 115.

기도는 자기중심적인가?

이런 태도가 자기중심적이라고 말하는 이들도 있다. 하지만 **자기중심적**이라는 말은 무슨 뜻인가? 만약 자신이 행복해지기를 간절히 갈망한다는 뜻이라면, 맞다. 기도는 자기중심적이다.

그런데 하나님의 이름이 내 삶에서 거룩해지기를 구한다면 이는 나쁜 기도인가? 하나님이 내 마음을 온전히 다스리시도록 구한다면 어떤가? 그분의 뜻이 하늘에서 이루어졌듯이 내 삶에도 이루어지게 해달라고 구한다면 또 어떤가? 이런 일들을 내 삶에서 보고 경험하기를 원한다고 구하는 것이 나쁜가?

하나님의 뜻은 어떻게 하늘에서 성취되는가? 슬프게? 짐스럽게? 불평하면서? 아니다. 하나님의 뜻은 즐겁게 성취된다. "주의 뜻이 하늘에서 이루어진 것같이 땅에서도 이루어지이다"라고 기도할 때 어찌 기쁘고 싶은 마음이 기도의 동기가 되지 않을 수 있겠는가? 하나님의 뜻이 하늘에서와 같이 내 삶 속에서도 이루어지지기를 기도하면서, 내가 기쁘든 그렇지 않든 상관없다고 말하는 것은 모순이다. 이 땅이 그분의 뜻을 행하기를 **기뻐하고** 또 완벽하게 그 일을 해낼 때, 그분의 뜻은 하늘에서와 같이 땅에서도 이뤄질 것이다.

분명 우리는 기도할 때 이런 행복을 추구해도 이기적이라 하지 않는다. 이는 전적으로 하나님 중심적이다. 나는 행복을 추구할 때 나의 삶 중심에 하나님 아니면 채워질 수 없는 공허한 공간이 있음을 인정한다. 이 공간에는 나의 필요와 반항하는 마음이 동시에 존재한다. 나는 그것을 채우고 싶지만 동시에 하나님이 채우시기를 거부하는 마음도 있다. 나는 은혜로 내 반항하는 마음이 얼마나 어리석은지 깨닫게 되며, 하나님으로 그 공간이 채워질 때 내 기쁨이 충만할 것임을 알게 된다. '자기

중심적'이라는 표현은 하나님 안에서 행복하려는 이러한 열망을 묘사하는 좋은 방법이 아니다.

간음한 여인 같은 기도

물론 "좋아요. 그렇지만 모든 기도가 하나님의 이름이 거룩해지고 그분의 나라가 임하기를 구하는 기도는 아니잖아요"라고 말하는 이들도 있을 것이다. 많은 기도들이 먹을 것과 입을 것 그리고 보호와 치유를 구하는 기도다. 그렇다면 이런 기도는 자기중심적인 기도인가?

그럴 수도 있다. 야고보는 특정한 기도들을 비난한다.

"구하여도 받지 못함은 정욕으로 쓰려고 잘못 구하기 때문이라 간음한 여인들아 세상과 벗된 것이 하나님과 원수 됨을 알지 못하느냐 그런즉 누구든지 세상과 벗이 되고자 하는 자는 스스로 하나님과 원수 되는 것이니라 너희는 하나님이 우리 속에 거하게 하신 성령이 시기하기까지 사모한다 하신 말씀을 헛된 줄로 생각하느냐"(약 4:3-5).

하나님을 부정한 아내의 남편으로 만드는 그릇된 기도가 있다. 우리는 남편의 관대함을 이용해 개인적인 쾌락을 위해 창기를 돈 주고 사는 사람이 될 수 있다. 아주 깜짝 놀랄 만한 단어들이다. 야고보는 우리가 이렇게 기도하면 "간음한 여인"이 된다고 말한다.

야고보는 교회를 하나님의 아내로 그린다. 하나님은 자기 자신을 위해 우리를 창조하셨고 우리의 기쁨을 위해 자신을 내주셨다. 따라서 우리가 세상과 '친구'가 되려고 한다면, 그것은 간음이 된다. 우리가 하나님 안에서 추구해야 할 즐거움을 세상에서 추구한다면, 우리는 결혼 서

약에 소홀한 사람이 된다. 더 나아가 우리가 하늘에 계신 신랑에게로 가서 세상과 간음하는 데 필요한 자원을 달라고 구한다면, 그것은 너무나 악한 짓이다. 마치 남편에게서 찾지 못하는 쾌락을 얻기 위해 남창을 사려고 남편에게 돈을 달라고 요구하는 것과 같다.

그러니 맞다. 분명히 악한 의미의 자기중심적인 기도가 있다. 그렇다면 의문이 생긴다. 무엇이 우리의 기도가 간음이 되지 않게 하는가?

우상숭배하지 않고 피조세계 즐기기

이것은 더 큰 질문의 일부다. 다시 말해서 어떻게 피조물이 우상숭배(간음)를 하지 않으면서 피조세계를 잘 만끽할 수 있는가 하는 질문이다. 어떤 이들에게는 이 둘이 전혀 관계없어 보일 것이다. 하지만 이 시편 저자들처럼 찬양하기를 갈망하는 이들에게는 매우 관련 깊은 질문이다. 그들은 이렇게 노래한다.

"하늘에서는 주 외에 누가 내게 있으리요 땅에서는 주 밖에 내가 사모할 이 없나이다 내 육체와 마음은 쇠약하나 하나님은 내 마음의 반석이시요 영원한 분깃이시라"(시 73:25-26).

"내가 여호와께 바라는 한 가지 일 그것을 구하리니 곧 내가 내 평생에 여호와의 집에 살면서 여호와의 아름다움을 바라보며 그의 성전에서 사모하는 그것이라"(시 27:4).

만약 마음을 하나님께 모으기를 갈망한다면, 어떻게 우상숭배자가 되지 않으면서 무언가를 갈망하고 만끽할 수 있는지는 매우 중요한 질문이다. 무언가를 구하는 기도가 어떻게 하나님을 영화롭게 하는가? 그것은 무언가를 영화롭게 하는 기도처럼 보이지 않는가?

물론 그 대답의 일부가 로빈슨 크루소의 본문에 나와 있다. 즉 하나님은 모든 것을 풍성하게 공급하시는 분으로서 영광을 얻으신다. 하지만 이는 대답의 일부일 뿐이다. 우리는 공급하시는 하나님께 감사할 때조차 기도를 오용할 수 있다.

이 질문에 대한 나머지 대답은 토마스 트러헌(Thoms Traherne)과 어거스틴(Saint Augustine)이 잘 보여 준다. 트러헌은 이렇게 말한다.

모래 알갱이 하나가 어떻게 하나님의 지혜와 능력을 드러내는지 알기 전에는 결코 세상을 똑바로 만끽하지 못할 것이다. 그러니 겉으로 드러난 가시적인 아름다움이나 우리 몸의 쓸 것을 채우는 물질적인 섬김을 훨씬 넘어서 하나님의 영광과 선하심을 당신의 영혼에게 나타내는 만물의 섬김을 귀하게 여기라. [4]

어거스틴은 다음과 같이 기도한다. 이는 내가 온 마음으로 하나님을 사랑하려고 애쓸 때 매우 중요한 기도문이 되었다.

당신을 사랑하노라며
당신을 위해 다른 그 무엇도 사랑하지 않는 사람은
당신을 그다지 사랑하지 않는 사람입니다. [5]

---

4) Thomas Traherne, *Centuries, Poems, and Thanksgivings* (London: Oxford University Press, 1958), 14.

5) Saint Augustine, *Confessions, in Documents of the Christian Church*, ed. Henry Bettenson (London: Oxford University Press, 1967), 54.

다시 말해 우리가 창조된 것들을 하나님의 선물이요 하나님의 영광의 거울로 본다면, 우상숭배의 기회가 되지 않을 것이다. 그것들을 향한 우리의 기쁨이 늘 그것들을 만드신 분을 향한 기쁨이라면 말이다.

C. S. 루이스는 『말콤에게 보내는 편지』(Letters to Malcolm)에서 다음과 같이 표현했다.

우리는 (나는) 새들의 노랫소리를 단순한 소리로 들을 수 없다. 의미와 메시지("저건 새야"라는)가 필연적으로 그 소리와 함께 다가온다. 마치 인쇄된 낯익은 단어를 단순히 시각적 도안으로만 볼 수 없는 것과 같다. 읽는다는 것은 보는 것만큼이나 무의식적인 일이다. 바람이 불 때, 나는 단지 웅웅거림을 듣는 것이 아니라, "그 바람 소리를 듣는다." 마찬가지로 쾌락을 '가질 뿐' 아니라 '읽을' 수도 있다. 아니, 그럴 수 있을 뿐 아니라 그 구별은 때로 불가능해야 한다. 이를 받아들이고 그 신적인 기원을 아는 것은 단일한 경험이다. 이 천상의 과일은 즉시 그 열매가 자란 과수원을 떠오르게 한다. 이 향기로운 공기는 그 바람이 불기 시작한 나라에 대해 속삭인다. 그것은 메시지다. 우리는 영원한 희락을 쥔 오른손의 손가락 하나가 우리를 만지고 있음을 안다. 거기에는 무언가 나중에 행할 별개의 사건으로서의 감사나 찬양의 문제가 없다. 아주 짧은 순간 신의 현시를 경험하는 것만으로 그 자체가 신을 경배하는 일이 되기 때문이다.[6]

피조세계에 대한 우리의 경험이 천상 과수원에 대한 경험이 된다면, 혹은 하나님의 손가락에 대한 경험이 된다면, 그것은 우상숭배가 아니

---

6) C. S. Lewis, *Letter to Malcolm*, in *A Mind Awake: An Anthology of C. S. Lewis*, ed. Clyde Kilby (New York: Harcourt, Brace & World, 1968), 204.

라 경배가 될 것이다. 루이스는 시편 묵상에서 이를 다른 식으로 표현하고 있다.

자연에서 신성(신성들이라고 해도 좋다)을 비우고 거기에 하나님을 채울 수도 있다. 이제 자연은 메시지의 전달자가 된다. 어떤 의미에서 자연숭배는 자연을 침묵시킨다. 그것은 마치 어린아이나 미개인이 우편배달부의 제복에 너무 강한 인상을 받은 나머지 편지 받기를 잊은 것과 같다.[7]

따라서 우편배달부가 오기를 기도하는 것은 우상숭배가 될 수도 있고 아닐 수도 있다. 만약 그 제복이 주는 잠시 있다 사라질 세상적인 쾌락에만 매료된다면 우상숭배가 된다. 하지만 그 제복을, 하나님의 메시지가 주는 참된 기쁨에 더하여 주신 은혜로운 보너스라고 생각한다면, 우상숭배가 아니다. 우리가 배우자나 직업, 육신의 치유나 거처를 하나님을 위해 구한다면, 그것은 하나님 중심적인 기도이지 결코 '자기중심적인' 기도가 아니다. 시인의 이 말에 공감한다. "땅에서는 주 밖에 내가 사모할 이 없나이다." 이는 주님보다 더 사모하는 것이 없다는 뜻이다. 주님보다 나를 더 드러내기를 전혀 원하지 않는다는 뜻이다.

하나님을 섬김으로써가 아니라
하나님께 섬김을 받음으로써 하나님을 영화롭게 하기

이제 본론으로 다시 돌아가자. 앞서 나는 로빈슨 크루소의 본문이 우리에게 엄청난 것을 발견하게 했다고 말한 바 있다. (그리고 바로 다음에 이 모두는 자기중심적이라고 반대하는 이들도 보았다.) 우리가 발견한 것은, 우리는 하

---

7) C. S. Lewis, *Reflections on the Psalms* (New York: Harcourt, Brace and World, 1958), 82-3.

나님의 필요를 채움으로써가 아니라 하나님께서 우리의 필요를 채우시도록 기도함으로써, 그리고 응답해 주실 것을 신뢰함으로써 하나님을 영화롭게 한다는 사실이다. 이제 우리는 기독교 희락주의의 복음의 중심에 와 있다.

하나님은 자신이 영광을 받으시도록 자기에게 도움을 구하라고 요구하신다(시 50:15). 이는 **하나님을 섬긴다는 것이 무엇인지** 우리가 잘 알아야 하며, 하나님의 영광을 가로채지 않으려면 그분이 우리를 섬기시도록 특별한 주의를 기울여야 한다는 깜짝 놀랄 만한 사실을 강력하게 말한다. 이 말이 매우 이상하게 들릴지 모르겠다. 우리는 대부분 하나님을 섬기는 것을 전적으로 긍정적인 일이라고만 여기지 그분께 모욕이 될 수 있다고는 생각하지 않는다. 하지만 기도의 의미를 잘 생각해 보면, 가능한 이야기다.

사도행전 17장 24-25절은 이 사실을 좀 더 분명히 보여 준다.

"우주와 그 가운데 있는 만물을 지으신 하나님께서는 천지의 주재시니 손으로 지은 전에 계시지 아니하시고 또 무엇이 부족한 것처럼 사람의 손으로 섬김을 받으시는 것이 아니니 이는 만민에게 생명과 호흡과 만물을 친히 주시는 이심이라."

이는 기도에 대한 로빈슨 크루소의 본문과 똑같은 추론이다.

"내가 가령 주려도 네게 이르지 아니할 것은 세계와 거기에 충만한 것이 내 것임이로다…… 환난 날에 나를 부르라 내가 너를 건지리니 네가 나를 영화롭게 하리로다"(시 50:12,15).

분명 우리는 하나님을 섬기면서 그분을 우리의 도움이 필요한 분으로 격하시킬 수 있다. 그러나 "인자는 섬김을 받으러 온 것이 아니다"(막 10:45). 그분은 섬기는 자로 오셨다. 섬기는 자로서 영광을 얻는 것이 그분의 목적이다.

재림 때에도 섬기는 종이 되실 예수님

이것은 그분이 땅에서 낮아지셨을 때뿐 아니라 이 세대를 마감하며 영광을 얻으실 때도 마찬가지다. 내가 성경에서 본 가장 놀라운 그리스도의 재림 이미지는 누가복음 12장 35-37절이다. 여기서 예수님은 결혼 잔치에서 돌아오는 주인으로 그려진다.

"허리에 띠를 띠고 등불을 켜고 서 있으라 너희는 마치 그 주인이 혼인 집에서 돌아와 문을 두드리면 곧 열어 주려고 기다리는 사람과 같이 되라 주인이 와서 깨어 있는 것을 보면 그 종들은 복이 있으리로다 내가 진실로 너희에게 이르노니 주인이 띠를 띠고 그 종들을 자리에 앉히고 나아와 수종들리라."

하나님은 다른 신들과 어떻게 다른가?

분명히 우리는 종이다. 다시 말해 우리는 들은 대로 행해야 한다. 이 본문이 우리를 놀라게 하는 것은, '주인'께서 모든 영광 가운데 "자기의 능력의 천사들과 함께 하늘로부터 불꽃 가운데에 나타나실 때에"(살후 1:7-8)도 계속해서 '섬기겠다'고 주장하신 점이다. 왜 그렇게 하시는가? 그분의 영광의 한 중심에는 곤고한 자들에게 자비롭게 흘러넘치는 충만한 은혜가 있기 때문이다. 따라서 그분의 목표는 "그리스도 예수 안에서 우리에게 자비하심으로써 그 은혜의 지극히 풍성함을 오는 세대에 나타내는 것이다"(엡 2:7).

우리 하나님의 위대하신 점은 무엇인가? 이 세상에서 그분만의 독특한 점은 무엇인가? 이사야는 대답한다.

"주 외에는 자기를 앙망하는 자를 위하여 이런 일을 행한 신을 옛부터 들은 자도 없고 귀로 들은 자도 없고 눈으로 본 자도 없었나이다"
(사 64:4).

소위 다른 모든 신들은 인간이 그 신을 위해 일하게 함으로써 자신을 높이려 한다. 하지만 그렇게 함으로써 그들은 자신의 약함을 드러낼 뿐이다. 이사야는 자기 백성의 섬김을 받아야 하는 신들을 조롱한다.

"벨은 엎드러졌고 느보는 구부러졌도다 그들의 우상들은 짐승과 가축에게 실렸으니 너희가 떼메고 다니던 그것들이 피곤한 짐승의 무거운 짐이 되었도다"(사 46:1).

예레미야도 이 조롱에 동참한다.

"그것이 둥근 기둥 같아서 말도 못하며 걸어다니지도 못하므로 사람이 메어야 하느니라"(렘 10:5).

하나님은 비교 대상이 없는 독특한 분이시다. "옛부터 들은 자도 없고 귀로 들은 자도 없고 눈으로 본 자도 없었나이다." 하나님의 독특성은 그분이 우리를 위해 일하는 분이 되려고 하신다는 것이지 그 반대가 아니다. 우리가 할 일은 "그분을 기다리는 일이다."

하나님은 자신을 기다리는 자를 위해 일하신다

기다림! 그것은 잠시 멈추어 서서 우리 자신의 부족함과 주님의 온전하심을 진지하게 묵상하고, 그 주님께 도움과 충고를 간구하고, 그분께 소망을 두는 것을 의미한다(시 33:20-22; 사 8:17). 이스라엘은 "그의 가르침을 기다리지 않아서"(시 106:13) 책망을 받는다. 왜인가? 그들이 하나님을 구하지도 않고 기다리지도 않음으로써 하나님이 자신을 영화롭게 할 기회를 빼앗아버렸기 때문이다.

예를 들어 이사야 30장 15절에서 주님은 이스라엘에게 말씀하신다. "너희가 돌이켜 조용히 있어야 구원을 얻을 것이요 잠잠하고 신뢰하여야 힘을 얻을 것이거늘." 하지만 이스라엘은 여호와를 기다리지 않고 이렇게 말한다. "아니라 우리가 말 타고 도망하리라"(16절).

그리고 18절에서는 그들이 스스로 만들어낸 광란이 얼마나 어리석고 악한지 드러난다. "그러나 여호와께서 기다리시나니 이는 너희에게 은혜를 베풀려 하심이요 일어나시리니 이는 너희를 긍휼히 여기려 하심이라 대저 여호와는 정의의 하나님이심이라 그를 기다리는 자마다 복이 있도다." 하나님을 기다리지 않는 것이 어리석은 이유는 우리를 위해 일하시는 하나님을 소유하는 복을 저버리는 일이기 때문이다. 하나님을 기다리지 않는 것이 악한 이유는 긍휼 안에서 자신을 스스로 높이시는 하나님의 뜻을 거스르는 일이기 때문이다.

하나님은 자신을 기다리는 이들을 위해 일하심으로써 스스로를 높이시는 분이다. 기도는 본질적으로 하나님을 기다리는 활동이다. 즉, 기도는 우리의 무기력함과 그분의 권능을 인정하고 하나님께 도움을 요청하며 그분의 충고를 구하는 일이다. 그러므로 하나님이 그토록 자주 기도를 명령하시는 이유는 명백하다. 세상에서 하나님의 목적은 자신의 긍휼하심 때문에 영예를 얻는 것이기 때문이다. 그분을 기다리는 이들을 위해 일하심으로써 영광을 얻으시는 것이 하나님의 목적이다. 기도는 이에 반대되는 자기 확신이란 질병을 고치는 해독제다.

"여호와의 눈은 온 땅을 두루 감찰하사 전심으로 자기에게 향하는 자들을 위하여 능력을 베푸시나니"(대하 16:9). 하나님은 그분을 위해 일하는 자들을 찾지 않으신다. 하나님이 그들을 위해 일하시도록 하나님을 의탁하는 자들을 찾으신다. 복음은 구인 광고가 아니다. 기독교적 봉사로의 부름도 아니다. 오히려 복음은 **우리**더러 이제 포기하고 구인 광고판을 내걸라고 한다(이것이 기도의 기본 의미다). 우리가 그렇게 하면 하나님이 우리를 위해 일하실 것이라고 약속한다. 하나님은 결코 시혜자가 되는 영광을 포기하지 않으실 것이다.

하나님을 수혜자의 지위로 격하시키지 않으면서 우리가 그분께 드릴 수 있는 것은 없는가? 있다. 바로 우리의 근심이다. 이것은 명령이다. "너희 염려를 다 주께 맡기라"(벧전 5:7). 하나님은 하나님 당신을 의존하는 우리의 마음과 하나님의 자기 충족성(all-sufficiency)을 보여 주는 것이라면 무엇이든 기쁘게 받으실 것이다.

샘 아저씨와 예수 그리스도의 다른 점

샘 아저씨(Uncle Sam: 약자가 U.S.라는 점에서 "미국 정부"를 빗대어 하는 말)와 예수 그리스도는 어떻게 다를까? 샘 아저씨는 우리가 건강하지 않으면 섬길 사람 명단에 올리지 않지만, 예수님은 우리가 병들지 않으면 섬길 사람

명단에 올리지 않으신다. "건강한 자에게는 의사가 쓸 데 없고 병든 자에게라야 쓸 데 있느니라 나는 의인을 부르러 온 것이 아니요 죄인을 부르러 왔노라"(막 2:17). 기독교는 근본적으로 회복의 종교다("쉬지 말고 기도하라" = 쉬지 말고 간호사를 부르라). 환자는 자기 의사를 섬기지 않는다. 환자는 좋은 처방을 바라면서 의사를 신뢰한다. 산상수훈과 십계명은 의사가 건강 회복을 위해 처방한 섭생법이지 고용주의 업무 설명서가 아니다.

따라서 우리의 생명은 하나님을 위해 일하는 것에 달려 있지 않다. "일하는 자에게는 그 삯이 은혜로 여겨지지 아니하고 보수로 여겨지거니와 일을 아니할지라도 경건하지 아니한 자를 의롭다 하시는 이를 믿는 자에게는 그의 믿음을 의로 여기시나니"(롬 4:4-5). 일꾼은 선물을 받지 않고 일한 대가를 받는다. 우리가 칭의의 선물을 받으려면 일하려고 해서는 안 된다. 이 일에는 하나님이 일꾼이 되신다. 그분이 받으시려는 것은 자기 고객의 신뢰와 은혜의 시혜자가 되는 영광이지 섬김을 받는 분이 되는 영광이 아니다.

또한 칭의를 얻은 후에 하나님의 보상을 얻기 위한 우리의 할 일이 시작된다고 생각해서도 안 된다. "내가 너희에게서 다만 이것을 알려 하노니 너희가 성령을 받은 것이 율법의 행위로냐 혹은 듣고 믿음으로냐 너희가 이같이 어리석으냐 성령으로 시작하였다가 이제는 육체로 마치겠느냐"(갈 3:2-3). 우리의 칭의를 위한 일꾼이 되시는 하나님이 또한 우리의 성화를 위한 일꾼이 되신다.

종교적인 '육신'은 늘 하나님을 위해 일하고 싶어 한다(하나님이 우리를 위해 값없이 주시는 은혜로 일하셔야 한다는 사실을 겸손히 깨닫기보다는). 하지만 "육신대로 살면 반드시 죽을 것이다"(롬 8:13). 이것이 바로 우리의 생명이 하나님을 위해 일하는 데 달려 있지 않은 이유다.

그렇다면 우리는 그리스도를 섬기지 말아야 하는가? 그리스도를 섬기는 것은 명령이다. "주를 섬기라"(롬 12:11). 그리스도를 섬기지 않는 이들은 책망을 받는다(롬 16:18). 그렇다. 우리는 그리스도를 섬겨야 한다. 하지만 그분께 무언가 부족한 것이 있는 양, 혹은 우리가 그렇게 할 수밖에 없어서 한다는 듯 섬기지 않도록 조심해야 한다.

하나님을 섬기는 일은 늘 받는 일이다

그렇다면 우리는 어떻게 섬겨야 하는가? 시편 123편 2절에서 그 방법을 알려 준다. "상전의 손을 바라보는 종들의 눈 같이, 여주인의 손을 바라보는 여종의 눈 같이 우리의 눈이 여호와 우리 하나님을 바라보며 우리에게 은혜 베풀어 주시기를 기다리나이다." 하나님이 영광을 얻으시도록 하나님을 섬기는 방법은 하나님이 은혜를 베풀어 주시기를 기다리는 것이다. 기도는 우리의 섬김이 자만심의 표현이 되지 않게 한다.

하나님이 베푸시는 것을 거부하고 당돌하게도 하나님과 동반자 관계를 맺으려는 종은 누구든 창조주께 반란을 일으킨 자다. 하나님은 주고받는 거래 관계를 맺지 않으신다. 하나님은 주고자 하시는 이에게 생명의 은혜를, 그럴 뜻이 없는 이에게 사망의 삯을 주신다. 선한 섬김은 늘 그리고 근본적으로 은혜를 받는 일이지, 도움을 주는 일이 아니다. 따라서 기도 없는 선한 섬김은 결코 없다.

우리는 어떻게 돈을 섬기는가?

마태복음 6장 24절은 선한 섬김을 향한 또 다른 지침을 준다. "한 사람이 두 주인을 섬기지 못할 것이니 혹 이를 미워하고 저를 사랑하거나 혹 이를 중히 여기고 저를 경히 여김이라 너희가 하나님과 재물을 겸하여 **섬기지 못하느니라.**" 사람은 어떻게 돈을 섬기는가? 사람은 돈을 돕지 않는다. 사람이 돈을 부자가 되게 하지도 않는다. 사람은 돈에게 베푸는 자가 아니다. 그렇다면 우리는 어떻게 돈을 섬기는가?

돈은 매우 많은 행복의 약속을 품은 듯 보인다. 그래서 어느 정도 우리에게 통제력을 발휘한다. 돈은 엄청난 영향력을 쥐고 우리에게 이렇게 속삭인다. "나의 혜택을 얻을 자리를 차지하도록 생각하고 행동하라." 이런 활동에는 훔치거나 빌리거나 일하는 것이 포함된다. 돈이 행복을 약속하면 우리는 그 약속을 믿고 그 믿음을 따라 삶으로써 돈을 섬긴다. 그러므로 우리는 돈의 유익을 위해 우리의 힘을 돈이 마음대로 쓰게 함으로써 돈을 섬기는 것이 아니다. 우리의 유익을 위해 돈의 힘을 우리 마음대로 사용함으로써 돈을 섬기는 것이다.

마태복음 6장 24절에 하나님에 대한 같은 종류의 섬김이 언급된다. 예수님은 둘을 나란히 놓고 말씀하신다. "너희가 하나님과 재물을 겸하여 섬기지 못하느니라." 따라서 돈이 아니라 하나님을 섬기려면, 우리는 우리의 눈을 열어 하나님이 주시는 훨씬 우월한 행복의 약속을 바라보아야 한다. 그러면 하나님이 돈보다 훨씬 더 강력하게 우리를 다스리시게 될 것이다.

그러므로 하나님이 주실 가장 온전한 기쁨을 믿고 그 믿음을 따라 삶으로써 우리는 하나님을 섬긴다. 우리는 하나님이 하나님의 유익을 위해 우리의 힘을 마음대로 쓰시게 함으로써 하나님을 섬기지 않는다. 도리어 우리가 우리의 유익을 위해 하나님의 능력을 우리 마음대로 사용하도록 우리가 마땅히 해야 할 일을 함으로써 하나님을 섬긴다. 그리고 하나님은 우리가 기도를 통해 그분의 능력을 마음대로 사용할 수 있게 하겠다고 약속하셨다. "구하라 그러면 얻을 것이다!" 그러므로 우리가 하나님의 영광을 위해 섬길 때, 우리는 기도를 통해 하나님이 공급하시는 능력으로 섬기는 것이다.

의심할 여지 없이 이러한 섬김은 또한 순종을 의미한다. 이것이 하나님이 우리 안에서 일하시는 바다. "항상 복종하여 두렵고 떨림으로 너희 구원을 이루라 너희 안에서 행하시는 이는 하나님이시니 자기의 기쁘신 뜻을 위하여 너희에게 소원을 두고 행하게 하시나니"(빌 2:12-13). "평강의 하나님이…… 그 앞에 즐거운 것을 예수 그리스도로 말미암아"(히 13:20-21). 우리의 모든 순종 가운데 유익을 얻는 편은 바로 우리다. 하나님은 영원히 베푸시는 분이시다. 영광은 베푸는 쪽이 받는다.

베푸는 분이 영광을 받으신다

베드로전서 4장 11절은 이 원리를 잘 말해 준다. "누가 봉사하려면 하나님이 공급하시는 힘으로 하는 것 같이 하라 이는 범사에 예수 그리스도로 말미암아 하나님이 영광을 받으시게 하려 함이니 그에게 영광과 권능이 세세에 무궁하도록 있느니라 아멘." 베푸는 분이 영광을 받으신다. 따라서 하나님을 영화롭게 하는 모든 섬김은 반드시 하나님에게서 받는 것이 되어야 한다. 다시 말해 모든 섬김(봉사)은 기도를 통해 수행되어야 한다.

물론 열심히 해야 한다. 하지만 우리가 한 것이 아니라 우리와 함께하신 하나님의 은혜임(고전 15:10)을 잊지 말자. 지금 당장 언제나 그랬듯이 순종하자. 하지만 하나님의 기쁘신 뜻을 위해 우리 안에 소원을 두고 행하게 하시는 분은 하나님이심(빌 2:13)을 잊지 말자. 널리 그리고 멀리 복음을 전파하고 하나님이 선택하신 이들을 위해 우리 자신을 헌신하자. 하지만 그리스도께서 우리를 위해 하신 것 말고는 어떤 것도 말하지 말자(롬 15:18). 성령께서 주시는 의와 기쁨과 평화가 넘쳐흘러 우리로 섬기는 삶을 살게 해달라고 그분의 능력과 지혜를 구하자. "이로써 그리스도를 섬기는 자는 하나님을 기쁘시게 하며 사람에게도 칭찬을 받느니라"(롬 14:18).

기도의 의무에 함축된 깜짝 놀랄 만한 복된 소식은 하나님은 결코 우리의 종이 되는 영광을 포기하지 않으시리라는 사실이다. "주 외에는 자기를 앙망하는 자를 위하여 이런 일을 행한 신을 옛부터 들은 자도 없고 귀로 들은 자도 없고 눈으로 본 자도 없었나이다"(사 64:4).

우리의 기쁨을 추구하는 기도

우리의 두 가지 목적인 하나님의 영광을 추구하는 것과 우리의 기쁨을 추구하는 것은 기도와 조화를 이루며 독특하게 유지된다. 지금까지 우리는 요한복음 14장 13절에서 시작해 하나님의 영광을 추구하는 기도에 대해 묵상했다. "너희가 내 이름으로 무엇을 구하든지 내가 행하리니 이는 아버지로 하여금 아들로 말미암아 영광을 받으시게 하려 함이라." 이제는 요한복음 16장 24절에 나온 예수님의 말씀을 살펴보려고 한다. "지금까지는 너희가 내 이름으로 아무 것도 구하지 아니하였으나 구하라 그리하면 받으리니 **너희 기쁨이 충만하리라**."

이는 명백히 기독교 희락주의로 초청하는 말씀이 아닌가? 너희의 충만한 기쁨을 추구하라! **기도하라!**

이 거룩한 말씀과 경험에서 우리는 간단한 법칙 하나를 만들 수 있다. 신앙을 고백하는 그리스도인에게 기도 없는 삶은 기쁨 없는 삶을 낳는다. 왜인가? 깊은 기도 생활이 충만한 기쁨을 낳는 반면, 빈약한 기도 생활은 기쁨 없는 삶을 낳는다. 왜인가? 예수님은 요한복음 16장 24절의 문맥에서 적어도 두 가지 이유를 말씀하신다.

기도는 예수님과 교제를 나누는 중추신경이다

기도가 기쁨을 낳는 첫째 이유는 요한복음 16장 20-22절에 있다. 예수님은 자신이 죽을 때 제자들이 슬퍼할 것이며 부활할 때는 기뻐할 것임을 환기시키신다.

"내가 진실로 진실로 너희에게 이르노니 너희는 곡하고 애통하겠으나 세상은 기뻐하리라 너희는 근심하겠으나 너희 근심이 도리어 기쁨이 되리라 여자가 해산하게 되면 그 때가 이르렀으므로 근심하나 아기를 낳으면 세상에 사람 난 기쁨으로 말미암아 그 고통을 다시 기억하지 아니하느니라 지금은 너희가 근심하나 내가 다시 너희를 보리니 너희 마음이 기쁠 것이요 너희 기쁨을 빼앗을 자가 없으리라."

예수님과의 헤어짐은 슬픔이요 교제의 회복은 기쁨이다. 따라서 예수 그리스도와의 살아 있는 교제 없이는 결코 기쁨이 충만한 그리스도인의 삶도 없다. 예수님에 관한 지식만으로 충만하지 않다. 예수님을 위한 일도 소용없다. 우리는 예수 그리스도와 개인적이고 생명력 있는 교제를 나누어야 한다. 그렇지 않으면 기독교는 기쁨 없는 짐이 되고 만다.

사도 요한은 첫 번째 편지에서 이렇게 쓰고 있다. "우리가 보고 들은 바를 너희에게도 전함은 너희로 우리와 사귐이 있게 하려 함이니 우리의 사귐은 아버지와 그의 아들 예수 그리스도와 더불어 누림이라 우리가 이것을 씀은 우리의 기쁨이 충만하게 하려 함이라"(요일 1:3-4). 지체들과 함께 나누는 그리스도와의 교제는 충만한 기쁨을 위해 반드시 필요하다.

기도가 충만한 기쁨을 낳는 첫째 이유는 기도가 예수님과의 교제의 중추신경이기 때문이다. 그분은 물리적으로 볼 수 있도록 존재하지 않으신다. 하지만 기도할 때 우리는 그분을 물리적으로 볼 수 있는 것처럼 대한다. 그 거룩한 시간의 고요함 속에서 우리는 그분의 말씀을 들으며 우리의 갈망을 그분께 쏟아 놓는다.

아마 요한복음 15장 7절이 이런 양방향 교제를 가장 잘 요약하는 구절일 것이다. "너희가 내 안에 거하고 내 말이 너희 안에 거하면 무엇이든지 원하는 대로 구하라 그리하면 이루리라." 예수님의 말씀이 우리 안에 거할 때, 우리는 살아계신 그리스도께서 하시는 생각을 듣게 된다. 그리스도께서는 어제나 오늘이나 영원토록 동일하시기 때문이다. 그렇게 마음으로 진지하게 귀 기울여 듣는 데서 하나님의 보좌 앞에 피어오르는 향기로운 분향과도 같은 기도의 언어가 흘러나온다. 기도는 예수 그리스도와의 교제의 중추신경이다. 그러기에 깊은 기도 생활은 충만한 기쁨을 낳는다.

조나단 에드워즈는 기도를 통한 교제가 얼마나 높고 강렬할 수 있는지 그의 초년을 예로 들며 설명한다.

내게는 하나님과 그리스도를 향한, 그리고 거룩함을 향한 강렬한 열망이 있었다. 그로 인해 내 마음은 거의 터질 듯 충만했다. 해마다 나는 하나님의 일을 하면서 거의 모든 시간을 보냈다. 가끔은 숲이나 한적한 곳을 홀로 걸으며 묵상과 독백과 기도를 통해 하나님과 대화를 나누었다. 그럴 때면 나는 늘 내가 묵상한 것을 찬양으로 부르고는 했다. 어디에 있든지 끊임없이 내게서 기도가 쏟아져 나왔다. 나의 마음의 내적 열망을 토해내는 호흡처럼, 기도는 내게 아주 자연스러운 일이었다.[8]

기도는 우리에게 충만한 기쁨을 주시려고 하나님이 정하신 방법이다. 기도는 그리스도를 향한 우리 마음 속 깊은 열망의 분출이기 때문이다. 우리에게 그런 분출이 없다면, 우리가 하나님의 말씀에 응답해 그분과 교제할 수 없다면, 우리는 참으로 비참해질 것이다.

기도는 사랑의 사명을 감당할 능력을 준다

기도가 충만한 기쁨을 낳는 둘째 이유가 있다. 기도는 우리가 하고 싶지만 하나님의 도움 없이는 할 수 없는 일을 할 능력을 주기 때문이다. "구하라 그리하면 받으리니 너희 기쁨이 충만하리라." 무엇을 받는가? 무엇이 우리에게 충만한 기쁨을 가져다주는가? 푹신하고 보호받고 안락한 삶이 아니다. 부자도 가난한 사람만큼이나 참담하게 불행하다. 기쁨을 충만케 하는 기도를 위해 우리에게 필요한 것은 사랑할 능력이다. 요한의 표현을 빌리자면, 열매 맺는 능력이다. 기도는 사랑할 능력의 근원이기에 기쁨의 원천이 된다.

요한복음 15장에서 이 내용을 두 번 볼 수 있다. 먼저 7-8절이다.

"너희가 내 안에 거하고 내 말이 너희 안에 거하면 무엇이든지 원하는 대로 구하라 그리하면 이루리라 너희가 열매를 많이 맺으면 내 아버지께서 영광을 받으실 것이요 너희는 내 제자가 되리라."

---

8) Jonathan Edwards, "Personal Narrative," in *Jonathan Edwards: Representative Selections*, ed. C. H. Faust, T. H. Johnson (New York: Hill & Wang, 1962), 61.

기도와 열매 맺는 삶의 상관관계는 아주 분명하다. 하나님은 그분의 영광을 가득하게 하는 열매를 추구하는 사람들의 기도에 응답하겠다고 약속하신다.

16-17절도 같은 사실을 말한다.

"너희가 나를 택한 것이 아니요 내가 너희를 택하여 세웠나니 이는 너희로 가서 열매를 맺게 하고 또 너희 열매가 항상 있게 하여 내 이름으로 아버지께 무엇을 구하든지 다 받게 하려 함이라 내가 이것을 너희에게 명함은 너희로 서로 사랑하게 하려 함이라."

여기서는 논리의 흐름이 중요하다.

질문: 왜 아버지는 제자들에게 그들이 예수님의 이름으로 구할 때 주겠다고 하시는가?

대답: 그들은 열매를 맺기 위해 보내심을 받았기 때문이다.

즉 아버지께서 기도의 선물을 제자들에게 주신 이유는 예수님이 그들에게 사명을 주셨기 때문이다. 실제로 요한복음 15장 16절의 문법은 예수님이 제자들에게 사명을 주신 이유가 그들이 기도의 능력을 만끽하게 하기 위함임을 함축하고 있다. "너희로 가서 열매를 맺게 하고…… 그러므로(so that, 그 결과) 아버지께 무엇을 구하든지 다 받게 하려 함이라."

기도의 목적은 사명을 성취하기 위해서라는 것이 분명하지 않은가? 사랑의 사명을 말이다. "내가 이것을 너희에게 명함은 너희로 서로 사랑하게 하려 함이라." 이는 마치 야전 지휘관(예수님)이 군대에게 중요한 사명을 맡기고(가서 열매를 맺으라) 사령부의 주파수에 맞춰진 개인 송신기를 건네는 것과 같다. 그리고 이 지휘관은 이렇게 말한다. "제군들이여, 사령관께서 그대들에게 사명을 주셨다. 그분은 그 사명이 이루어지는 것을 보고 싶어 하신다. 그 목적을 위해 사령관께서는 그대들 각자가 개인적으로 이 송신기를 통해 사령관과 접촉할 수 있도록 내게 권한을 주셨다. 제군들이 진심으로 그분의 사명에 충실하고 그분의 승리를 최우선으로 추구한다면, 사령관께서는 송신기처럼 늘 곁에 계시면서 전략적인 조언을 주시고 필요할 때는 공중 엄호 부대도 보내 주실 것이다."

전시의 무전기가 가정의 인터폰이 되었다

기도 생활에서 우리가 겪는 많은 어려움과 연약함은 우리가 적극적으로 활동하지는 않으면서 송신기만 사용하려고 하기 때문이 아닐까? 우리는 전시에 쓰는 무전기를 방에 앉아 종에게 방석 하나 더 가져오라고 시키는 데 쓰는 가정용 인터폰으로 변질시켜버렸다.

전시에 기도가 얼마나 중요한지 언급한 성경의 다른 구절들이 있다. 누가복음 21장 34-36절에서 예수님은 제자들에게 큰 재난과 대적이 다가오고 있다고 경고하시며 이렇게 말씀하신다. "이러므로 너희는 장차 올 이 모든 일을 능히 피하고 인자 앞에 서도록 항상 기도하며 깨어 있으라"(36절).

다시 말해 예수님을 따르는 삶을 살면 필연적으로 악과의 치열한 전투를 치를 것이다. 이 악은 우리를 둘러싸고 공격하고 우리의 믿음을 파괴하겠다고 위협할 것이다. 그래서 하나님이 우리에게 송신기를 주신 것이다. 이 송신기는 우리가 잠들면 우리에게 아무 유익이 없다. 하지만 우리가 깨어서 전투 중에 도움을 요청하면, 지원군이 올 것이고 사령관께서 자신의 충성스런 군사가 인자 앞에서 승리의 면류관을 못 받는 일이 없도록 하실 것이다.

삶은 전쟁이다. 그런데 "우리의 씨름은 혈과 육을 상대하는 것이 아니요 통치자들과 권세들과 이 어둠의 세상 주관자들과 하늘에 있는 악의 영들을 상대하는 것이다." 그러므로 바울은 우리에게 "구원의 투구와 성령의 검 곧 하나님의 말씀을 가지라 모든 기도와 간구를 하되 항상 성령 안에서 기도하고 이를 위하여 깨어 구하기를 항상 힘쓰며 여러 성도를 위하여 구하라"고 명령한다(엡 6:12, 17-18).

이처럼 성경은 거듭해서 기도는 전시의 무전기이지 더욱 편리한 삶을 위해 가정에서 쓰는 인터폰이 아니라고 말한다.

기도에서 중요한 것은 기도가 사명을 감당할 능력을 공급한다는 점이다. "또 나를 위하여 구할 것은 내게 말씀을 주사 나로 입을 열어 복음의 비밀을 담대히 알리게 하옵소서"(엡 6:19). "또한 우리를 위하여 기도하되 하나님이 전도할 문을 우리에게 열어 주사 그리스도의 비밀을 말하게 하시기를 구하라 내가 이 일 때문에 매임을 당하였노라"(골 4:3). "형제들아 내가 우리 주 예수 그리스도와 성령의 사랑으로 말미암아 너희를 권하노니 너희 기도에 나와 힘을 같이하여 나를 위하여 하나님께 빌어 나로…… 예루살렘에 대하여 내가 섬기는 일을 성도들이 받을 만하게 하고"(롬 15:30-31). "끝으로 형제들아 너희는 우리를 위하여 기도하기를 주의 말씀이 너희 가운데서와 같이 퍼져 나가 영광스럽게 되고"(살후 3:1). "추수하는 주인에게 청하여 추수할 일꾼들을 보내 주소서 하라"(마 9:38).

우리가 구하는 충만한 기쁨은 이웃을 향해 넘쳐흐르는 사랑의 기쁨이다. **얼마나 많이 얻든, 나눌 수 있을 만큼** 흘러넘치지 않으면 결코 우리의 영혼은 만족하지 못한다. 어떤 큰 희생도 하나님이 주신 사랑의 사명에 순종하는 백성들이 누리는 영혼의 기쁨을 파괴하지 못한다. 왜냐하면 이 사명을 감당할 수 있도록 하나님이 기도라는 전략적 수단을 예비해 주셨기 때문이다. 그러므로 우리가 기도하는 이유는 "우리의 기쁨을 충만하게 하기 위함이다."

예수님과의 교제가 기쁨의 본질이지만, 그 교제에는 우리가 그분의 생명을 이웃과 나눌 수밖에 없도록 하는 무언가가 있다. 그리스도인이 인색하면서 행복할 수는 없다. "주는 것이 받는 것보다 복이 있다"(행 20:35). 따라서 기도의 삶이 충만한 기쁨으로 이어지는 둘째 이유는 기도가 우리에게 사랑할 능력을 주기 때문이다.

사랑의 우물이 마른다면, 그것은 기도의 파이프가 충분히 깊지 않기 때문이다. 사랑은 성령의 열매이며(갈 5:22), 성령은 기도의 응답으로 받는다(눅 11:13). 사랑은 역사하는 믿음이며(갈 5:6), 믿음은 기도로 유지된다(막 9:24). 사랑은 소망에 뿌리를 내리고 있으며(골 1:4-5), 소망은 기도로 유지된다(엡 1:18). 사랑은 하나님의 말씀을 아는 지식으로 인도되고 영감을 얻으며(빌 1:9; 요 17:17), 기도는 말씀의 기이한 것을 보는 마음의 눈을 열어 준다(시 119:18).

사랑이 충만한 기쁨을 얻는 길임을 믿는가? 그렇다면 "우리의 기쁨이 충만해지도록" 사랑할 능력을 달라고 기도하자.

하나님의 백성이 누릴 최후의 기쁨

하나님의 백성에게 최후의 기쁨은 무엇일까? 물이 바다를 덮음 같이 하나님의 영광이 온 땅을 덮을 날이 오는 것 아닐까? 우리의 사명이 완수되고 하나님의 백성이 온 민족과 방언과 족속과 나라에서 모이는 날(요 11:52; 계 5:9; 7:9), 모든 죄의 근원과 행악하는 자들이 그리스도의 나라에서 쫓겨나고 의인들이 아버지의 나라에서 해처럼 밝게 빛나는 날 말이다(마 13:42-43).

"미개척지 선교[9]가 최후의 기쁨을 얻는 길은 아닐까? 그리고 미개척지 선교는 기도 운동을 통해 활기를 띠고 수행되지 않을까?" 이것이 초대 교회의 확신이었으며(행 1:14; 4:23-31; 7:4; 10:9; 12:5; 13:3; 14:23 등등) 17세기 청교도들[10]과 18세기 유럽의 모라비안들[11]과 미국의 복음주의자들[12] 그리고 19세기 학생과 평신도 운동[13]의 확신이었다. 이는 또한 오늘날 선교 지도자들이 깊이 확신하는 바이기도 하다.[14]

대각성은 어떻게 왔는가?

정확히 그렇다. 역사는 영적 각성과 선교 발전의 서곡으로서 기도의 능력을 증거하고 있다. 뉴욕시 역사에서 그 예를 볼 수 있다. 19세기 중반으로 접어들자 미국에서는 초창기 종교적 각성의 빛이 점점 사그라들고 있었다. 미국의 다른 도시들처럼 뉴욕시 역시 하나님을 찾을 필요가 없

---

9) 나는 '미개척지 선교'(frontier Missions)라는 단어를 최초로 한 민족 안에 교회를 개척하기 위해 문화적 장벽을 넘는 수고를 감당하는 선교적 노력을 일컫는 용어로 쓴다. 선교사가 문화를 가로 지르거나 대양을 건너더라도 이미 교회가 설립된 지역의 사람들을 대상으로 하는 선교적 노력과는 구분하고 있다.

10) Iain H. Murray, *The Puritan Hope* (Edinburgh: Banner of Truth, 1971), 99-103.

11) Colin A. Grant, "Europe's Moravians: A Pioneer Missionary Church," in *Perspectives on the World Christian Movement*, 3rd ed., ed. Ralph Winter and Steven Hawthorne (Pasadena, Calif.: William Carey, 1999), 274-6.

12) Jonathan Edwards, *An Humble Attempt to Promote Explicit Agreement and Visible Union of God's People in Extraordinary Prayer for the Revival of Religion and the Advancement of Christ's Kingdom on Earth...*, in *Apocalyptic Writings*, ed. Stephen Stein (New Heaven, Conn.: Yale University Press, 1977), 309-436.

13) David M. Howard, "Student Power in World Missions," in *Perspectives*, 277-86.

14) 특별히 David Bryant, *Concerts of Prayer* (Ventura, Calf.: Regal, 1984); idem, *Messengers of Hope: Becaoming Agents of Revival for the 21st Century*, Dick Eastman, *The Hour that Changes the World* (Grand Rapids. Mich.: Baker, 1978); Patrick Johnstone, *Operating World: When We Pray God Works* (Waynesboro, Ga.: Paternoster, 2001)를 보라.

을 만큼 번영을 구가하고 있었다. 그리고 1850년대 후반이 도래했다.

세속적이고 종교적인 조건들이 결합되어 위기를 불러왔다. 미국 역사상 세 번째 공황이 아찔할 정도로 위태로운 부의 구조를 휩쓸었다. 은행이 문을 닫자 수천 명의 상인들이 벼랑 끝으로 몰렸으며, 철도는 파산했다. 공장은 문을 닫고 수많은 노동자들이 일자리를 잃었다. 뉴욕에서만 3만 명의 실업자가 생겼다. 1857년 10월, 사람들은 투기와 불확실한 수입에 대한 기대를 완전히 버렸다. 배고픔과 절망이 그들을 정면으로 노려보고 있었다.

1857년 7월 1일, 제레미아 랜피어(Jeremiah Lanphier)라는 아주 조용하면서도 열정적인 한 사업가가 뉴욕 도심의 도시 선교사로 임명되었다. 그를 임명한 곳은 화란 장로교단의 북교회(North Church)였다. 이 교회는 주민들이 보다 나은 거주 여건을 찾아 떠나는 바람에 교인이 감소되어 어려움을 겪고 있었다. 그래서 이 신참 선교사는 뜨내기 도시 하층민을 교인으로 등록시키고자 인근 지역을 부지런히 심방했다. 화란 당회는 그 일에 적합한 이상적인 평신도를 세웠다고 생각했으며 실제로도 그랬다. 가난한 이들에 대한 마음의 부담을 갖고 있던 제레미아 랜피어는 매주 수요일에 있는 정오 기도 모임에 사람들을 초청하기로 했다. 그는 다음과 같은 전단을 배포했다.

우리는 얼마나 자주 기도해야 하는가?

기도 제목이 있을 때마다, 도움이 필요한 누군가를 볼 때마다, 유혹을 느낄 때마다, 영적인 탈선을 감지하거나 세속적인 영의 공격을 느낄 때마다 우리는 기도해야 합니다.
기도할 때 우리는 영원의 일을 위해 순간의 일을 떠나며,
하나님과의 교제를 위해 사람과의 교제를 떠납니다.
정오 기도 모임이 매주 수요일 12시부터 1시까지
풀튼 가(街)와 윌리엄 가 모퉁이(플튼 가와 앤 가 입구)에 있는
북화란 교회(the North Dutch Church) 뒤 당회 건물에서 열립니다.
이 기도 모임은 상인들, 기계공, 사무원, 외부인, 일반 사업가들이 잠시 멈춰 서서
각자의 직장에서 벌어진 당혹스런 일들에 대해
하나님께 도움을 청할 기회를 주기 위해 마련했습니다.
1시간 동안 진행되지만, 1시간을 다 낼 수 있는 분들뿐만 아니라,
5분이나 10분 이상 기도하기 어려운 분들도 환영합니다.

1857년 9월 23일, 이 전단 광고대로 신실한 랜피어는 먼저 자리를 잡고 초청에 대한 사람들의 반응을 기다렸다.

약속된 시간에서 5분이 지났다. 하지만 아무도 오지 않았다. 선교사는 두려움과 믿음이 서로 충돌하는 마음으로 방 안을 서성였다. 10분이 흐르고 15분이 흘렀다. 여전히 랜피어 혼자뿐이었다. 20분, 25분, 30분이 지났다. 그리고 12시 30분이 되자 계단에서 발자국 소리가 들리더니 첫 번째 사람이 나타났다. 그리고 한 명 더, 또 한 명이 등장했다. 그렇게 6명이 모였을 때 기도회가 시작되었다. 그 다음주 수요일에는 기도하기 위해 모인 사람의 수가 40명으로 늘었다.

1857년 10월 첫 주에 그들은 기도회를 일주일에 한 번 하는 대신 매일 열기로 결정했다. 6개월 동안 뉴욕의 사업가 중 만 명이 이 기도회에 참석했으며, 2년 동안 미국 교회에 백만 명의 회심자가 생겼다.

다채로운 뉴욕 역사 가운데 가장 위대한 부흥이 도시 전체를 휩쓸고 있었다. 나라 전체가 호기심을 보인 대단한 사건이었다. 그곳에는 광신주

의나 히스테리가 전혀 없었다. 다만 사람들을 기도하게 만드는 믿을 수 없는 운동(movement)이 있었을 뿐이다. [15]

랜피어는 엄청난 기쁨을 누렸다. "구하라 그리하면 받으리니 너희 기쁨이 충만하리라."

요약과 권면

성경은 우리가 하는 모든 일의 목적이 하나님을 영화롭게 하는 것이어야 한다고 분명히 가르친다. 하지만 성경은 또한 우리가 하는 모든 일에서 충만한 기쁨을 추구해야 한다고 가르친다.

신학자들 중에는 이 두 가지 추구를 따로 떼어놓으려는 이들도 있다. 하지만 성경은 하나님의 영광과 우리의 기쁨 가운데 하나를 선택하라고 강요하지 않는다. 실제로 성경은 우리가 둘 중 하나를 선택하기를 금한다. 본 장에서 우리가 본대로 기도는 다른 무엇보다도 이 두 가지 추구를 잘 조화시킨다.

기도는 예수님과의 교제 안에서 그리고 그분의 생명을 이웃과 나누는 능력 안에서 기쁨을 추구한다. 그리고 하나님을 다함이 없는 소망과 도움의 수원지로 대접함으로써 하나님의 영광을 추구한다. 기도할 때 우리는 나의 가난함과 하나님의 부요하심을 인정하며, 나의 파산과 하나님의 너그러우심, 나의 비참함과 하나님의 자비를 인정한다. 따라서 기도는 우리가 자기 자신이 아닌 하나님 안에서 모든 갈망을 추구함으로써 하나님을 지극히 높이고 영화롭게 하는 일이다. "구하라 그리하면 받

---

15) J. Edwin Orr, *The Light of the Nations* (Grand Rapids, Mich.: Eerdmans, 1965), 103-5.

으리니 아버지께서 아들 안에서 영광을 받으실 것이요…… 너희 기쁨이 충만하리라."

나는 진심어린 권면으로 이 장을 마무리하려 한다. 내가 심각하게 잘못 생각한 것이 아니라면, 많은 하나님의 자녀들이 이토록 중요한 기도 생활을 하지 못하는 주요한 이유 중 하나는, 기도하기를 원치 않아서가 아니라 기도할 계획이 없기 때문이다. 우리가 만약 4주간 휴가를 보내려 한다면, 어느 여름날 아침 일어나서 무작정 "자, 오늘 떠나자"라고 말하지 않을 것이다. 이렇게 아무 계획 없이 어디로 갈지도 모르고 아무 준비 없이 여행을 떠나지 않기 때문이다.

하지만 우리는 기도를 이렇게 대한다. 매일 아침 기도하는 시간이 우리 삶에 얼마나 중요한지 알기는 하지만 아무것도 준비된 것이 없다. 어디로 가야 할지 모른다. 아무 계획도 세우지 않았다. 시간도 없고 장소도 없고 절차도 없다. 계획적인 기도의 반대는 물 흐르듯 자연스럽게 이어지는 깊고 자발적인 체험이 아니다. 계획적인 기도의 반대는 판에 박힌 삶이다.

휴가 계획을 세우지 않으면 아마 집에서 TV나 볼 것이다. 아무 계획 없이 영적인 삶을 흘러가는 대로 내버려둔다면, 영적 생명력은 쇠퇴하고 말 것이다. 우리에게는 달려야 할 경주가 있고 싸워야 할 싸움이 있다. 기도 생활이 부흥하기 원하는가? 그렇다면 그 부흥을 위한 **계획을 세워야 한다.**

내가 제안하고 싶은 것은 이것이다. 오늘 당장 시간을 내서 자신의 우선순위를 다시 생각해 보라. 그리고 기도가 어디에 들어가야 할지 생각해 보라. 다시 새롭게 결심하자. 하나님과의 새로운 모험을 시도하라. 시간을 정하고 장소를 정하라. 당신을 인도해 줄 성경 본문을 정하라.

분주한 시간의 압력에 휘둘리지 말라. 우리는 모두 중간 궤도 수정이 필요하다. 오늘을 기도의 전환점으로 삼으라. 하나님의 영광을 위해 그리고 당신의 충만한 기쁨을 위해.

너희 소유를 팔아 구제하여
낡아지지 아니하는 배낭을 만들라.
_ 누가복음 12장 33절

불의의 재물로 친구를 사귀라.
그리하면 그 재물이 없어질 때에
그들이 너희를 영주할 처소로 영접하리라.
_ 누가복음 16장 9절

7장

———

돈:
기독교 희락주의의
통화

돈은 기독교 희락주의의 통화(通貨)다. 우리가 돈으로 하는 일 또는 하고 싶은 일은 우리를 영원히 행복하게 할 수도 있고 그 행복을 영원히 파괴할 수도 있다. 성경은 돈에 관한 우리의 생각이 우리를 파괴할 수 있다고 분명히 말한다.

"부하려 하는 자들은 시험과 올무와 여러 가지 어리석고 해로운 욕심에 떨어지나니 곧 사람으로 파멸과 멸망에 빠지게 하는 것이라"(딤전 6:9).

혹은 우리가 돈으로 하는 일이 영생의 토대를 안전하게 할 수도 있다.

"선을 행하고 선한 사업을 많이 하고 나누어 주기를 좋아하며 너그러운 자가 되게 하라 이것이 장래에 자기를 위하여 좋은 터를 쌓아 참된 생명을 취하는 것이니라"(딤전 6:18-19).

이 구절들은 우리가 돈을 어떻게 사용해야 가장 크고 오래 지속되는 유익을 얻을 수 있는지 가르쳐 준다. 다시 말해 기독교 희락주의를 옹호한다. 그리고 우리가 파멸을 피하고 충만하고 영원히 지속되는 희락을 추구하는 것은 하나님이 허락하신 일일 뿐 아니라 명령하신 일임을 확증한다. 이 구절들은 또한 세상의 모든 악이 생긴 이유는 행복하기 위한 우리의 욕구가 너무 강해서가 아니라 너무 약해서라고 말한다. 우리의 욕구가 너무 약해서 우리 영혼의 가장 깊은 곳까지 만족시켜 주지 못하고 결국에는 우리 영혼을 파멸시키는, 덧없는 쾌락에 만족해버린 결과라는 것이다. 우리가 하나님보다 돈을 사랑한다는 사실이 모든 악의 뿌리다(딤전 6:10).

부자가 되려는 욕망을 조심하라

디모데전서 6장은 매우 중요하기에 좀 더 자세히 묵상해야 한다. 바울은 디모데에게 거짓 교사들에 대해 경고한다.

"마음이 부패하여지고 진리를 잃어 버려 경건을 이익의 방도로 생각하는 자들의 다툼이 일어나느니라 그러나 자족하는 마음이 있으면 경건은 큰 이익이 되느니라 우리가 세상에 아무 것도 가지고 온 것이 없으매 또한 아무 것도 가지고 가지 못하리니 우리가 먹을 것과 입을 것이 있은즉 족한 줄로 알 것이니라 부하려 하는 자들은 시험과 올무와 여러 가지 어리석고 해로운 욕심에 떨어지나니 곧 사람으로 파멸과 멸망에 빠지게 하는 것이라 돈을 사랑함이 일만 악의 뿌리가 되나니 이것을 탐내는 자들은 미혹을 받아 믿음에서 떠나 많은 근심으로써 자기를 찔렀도다"(딤전 6:5-10).

디모데에게 쓴 편지에서 바울은 에베소의 간교한 사기꾼들을 경고한
다. 이들은 경건의 분위기를 고조시키면 더 큰 돈을 벌 수 있음을 알았
다. 5절을 보면 이 득의만만한 논쟁가들이 경건을 이익의 수단으로 사
용하고 있음을 알 수 있다. 돈을 사랑하는 마음에 깊이 중독된 그들에게
진리는 부차적인 애정의 대상일 뿐이었다. 그들은 "진리를 기뻐하지 않
는다." 그들은 탈세를 기뻐한다. 그들은 돈을 벌 수 있다면 새롭게 유행
하는 사업은 무엇이든 다 하려고 한다.

돈 앞에 거룩한 것은 없다. 큰 이익만 낼 수 있다면 광고 전략은 아무
래도 좋다. 돈이 된다면 경건도 팔 것이다.

이 본문은 우리 시대에도 적실하다. 우리 시대는 경건으로 이익을 챙
기기 좋은 시대이기 때문이다. 출판업자들, 음반제작자들, 은십자가와
물고기 모양의 버클과 자동차 범퍼 스티커와 전면에 예수님 상을 넣은
행운의 십자가 등을 만드는 사람에게 이 경건 시장은 그야말로 호황이
다. 지금은 경건으로 돈을 벌기에 참 좋은 시대다.

'이익을 위해 살지 말라'는 말씀이 아니다

경건을 이익의 수단으로 변질시키는 이런 시도들에 대해 바울은 "그
리스도인은 이익을 위해 살아서는 안 됩니다. 그리스도인은 옳은 일 그
자체를 위해 일해야 합니다. 그리스도인은 이익 때문에 이익을 내려고
일해서는 안 됩니다"라고 교훈할 수도 있었다. 하지만 바울은 그렇게 말
하지 않는다. 그는 6절에서 "자족하는 마음이 있으면 경건은 큰 이익이
되느니라" 하고 말한다.

바울은 그리스도인은 이익을 보기 위해 살아서는 안 된다고 말하는
대신 그리스도인은 돈을 사랑하는 간교한 자가 되기보다 더 큰 이익을

위해 살아야 한다고 말한다. 경건이 바로 더 큰 이익을 얻는 방법이다. 우리가 탐욕스럽게 부를 추구하기보다 단순한 삶에 만족할 때 **"자족하는 경건은 큰 이익이 된다."**

만약 우리의 경건이 우리를 부자가 되려는 욕망에서 자유롭게 하고 자신의 소유에 자족하도록 돕는다면, 그 경건은 아주 큰 이익이 될 것이다. "육체의 연단은 약간의 유익이 있으나 경건은 범사에 유익하니 금생과 내생에 약속이 있느니라"(딤전 4:8). 물질적인 부를 향한 갈망을 극복하게 하는 경건은 엄청난 영적인 부를 낳는다. 디모데전서 6장 6절의 요지는 부를 추구하지 않는 것이 매우 큰 이익이 된다는 것이다.

이어지는 7-10절은 부자가 되기를 추구하지 않아야 하는 세 가지 이유를 제시한다.

돈을 많이 모으는 것과 부자가 되는 것은 다르다

우선 분명히 해야 할 것이 있다. 우리는 많은 합법적인 사업이 엄청나게 집중된 자본에 의존하는 사회에 살고 있다. 주주들의 투자 없이는 새 공장을 세울 수 없다. 따라서 큰 사업체의 재정 담당 관리는 주식 같은 것을 팔아서 예비비를 마련해 놓아야 한다. 성경이 부자가 되려는 욕망을 비난한다고 해서 그 말씀이 곧 사업 확장이나 좀 더 큰 규모의 예비 재정을 마련하는 일을 항상 비난한다고 생각할 필요는 없다. 기업의 임원들은 그 일을 통해 개인적인 부를 더 쌓으려고 탐욕을 부릴 수도 있고, 생산성 향상을 통해 사람들에게 유익을 끼치려는 더 크고 고상한 동기를 가질 수도 있기 때문이다.

사업상 유능한 사람이 승진이나 더 높은 임금을 주는 직장을 제안받고는 그것을 수락했다고 해서 이를 부자가 되려는 욕심이라고 비난할 수는 없다. 그는 돈이 주는 권력과 지위와 사치스런 삶에 목말라 그 직장을 수락했을 수도 있다. 하지만 자신의 소유에 자족하면서 다만 여분의 돈으로 입양기관을 세우거나 장학금을 주거나 선교사를 후원하거나 도심 선교를 지원하려는 의도로 수락했을 수도 있다.

그리스도를 위한 일에 쓰려고 돈을 버는 것은 부자가 되려는 욕망과 다르다. 바울이 여기서 경고하는 것은 우리 자신과 이웃의 필요를 만족시키기 위해 돈을 벌려는 욕구가 아니다. 바울은 지금 끊임없이 더 많은 돈을 소유하려는 욕구와 그 돈을 통해 자기 가치를 높이고 사치품을 소유하려는 마음을 경고한 것이다.

부를 추구하지 않아야 하는 이유

이제 바울이 7-10절에서 말한, 부자가 되려고 해서는 안 되는 세 가지 이유를 살펴보자.

첫째, 영구차가 떠난 뒤에는 아무 소용이 없다

7절에서 바울은 "우리가 세상에 아무 것도 가지고 온 것이 없으매 또한 아무 것도 가지고 가지 못하리니"라고 말한다. 영구차가 떠난 뒤에 돌아보아야 아무 소용이 없다.

어떤 사람이 국립 미술관에 빈손으로 들어가서는 벽에서 그림들을 떼어 소중히 안고 있다고 하자. 당신이 다가가 "무엇을 하고 계십니까?"라고 묻자 그는 "저는 미술품 수집상이 될 겁니다"라고 대답한다. 당신이 "하지만 이 그림들은 당신 것이 아닙니다. 더욱이 여기서 아무것도 가지고 나갈 수 없습니다. 당신은 여기에 들어올 때처럼 빈손으로 나가야 합니다"라고 말하자, 그가 다시 대답한다. "이 그림들은 분명히 제 것입니다. 제 손에 들려 있지 않습니까? 이 방에 있는 사람들도 제가 저명한 미술상인 것을 압니다. 저는 이 그림을 들고 나가는 것에 대해 너무 복잡하게 생각하고 싶지 않습니다. 그러니 분위기 깨지 마십시오." 우리는 이런 사람을 바보라고 부른다. 그는 현실과 동떨어진 사람이다. 이생에서 부자가 되기 위해 삶을 허비하는 사람들도 마찬가지다. 우리는 이 세상에 온 그대로 떠날 것이다.

또 일본 근해에서 일어난 비행기 충돌 사고로 영원의 문으로 들어간 269명을 생각해 보자. 충돌이 있기 전에 그들은 저명한 정치인, 수조 원대 자산을 보유한 경영자, 바람둥이 친구와 그 연인, 할아버지와 할머니를 만나고 돌아가는 선교사의 아이였다. 하지만 충돌 사고 후 그들은 마스터 카드와 수표와 신용 한도와 화려한 의상과 성공 지침서와 힐튼 호텔 예약 같은 것을 다 빼앗긴 채 하나님 앞에 서게 된다. 정치인과 경영자와 바람둥이와 선교사의 아이가 빈손으로 오직 그들의 마음에 담긴 것만 가지고 서 있다. 그날에 돈을 사랑하는 사람이 얼마나 어리석고 비참하게 보이겠는가! 마치 평생 기차표를 모았지만, 자기가 모은 표의 무게에 짓눌려 결국 마지막 기차마저 놓치고 만 사람과 같다. 부자가 되기 위해 귀한 인생을 허비하지 말라. 바울은 말한다 "우리가 세상에 아무 것도 가지고 온 것이 없으매 또한 아무 것도 가지고 가지 못하리니."

둘째, 간소한 삶은 가능하고 또한 유익하다

8절에서 바울은 부를 추구하지 않아야 하는 둘째 이유를 덧붙인다. "우리가 먹을 것과 입을 것이 있은즉 족한 줄로 알 것이니라." 그리스도인은 간소한 필수품만으로 만족할 수 있고 또 만족해야 한다. 간소한 삶이 어떻게 가능하고 또 유익한지 세 가지 이유를 알아보자.

1. 당신 가까이에 그리고 당신을 위해 하나님을 모시면, 평강과 안전을 보장할 별도의 돈이나 물질이 필요하지 않게 된다.

"돈을 사랑하지 말고 있는 바를 족한 줄로 알라 그가 친히 말씀하시기를 내가 결코 너희를 버리지 아니하고 너희를 떠나지 아니하리라 하셨느니라 그러므로 우리가 담대히 말하되 주는 나를 돕는 이시니 내가 무서워하지 아니하겠노라 사람이 내게 어찌하리요 하노라"(히 13:5-6).

시장이 어떤 식으로 움직이든 하나님은 늘 금보다 귀한 분이다. 따라서 하나님의 도움으로 우리는 간소한 필수품만으로 만족할 수 있고 또 만족해야 한다.

2. 하나님이 피조물을 통해 우리에게 주시는 가장 깊고 만족스러운 기쁨은 자연 및 이웃과 사랑의 관계를 통해 누리는 은혜이다.

그러므로 우리는 간소한 삶에 만족할 수 있다. 일단 기본적인 필요가 채워지면, 여분의 돈은 이런 기쁨을 누릴 능력을 증가시키는 것이 아니라 감소시킨다. 무언가를 구매하는 일은 마음의 기쁨을 누리는 능력을 증가시키는 데 전혀 기여하지 못한다.

새 장난감이 주는 전율과 사랑하는 친구의 포옹이 주는 느낌은 전혀 다르다. 하룻밤에 500만 원 하는 시내 중심가의 40층짜리 호텔 스위트 룸에서 묵으면서, 밤마다 담배 연기 자욱한 어스름한 라운지에서 10만 원짜리 칵테일로 낯선 이성들의 마음을 훔치는 사람과 해바라기 가득한 들판 옆 민박집에서 해지는 저녁을 보면서 아내에게 연서를 쓰는 남자 중에 누가 더 그윽하고 만족스러운 기쁨을 누리겠는가?

3. 우리는 여분의 돈을 정말로 중요한 일에 투자해야 할 수 있다.

그러므로 간소한 삶에 만족할 수 있어야 한다. 예를 들어, 데이비드 바렛과 토드 존슨이 작성한 '2010년 세계 선교에 관한 연간 통계표[1]'를 보면, 세계에는 한 번도 복음을 듣지 못한 이들이 2,026,696,000명이나 된다. 이는 전 세계 인구의 29.3%가 복음을 증거하는 교회가 없는 곳에서 살고 있다는 뜻이다. 이 수치에는 복음을 들은 사람들과 함께 살지만 아직 신앙을 고백하지 않은 사람들은 포함되지 않았다. 만약 복음을 듣지 못한 사람들이 복음을 들어야 한다면(그리스도께서 그들에게 복음을 전하라고 명령하신다) 우리는 다른 문화권에 가서 복음을 전할 선교사를 파송해야 하고 그러려면 돈이 필요하다.

복음을 증거하는 대사인 이 군대를 파송하는 데 필요한 돈은 이미 교회에 있다. 2007년에 개신교인들은 자기 수입의 2.5%를 교회에 헌금했다.[2]

미전도종족 선교회(Mission Frontiers)의 2010년 통계는 다음과 같다[3]

1. 전 세계 교인의 총수입은 **28조 8천억 달러**이다.
2. 이 가운데 **5,130억 달러**(1.73%)가 **기독교적인 일**에 쓰인다.
3. 이 가운데 **290억 달러**(1.73%의 5.7%)가 **해외 선교**에 쓰인다.
4. 이 가운데 **87%**는 **이미 그리스도인이 된 사람들**을 위한 사역에 쓰이고, **12%**는 **이미 복음이 증거된 비그리스도인들**을 위한 사역에 쓰이

---

1) Todd M. Johnson, David B. Barrett, and Peter F. Crossing, "Christianity 2010: A View from the New Atlas of Global Christianity," *International Bulletin of Missionary Research* 34 (January 2010): 36.

2) www.gordonconwell.edu/sites/default/files/IBMR2010.pdf.을 보라.

3) www.missionfrontiers.org/newslinks/statewe.html.을 보라.

고, 1%(2,900억 달러)만이 한 번도 복음을 듣지 못한 이들을 위한 사역에 쓰인다.

바울처럼 우리가 간소한 삶에 만족한다면, 교회에 있는 수십억 달러를 미전도 종족에게 복음을 전하는 일에 보낼 수 있을 것이다. 그 돈이 만들어낼 기쁨과 자유의 혁명은 그 지역에서 우리가 상상할 수 있는 최고의 증거가 될 것이다. 성경은 우리가 삶에 필요한 간소한 필수품만으로 만족할 수 있고 또 만족해야 한다고 요구한다.

셋째, 탐심은 많은 근심으로 결국 자기를 찌른다

부를 추구하지 말아야 하는 셋째 이유는 부의 추구는 결국 파멸하는 삶으로 끝나기 때문이다. 이것이 9절과 10절의 요점이다.

"부하려 하는 자들은 시험과 올무와 여러 가지 어리석고 해로운 욕심에 떨어지나니 곧 사람으로 파멸과 멸망에 빠지게 하는 것이라 돈을 사랑함이 일만 악의 뿌리가 되나니 이것을 탐내는 자들은 미혹을 받아 믿음에서 떠나 많은 근심으로써 자기를 찔렀도다."

기독교 희락주의자는 결코 파멸과 멸망에 빠지거나 많은 근심으로 마음이 찔리기를 바라지 않는다. 따라서 기독교 희락주의자는 절대 부자가 되려고 하지 않는다.

자신을 시험해 보라. 돈을 향한 태도를 어디서 배웠는가? 성경에서 배웠는가, 아니면 현대 미국의 상업주의에서 배웠는가? 비행기에서 항공사 잡지를 보면, 거의 모든 페이지에서 디모데전서 6장 9절의 말씀과 정확히 반대되는 견해를 가르치고 부채질하는 것을 볼 수 있다. 바울은 항공사 잡지가 이용하고 부추기는 그 욕망이 얼마나 위험한지 생생하게 보여 준다.

부의 이미지가 부추기는 욕망

화려한 사무실에 있는 한 남자가 등장하는 의자 광고가 떠오른다. 광고의 헤드 카피는 "그의 양복은 맞춤복입니다. 그의 시계는 순금입니다. 그의 사무실 의자는 ○○입니다"이다. 아래에는 이런 문안이 있다.

나는 열심히 일했고 행운도 따라서 사업에 성공했습니다. 이런 성공에 걸맞은 사무실을 갖고 싶었고, 생각대로 되었지요. 그래서 저는 ○○를 나의 의자로 골랐습니다. ○○가 바로 내가 원하는 이미지였으니까요. 당신의 의자가 당신의 성공과 어울리지 않는다면, 지금이 바로 ○○에 앉을 때입니다. 어쩌면 당신은 너무 오랫동안 이 의자 없이 지낸 것 아닐까요?

위의 글이 말하는 부의 철학은 이런 식이다. "부의 이미지를 거부하는 것은 어리석은 짓이다." 만약 디모데전서 6장 9절이 진리라면, 그래서 부자가 되려는 욕망이 우리를 사탄의 덫에 걸리게 하고 지옥의 파멸에 이르게 한다면, 그 욕망을 이용하고 부추기는 이런 광고는 우리가 날마다 보는 섹스 광고만큼이나 파괴적이다.

미국의 상업주의가 전하는 거짓 메시지에서 자유로우며 또 깨어 있는가? 아니면 만연한 경제 거짓말에 속아서 도둑질만 아니라면 돈과 관련한 무엇이든 해도 좋다는 생각을 갖고 있는가? 나는 언론의 자유와 기업의 자유를 지지한다. 악한 시민 정부 아래에는 죄인인 개개인이 만든 제도를 개선할 도덕적 능력이 없다고 믿기 때문이다. 하지만 하나님을 위해 사는 그리스도인으로서 나는 자신의 자유를 사용해 부자가 되려는 욕망에 대해서는 '아니오'라고 말하고, 진리에 대해서는 '예'라고 말해야 한다. 우리가 간소한 생필품만으로 만족한다면 경건에 큰 유익이 있을 것이다.[4]

부자가 해야 할 일은 무엇인가?

지금까지 우리는 앞으로 부자가 되고 싶은 유혹을 받는 사람들에게 쓴 디모데전서 6장 6-10절에 대해 생각해 보았다. 이어서 바울은 17-19절에서 공동체 안의 부자들에게 말한다. 부자인 그리스도인은 돈으로 무엇을 해야 하는가? 하나님이 사업을 잘되게 하셔서 마음대로 사용할 수 있는 부를 소유했다면, 그는 과연 무엇을 해야 하는가? 바울은 다음과 같이 대답한다.

"네가 이 세대에서 부한 자들을 명하여 마음을 높이지 말고 정함이 없는 재물에 소망을 두지 말고 오직 우리에게 모든 것을 후히 주사 누리게 하시는 하나님께 두며 선을 행하고 선한 사업을 많이 하고 나누어 주기를 좋아하며 너그러운 자가 되게 하라 이것이 장래에 자기를 위하여 좋은 터를 쌓아 참된 생명을 취하는 것이니라."

---

4) 내가 '간소한 생필품'이라고 말할 때 뜻하는 바를 더 알기 원하면, 본 장 뒷부분에 나올 "우리의 소명: 전시의 생활양식" 부분을 보라.

19절은 예수님의 말씀을 달리 표현하고 있을 뿐이다. 예수님은 이렇게 말씀하셨다.

"너희를 위하여 보물을 땅에 쌓아 두지 말라 거기는 좀과 동록이 해하며 도둑이 구멍을 뚫고 도둑질하느니라 오직 너희를 위하여 보물을 하늘에 쌓아 두라 거기는 좀이나 동록이 해하지 못하며 도둑이 구멍을 뚫지도 못하고 도둑질도 못하느니라 네 보물 있는 그 곳에는 네 마음도 있느니라"(마 6:19-21).

예수님은 투자를 반대하지 않으신다. 나쁜 투자를 반대하실 뿐이다. 즉 예수님은 우리가 이 세상에서 돈이 주는 위로와 안전에 마음을 두는 것을 반대하신다. 우리는 하늘의 영원한 밭에 투자해야 한다, "보물을 하늘에 쌓아 두라." 어떻게 말인가? 누가복음 12장 32-34절이 한 가지 대답이 될 수 있다.

"적은 무리여 무서워 말라 너희 아버지께서 그 나라를 너희에게 주시기를 기뻐하시느니라 너희 소유를 팔아 구제하여 낡아지지 아니하는 배낭을 만들라 곧 하늘에 둔 바 다함이 없는 보물이니 거기는 도둑도 가까이 하는 일이 없고 좀도 먹는 일이 없느니라 너희 보물 있는 곳에는 너희 마음도 있으리라."

하늘에 보물을 쌓는 방법은 여기 이 땅에서 그리스도의 이름으로 자비를 베푸는 일에 땅의 재물을 사용하는 것이다. 구제하라. 즉 하늘에 당신의 지갑을 만들라. 예수님은 하늘의 보화를 다만 우리가 지상에서 베푼 손 대접에 대한 예기치 않은 결과라고 말씀하지 않으신다. 지금 하늘에 있는 보화를 **추구해야** 한다고 말씀하신다. 보화를 하늘에 쌓으라. 다함이 없는 지갑과 보화를 자신에게 공급하라. 이것이 순전한 기독교 희락주의다.

예수 그리스도께서 부활하실 때 갚아 주실 것이다

영원한 기쁨에 투자하는 또 다른 방법이 누가복음 14장 13-14절에 나온다. 여기서 예수님은 하늘에 보화를 쌓기 위해 우리의 자원을 사용하는 법을 좀 더 구체적으로 말씀하신다. "잔치를 베풀거든 차라리 가난한 자들과 몸 불편한 자들과 저는 자들과 맹인들을 청하라 그리하면 그들이 갚을 것이 없으므로 네게 복이 되리니 이는 의인들의 부활시에 네가 갚음을 받겠음이라 하시더라." 이 말씀은 사실상 "가난한 자들에게 베풀라. 하늘에 네 돈주머니를 마련하라"는 말과 같다.

그러므로 이 땅의 주고받기식 보상을 좇지 말고 관대하라. 사치와 안락의 방석에 앉지 말라. 그 앞에 "충만한 기쁨이 있고 그 오른쪽에 영원한 즐거움이 있는"(시 16:11) 하나님 안에서 받을 부활과 위대한 보상을 바라보라.

성경보다 지혜로워지려고 하지 말라

이 본문의 명백한 의미를 외면하는 주석가들을 조심하라. 누가복음 14장 13-14절에 대한 학자들의 전형적인 설명에 대해 어떻게 생각하는가? "이런 삶에는 실제로 보상이 약속되었다. 하지만 우리는 보상을 목표로 이렇게 살아서는 안 된다. 만약 그렇다면 우리는 여전히 과거의 이기적인 방식으로 사는 것이다."[5]

---

5) T. W. Manson, *The Saying of Jesus* (Lon:don: SCM, 1949), 280.

보상의 약속을 동기로 삼은 행동은 이기적일 뿐 사랑은 아닌가? 만약 그렇다면 예수님은 왜 우리를 보상으로 부추기시고, 심지어 그 보상을 우리 행동의 ('어떤 것을 위한') 기초로 삼으셨을까? 그렇다면 보상은 구제를 베푸는 삶의 결과를 넘어 우리가 적극적으로 추구해야 하는 것이라는 누가복음 12장 33절("네 돈주머니를 마련하라") 말씀을 어떻게 해석해야 하는가?

또한 "불의의 재물로 친구를 사귀라 그리하면 그 재물이 없어질 때에 그들이 너희를 영주할 처소로 영접하리라"(눅 16:9)고 결론을 내리는 불의한 청지기의 비유(눅 16:1-13)를 어떻게 해석할 것인가? 이 비유의 목표는 세상의 재물을 바르고 충성스럽게 사용하는 법을 제자들에게 가르치는 데 있다. 예수님은 그렇게 재물을 사용하면 영원한 처소를 받으리라고 말씀하지 않으신다. 그분은 우리의 소유를 사용해서 영원한 거처를 견고히 하기를 삶의 목표로 삼으라고 말씀하신다.

그러므로 예수님은 우리가 그분이 약속한 보상을 추구하기를 원하지 않으신다는 말은 잘못이다. 예수님은 우리에게 그 보상을 추구하라고 명령하신다(눅 12:33; 16:9). 누가복음에서는 40번 넘게 예수님의 명령과 관련해 보상의 약속과 처벌의 위협이 나온다.[6]

물론 우리는 이 땅의 찬양이나 물질적인 유익을 보상으로 추구해서는 안 된다. 이것은 누가복음 14장 14절뿐 아니라 누가복음 6장 35절에서도 분명히 보여 준다. "오직 너희는 원수를 사랑하고 선대하며 아무 것도 바라지 말고 꾸어 주라 그리하면 **너희 상이 클 것이요 또 지극히 높으신 이의 아들이 되리니.**" 다시 말해 이 땅의 보상은 신경 쓰지 말고 하늘의 보상(하나님의 아들이 되는 무한한 기쁨)을 바라보라는 것이다.

---

6) John Piper, *Love Your Enemies* (Cambridge: Cambridge University Press, 1979)의 163-165쪽에서 이 목록을 나열하고 논의했다.

예수님이 마태복음 6장 3-4절에서 말씀하셨듯 우리는 자비로운 활동에 대한 보상으로 인간적인 찬양을 기대해서는 안 된다. 만약 그것이 우리의 목표가 된다면 그것이 우리가 얻는 전부가 될 것이다. 이는 하나님의 상급에 비해 참으로 초라하고 가엾은 보상일 것이다. "너는 구제할 때에 오른손이 하는 것을 왼손이 모르게 하여 네 구제함을 은밀하게 하라 **은밀한 중에 보시는 너의 아버지께서 갚으시리라.**"

내가 먼저 상급을 사모함으로 이웃을 상급에 초대하라

하나님이 약속하신 보상을 향한 갈망이 동기가 되어 이웃에게 관대함을 베푸는 일이 거짓 사랑이 아닌 이유는, 우리의 목표가 그들도 우리와 같은 상급을 받게 하려는 것이기 때문이다. 우리가 자비를 베푸는 사람들이 비할 데 없는 그리스도의 가치를 인정하고 우리와 함께 그분을 찬양하게 된다면, 하늘에서 우리의 기쁨이 더욱 클 것이다.

하지만 이 모든 일을 하나님을 더욱 소유하고자 하는 열망으로 하지 않는다면, 어떻게 그들에게 그리스도의 무한한 가치를 전하겠는가? 우리가 이웃을 희생하면서까지 우리의 기쁨을 추구한다면 그것은 사랑이 아닐 것이다. 하지만 우리가 이웃의 기쁨도 추구한다면 어떻게 이기적이라 하겠는가? 하나님을 추구하는 마음의 동기에서 나의 소유를 버리고, 그래서 그분으로 인한 나의 기쁨을 이웃과 함께 부르는 찬양을 통해 영원토록 배가되게 한다면, 내가 덜 사랑하는 사람이 되는 것인가?

자기 자신을 위해 좋은 터를 쌓으라

디모데전서 6장 9절부터 나오는 부자들을 향한 바울의 가르침은 예수님이 복음서에서 가르치신 내용을 적용한 것이다. 바울은 부자들에게 "장래에 자기를 위하여 좋은 터를 쌓아 참된 생명을 취하도록"(19절) 자기 돈을 사용하라고 말한다. 다르게 말하면 영생을 잃게 하는 돈 사용 방식이 있다는 것이다.[7]

일곱 절 앞에서 바울이 영생을 언급하면서 같은 종류의 표현을 사용한 것을 볼 때, 그가 영생을 염두에 두었음을 알 수 있다. "믿음의 선한 싸움을 싸우라 영생을 취하라 이를 위하여 네가 부르심을 받았고 많은 증인 앞에서 선한 증언을 하였도다"(12절).

돈을 사용하는 방식이 영생을 위한 좋은 터를 제공하는 이유는 우리가 이 땅에서 넉넉하게 베풀면 영생을 획득할 수 있기 때문이 아니다. 그런 관대한 삶이 우리가 마음을 어디에 두는지 보여 주기 때문이다. 관대함은 우리가 소망을 자기 자신이나 우리가 가진 돈에 두지 않고 하나님께 두고 있음을 확증한다. 우리는 영생을 획득하지 않는다. 그것은 은혜의 선물이다(딤후 1:9). 우리는 하나님의 약속에 기댐으로써 영생을 받는다. 우리가 돈을 쓰는 방식은 우리가 실제로 하나님의 약속에 기대는지를 확증하거나 부인한다.

어떻게 사용해야 하는가?

바울은 부자들에게 어떠한 돈 사용법이 영생을 확증하는 것인지 세 가지 지침을 준다.

---

7) 이는 진실로 거듭난 하나님의 선택된 백성들의 영원한 안전에 관한 성경의 교리(롬 8:30이 굳건히 세우고 있는)와 모순되지 않는다. 하지만 이 교리는 우리가 하나님에 의해 거듭났다면 마음도 변할 것임을 함축하고 있다. 돈 사용 방식에서도 그 변화의 증거가 드러나야 한다. 예수님은 열매가 없어서 결국에는 영생을 잃어버릴 거짓 확신에 대해 거듭 경고하셨다(마 7:15-27; 13:47-50; 22:11-14). 영원한 안전과 성도의 견인에 관해 더 알려면, Wayne Grudem, *Systematic Theology: An Introduction to the Biblical Doctrine* (Grand Rapids, Mich.: Zondervan, 1994), 788-809를 보라.

첫째, 소유의 교만을 주의하라

돈이 교만을 낳지 않게 하라. "네가 이 세대에서 부한 자들을 명하여 마음을 높이지 말고"(딤전 6:17). 돈에 관한 것이라면 우리 마음이 얼마나 잘 속는지 모른다. 똑똑하게 투자를 했거나, 새 물건을 실속 있게 구입했거나, 잔고가 넉넉하면 우리는 하나같이 자기도 모르게 우월감에 사로잡혀 잘난 체하려 한다. 돈의 가장 큰 매력은 돈이 주는 권력과 돈이 키우는 교만이다. 바울은 이런 일이 일어나지 않게 하라고 말한다.

둘째, 부자는 왜 영생을 유업으로 받기 어려운가?

둘째, 바울은 17절에서 "정함이 없는 재물에 소망을 두지 말고 오직 우리에게 모든 것을 후히 주사 누리게 하시는 하나님께 두라"고 말한다. 부자들이 이렇게 하기란 매우 어렵다. 이 때문에 예수님은 부자가 하나님 나라에 들어가기 어렵다고 하신 것이다(막 10:23). 부가 주는 이 땅의 모든 소망을 바라보다가 갑자기 하나님께로 시선을 돌려 그분에게 소망을 두기란 얼마나 어려운지 모른다. 선물보다 선물을 주시는 분을 더 사랑하기란 매우 어렵다. 그러나 이것이 부자들을 위한 유일한 소망이다. 그들이 이 소망을 품을 수 없다면 영생을 잃고 말 것이다.

부자들은 이스라엘 백성들이 약속의 땅에 들어갈 때 모세가 한 경고를 기억해야 한다.

"그러나 네가 마음에 이르기를 내 능력과 내 손의 힘으로 내가 이 재물을 얻었다 말할 것이라 네 하나님 여호와를 기억하라 그가 네게 재물 얻을 능력을 주셨음이라 이같이 하심은 네 조상들에게 맹세하신 언약을 오늘과 같이 이루려 하심이니라"(신 8:17-18).

부가 주는 가장 큰 위험은 우리의 관심을 하나님으로부터 하나님이 주시는 선물로 빼앗아가는 데 있다.

이것은 건강과 부와 번영을 가르치는가?

부자들에 대한 바울의 셋째 권면에 앞서, 디모데전서 6장 17절을 오용하는 일반적인 경우를 생각해 보자.

17절은 "하나님이 모든 것을 우리에게 후히 주사 누리게 하신다"고 말한다. 이 말씀은 첫째, 하나님은 우리의 필요를 채우기 위해 넉넉하게 주신다는 뜻이다. 하나님은 '후히' 주신다. 둘째, 우리는 그분이 주신 것을 누리면서 죄책감을 가질 필요가 없다는 뜻이다. 그것들은 '누리라고' 주신 것이다. 금식, 금욕 그리고 여러 형태의 자기를 부인하는 관례들은 하나님을 섬기는 일에 옳고 선하다. 하지만 그것들을 영적인 규범으로 격상시켜서는 안 된다. 자연은 우리의 유익을 위해 쓸 것을 공급한다. 우리가 그것들을 하나님을 향한 기쁨으로 사용하면, 감사와 경배의 기회가 된다(딤전 4:2-5).

오늘날 부와 번영의 교리가 활발히 일어나고 있다. 이는 "우리는 하나님이 사라고 허락하신 모든 것을 감사히 누림으로써 자기 돈으로 하나님을 영화롭게 한다. 왕의 자녀가 왜 거지같이 살아야 한단 말인가?" 하고 말하는 반쪽 진리가 만든 교리다. 이 교리는 우리가 하나님이 소유하도록 주신 모든 선한 것에 감사해야 한다는 점에서는 옳다. 하지만 하나님이 온갖 사치스런 소비를 통해 영광을 받으실 수 있다는 암시를 준다는 점에서는 옳지 않다.[8]

---

8) 나는 번영 신학에 대한 비평과 이를 전파하는 사람들을 향한 12가지 도전을 *Let the Nations Be Glad*, 3rd ed., 2010, 19-32에 실었다.

만약 이것이 사실이라면, 예수님은 "너희 소유를 팔아 구제하라"(눅 12:33)고 말씀하지 않으셨을 것이다. 또 "너희는 무엇을 먹을까 무엇을 마실까 하여 구하지 말며 근심하지도 말라"(눅 12:29)고 하지 않으셨을 것이다. 세례 요한도 "옷 두 벌 있는 자는 옷 없는 자에게 나눠 줄 것이요 먹을 것이 있는 자도 그렇게 할 것이니라"(눅 3:11)하고 말하지 않았을 것이다. 인자께서도 머리 둘 곳 없이 다니지 않으셨을 것이다(눅 9:58). 삭개오도 자기 소유의 절반을 가난한 자들에게 주지 않아도 되었을 것이다(눅 19:8).

복음을 듣지 못하고, 교육과 의료 혜택을 받지 못하고, 또 먹을 것이 없어서 굶주리는 수백만의 사람들을 위해 써야 할 돈을 우리가 자신만을 위해 소유하는 동안 하나님은 영광을 받지 못하신다. 많은 그리스도인이 이 교리에 속아 왔다. 그들이 얼마나 적게 나누고 얼마나 많이 소유하는지 보라. 하나님이 그들을 번성케 하셨는데, 그들은 거의 저항할 수 없이 견고한 소비주의 문화(건강과 부와 번영의 교리의 세례를 받은)의 법칙을 따라서, 더 큰 집과 더 멋진 옷과 새로운 차와 더욱 질 좋은 고기를 사고, 온갖 장신구와 가전제품과 그릇과 설비들을 구비해 인생을 보다 재미있게 사는 데 혈안이 되어 있다.

하나님은 왜 많은 성도들을 번성케 하시는가?

그들은 다음과 같은 말로 우리 견해에 반대할 것이다. "구약에서 하나님은 자기 백성을 번성케 하겠다고 약속하지 않으셨는가?" 맞는 말이다. 하나님은 우리를 번성케 하신다. 그래서 베풂을 통해 재산은 우리의 신이 아님을 증명하게 하신다. 하나님은 더 좋은 외제차로 바꾸라고 우리의 사업을 번성케 하시지 않는다. 하나님은 아직 복음을 모르는 수많은 사람에게 복음을 전하는 데 쓰라고 우리의 사업을 번성케 하신다. 전세계 인구의 20%를 기아에서 벗어나게 하려고 우리를 번성케 하신다.

나는 목사이지 경제학자는 아니다. 그러므로 오늘날 나의 역할은, 30여 년 전 제임스 스튜어드(James Stewart)가 스코틀랜드에서 찾은 역할과 같을 것이다.

경제 회생 계획을 세우는 것은 경제학자의 역할이지 설교자의 역할은 아니다. 설교자의 역할은 사람들의 양심을 자극해 예수님의 통렬한 자비를 깊이 깨닫게 하고, 압제받고 고통 받는 이들의 버팀목이 되어 주고, 사람들로 모든 사회적 불의에 대해 활활 타오르는 분노의 심판을 낳는 '거룩한 연민의 구속력'을 경험하게 하는 것이다. 하늘에서 나팔이 울리고 하나님의 아들이 전쟁에 나서는 날, 윤리적인 올곧음과 사회적인 열정이 없는 설교는 설 자리를 잃는다.[9]

우리의 소명: 전시(戰時) 생활양식

'전쟁'이라고 표현한 것은 단지 수사적인 차원만이 아니다. 특별히 오늘날 요구되는 것이 바로 '전시 생활양식'(wartime lifestyle)이다. 앞 장에서 나는 '간소한 삶의 필수품'이란 표현을 사용한 바 있다. 바울은 디모데전서 6장 8절에서 "우리가 먹을 것과 입을 것이 있은즉 족한 줄로 알 것이니라" 하고 말한다. 하지만 우리는 간소함이라는 개념을 오해하기 쉽다. 나는 '비본질적인 문제들 때문에 방해받지 않는 생활양식'이란 뜻으로 이 표현을 사용했다. 그리고 여기서 '본질적'(essential)의 기준은, 원시적인 '간소함'이 아니라 전시의 효율성이다.

---

9) James Stewart, *Heralds of God* (Grand Rapids, Mich.: Baker, 1972), 97.

랄프 윈터(Ralph Winter)는 전시 생활양식이란 개념을 다음과 같이 예를 들어 설명한다.

캘리포니아 롱비치 항구에 정박한 퀸 메리(Queen Mary)호는 매혹적인 유물 박물관이다. 평화시에는 호화 유람선이었고, 제2차 세계대전 중에는 군 수송선이었지만, 지금은 축구장 3개 크기의 박물관으로 쓰인다.

이 박물관에서 우리는 전시 생활양식과 평화시 생활양식의 놀라운 대조를 볼 수 있다. 한편에 재현된 평화시 식당에는 빛나는 칼과 포크가 식탁에 가지런한데, 당시 고급문화를 향유하던 부유한 승객들에게 너무도 잘 어울리는 모습이다. 그러나 반대편에 재현된 식당은 이와 뚜렷이 대조되는 전시의 내핍 상황을 잘 보여 준다. 오목하게 패인 금속 쟁반 하나가 15개 분량의 그릇과 접시를 대신한다. 2인용으로 된 8층 침상은 평화시에 3,000명을 수용하던 배가 전시에는 어떻게 15,000명을 수용할 수 있었는지 설명해 준다.

평화시에 지배층으로 자처하던 이들은 이런 변화를 아주 싫어했을 것이다. 물론 국가비상사태였기 때문에 그렇게 할 수밖에 없었다. 국가의 존폐가 그 변화에 달려 있었다. 오늘날 지상대명령의 본질은, 수백만 명의 존폐가 그 명령의 성취에 달려 있다는 데 있다.[10]

전쟁이 한창이다. 이런 분위기에서, 특히 왕이 친히 전쟁하러 나간 상황에서 '왕의 자녀'로서 화려하게 살 권리에 대한 담론은 공허하게만 들린다. '다만 간소한 삶'보다는 '전시 생활양식'을 떠올리는 것이 좀 더 도움이 된다. 간소한 삶은 내면 지향성이 강해서 다른 이들에게는 유익을

---

10) Ralph Winter, "Reconsecration to a Wartime, Not a Peacetime, Lifestyle," in *Perspectives on the World Christian Movement*, 3rd ed. ed. Ralph Winter and Steven Hawthorne8(Pasadena, Calif.: William Carey, 1999), 705.

끼치지 못할 수도 있다. 하지만 전시 생활양식은 "재물을 사용하고 또 내 자신까지 내어줄"(고후 12:15) 만큼의 가치 있고 중요한 대의명분이 있음을 암시한다.

원터는 계속해서 다음과 같이 말한다.

오늘날 미국은 '자력 구원' 사회다(그런 게 있다면). 하지만 실제로 그러한가? 저개발국가들은 결핵, 영양결핍, 폐렴, 기생충, 장티푸스, 콜레라, 발진티푸스 등의 질병에 시달리고 있다. 부요한 미국은 실제로 다른 종류의 전혀 새로운 질병을 만들어냈다. 비만, 동맥경화증, 간경화, 약물중독, 알코올중독, 이혼, 아동학대, 자살, 살인 등등. 당신이 선택하라. 노동 절감 기계들은 몸을 죽이는 장치임이 드러났다. 우리의 부요는 핵가족의 유동성(mobility)과 소외를 모두 가져왔고, 결과적으로 이 시대 이혼 법정과 감옥과 정신병원은 사람들로 북적이게 되었다. 우리 자신을 스스로 구원하면서 우리는 우리 자신을 거의 잃어버렸다.

당신은 다른 이들을 구원하려고 얼마나 수고했는가? 미국 복음주의의 구호인 "기도하든지 구제하든지 떠나든지 하라"는 사람들이 기도만 해도 된다고 생각하게 만들었다. 반면 남인도의 프렌즈 선교 기도단(Friends Missionary Prayer Band)의 수는 8,000명인데, 그들은 80명의 북인도 전임 선교사를 후원한다. 내가 속한 교단(1인당 비율로 따졌을 때 믿기 어려울 정도로 훨씬 더 부유한)이 그들처럼 했다면, 지금 500명의 선교사가 아니라 26,000명의 선교사를 보내야 했을 것이다. 가난한 이 남인도의 그리스도인들은 우리보다 50배나 많은 타문화권 선교사들을 파송한다.[11]

---

11) 같은 책, 706.

여기서 내가 말하려는 것은, 평화시 화려한 생활양식을 추구하도록 부추기는 사람들은 예수님이 돈에 관해 하신 말씀의 핵심을 놓치고 있다는 사실이다. 예수님은 우리가 생명을 다시 얻도록 우리의 생명을 잃는 삶으로 부르셨다 "사람이 만일 온 천하를 얻고도 자기 목숨을 잃으면 무엇이 유익하리요"(막 8:36). 예수님은 우리가 주께서 주신 사랑의 사명을 완수하기까지 우리의 생명을 바치기를 바라신다.

셋째, 선한 사업을 많이 하라

이제 바울의 마지막 권면에 이르렀다. "선을 행하고 선한 사업을 많이 하고 나누어 주기를 좋아하며 너그러운 자가 되게 하라"(딤전 6:18). 부자들이 진실로 교만의 마력에서 벗어나 돈이 아닌 하나님께 소망을 둔다면, 단 한 가지 일만 일어날 수 있다. 바로 그들의 돈이 그리스도의 다양한 사역을 활성화시키는 곳으로 자유롭게 흘러갈 것이다.

그렇다면 하루에 35,000명이 굶어 죽고 선교단체는 돈이 없어서 더 많은 미전도 지역에 나가지 못하는 지금, 목사들은 집 두 채를 사서 소유하는 것에 대해 성도들에게 어떻게 설교해야 하는가?

먼저 아모스 3장 15절을 인용할 수 있다. "겨울 궁과 여름 궁을 치리니 상아 궁들이 파괴되며 큰 궁들이 무너지리라 여호와의 말씀이니라." 이어서 누가복음 3장 11절을 읽어도 좋다. "옷 두 벌 있는 자는 옷 없는 자에게 나눠 줄 것이요 먹을 것이 있는 자도 그렇게 할 것이니라."

그리고 가난한 이들에게 집을 마련해 줄 비전에 사로잡힌 플로리다주 세인트 피터즈버그의 한 가족에 대한 이야기를 할 수 있다. 그들은 오하이오주에 있는 자신의 두 번째 집을 팔아서 플로리다 임모칼리(Immokalee)에 몇 가정을 위한 집을 지을 기금을 마련했다.

그리고 이렇게 질문할 수 있다. "휴가를 보낼 집 한 채를 더 가진 것이 문제일까요?" 그리고 이렇게 자답해 보라. "그럴 수도 있고, 그렇지 않을 수도 있습니다." 목사는 어떤 법칙 같은 것을 만들어서 이 문제를 간단히 처리하지 않아야 한다. 법은 마음의 변화 없이도 강제로 지키게 할 수 있다. 선지자들은 단지 새롭고 실제적인 부동산 조정이 아니라 하나님을 향한 새로운 마음을 원했다. 목사는 부자들의 확신하지 못하고 망설이는 마음에 공감을 표하는 동시에 사랑의 방법을 찾고자 그 스스로도 씨름하고 있다고 말해 줄 수 있다. 그는 모든 생활양식에 관한 질문에 간단한 대답이 있다는 듯 말하지 않아야 한다.

목사는 부자들을 돕기로 결심하고 이렇게 물을 수 있다. "여러분의 집은 타인의 필요에는 무관심하면서 오직 자신의 부유함만 즐기도록 부추기거나 혹은 그렇게 살고 있음을 보여 줍니까? 아니면 휴식과 기도와 묵상이 필요한 사람들에게 열려 있는 안식처입니까? 그래서 그곳을 다녀간 사람들이 다시 선교지로 나가고 다시 정의를 위해 자신을 부인하려는 열정을 얻어서 도시로 돌아가게 하는 장소입니까?"

목사는 그들의 양심에 화살을 꽂아두고 떠나며 그들에게 주 예수님의 삶과 가르침을 따르는 생활양식을 추구하도록 도전할 수 있다.

왜 하나님은 우리에게 그렇게 많이 주셨을까?

바울은 에베소서 4장 28절에서 말한다. "도둑질하는 자는 다시 도둑질하지 말고 돌이켜 가난한 자에게 구제할 수 있도록 자기 손으로 수고하여 선한 일을 하라." 다시 말해서, 물질을 소유하는 세 가지 다른 수준의 삶이 있다. 첫째, 얻기 위해 도둑질 할 수 있다. 둘째, 얻기 위해 일할 수 있다. 셋째, 나누려고 얻기 위해 일할 수 있다.

너무 많은 그리스도인이 두 번째 단계에 머문다. 우리 문화의 거의 모든 세력들은 우리가 둘째 단계에서 살도록 부추긴다. 하지만 성경은 우리를 거침없이 밀어 셋째 단계로 나아가게 한다. "하나님이 능히 모든 은혜를 너희에게 넘치게 하시나니 이는 너희로 모든 일에 항상 모든 것이 넉넉하여 모든 착한 일을 넘치게 하게 하려 하심이라"(고후 9:8).

하나님은 왜 우리에게 부요하게 되는 복을 주셨을까? 하나님이 넉넉하게 주셔서 사는 데 충분할 만큼 소유한 사람은 그 여분을 영적 물리적 불행을 완화시킬 모든 선한 사업에 사용할 수 있다. 문제는 얼마나 버는가가 아니다. 큰 사업과 높은 연봉은 우리 시대 현실이며, 그 자체가 반드시 악은 아니다. 악은, 연봉이 1억이면 1억짜리 생활양식을 따라야 한다는 생각에 속는 것이다. 하나님은 우리를 은혜의 통로로 만드셨다. 그런데 그 통로가 금으로 채워져야 한다는 생각은 위험하다. 그래서는 안 된다. 구리로도 충분하다.

영원의 언저리에 사는 삶

우리는 마지막으로 이 장을 다음과 같이 강조하며 요약할 수 있다. 디모데전서 6장에서 바울의 목적은 우리가 영생을 붙잡아 그것을 잃지 않도록 돕는 데 있다. 바울은 비본질적인 문제를 재미삼아 다루지 않는다. 그는 지금 영원의 언저리에 살고 있다. 때문에 바울은 사안을 매우 분명히 볼 수 있다. 그는 하나님의 문지기처럼 거기 서서 우리를 합리적인 기독교 희락주의자들로 대하며 이렇게 말한다.

"당신은 참 생명을 원합니까?(19절) 당신은 파멸과 멸망과 근심으로 마음이 찔린 삶을 피하고 싶습니까?(9-10절) 당신은 경건이 주는 모든 유

익을 얻고 싶습니까?(6절) 그렇다면 기독교 희락주의의 통화를 지혜롭게
사용하십시오. 부자가 되려고 하지 말고, 전시 생활필수품으로 만족하
십시오. 당신의 소망을 온전히 하나님께 두십시오. 교만하지 않도록 자
신을 잘 지키십시오. 하나님 안에서 누리는 당신의 기쁨이 길 잃고 곤고
한 세상으로 넉넉히 흘러넘치게 하십시오."

이와 같이 남편들도 자기 아내 사랑하기를
자기 자신과 같이 할지니.
_ 에베소서 5장 28절

누가 현숙한 여인을 찾아 얻겠느냐
그의 값은 진주보다 더 하니라.
_ 잠언 31장 10절

8장

결혼:
기독교 희락주의의
모체

결혼 생활이 그토록 비참해지는 이유는, 남편과 아내가 자신의 기쁨을 추구하지 않아서가 아니다. 자신의 기쁨을 배우자의 기쁨에서 찾지 않기 때문이다. 성경은 자신의 기쁨을 배우자의 기쁨 안에서 추구하라고 명령한다. 즉, 결혼을 기독교 희락주의의 모체(matrix)로 삼으라.

영광스러운 아내로 세우기 위해

결혼에 대해 다루는 에베소서 5장 25-30절만큼 기독교 희락주의를 잘 보여 주는 성경 구절은 없다.

"남편들아 아내 사랑하기를 그리스도께서 교회를 사랑하시고 그 교회를 위하여 자신을 주심 같이 하라 이는 곧 물로 씻어 말씀으로 깨끗하게 하사 거룩하게 하시고 자기 앞에 영광스러운 교회로 세우사 티나 주름 잡힌 것이나 이런 것들이 없이 거룩하고 흠이 없게 하려 하심이라 이와 같이 남편들도 자기 아내 사랑하기를 자기 자신과 같이 할지니 자기 아내를 사랑하는 자는 자기를 사랑하는 것이라 누구든지 언제나 자기 육체를 미워하지 않고 오직 양육하여 보호하기를 그리스도께서 교회에게 함과 같이 하나니 우리는 그 몸의 지체임이라."

남편들이여 그리스도께서 교회를 사랑하신 것 같이 아내를 사랑하라. 그리스도께서 교회를 어떻게 사랑하셨는가? "그 교회를 위하여 자신을 주셨다." 왜 그렇게 하셨는가? "깨끗하고 거룩하게 하시기 위해서다." 왜 교회를 그렇게 만들기 원하셨는가? "자기 앞에 영광스러운 교회로 세우기 위해서다."

바로 이것이다. "그는 그 앞에 있는 기쁨을 위하여 십자가를 참으셨다"(히 12:2). 그렇다면 어떤 기쁨인가? 자기 신부, 교회와 결혼하는 기쁨이다. 예수님은 더럽고 거룩하지 않은 아내를 원치 않으신다. 그래서 예수님은 자신의 정혼자를 '거룩하고 깨끗하게' 하심으로써 자기 앞에 영광스러운 아내로 세우려고 기꺼이 죽으셨다.

사랑하는 이의 기쁨에서 자신의 기쁨을 추구하라

교회의 궁극적인 기쁨은 무엇인가? 거룩하고 깨끗해져서 모든 것을 다스리시는 영광스러운 그리스도의 신부로 세워지는 것 아닌가? 그러므로 그리스도께서는 자신의 기쁨을 구하되 교회의 기쁨에서 자신의 기쁨을 구하셨다. 사랑하는 이의 기쁨에서 나의 기쁨을 추구하는 것, 그것이 사랑이다.

에베소서 5장 29-30절에서 바울은 기독교 희락주의를 좀 더 확장한다. "누구든지 언제나 자기 육체를 미워하지 않고 오직 양육하여 보호하기를 그리스도께서 교회에게 함과 같이 하나니 우리는 그 몸의 지체임이라." 왜 그리스도께서는 교회를 양육하고 보호하시는가? 우리가 그리스도의 몸이기 때문이다. 그리고 누구도 자기 몸을 미워하지 않는다. 다시 말해 그리스도와 그의 신부는 매우 친밀하게 연합되었기에('한 몸') 신부를 향한 좋은 일은 모두 그분을 향한 일이 된다. 이 본문은 이를 동기로 그리스도께서는 자기 신부를 양육하고 보호하고 거룩하게 하고 깨끗하게 하신다고 대담하게 주장한다.

사랑에 관한 몇몇 정의대로라면, 이것은 사랑이 될 수 없다. 그들은 사랑은 그리스도의 사랑처럼, 특별히 갈보리의 사랑처럼 자기 이해관계를 넘어서야 한다고 정의하기 때문이다. 하지만 나는 그런 사랑에 대한 관점이 이 성경 구절과 일치하는 것을 본 적이 없다. 그런데 이 본문은 그리스도께서 자기 신부에게 하신 일을 분명히 사랑이라고 부른다. "남편들아 아내 사랑하기를 그리스도께서 교회를 사랑하신 것같이 하라." 그렇다면 윤리나 철학이 아닌 이 성경 본문에서 사랑의 정의를 이끌어 내지 못할 이유가 무엇이겠는가?

이 본문에 따르면 사랑은 사랑하는 이의 거룩한 기쁨 안에서 자신의 기쁨을 추구하는 것이다. 사랑에서 자신의 이익을 배제할 길은 없다. 자신의 이익을 추구하는 것은 이기심과 다르다. 이기심은 타인을 희생하면서 자신의 사적인 이익만을 추구하는 것이다. 하지만 사랑은 사랑하는 이의 행복 속에서 자신의 행복을 추구하는 것이다. 사랑은 사랑하는 이의 삶과 순결함 가운데 그 기쁨이 충만하도록 사랑하는 이를 위해 심지어 고난을 당하고 죽기까지 한다.

예수님은 "네 목숨을 미워하라"고 하시지 않았는가?

그런데 "누구든지 언제나 자기 육체를 미워하지 않고 오직 양육하여 보호하기를"(엡 5:29)이라는 말씀은 "자기의 생명을 사랑하는 자는 잃어버릴 것이요 이 세상에서 자기의 생명을 미워하는 자는 영생하도록 보전하리라"(요 12:25)는 예수님의 말씀과 모순되지 않는가? 아니다. 전혀 모순되지 않는다. 오히려 둘은 놀라울 만큼 일치한다.

핵심 어구는 "이 세상에서"이다. 이 세상에서 자기 목숨을 미워하는 사람은 영원히 목숨을 보존할 것이다. 그러기에 이것은 자기 목숨을 끝까지 미워하는 것이 아니다. 자기 목숨을 미워함으로써 영원히 그 목숨을 보존하기 때문이다. 자기 목숨을 미워하는 것이 좋고 또 반드시 필요할 때가 있다. 예수님의 이 말씀은 "아무도 자기 목숨(육체)을 미워하지 않고"라는 바울의 말을 부정하지 않는다. 여기서 미움은 구원의 수단이며, 따라서 일종의 사랑이다. 그래서 예수님은 **이 세상에서**라는 표현으로 그가 권하는 미움의 한계를 정하셔야 했다. 장래를 염두에 둔다면, 우리는 그것을 더 이상 미움이라고 부를 수 없다. 이 세상에서 자기 목숨을 미워한다는 것은 예수님이 "교회를 위하여 자기를 주셨을 때" 하신 바로 그 일이다. 하지만 그리스도께서는 자기 앞에 있는 기쁨을 위해 그렇게 하셨다. 그분은 자기 신부를 자기 앞에 영광스럽게 세우기 위해 그렇게 하셨다. 자기 목숨을 미워하는 것은, 자기 목숨과 교회를 위한 가장 깊은 사랑이다.

바울의 이 말은 요한계시록 12장 11절과도 모순되지 않는다. "또 우리 형제들이 어린 양의 피와 자기들이 증언하는 말씀으로써 그를 이겼으니 **그들은 죽기까지 자기들의 생명을 아끼지 아니하였도다.**" 그들은 예수님을 위해 기꺼이 죽으려고 했으며, 그렇게 자기 목숨을 미워함으로써 사탄을 '이기고' 하늘의 영광을 얻었다. "네가 죽도록 충성하라 그리하면 내가 생명의 관을 네게 주리라"(계 2:10). 이 "죽기까지 생명을 아끼지 않는 것"이 진정으로 죽음을 넘어서는 생명 사랑이다.

모두가 행복을 추구한다

결국 더욱 큰 비극을 초래할 것이 분명한데도 자기 육체를 미워하기로 선택할 사람은 아무도 없다. 이것이 인간의 마음을 잘 알았던 위대한 사람들이 내린 결론이다. 파스칼은 이렇게 말했다.

모든 사람은 행복을 추구한다. 예외는 없다. 무슨 수단을 사용하든 그 수단들은 모두 이 목적을 지향한다. 어떤 이는 전쟁에 나가고 다른 이는 전쟁을 피하지만, 양쪽의 견해는 달라도 그렇게 하는 이유는 같다. 모두 욕망 때문이다. 이 목적이 아니면 의지는 단 한 발짝도 움직이지 않는다. 이것이 모든 사람이 행동하는 동기이며, 심지어 스스로 목매어 자살하는 사람들의 동기이기도 하다.[1]

조나단 에드워즈는 이를 그리스도의 말씀과 결부시킨다.

예수님은 모든 사람이 행복을 추구하는 것을 아셨다. 그분은 참된 방법으로 행복을 추구하라고 명하신다. 그리고 그들이 복을 받고 행복해지려면 어떤 사람이 되어야 하는지 말씀하신다.[2]

---

1) Blaise Pascal, *Pascal's Pensees*, trans. W. F. Trotter (New York: E. P. Dutton, 1958), 113, thought #425.

2) Jonathan Edwards, *The Works of Jonathan Edwards*, vol. 2 (Edinburgh: Banner of Truth, 1974), 905. 이 인용구는 "Blessed Are the Pure in Heart"라는 제목의 마태복음 5:8 설교에서 찾았다.

에드워드 카넬은 핵심을 다음과 같이 일반화한다.

기독교 윤리는 자기를 위한 자기 사랑을 전제로 한다. 우리의 관심에 호소하지 않는 것은 무엇이든 우리에게 동기를 부여할 수 없다.[3]

칼 바르트(Karl Barth)는 특유의 열정적인 태도로 이 진리에 관해 수 페이지를 할애한다. 아래는 그의 글에서 발췌한 것이다.

삶에의 의지는 기쁨과 즐거움과 행복에의 의지다. 실재하는 모든 사람들의 삶을 향한 의지는 기쁨을 향한 의지다. 자신이 의지를 발휘하는 모든 일에서 인간은 어떤 형태로든 이 기쁨이 자신을 위해 존재할 것을 바라고 또 그렇게 되도록 의도한다. 사람이 말로든 다른 무엇으로든 상이한 일들을 추구한다 해도 결국에는 (무의식적이긴 하지만) 자신의 기쁨을 확보하려고 그렇게 한다. 이를 감추는 것은 위선이다. 이런 위선은 또한, 우리가 먹고 마시고 자고 건강해지기를 원하고 또 일하고 옳은 것을 지지하고 하나님 및 이웃과 교제하며 살기 원해야 하듯이 자신의 기쁨을 원해야 한다는 윤리적 진리를 희생시키는 것이다. 자신이 이 진리를 누리지 못하게 스스로를 가로막는 사람은 분명 순종하는 사람이 아니다.[4]

순종하는 남편이 되려면 그리스도께서 교회를 사랑하신 것 같이 아내를 사랑해야 한다. 즉 그는 자기 아내의 거룩한 기쁨 안에서 자신의 기쁨을 추구해야 한다.

---

3) E. J. Carnell, *Christian Commitment* (New York: macmillan, 1957), 96.

4) Karl Barth, *The Doctrine of Creation, Church Dogmatics*, vol. 3, 4, trans. A. T. Makay, et. al. (Edinburgh: T. & T. Clark, 1961), 375.

"이와 같이 남편들도 자기 아내 사랑하기를 자기 자신과 같이 할지니 자기 아내를 사랑하는 자는 자기를 사랑하는 것이라"(엡 5:28).

이 구절은 분명히 레위기 19장 18절을 근거로 예수님이 하신 명령을 달리 표현한 것이다. "네 이웃을 네 자신 같이 사랑하라"(마 22:39). 그런데 많은 사람들이 이 구절을 오해한다. 사람들은 이 구절이 우리가 다른 사람을 사랑하려면 자신의 자존감부터 높여야 한다고 가르치는 것이라 생각한다. 하지만 이 명령의 의미는 그것이 아니다.[5] 예수님은 우리 자신을 사랑하라고 명령하지 않으신다. 예수님은 우리가 그렇게 하고 있다는 전제하에 명령하신다. 즉 에드워즈가 말한 대로, 바울은 지금 우리가 모두 자신의 행복을 추구하고 있다는 전제 아래서 우리의 본래적인 자기 사랑의 기준(measure)을 타인을 사랑해야 하는 우리 의무의 기준이 되게 하라고 명령한 것이다. "네 이웃을 네 자신 같이 사랑하라."

바울은 이제 이것을 결혼에 적용한다. 바울은 그리스도와 교회의 관계가 그 예를 보여 준다고 생각한다. 그는 또한 남편과 아내가 '한 몸'이 된다(엡 5:31)는 사실도 이 진리의 실례가 된다고 생각한다. "이와 같이 남편들도 자기 아내 사랑하기를 자기 자신과 같이 할지니 자기 아내를 사랑하는 자는 자기를 사랑하는 것이라"(28절). 다시 말해서 남편은 자연스레 자신을 행복하게 하려고 열정을 쏟는 만큼 아내를 행복하게 하는 데도 정력과 시간과 창조력을 쏟아야 한다는 것이다. 이렇게 할 때 결과적으로 자기 자신이 행복해질 것이다. 아내는 남편과 한 몸이기에 이 진리는 아내가 남편을 사랑하는 데도 똑같이 적용된다.

---

5) 나의 논문 "What Does It mean to Love Your Neighbor as Yourself?" in *Christianity Today* (12 August 1977):6-9을 참고하라. 이 글은 http://desiringgod.org/dg/id227_m.htm에서도 볼 수 있다.

바울은 희락주의라는 강을 막는 댐이 아닌 운하를 만들고 있다. 바울은 지금 이렇게 말한다. "남편과 아내들이여, 결혼을 통해 여러분은 한 몸이 되었습니다. 여러분이 배우자를 희생해가면서 자신만의 쾌락을 추구하며 산다면, 그것은 당신 자신을 거슬러 사는 것이고 자신의 기쁨을 파괴하는 것입니다. 하지만 온 마음으로 배우자의 거룩한 기쁨을 위해 헌신한다면, 여러분은 자신의 기쁨을 위해 사는 것이 되며 그리스도와 교회의 모습을 닮은 결혼 생활을 할 것입니다."

결혼에 나타난 기독교 희락주의를 위한 모범

그렇다면 남편과 아내 사이의 이 사랑은 무엇과 같은가? 바울은 이 본문에서 부부의 사랑을 위한 어떤 모범을 가르치는가?

에베소서 5장 31절은 창세기 2장 24절을 인용한다. "이러므로 남자가 부모를 떠나 그의 아내와 합하여 둘이 한 몸을 이룰지로다." 바울은 에베소서 5장 32절에서 이렇게 덧붙인다. "이 비밀이 크도다 나는 그리스도와 교회에 대하여 말하노라." 왜 바울은 창세기 2장 24절을 '큰 비밀'이라고 부르는가?

대답하기 전에 구약 본문으로 돌아가 창세기 2장 24절이 무슨 뜻인지 살펴보자.

구약 본문에 나타난 결혼의 비밀

창세기 2장을 보면, 하나님이 아담을 먼저 지으시고 그를 동산에 홀로 두신다. 그리고 이렇게 말씀하신다. "사람이 혼자 사는 것이 좋지 아니하니 내가 그를 위하여 돕는 배필을 지으리라"(18절). 이 말을 동산을 돌보는 일이 아담 혼자 하기에는 너무 벅찼다거나 혹은 아담이 하나님과의 관계에 소홀했다는 증거로 볼 수 없다. 여기서 말하려는 것은 하나님이 아담을 그분과 함께하는 자(sharer)로 만드셨다는 점이다. 하나님은 우리를 은혜의 통로로 만드셨지 은혜의 막다른 골목으로 만들지 않으셨다. 사람은 하나님의 은혜를 다른 사람에게 전하지 (전기처럼) 않고서는 누구도 온전해질 수 없다. (미혼인 사람은 이런 일이 결혼을 통해서만 가능하다고 생각해서는 안 된다.)[6]

하나님이 예비하신 존재는 또 다른 사람이지 동물이 아니다. 창세기 2장 19-20절에서 하나님은 아담 앞으로 동물들이 지나가게 하심으로써 동물은 결코 '그를 위한 돕는 배필'이 될 수 없음을 알게 하셨다. 동물은 인간에게 큰 도움을 주지만, 오직 사람만이 "생명의 은혜를 이어받을 자"가 될 수 있다(벧전 3:7). 사람만이 은혜를 받고 감사하고 즐길 수 있다. 사람에게 필요한 것은 하나님의 사랑을 함께 나눌 다른 사람이다. 동물은 결코 그렇게 할 수 없다. 오로라의 아름다움을 사랑하는 사람과 나누는 것과 애완견과 나누는 것은 엄청나게 다르다.

따라서 21-22절은 "여호와 하나님이 아담을 깊이 잠들게 하시니 잠들매 그가 그 갈빗대 하나를 취하고 살로 대신 채우시고 여호와 하나님이 아담에게서 취하신 그 갈빗대로 여자를 만드시고 그를 아담에게로 이끌어 오시니"라고 말한다. 동물은 결코 그의 배필이 될 수 없음을 보여 주신 후 하나님은 아담의 살과 뼈에서 취한 것으로 그를 닮은, 하지만 그와는 아주 다른 한 사람을 만드셨다. 하나님은 다른 남자를 만들지

---

6) John Piper, *For Single Men and Women (and the Rest of Us)* (Louisville, Ky.: Council of Biblical Manhood & Womanhood, 1992)를 보라. http://www.cbmw.org/Online-Books/Recovering-Biblical-Manhood-and-Womanhood/for-Single-Men-and-Women-and-the-Rest-of-Us에서도 볼 수 있다.

않으셨다. 하나님은 여자를 창조하셨다. 아담은 그녀가 동물과는 전혀 다른 자신의 완벽한 짝임을 알아보았다. "아담이 이르되 이는 내 **뼈** 중의 **뼈**요 살 중의 살이라 이것을 남자에게서 취하였은즉 여자라 부르리라 하니라"(창 2:23).

하나님은 아담과 **같으면서도** 아담과 전혀 **다른** 한 사람을 창조하심으로써, 그렇게 하지 않고는 도저히 불가능한 신비한 연합의 가능성을 여셨다. 아주 닮은 둘이 하나가 될 때보다 서로 다르면서도 짝을 이루는 둘이 하나가 될 때 더욱 풍성한 연합을 누릴 수 있다. 모두가 한 리듬으로 노래할 때 우리는 그것을 '한 소리'(one sound)라는 뜻의 제창(unison)이라고 부른다. 하지만 소프라노, 알토, 테너, 베이스가 다양한 곡조로 한 노래를 부를 때 우리는 그것을 '하모니'라고 부른다. 귀 있는 사람이라면 단조로운 제창보다는 웅장한 '하모니'가 더 진한 감동을 주는 것을 알 것이다. 그래서 하나님은 여자를 만드셨지 다른 남자를 만들지 않으셨다. 하나님은 이성을 만드셨지 동성을 만들지 않으셨다.[7]

여기서 우리는 '이러므로'라는 접속사가 보여 주는 23절과 24절의 연관 관계에 주목해야 한다.

"아담이 이르되 이는 내 **뼈** 중의 **뼈**요 살 중의 살이라 이것을 남자에게서 취하였은즉 여자라 부르리라 하니라 이러므로 남자가 부모를 떠나 그의 아내와 합하여 둘이 한 몸을 이룰지로다."

23절의 초점은 두 가지다. 객관적으로, 여자는 남자의 살과 뼈의 일부이다. 주관적으로, 아담은 여인을 보고서 기쁨을 얻었다. "**이는**(At last)

---

7) http://desiringgod.org/resource-library/topic-index/homosexuality를 보라.

내 뼈 중의 뼈요 살 중의 살이라." 이 두 가지를 통해 저자는 24절에서 결혼에 관해 다음과 같이 추론한다. "이러므로 남자가 부모를 떠나 그의 아내와 합하여 둘이 한 몸을 이룰지로다."

다시 말해, 하나님은 처음부터 여자를 남자의 뼈 중의 뼈요 살 중의 살로 창조하셨다. 그리고 여자를 다시 남자에게 보내서 살아 있는 교제로 한 몸 됨의 의미를 알게 하셨다. 24절은 결혼이 바로 다음과 같다는 교훈을 준다. 결혼이란, 하나님이 남자에게 그의 짝인 여자를 주셨기에 그가 부모를 떠나는 것이다. 그리고 남자가 다른 사람이 아닌 오직 그 한 여자에게만 충실하고, 그 여자와 한 몸이 되는 것이 무엇인지 경험하고 알게 되는 것이다.

결혼의 심원한 비밀

바울은 이를 보고는 "엄청난 비밀"이라고 말했다. 왜인가?

바울은 예수님께 교회가 그리스도의 몸임을 배웠다(엡 1:23). 우리는 믿음으로 그리스도와 연합된다. 그러기에 우리는 모든 신자들과 "그리스도 예수 안에서 다 하나"(갈 3:28)가 된다. 그리스도를 믿는 자들은 그리스도의 몸이다. 우리는 그리스도의 영이 내주하시며 그리스도께서 자신의 생명을 드러내시는 유기체다.

교회와 그리스도 간의 관계를 아는 바울은 이를 결혼과 나란히 두고 보았다. 그는 남편과 아내가 한 몸이 되고, 그리스도와 교회도 한 몸이 되는 것을 깨달았다. 예를 들면 고린도후서 11장 2절에서 바울은 교회를 향해 "내가 하나님의 열심으로 너희를 위하여 열심을 내노니 내가 너희를 정결한 처녀로 한 남편인 그리스도께 드리려고 중매함이로다"라고 말한다. 그는 그리스도를 남편으로, 교회를 신부로, 회심을 자신이 성사

시킨 중매로 그리고 있다. 신부를 신랑 앞에 세우는 것은 에베소서 5장 27절("자기 앞에 영광스러운 교회로 세우사")에 암시된 대로 주님이 재림하실 때 있을 것이다.

언뜻 이 본문은 그리스도와 교회 간의 관계를 설명하고 묘사하기 위해 창세기 2장에서 배운 인간의 결혼 관계를 사용한 듯 보인다. 하지만 만약 그렇다면 결혼은 더 이상 바울이 에베소서 5장 23절에 말한 것과 같은 비밀이 되지 못한다. 도리어 그리스도와 교회의 비밀에 대한 아주 분명하고 명백한 설명이 될 것이다. 그러므로 결혼에는 언뜻 보기보다 더 깊은 무언가가 있다. 그것은 무엇일까?

비밀은 이것이다. 하나님은 인간의 결혼을 본으로 삼아 그리스도와 교회의 하나 됨을 창조하지 않으셨다. 오히려 그 반대다. 하나님은 그리스도와 교회의 관계를 본으로 삼아 인간의 결혼 관계를 만드셨다.

창세기 2장 24절의 비밀은, 여기서 묘사하는 결혼이 그리스도와 하나님의 백성 간의 관계에 대한 비유 혹은 상징이라는 것이다. 여자의 창조에는 우리 눈에 보이는 것 이상의 무언가가 있다. 하나님은 닥치는 대로 무슨 일을 하신 것이 아니다. 하나님은 모든 것에 목적과 의미를 두셨다. 남자와 여자를 창조하시고 결혼의 하나 됨을 정하셨을 때, 하나님은 주사위를 던지거나 제비를 뽑거나 동전을 던져서 둘 사이의 관계를 어떻게 할지 결정하지 않으셨다. 하나님은 영원 전부터 계획하신 자기 아들과 교회의 관계를 따라 아주 치밀한 목적을 가지고 결혼 제도를 만드셨다.[8]

---

8) 히브리서 13:20은 그리스도와 교회를 묶는 언약을 "영원한 언약"이라고 부른다. "양들의 큰 목자이신 우리 주 예수를 영원한 언약의 피로 죽은 자 가운데서 이끌어 내신 평강의 하나님……" 그러므로 그리스도와 교회의 관계는 영원 전부터 하나님의 마음에 있었으며, 그분의 사유의 순서대로 그 관계가 결혼보다 앞서 나오고 결혼의 창조를 구속한 것이다(govern).

그러므로 결혼은 비밀이다. 결혼은 우리가 밖에서 보는 것보다 훨씬 더 큰 의미를 담고 있고 또 감추고 있다. 하나님은 남자와 여자를 창조하시고 결혼을 명하심으로써 그리스도와 교회의 영원한 언약 관계가 결혼의 하나 됨 속에 새겨지게 하셨다. 제프리 브롬리(Geoffrey Bromiley)는 말한다. "하나님은 자기 형상(image)을 따라 사람을 만드셨듯이, 자기 백성과의 영원한 결혼의 상(image)을 따라 사람의 결혼 제도를 만드셨다."[9]

이 비밀로부터 바울은 결혼 관계에서 남편과 아내의 역할은 임의로 주어진 것이 아니라 그리스도와 교회 간의 독특한 역할에 뿌리를 내리고 있다고 추론한다. 그러므로 결혼한 사람들은 우리보다 무한히 크고 위대하신 하나님의 실재를 결혼을 통해 드러내도록 하나님이 우리에게 주신 특권이 얼마나 신비스럽고 멋진지 거듭 묵상해야 한다.

이것이 바로 바울이 결혼을 통해 묘사하는 사랑의 모범의 기초이다. 부부는 각각 배우자의 기쁨에서 자신의 기쁨을 추구하는 것만으로는 충분하지 않다. 남편과 아내는 의식적으로 하나님이 그리스도와 교회를 향해 의도하셨던 관계를 닮으려고 노력해야 한다.[10]

아내는 교회를 특별한 모범으로 삼는다

따라서 아내는 교회가 그리스도와의 관계에서 갖는 목적을 자신의 모범으로 삼는다. "아내들이여 자기 남편에게 복종하기를 주께 하듯 하라 이는 남편이 아내의 머리 됨이 그리스도께서 교회의 머리 됨과 같음이니 그가 바로 몸의 구주시니라 그러므로 교회가 그리스도에게 하듯 아내들도 범사에 자기 남편에게 복종할지니라"(엡 5:22-24).

---

9) Geoffrey Bromiley, *God and Marriage* (Grand Rapids, Mich.: Eerdmans, 1980), 43.

10) 이 주제는 존 파이퍼, 『결혼 신학』, 이은이 역 (부흥과개혁사, 2010), 원저 John Piper, *This Momentary Marriage: A Parable of Permanence* (Wheaton, Ill.: Crossway, 2009)에서 길게 다루었다.

아내의 순종을 이해하려면 남편의 '머리 됨'(headship)을 먼저 이해해야 한다. 아내의 순종은 바로 그 남편의 머리 됨에 근거하기 때문이다. ("아내들이여 자기 남편에게 복종하기를 주께 하듯 하라 이는 남편이 아내의 머리 됨이……") 에베소서 5장 23절의 **'머리 됨'**이란 무엇인가?

'머리'에 해당하는 헬라어 '케팔레'(*kephalē*)는 구약에서 종종 우두머리나 지도자를 가리키는 데 쓰인다(삿 10:18; 11:8-9; 삼하 22:44; 시 18:43; 사 7:8). 하지만 왜 '머리'라는 단어가 지도자를 가리키는 데 쓰였는지 그 시작은 분명하지 않다. 아마 몸에서 가장 위에 있기 때문에 머리를 높은 지위나 권력과 관련지어 생각하게 되었을 것이다.

옛 세대 중에는 머리가 아닌 마음이 사고를 주도한다고 생각하는 사람들도 있었다. 그런데 찰스 싱어(Charles Singer)의 『옥스퍼드 고전 사전』(*Oxford Classical Dictionary*)에 따르면, 지성이 마음에 있다는 아리스토텔레스의 견해는 "당대 의료인들의 견해와 상반되고, 대중적인 견해와도 상반되며, 플라톤의 티마이오스(Timaeus) 교리와도 상반된다."[11] 바울과 동시대를 살았던 그리스인 필로(Philo)의 말을 들어보자. 그 시대에 머리가 어떤 의미였는지 가장 적절한 답을 발견할 수 있을 것이다.

> 자연이 그 왕적 지위에 가장 어울리는 성의 소유권을 머리에게 부여하고 머리를 통해 명령하게 하고 목에서 발까지 전 체계를 그 아래 둠으로써 몸의 주권을 머리에게 부여했듯이, 자연은 또한 감각들의 주권을 눈에게 주었다.[12]

---

11) N. G. L. Hammond and H. H. Scullard, eds., *The Oxford Classical Dictionary* (Oxford: Clarendon, 1970), 59.

12) Philo, *The Special Laws*, III, 184, in Loeb Classical Library, 8:591.

하인리히 슐리어(Heinrich Schlier)는 필로 외에도 스토아학파의 자료들을 통해 분명히 알 수 있듯 이것이 바울 시대의 일반적인 견해라고 주장한다.[13] 따라서 "구약성경의 그리스어 번역본을 읽을 기회가 거의 없던 신약시대의 그리스어를 말하는 사람들에게 '머리'는 여러 가지 의미로 사용되었지만, 그중 '주권'(supremacy)이나 '책임'이라는 뜻은 없었다"라고 주장하는 현대 학자들의 견해는 잘못된 것이다.[14]

'주권'은 필로와 그 밖의 사람들이 머리에 부여한 바로 그 특성이다. 하지만 가장 중요한 것은 에베소서 1장 22절에서 바울 자신이 '머리'라는 단어를 사용할 때 "의심할 여지없이 '권위'의 개념을 담았다"[15]는 사실이다. 에베소서 1장 20-22절에서 바울은 말한다.

"그[하나님]의 능력이 그리스도 안에서 역사하사 죽은 자들 가운데서 다시 살리시고 하늘에서 자기의 오른편에 앉히사 모든 통치와 권세와 능력과 주권과 이 세상뿐 아니라 오는 세상에 일컫는 모든 이름 위에 뛰어나게 하시고 또 만물을 그의 발 아래에 복종하게 하시고 그를 만물 위에 교회의 머리로 삼으셨느니라."

일부 학자들이 주장하듯 **머리**에 '근원'(source)이라는 뜻이 있을 수 있다고 해도,[16] 그리스도께서 모든 권세들 위에 가장 뛰어난 분으로서 세

---

13) *Theological Dictionary of the New Testament*, ed. Gerhard Kittle (Grand Rapids, Mich.: Eerdmans, 1965), 3:674.

14) Alvera and Berkeley Mickelsen, "Does Male Dominance Tarnish Our Translations?" *Christianity Today* 22, no. 23 (5 October 1979): 25.

15) Stephen Bedale, "The Meaning of in the Pauline Epistles," *Journal of Theological Studies* 5(1954): 215.

16) 그중에서도 Gilbert Bilezekian, *Beyond Sex Roles*, 2nd (Grand Rapids, Mich.: Baker, 1985), 157-62와 Catherine Clark Kroeger, "Head," in *Dictionary of Paul and His Letters*, ed. Gerald F.

워지셨다는 이 문맥에서는 낯선 개념이 될 것이다. 또한 이 개념은 에베소서 5장 23절의 문맥에도 전혀 어울리지 않는데, 여기서 아내의 '순종'은 남편이 '지도자 혹은 권위'라는 의미에서 **머리**임을 자연스럽게 암시하기 때문이다.

만일 **머리**가 '근원'을 의미한다고 가정한다면 어떤 뜻이 되겠는가? 에베소서 5장 29-30절은 그리스도께서 **자기 몸**인 교회의 머리이시듯 남편은 아내의 머리라고 말한다. 여기서 우리는 **머리**를 강의 머리(근원)라는 식으로 말할 수 없다. 이 본문에서 바울은 아주 구체적인 종류의 머리를 염두에 두고 있는데, 곧 '몸'의 맨 위에 있는, 목과 연결된 머리를 가리키는 것이다.

생각해 보자. 만약 머리가 '근원'을 뜻한다면, 남편은 무엇의 근원인가? 몸은 머리에서 무엇을 얻는가? 몸은 양육(nourishment)을 받는다(29절에 언급된다. "누구든지 언제나 자기 육체를 미워하지 않고 오직 양육하여 보호하기를 그리스도께서 교회에게 함과 같이 하나니"). 입이 머리에 있고, 영양분(nourishment)은 입을 통해 몸으로 공급되기 때문에 우리는 이 말을 이해할 수 있다. 하지만 이것이 몸이 머리에서 얻는 전부는 아니다. 눈도 머리에 있기 때문에 몸은 머리의 **인도**를 받는다. 귀도 머리에 있기 때문에 몸은 머리에게서 **경각심**과 **보호**를 받는다.

다시 말해서, 만약 머리인 남편이 아내와 한 몸이고, 따라서 남편이 아내에게 인도와 양분과 경각심을 제공하는 근원이라면, 우리는 지도와

Hawthorne, Ralph P. Martin, and Daniel G. Reid (Downers Grove, Ill. : InterVarsity, 1993) 376-7을 보라. 그러나 웨인 그루뎀은 바울 당시 이런 의미로 사용되었을 가능성은 거의 없다고 주장한다. "The Meaning of *Kephalē*("Head"): A Response to Recent Studies" in *Recovering Biblical Manhood and Womanhood*, 425-68, 534-41. 이 밖에도 "The Meaning of *Kephal* ("Head"): An Evaluation of New Evidence, Real or Alleged," in *Journal of the Evangelical Theological Society* 44, no. 1 (March 2001):25-65이 있다.

공급과 보호를 위한 가장 우선적인 책임이 남편에게 있다고 자연스럽게 결론을 내릴 수 있다.

따라서 머리의 의미를 '근원'으로 보아도, 하나님이 남편을 가정에서 그리스도와 같은 섬김의 지도력을 발휘해 보호하고 필요한 것을 제공할 가장 우선적인 책임을 감당하도록 부르셨다는 것이 이 구절에 대한 가장 자연스러운 해석일 것이다. 그리고 아내는 남편의 지도력을 존중하고 지지하고, 남편이 받은 은사를 통해 그 일을 잘하도록 돕기 위해 부르심을 받았다.

그러므로 "아내들이여 자기 남편에게 복종하기를 주께 하듯 하라 이는 남편이 아내의 머리 됨이……"라고 말할 때, 바울은 아내가 가정을 이끌어야 하는 남편의 더 큰 책임을 인지하고 존중하라는 뜻으로 말하는 것이다. 아내는 남편의 권위에 복종하려는 성향과 그의 지도력을 따르려는 의향을 품어야 한다.

내가 여기서 '성향'(disposition)과 '의향'(inclination)이라고 말한 이유는 타인을 향한 인간의 순종은 절대적이지 않기 때문이다. 남편은 결코 아내의 가장 뛰어난 권위이신 그리스도의 자리를 대신할 수 없다. 아내는 결코 죄로 이끄는 남편의 지도력을 따라서는 안 된다. 하지만 죄에 대한 남편의 의지에 반대해 그리스도 편에 설 때라도, 그리스도인 아내는 순종하려는 마음을 가질 수 있다. 아내는 행동과 태도를 통해 자신이 남편의 뜻을 거스르기를 좋아하지 않으며 남편이 죄를 떠나 의의 길을 걷기를 간절히 바란다는 것을 보여 줄 수 있다. 그렇게 함으로써 남편을 머리로서 존중하려는 아내의 '성향'은 다시 조화를 이룰 수 있다.

어떤 특정한 행위가 아닌 순종하려는 '성향'과 '의향'을 강조한 또 다른 이유는, 이런 순종하려는 마음에서 나온 특정한 행동들은 결혼 관계마다 매우 다양하기 때문이다. 심지어 그런 행동들은 문화에 따라서 모순되게 보이기도 한다.

남편은 그리스도를 특별한 모범으로 삼는다

따라서 이 신비스러운 결혼의 비유에서, 아내는 교회가 그리스도와의 관계 안에서 갖는 하나님의 목적을 통해 특별한 본을 얻어야 한다.[17] 그리고 바울은 남편들에게 이렇게 말한다. "남편들아 아내 사랑하기를 그리스도께서 교회를 사랑하시고 그 교회를 위하여 자신을 주심 같이 하라"(엡 5:25). 23절이 말한 대로 남편이 아내의 머리라면, 모든 남편들은 무엇보다 아내를 살리기 위해 기꺼이 죽는 사랑으로 아내를 이끌어야 함이 분명하다.

누가복음 22장 26절에서 예수님은 "너희 중에 다스리는 자는 섬기는 자와 같을지니라"고 하셨다. TV 앞에 붙어서 아내를 종 다루듯 하는 남편은 그리스도의 길을 포기한 사람이다. 예수님은 수건을 두르고 허리를 굽혀 사도들의 발을 씻기셨다. 명령하는 태도로 아내를 지배하는 것을 남자다움이라고 생각하는 남편들에게 화가 있을지어다! 그리스도인 남편이 되고 싶은가? 그렇다면 보스(boss)가 아닌 종(servant)이 되어라.

에베소서 5장 21절은 상호 복종을 말하는 것이 맞다. "그리스도를 경외함으로 피차 복종하라." 하지만 이 구절을 근거로 그리스도께서 교회에게 복종하신 방식과 교회가 그리스도께 복종하는 방식이 같다고 추론할 수 없다. 교회는 그분의 지도력을 따르려는 성향으로 그리스도께 복종한다. 그리스도께서는 교회를 겸손히 섬김으로써 자신의 지도력을 행사할 성향으로 교회에게 복종하신다.

---

17) 이 주제 또한 존 파이퍼, 『결혼 신학』에서 더 길게 다루었다.

그리스도께서 "다스리는 자는 섬기는 자와 같을지니라"고 하셨을 때, 그분은 지도자가 지도자이길 그치라는 뜻으로 말씀하신 것이 아니다. 예수님이 무릎을 꿇고 제자들의 발을 씻기실 때조차, 그 누구도 그분이 지도자임을 의심하지 않았다. 그리스도인 남편이라면 누구든 아내와 가족의 겸손한 종으로서 하나님의 다스리심을 받으며 가족에게 도덕적 비전과 영적 지도력을 제공할 책임을 회피해서는 안 된다.

잠시 남자들에게 직접적으로 이렇게 말하고 싶다. 말만 번지르르한 비성경적인 페미니즘의 장광설에 속아 그리스도와 같은 남편의 지도력이 나쁘다고 생각하지 말라. 이 시대의 가정은 다른 무엇보다도 그리스도와 같은 지도력이 필요하다. 여러분이 얼마나 온유하며 아내를 전심으로 섬기고 아내의 깊은 갈망과 필요에 복종하든, 여러분은 여전히 머리요 지도자다.

내가 말하려는 것은 이것이다. 여러분은 성령의 일하심 가운데 지도할 더 큰 책임을 느껴야 한다. 가족들의 기도 생활과 말씀 묵상과 예배를 이끌어야 한다. 가정의 도덕적 바탕을 가장으로서 형성해야 하며, 가정을 행복한 장소로 다스려야 한다. 나는 이런 그리스도와 같은 지도력 아래 있으면서 불평하는 아내들을 본 적이 없다. 하지만 하나님이 명하신 지도력을 팽개친 채 도덕적 비전과 가정이 지향해야 할 바에 대한 영적 개념도 없고 가족을 인도하려는 열정도 없는 남편들 때문에 불행한 아내들을 너무 많이 알고 있다.

한 유명한 담배 광고에는, 곱슬머리에 갈색 피부를 가진 남자가 담배를 꼬나물고 등장한다. 그리고 이어서 "남자의 특권"이라는 문구가 나온다. 그것은 거짓말이다. 남자의 특권은 자녀의 머리맡에서 말씀 묵상과 기도를 이끄는 것이다. 남자의 특권은 그의 가족을 하나님의 집으로 이끄는 것이다. 남자의 특권은 아침 일찍 일어나 하나님 앞에서 홀로 가족이 나아갈 비전과 방향을 구하는 것이다.

복종의 형태

아내는 자신이 취할 수 있는 복종의 형태가 남편의 지도력 수준에 따라 다양함을 알아야 한다. 남편이 가족을 향한 성경적 비전이 있고 성령을 따라 인도하는 경건한 사람이라면, 경건한 아내는 기쁘게 이 지도력을 수용하고 남편을 도울 것이다. 그렇다면 제자들이 예수님의 지도력에 짓눌리지 않고 주님을 도왔듯이, 아내도 남편의 지도력에 짓눌리지 않고 도리어 남편을 도울 것이다.

하지만 남편의 비전이 왜곡되었거나 그 방향이 비성경적이라고 생각된다면, 아내는 침묵만 하고 있어서는 안 된다. 온유한 마음으로 남편에게 물어야 하며, 때로는 남편이 실족하지 않도록 잡아 주어야 한다. '남편의 머리 됨'이라는 말은 남편이 절대 오류를 범할 수 없다거나 아내가 남편의 잘못을 바로잡아 줄 수 없다는 뜻이 아니다. 또 가족의 방향을 정하는 데 아내가 관여하는 것은 불복종이라는 뜻도 아니다.

지도력과 지성 혹은 순종과 몰지성 간의 상호 관계가 꼭 성립하는 것은 아니다. 아내가 늘 우월한 영역이 있고 남편이 늘 우월한 영역이 있다. 하지만 아내가 지도자에 더 적합하다고 해서 하나님이 남편을 지도자로 정하신 본을 무시한다면 잘못이다. 아무리 아내에게 능력이 더 많더라도, 하나님의 말씀에 순종하려는 열정이 있는 남자라면 누구든지 지도자가 될 수 있다.

예를 들어, 남편에게 난독증이 있다고 가정하자. 그는 성경을 큰 소리로 읽을 때 순서를 온통 뒤바꾸어 읽고 단어도 잘 읽지 못한다. 반면에 아내에게는 책 읽는 은사가 있다. 지도자라고 해서 남편이 가정 예배 시간에 성경을 잘 읽어야 하는 것은 아니다. 다음의 한마디가 지도력을 형성할 수 있다. "자, 얘들아 거실에 모여 보렴. 가정 예배 시간이야. 지난번에 어디까지 읽었지? 엄마가 이어서 읽어 주실 거야." 아빠는 책을 잘 읽지는 못해도 여전히 지도자로 인정을 받을 것이다. 이는 남편이 주도권을 가지고 책임지려는 마음과 또 아내가 이를 열린 자세로 지원해 주는 것과 관련이 있다.

하지만 그리스도인 여자가 어떤 비전이나 도덕적 방향도 제시하지 못하고 주님의 일하심을 따라 인도해 주지도 못하는 남자와 결혼했다면 어떻게 해야 하는가?

먼저 베드로전서 3장 1절은 순종하는 것이 하나님의 뜻이라고 분명히 말한다. "아내들아 이와 같이 자기 남편에게 순종하라 이는 혹 말씀을 순종하지 않는 자라도 말로 말미암지 않고 그 아내의 행실로 말미암아 구원을 받게 하려 함이니." 하지만 이런 경우 순종의 형태는 달라질 것이다.

그리스도의 주권 아래에서 아내는 남편이 원하더라도 죄를 짓지 않아야 한다. 아내는 죄를 금하시는 그리스도께 순복하도록 부르심을 받았기 때문이다(엡 5:22). 하지만 아내는 양심이 허락하는 범위 안에서 남편을 지원하고 남편이 좋아하는 일을 하려고 해야 한다.

아내는 믿지 않는 남편에게 거만한 태도로 반항하지 않으면서, 아이들에게 영적 비전과 도덕적 방향을 제시할 수 있다. 그리스도를 위해 남편을 반대해야 할 때, 아내는 차분하고 정중한 마음으로, 이렇게 하는 것은 남편을 반대하기 때문이 아니라 그리스도께 복종해야 하기 때문이라고 설명하려 노력해야 한다.

그러나 남편에게 설교하는 것은 별 도움이 되지 않는다. 남편의 마음 깊은 곳에는 자신이 가정의 도덕적 지도력을 잘 감당하지 못하고 있다는 죄책감이 있기 때문이다. 아내는 그런 남편에게 생각할 여지를 주어야 하며, 아내의 자기희생적인 강한 사랑으로 고요한 중에 남편을 얻어야 한다(벧전 3:1-6).

타락한 머리 됨과 타락한 순종의 구속(救贖)

지금까지 하나님이 정하신 결혼에는 우리가 따라야 할 사랑의 모범이 있음을 논의했다.

남편과 아내의 역할은 다르다. 남편은 교회의 머리 되신 그리스도에게서 특별한 모범을 찾아야 한다. 아내는 그리스도께 복종하는 교회로부터 특별한 모범을 찾아야 한다. 이렇게 할 때 타락이 가져온 죄악되고 손상된 결과들이 역전되기 시작한다. 타락으로 인해, 남자의 사랑을 근거한 머리 됨은 적대적인 지배나 게으른 무관심으로 변질되었고, 여자의 지혜롭고 자발적인 복종은 간교한 아첨이나 뻔뻔한 불순종으로 변질되었다.

그리스도께서 재림하실 때 우리가 고대해야 할 구속은, 머리 됨과 복종의 해체가 아니다. 사랑으로 이끄는 머리 됨과 자발적 복종[18]이라는 창조 질서가 **회복**되는 것이다. 이것이 에베소서 5장 21-33절의 가르침이다. "아내들이여, 교회를 향한 하나님의 의도를 따라 교회를 본받

---

18) 머리 됨과 자발적 복종은 많은 사람들이 주장하는 것처럼 타락으로 생긴 것이 아니다. 오히려 인간이 타락하기 전, 하나님이 창조하실 때부터 의도하신 모습이다. Raymond C. Ortlund Jr., "Male-Female Equality and Male Headship: Genesis 1-3," in *Recovering Biblical Manhood and Womanhood*, 95-112을 보라.

아 그대들의 타락한 순종을 구속하십시오. 남편들이여, 그리스도를 향한 하나님의 의도를 따라 그리스도를 본받아 그대들의 타락한 머리 됨을 구속하십시오."

이 장의 핵심은 배우자의 거룩한 기쁨 안에서 자신의 기쁨을 추구하는 것이 결혼 관계 안에서의 사랑임을 인정한 사람들에게 지침을 주는 데 있다.

나는 에베소서 5장 21-33절에서 다음 두 가지를 발견했다. 하나는 결혼에 나타난 기독교 희락주의이고, 다른 하나는 기독교 희락주의가 달려가야 할 방향이다. 아내들이여, 하나님이 당신의 지도자로 세우신 남편의 역할을 존중하고 인정함으로써 남편의 기쁨 안에서 자신의 기쁨을 추구하라. 남편들이여, 그리스도께서 교회를 위해 자신을 내주고 교회를 이끄신 것 같이 아내를 이끌 책임을 수용함으로써 아내의 기쁨 안에서 자신의 기쁨을 추구하라.

나 개인의 간증이 하나님의 말씀에 무게를 더할 수는 없겠지만, 나의 삶에 나타난 하나님의 선하심을 증거하고 싶다. 나는 내가 결혼한 1968년에 기독교 희락주의를 발견했다. 그 이후로 아내와 나는 예수 그리스도께 순종하면서 가능한 한 가장 깊고 오래 지속되는 기쁨을 열정적으로 추구해 왔다. 항상 불완전했고 마지못해 할 때도 있었지만, 우리는 서로의 기쁨 안에서 자신의 기쁨을 추구했다. 우리 부부는 함께 다음과 같이 증언할 수 있다. 서로의 기쁨 안에서 자신의 기쁨을 추구하는 것이야말로 부부의 마음의 소원에 이르는 길이다. 우리 부부에게 결혼은 기독교 희락주의의 모체였다.

남편과 아내가 각각 서로의 기쁨 안에서 자신의 기쁨을 추구하고 하나님께서 정하신 역할을 성취하라. 그럴수록 그리스도와 교회의 비유에

서처럼 그리스도의 위대한 영광과 우리의 큰 기쁨을 향한 결혼의 비밀이 분명해질 것이다. [19)

---

19) 나는 다른 곳에서와 마찬가지로 이 장에서도 남성성과 여성성에 대한 하나님의 비전의 정당성을 설명하려고 노력했다. *Recovering Biblical Manhood and Womanhood*를 보라. 또한 The Council on Biblical Manhood and Womanhood(www.cbmw.org)의 글들을 참고하기를 권한다. 그 협회는 교회가 성정체성 문제를 성경적으로 다루도록 돕고 있다.

사람들은 대부분 자기 삶이 만든
항구적인 결과물에 만족하지 않는다.
그리스도께서 구속하고자 오신 세상에 대한
그분의 목적을 떠나서는 무엇도
그분을 따르는 자 안에 있는 그리스도의 생명을
완전히 만족시킬 수 없다.
하나님의 영원한 계획을 성취하기 위해 그분과 동역하는,
한없고 변치 않는 기쁨에 비하면
명성과 쾌락과 부는 껍데기와 재에 불과하다.
그리스도의 일에 모든 것을 쏟아붓는 사람은
삶에서 가장 달콤하고 값진 보상을 받고 있다.

_ J. 캠벨 화이트, *Secret of the Laymen's Missionary Movement*

분명 영혼 구원보다 더 큰 기쁨은 없다.

_ 로티 문, "Patron Saint of Baptist Missions"

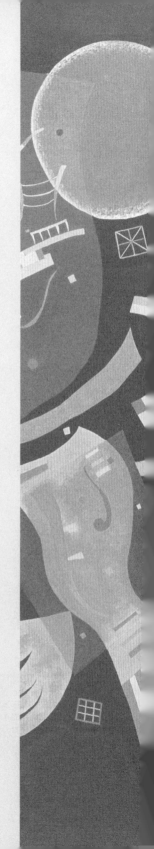

9장

선교:
기독교 희락주의의
함성

미개척지 선교란 무엇인가?

사람들은 대부분 노화로 죽는 게 아니라 은퇴로 죽는다. 나는 언젠가 뉴
욕주 은퇴자 절반이 2년 안에 죽는다는 기사를 읽은 적 있다. 자기 목숨
을 아끼려고 하면 잃을 것이다. 약물 중독이나 심리적 중독처럼, 은퇴도
축복이 아닌 전염성 강한 유독한 질병이다.[1)]

　미국 월드미션 본부의 설립자인 랄프 윈터(Ralph Winter)가 한 말이다.
그의 생애와 전략은 젊은이와 나이 든 이들에게 생명을 얻는 유일한 길
은 그 생명을 버리는 길이라고 줄기차게 알리는 것이었다. 그는 나의 영
웅이다. 그는 기독교 희락주의자들이 말해야 할 아주 많은 것들을 말해
주고 있다(물론 그는 내가 '희락주의자'라는 단어를 쓰지 않기를 바라겠지만). 그는 은퇴
한 그리스도인들이 세계를 향한 그리스도의 큰 목적에 헌신할 수 있음
에도 골프장에서 삶을 허비하지 않도록 요청한다. 그뿐 아니라 학생들

---

1) Ralph winter, "The Retirement Booby Trap," *Mission Frontiers* 7 (July 1985): 25. 윈터의 말을 더
　마음에 간직하기 원하면, Finishers Project의 웹사이트 www.finishers.gospelcom.net을 방문해
　보라. Finishers Project는 성인 그리스도인이 선교 사업(단기, 파트타임, 초단기)을 진행하고 발견
　할 수 있도록 정보와 도전을 주기 위해 고안된 사역이다. 비전선언서는 이렇게 말한다. "Finishers
　Project는 열방 가운데서 하나님의 열정으로 하나님의 영광을 위해 하나님과 함께하도록 사람들
　에게 정보와 도전과 길을 제시하는 운동이다. 가장 건강하고 가장 높은 교육을 받았지만 은퇴하
　여 할 일이 없는 사람들이 우리가 돕기 원하는 대상이다. 이 세대는 재주가 많고 무수한 은사들을
　가지고 있다. 우리는 그들이 하늘에 보화를 쌓도록 그들에게 예수님을 전할 수도 있고 그들을 잃
　을 수도 있다."

에게는 인생의 가장 온전하고 깊은 기쁨을 더욱더 추구하도록 호소하기도 한다. 그의 소책자 『선교의 요청에 응답하라』(Say Yes to Missions)에서 그는 "예수님은 자기 앞에 있는 즐거움을 위하여 십자가를 참으사 부끄러움을 개의치 아니하셨다.······ 그분을 따를 것인지는 여러분의 선택이다. 그 길은 위험하다. 하지만 기쁨이 있다는 것도 잊지 말라"고 전한다.

실제로 지난 25년간 성경을 제외하고 내가 읽은 책 중에서 기독교 희락주의를 확증하는 가장 풍성한 자료를 제공한 책들은 선교 관련 서적들, 그중에서도 특히 전기였다. 가장 큰 고난을 당한 이들이 가장 담대하게 진리를 말하는 것 같다. 본 장에서 나는 내가 발견한 몇 가지를 전하려고 한다.

은퇴 이야기로 잠시 돌아가 보자. 윈터는 이렇게 묻는다. "성경 어디에 은퇴라는 것이 있는가? 모세가 은퇴했는가? 바울이 은퇴했는가? 베드로와 요한은 어떠한가? 전쟁 중에 전역하는 장교가 있는가?"[2] 좋은 질문이다.[3] 나는 사도 바울에게서 이 질문에 대한 답을 찾아보려 한다. 그렇다면 본 장을 시작하며 우리에게 필요한 **선교**의 정의를 곧바로 만나게 될 것이다.

---

2) 같은 책.

3) 은퇴에 대한 생각을 더 발전시키기 원한다면, John Piper, *Rethinking Retirement: Finishing Life for the Glory of Christ* (Wheaton, Ill: Crossway, 2009)를 보라. 이 책은 『믿음으로 굳게 서라』, 전의우 역 (생명의말씀사, 2009), 원저 *Stand: A Call for the Endurance of the Saints*, ed. John Piper and Justin Taylor (Wheaton, Ill: Crossway, 2008)의 5장을 발췌해 출간한 것이다.

바울이 로마에 편지를 보낼 때는 그가 선교사로 일한 지 20년 가까이 되었을 때였다. 그는 20~40세에 회심한 것으로 생각되는데(행 7:58의 '청년'이라는 헬라어가 암시하는 나이의 범위다), 그렇다면 우리는 그가 이 위대한 편지를 쓸 때 약 50세 정도 되었을 것이라고 짐작할 수 있다.

50세가 우리에게는 젊은 나이로 들릴 것이다. 하지만 두 가지, 즉 당시에는 평균 수명이 짧았다는 사실과 바울은 사십에 하나 감한 매를 다섯 번이나 맞고 세 번 태장으로 맞고, 한 번 돌로 맞고, 세 번 파선하고, 끝없이 이동하고, 끝없이 위험에 처하는 등(고후 11:24-29) 엄청난 고난 가운데 살았다는 사실을 기억하라.

오늘의 기준으로 보면 그는 '일을 놓고' 은퇴를 계획해야 했을 것이다. 하지만 로마서 15장에서 바울은 서바나(스페인)로 갈 계획이라고 말한다. 그리고 실제로 이 새롭게 시작하려는 위대한 미개척 선교에 로마 교회 성도들의 도움을 받으려고 로마서를 쓰고 있다. 바울은 은퇴하려고 한 것이 아니다. 제국 너머는 말할 것도 없다. 아직 로마 제국에도 선교의 발이 닿지 않은 곳이 너무도 많았다. 그래서 바울은 이렇게 말한다.

"이제는 이 지방에 일할 곳이 없고 또 여러 해 전부터 언제든지 서바나로 갈 때에 너희에게 가기를 바라고 있었으니 이는 지나가는 길에 너희를 보고 먼저 너희와 사귐으로 얼마간 기쁨을 가진 후에 너희가 그리로 보내주기를 바람이라"(롬 15:23-24).

바울은 서바나에서 복음을 전할 이 꿈을 실현하지 못한 채 로마에서 순교했을 것이다. 하지만 한 가지는 분명하다. 그는 은퇴로 죽은 것이 아니라 전투하다 죽었다. 그는 자신이 이룬 놀라운 성취의 후광을 입고 편안히 정착하는 대신 미개척지로 끝임없이 나아갔다. 바로 여기서 우리는 선교의 의미를 배울 수 있다.

바울은 어떻게 로마서 15장 23절에서 "이제는 이 지방에 일할 곳이 없다"고 말할 수 있었을까? 유대와 사마리아와 시리아와 아시아와 마게도냐와 아가야에는 아직도 수없이 많은 불신자들이 있었다. 이는 바울이 불신자들과 어떻게 관계해야 하는지 교회에게 준 가르침을 보면 분명히 알 수 있다. 하지만 바울은 일할 곳이 없었다.

19-21절에서 그 이유를 설명한다.

"표적과 기사의 능력으로 성령의 능력으로 이루어졌으며 그리하여 내가 예루살렘으로부터 두루 행하여 일루리곤까지 그리스도의 복음을 편만하게 전하였노라 또 내가 그리스도의 이름을 부르는 곳에는 복음을 전하지 않기를 힘썼노니 이는 남의 터 위에 건축하지 아니하려 함이라 기록된 바 주의 소식을 받지 못한 자들이 볼 것이요 듣지 못한 자들이 깨달으리라 함과 같으니라."

아무도 복음을 전하지 않는 곳에 가서 복음을 전하는 것이 바울의 선교 전략이었다. 이것이 '미개척지 선교'(Frontier Missions)라는 말의 의미다. 바울에게는 교회가 전혀 세워지지 않은 곳(서바나)에 가서 복음을 전하려는 열정이 있었다.

이 구절을 읽으면서 놀라웠던 것은 바울이 팔레스타인 남부의 예루살렘에서부터 그리스 북서쪽의 일루리곤까지 복음을 '완수했다'(편만하게 전했다)고 말할 수 있었다는 사실이다. 이 구절을 이해한다면 미개척지 선교의 뜻을 이해할 것이다. 미개척지 선교는 국내 전도(domestic evangelism)와는 많이 다르다. 예루살렘에서 일루리곤까지 아직 회심하지 않은 이들이 수없이 많았지만 미개척지 선교의 사명은 완수되었다. 바울은 '개척' 사역을 했으며, 이제 다른 사역자들이 "물을 주는 일"을 이어받을 것이다(고전 3:6).

따라서 내가 이 장에서 선교를 말할 때는 대개 바울의 전략, 즉 아직 복음을 들어보지 못한 사람들 가운데 예수 그리스도의 복음을 전하고 교회를 세우는 일을 수행하기 위한 교회의 지속적인 노력을 가리킬 것이다.

미개척지 선교의 필요성

오직 복음만이 인간을 죄에서 해방시킬 수 있다. 그러므로 복음이 없는 사람에게는 희망이 없다. 이것이 나의 전제다. 모든 그리스도인이 이렇게 생각하지는 않겠지만, 나는 선교야말로 사랑을 실천하는 교회가 삶으로 지켜야 할 정수라고 생각한다.

로마 가톨릭 선교회 간사인 월버트 불만(Walbert Buhlmann)은 많은 주류 교단의 지도자들에게 다음과 같이 말했다.

과거에 우리에게는 영혼을 구원해야 한다는 동기가 있었습니다. 우리는 세례를 받지 않은 많은 사람들이 지옥에 갈 것이라고 믿었습니다. 하지만 감사하게도, 이제 우리는 모든 사람과 모든 종교가 이미 하나님의 은혜와 사랑 안에서 살고 있으며 하나님의 자비로 구원을 받을 것이라고 믿고 있습니다.[4]

---

4) *Time* (27 December 1982): 52.

이집트 카이로에 사는 수녀 임마누엘은 말한다. "우리는 더 이상 회심에 대해서 말하지 않습니다. 우리는 친구가 되는 것에 대해 말합니다. 내가 할 일은 하나님이 사랑이심을 증명하고 이 사람들에게 용기를 주는 일입니다."[5]

사람들이 무엇을 믿든 상관없이 하나님은 모든 사람을 구원하신다고 믿고 싶은 것은 자연스러운 일이다. 하지만 성경적이지는 않다.[6] 하나님을 그렇게 믿으려면 성경의 핵심 가르침을 거부해야 한다. 사도 바울을 선교 사역으로 부르실 때 하나님의 아들이 하신 말씀을 들어보자.

"일어나 너의 발로 서라 내가 네게 나타난 것은 곧 네가 나를 본 일과 장차 내가 네게 나타날 일에 너로 종과 증인을 삼으려 함이니 이스라엘과 이방인들에게서 내가 너를 구원하여 그들에게 보내어 그 눈을 뜨게 하여 어둠에서 빛으로, 사탄의 권세에서 하나님께로 돌아오게 하고 죄 사함과 나를 믿어 거룩하게 된 무리 가운데서 기업을 얻게 하리라 하더이다"(행 26:16-18).

만일 열국이 눈을 떠 어둠에서 빛으로 돌아올 필요가 없다면, 열국이 사탄의 권세를 피해 하나님께 돌아올 필요가 없다면, 주의 사자들이 전하는 그리스도를 믿음으로만 얻을 수 있는 죄 사함이 필요 없다면, 이것은 공허한 사명에 불과할 것이다. 그들은 이미 구원을 받았다고 알리려

---

5) 같은 책, 56.

6) 이 주장에 대한 상세한 근거를 알려면, John Piper, *Jesus Christ: The Only Way to God-Must You Hear the Gospel to Be Saved?* (Grand Rapids, Mich.: Baker, 2010)를 보라. 이 책은 존 파이퍼, 『열방을 향해 가라』(좋은씨앗, 2018), 원저 John Piper, *Let the Nations Be Glad: The Supremacy of God in Missions*, 3rd ed., (Grand Rapids, Mich.: Baker, 2010)의 4장 "그리스도는 구원의 필수 요건인가"(The Supremacy of Christ as the Conscious Focus of All Saving Faith)를 발췌해 출간한 것이다.

9장 선교 : 기독교 희락주의의 함성　317

는 것이었다면, 바울은 아시아와 마게도냐와 그리스와 로마와 스페인에서 선교사로 자신의 삶을 바치려 하지 않았을 것이다. 그는 "아무쪼록 몇 사람이라도 구원하고자"(고전 9:22) 자신을 드린 것이다.

그런 이유로 바울은 그리스도에 관한 자신의 메시지를 거부하는 사람들에게 "하나님의 말씀을 마땅히 먼저 너희에게 전할 것이로되 너희가 그것을 버리고 영생을 얻기에 합당하지 않은 자로 자처하기로 우리가 이방인에게로 향하노라"(행 13:46)고 말한다. 복음을 듣지 못한 이들에게 복음을 전하는 일은 **영생**이 걸린 문제다. 선교의 목적은 사람들이 그때까지 충성하던 모든 형태의 우상으로부터 떠나서 그리스도께로 돌아오게 하는 데 있다. "다른 이로써는 구원을 받을 수 없나니 천하 사람 중에 구원을 받을 만한 다른 이름을 우리에게 주신 일이 없음이라 하였더라"(행 4:12).

심판과 구원에 나타난 하나님의 공의

하나님은 불의한 분이 아니시다. 메시지를 듣지도 못했는데 믿지 않는다고 정죄받을 사람은 아무도 없다. 복음을 듣지 못한 이들은 자연과 자신의 양심에 나타난 하나님의 은혜와 권능의 빛을 인정하지 못할 때 심판을 받을 것이다. 이것이 로마서 1장 20-21절이 말하는 바다.

"창세로부터 그의 보이지 아니하는 것들 곧 그의 영원하신 능력과 신성이 그가 만드신 만물에 분명히 보여 알려졌나니 그러므로 그들이 핑계하지 못할지니라 하나님을 알되 하나님을 영화롭게도 아니하며 감사하지도 아니하고 오히려 그 생각이 허망하여지며 미련한 마음이 어두워졌나니."

하나님의 구원하시는 특별한 은혜가 없다면, 사람들은 모두 총명이 어두워지고 하나님의 생명에서 멀어지고 마음이 굳어져서 죄 가운데 죽을 것이다(엡 2:1; 4:8). 그래서 하나님은 그 구원하시는 특별한 은혜를 공급하려고 한 수단을 정하셨는데, 바로 예수 그리스도의 복음 선포다.

"헬라인이나 야만인이나 지혜 있는 자나 어리석은 자에게 다 내가 빚진 자라 그러므로 나는 할 수 있는 대로 로마에 있는 너희에게도 복음 전하기를 원하노라 내가 복음을 부끄러워하지 아니하노니 이 복음은 모든 믿는 자에게 구원을 주시는 하나님의 능력이 됨이라 먼저는 유대인에게요 그리고 헬라인에게로다"(롬 1:14-16).

만인구원론이 선교에 미친 영향

복음을 듣지 않고도 구원을 받을 수 있다는 만인구원론은 그리스도 없는 인간의 멸망에 관한 성경의 가르침을 축소함으로써 교단과 교회의 선교 노력을 엉망으로 만들었다. 1953년부터 1980년 사이에 북미의 주류 개신교 교회의 선교사 수는 9,844명에서 2,813명으로 감소한 반면, 성경의 가르침을 더 진지하게 받아들인 복음주의 개신교 교회의 선교사 수는 200%가량 증가했다. 회원 수가 20만 명인 CMA(The Christian and Missionary Alliance)는 950만 회원을 가진 연합감리교보다 40% 정도 더 많은 선교사를 지원하고 있다. 하나님의 모든 말씀을 진지하게 받아들일 때 놀라운 선교의 능력이 나타난다.[7]

---

7) 1980년 전국교회협의회 해외사역부(DOM)는 32개 회원 선교단체 산하에 5,000명의 선교사가 있었고 매년 수입이 2억 달러에 육박했다. 범교단 선교연합회(IFMA)에는 90개 교단에서 대략 10,700명의 선교사를 회원으로 두었고 매년 수입은 1억 5천 달러였다. 복음주의해외선교연합회(EFMA)는 82개의 선교단체에 1만 명의 선교사가 가입되어 있었고 매년 수입은 3억 5천 달러에 이르렀다. 다음 장에 이어지는 인용을 보라.

많은 그리스도인이 2차 대전 후 식민시대의 종언은 해외 선교의 종언이라고 생각했다. 복음은 세계의 모든 나라에 많게 혹은 적게 퍼져나갔다. 하지만 우리가 지난 세대에 예민하게 깨달은 것은 '모든 민족'을 제자로 삼으라는 예수님의 명령은 우리가 지금 알고 있는 정치적인 국가 구분을 가리키지 않는다는 사실이다. 그렇다고 모든 개인이 제자가 되기 전에는 지상대명령이 완수될 수 없다는 듯 모든 민족이 모든 개인을 가리키는 것도 아니다.

모든 족속(people groups)이란 무엇인가?

우리는 점점 하나님의 의도가 모든 **족속**을 복음화하는 것임을 알게된다. 즉 모든 족속에 번성하는 교회를 세우는 것이다. **족속**이 정확히 무엇인지 정의할 수는 없다. 하지만 요한계시록 7장 9절 등에서 대략적인 개념을 취할 수 있다.

> "이 일 후에 내가 보니 각 나라와 족속과 백성과 방언에서 아무도 능히 셀 수 없는 큰 무리가 나와 흰 옷을 입고 손에 종려 가지를 들고 보좌 앞과 어린 양 앞에 서서."

'나라'와 '족속'과 '백성'과 '방언' 간의 차이를 정확히 구분하기란 거의 불가능하다. 하지만 분명한 것은 하나님의 구속 목적은 21세기의 모든 '나라들' 즉 정치적인 국가에 예수님의 제자들이 있다고 해서 성취된 것

"70년대에 DOM(좀 더 진보적인 단체)은 3,462명의 선교사가 줄었지만, IFMA와 EFMA(좀 더 복음적인 단체들)는 3,786명의 선교사가 늘었다. 선교비 수입도 DOM은 24%인 2,800만 달러가 느는 데 그쳤지만, IFNA 와 EFMA는 293%인 2억 8,500만 달러가 늘었다."

Peter Wagner, *On the Crest of the Wave* (Ventura, Calif.: Regal, 1983), 77-8.

이 아니라는 사실이다. 이 국가들 안에는 수많은 족속과 계급과 하부문화와 언어가 존재한다.

그러므로 우리는 더 이상 미개척지 선교의 남은 과업을 지리적인 측면에서 인식하지 않는다. 이제 문제는 얼마나 많은 미전도 '족속'이 존재하고, 그들이 어디에 있는가 하는 것이다.[8]

1998년에 출간된 영감이 넘치는 책에서 패트릭 존스톤(Patrick Johnstone)은 "우리는 전 세계 나라에 거의 13,000개의 확인 가능한 인종(언어로 구별되는) 그룹이 존재한다고 본다"고 말한다. 그는 이 가운데 3,500개 그룹은 여전히 선교적 노력이 필요한 개척 지역이라고 말한다. 거기에는 토착 교회가 전혀 없거나 혹은 있더라도 너무 적거나 문화적으로 소수여서 외부의 도움이 없다면 이 세대에서는 전 집단에 영향을 끼칠 수 없다. 이 가운데 1,200~1,500개 집단에는 토착 교회가 하나도 없거나, 그들과 함께 거주하며 복음을 전하려고 하는 타문화권 선교사들이 전혀 없다.[9] (통계는 지금도 계속 빠르게 변하고 있기 때문에, 가장 최근의 세계 선교 상황이 알고 싶다면 frontiermissions.org 같은 웹사이트를 참조하라.) 이 숫자 안에는 20억 명의 사람들이 복음화되지 않은 그룹 속에 살고 있다는 가슴 아픈

---

8) 지상대명령은 모든 족속(people groups)에 복음을 전하는 것이라는 관점을 지지하는 성경적 근거에 대한 좀 더 상세한 연구 결과를 보려면, 『열방을 향해 가라』(*Let the Nations Be Glad*)의 4장 "그리스도는 구원의 필수 요건인가"(The Supremacy of Christ the Conscious Focus of All Saving Faith)를 참조하라. 미전도 종족(unreached people)의 정의와 그들의 수와 소재 파악에 관한 문제를 다룬 훌륭한 논의로는 Ralph Winter의 "Un reached People: The Development of the Concept," *International Journal of Frontier Missions* 1(1984): 129-61가 있다. 또한 Ralph D. Winter and Bruce A. Koch, "Finishing the Task: The Unreached Peoples Challenge" in *Perspectives on the World Christian Movement*, 4th ed., ed. Ralph D. Winter and Stephen C. Hawthorne (Pasadena, Calif.: William Carey, 2009), 531를 참고하라. 이 내용은 http://www.uscwm.org/index.php/resources/detail_page/finishing_the_task에서도 볼 수 있다.

9) Patrick Johnstone, *The Church Is Bigger Than You Think* (Ross-shire, UK: Christian Focus, 1998), 105-7. 전 세계 미전도 종족과 비접촉 종족에 대한 최근 자료는 www.joshuaproject.net에서 확인할 수 있다. Joshua Project에 따르면 2010년 가을까지 전 세계 16,500개 종족이 아직 복음을 듣지 못했으며, 그중 6,800개 종족이 "비접촉" 종족이다.

사실이 숨어 있다. 그들은 주로 이슬람교, 힌두교, 불교, 애니미즘을 믿는 사람들로 우리가 소위 10/40 창(10/40 window) 지역이라고 부르는 곳에 산다.[10]

선교는 끝이 있지만 복음화는 끝이 없다

랄프 윈터는 아직 복음을 듣지 못한 미전도 종족에게 복음을 전하는 남은 과업을 우리가 냉정하게 평가하도록 두 가지 사실을 상기시킨다.

첫째, 복음화는 끝낼 수 없지만 선교는 끝낼 수 있다. 그 이유는 이렇다. "선교는 언어와 문화의 장벽을 넘어 한 족속 그룹에 들어가 교회를 세우는 독특한 과업이다. 하지만 복음화는 같은 문화권 사람들과 복음을 나누는 지속적인 과업이다. 그러기에 우리는 교회가 세워진 세계 모든 족속 중 여전히 그리스도께 인도해야 할 수많은 사람들이 있음에도, '종결' 즉 선교 과업의 완결에 관해 현실적으로 말할 수 있는 것이다.

둘째, 윈터는 또한 우리가 위에서 언급한 13,000개 인종(언어적 그룹보다 더 많은 종류의 족속) 그룹이 존재할 것이라는 점을 상기시킨다. 그는 상호소통 가능한 방언의 계보에 따른 종족 구분은 그 방언이 글로 소통되는지 혹은 말로 소통되는지에 따라 보다 다양할 수 있음을 지적하며 그 예를 보여 준다. 예를 들면, 위클리프 성경 번역 선교사들은 한 권의 번역 성경이 넓은 지역에서 하나의 방언으로 읽힐 수 있다는 사실을 발견했다. 반면 복음서 녹음의 경우에는 일곱 개나 혹은 그 이상의 서로 다른 녹음들이 필요하다. 한 지역 안에는 귀로 그 차이가 구분되는 더 광범위한 방언이 존재하기 때문이다.

---

10) "10/40 창"은 세계 지도에서 볼 때 가로로는 서아프리카에서 동아시아에 이르고 세로로는 북위 10도에서 40도까지에 이르는 직사각형 지역을 가리킨다.

따라서 윈터는 예수님이 "이 천국 복음이 모든 민족에게 증언되기 위하여 온 세상에 전파되리니 그제야 끝이 오리라"(마 24:14)고 하셨을 때 과연 그분이 어떤 단계의 족속 그룹을 염두에 두셨을지 묻는다. 윈터는 이렇게 대답한다 "우리는 그날이 가까워질수록 좀 더 알게 될 것이다. 그때까지는 추측하며 살 수밖에 없다.…… 우리는 나아가면서 더욱 잘 배우게 될 것이다. 그리고 이 완결되지 않은 과업에 지금은 이전보다 훨씬 더 풍성한 인적 자원을 사용할 수 있다."[11]

이런 연구는 아직 미개척지 선교가 완결되지 않았다는 사실을 지적한다. 실제로 선교사들 대부분은 이미 수십 년간 교회가 세워진 '현장'(field)에서 사역하고 있다. 미개척지 선교는 여전히 엄청나게 필요하다. 복음을 듣지 못한 족속에게 가라고 하신 주님의 명령은 여전히 유효하다. 그리고 나는 그리스도인들의 마음에 이 세계의 가장 위대한 이야기의 마지막 장의 한 부분이 되고자 하는 마음을 불러일으켜야 한다는 부담을 안고 이 장을 쓰고 있다.

복음 전파의 극적인 성장

세계 선교의 과업을 완수할 수 있다는 소망을 품을 수 있는 신학적인 이유뿐 아니라 역사적인 이유도 있다. 다음 장의 도표는 지난 2천 년 동안 복음 전파의 역사에 나타난 엄청난 발전을 보여 주는데, 진정 놀라울 정도다.[12]

---

11) Ralph Winter, "When Jesus said……, *Mission Frontiers* 17, no. 11012 (November/December, 1995): 56.

12) Johnstone, *The Church Is Bigger Than You Think*, 105.

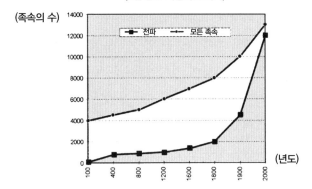

〈2천 년간 복음화된 족속〉

(족속의 수)

■ 전파 ━ 모든 족속

(년도)

존스톤은 다음과 같이 말한다.

흥미롭게도 1800년대까지 복음이 전파된 족속은 아주 적었다. 1900년대까지 복음을 접한 족속의 수는 상당히 증가했지만, 세계 인구의 절반가량은 여전히 복음을 듣지 못했다. 그런데 20세기 후반에 극적인 변화가 나타났다.

여전히 많은 사람들이 복음을 듣지 못했지만, 100년 전에 비하면 일부에 지나지 않는다. **그 목표는 우리 세대에 달성될 수 있다.** 복음을 듣지 못한 남은 족속을 제자로 삼기 위해 우리가 함께 기도와 수고와 사역에 참여한다면 말이다.[13]

아직 복음을 듣지 못한 족속에게 복음을 들고 나아가는 미전도 종족 선교사들이 지금도 계속해서 더 많이 그리고 시급하게 필요하지만, 종결의 순간을 향한 기세는 더욱 거세지는 듯하다. 복음이 모든 민족에게

---

13) 같은 책, 강조는 저자의 것.

전해지리라(마 24:14)는 예수님의 절대적인 약속과 함께 실제로 이 약속이 성취되고 있으며, 그것도 점점 더 큰 비율로 실현되고 있음을 보여 주는 경험적인 증거도 있다. 선교는 "완수할 수 있는 과업"이다.

세계를 품은 그리스도인이 되어야 한다

나는 이 장을 읽는 많은 이들이 이제 막 선교에 헌신할 새로운 길에 접어들었다고 믿는다. 어떤 이는 미전도 종족에게 가기로 새롭게 헌신하고, 다른 이들은 새롭게 교육을 받고, 또 어떤 이들은 교회가 아직 충분히 진출하지 못한 문화권에서 자신의 소명을 새롭게 사용하고, 또 어떤 이들은 베풀고 기도하고 성경을 읽는 새로운 삶의 방식과 새로운 본을 따르기로 결심할 수 있다. 나는 여러분이 그 단계로 진입하도록 등떠밀고 싶다. 또한 선교의 대의를 좀 더 매력적으로 보이게 해 여러분이 더 이상 이 소명에 저항할 수 없도록 하고 싶다.

그렇다고 내가 모든 사람이 선교사가 될 것이라거나 혹은 되어야 한다고 믿는 것은 아니다. 하지만 나는 이 책을 읽는 모든 이들이 데이비드 브라이언트(David Bryant)가 말한 '세계를 품은 그리스도인'이 되기를 기도한다. 그래서 여러분이 전 세계를 향한 하나님의 대의를 중심으로 자신의 삶을 재조정하기를 바란다. 영감이 가득한 책 『틈에서』(In the Gap)에서 브라이언트는 세계를 품은 그리스도인을 다음과 같이 정의한다.

우리는 지구상 아직 복음을 듣지 못한 이들, 특별히 오직 하나님의 백성들의 새롭고 집중된 노력을 통해서만 복음을 접할 수 있는 그 틈(gap)의 가장 먼 곳에 있는 수십억의 사람들에 대한 개인적인 책임을 인정하기

원한다. 생명이 없는 모든 족속 안에 복음을 들은 그리스도인 공동체가 세워져야 하며, 반드시 그래야 하고, 또 그럴 것이다. 우리는 함께 이 일이 일어나도록 돕기를 원한다.[14]

부자 청년 관원

선교를 향한 기독교 희락주의자의 헌신에 관한 성경적 근거를 부자 청년 관원 이야기에서 찾을 수 있다(막 10:17-31).

"예수께서 길에 나가실새 한 사람이 달려와서 꿇어 앉아 묻자오되 선한 선생님이여 내가 무엇을 하여야 영생을 얻으리이까 예수께서 이르시되 네가 어찌하여 나를 선하다 일컫느냐 하나님 한 분 외에는 선한 이가 없느니라 네가 계명을 아나니 살인하지 말라, 간음하지 말라, 도둑질하지 말라, 거짓 증언 하지 말라, 속여 빼앗지 말라, 네 부모를 공경하라 하였느니라 그가 여짜오되 선생님이여 이것은 내가 어려서부터 다 지켰나이다 예수께서 그를 보시고 사랑하사 이르시되 네게 아직도 한 가지 부족한 것이 있으니 가서 네게 있는 것을 다 팔아 가난한 자들에게 주라 그리하면 하늘에서 보화가 네게 있으리라 그리고 와서 나를 따르라 하시니 그 사람은 재물이 많은 고로 이 말씀으로 인하여 슬픈 기색을 띠고 근심하며 가니라 예수께서 둘러 보시고 제자들에게 이르시되 재물이 있

---

14) 전자책으로 출간된 David Bryant, *In the Gap*의 제5장, 7쪽에서 가져옴. http://www.proclaim-hope.org/content/intheGap/ebook에서 볼 수 있다. 이 세상을 향한 하나님의 목적을 이해하는 다음 단계를 취하기 원한다면, 전 세계에서 "Persprctives on the World Christian Movement"라는 이름으로 진행되는 과정을 고려해 보라. 나는 또한 패트릭 존스톤이 편집한 *Operation World*를 한 권 사보기를 권한다. 이 책은 전 세계의 기독교 동향과 그들을 위해 어떻게 기도해야 할지 말해 줄 것이다. 나는 또한 존스톤의 『교회는 당신의 생각보다 큽니다』(*The Church Is Bigger Than You Think*)를 읽고 많은 도움을 받았다. 선교 신학과 동기와 적용에 관한 나의 좀 더 온전한 설명은 『열방을 향해 가라』(*Let the Nations Be Glad*)를 참조하라.

는 자는 하나님의 나라에 들어가기가 심히 어렵도다 하시니 제자들이 그 말씀에 놀라는지라 예수께서 다시 대답하여 이르시되 얘들아 하나님의 나라에 들어가기가 얼마나 어려운지 낙타가 바늘귀로 나가는 것이 부자가 하나님의 나라에 들어가는 것보다 쉬우니라 하시니 제자들이 매우 놀라 서로 말하되 그런즉 누가 구원을 얻을 수 있는가 하니 예수께서 그들을 보시며 이르시되 사람으로는 할 수 없으되 하나님으로는 그렇지 아니하니 하나님으로서는 다 하실 수 있느니라 베드로가 여짜와 이르되 보소서 우리가 모든 것을 버리고 주를 따랐나이다 예수께서 이르시되 내가 진실로 너희에게 이르노니 나와 복음을 위하여 집이나 형제나 자매나 어머니나 아버지나 자식이나 전토를 버린 자는 현세에 있어 집과 형제와 자매와 어머니와 자식과 전토를 백 배나 받되 박해를 겸하여 받고 내세에 영생을 받지 못할 자가 없느니라 그러나 먼저 된 자로서 나중 되고 나중 된 자로서 먼저 될 자가 많으니라."

이 이야기는 미개척지 선교라는 대의에 온전히 헌신해야 할 두 가지 큰 동기를 담고 있다.

첫 번째 동기 "사람으로는 할 수 없으되 하나님으로는 그렇지 아니하니"

마가복음 10장 24-27절을 보면 예수님이 제자들에게 이렇게 말씀하신다.

"얘들아 하나님의 나라에 들어가기가 얼마나 어려운지 낙타가 바늘귀로 나가는 것이 부자가 하나님의 나라에 들어가는 것보다 쉬우니라 하시니 제자들이 매우 놀라 서로 말하되 그런즉 누가 구원을 얻을 수 있는가 하니 예수께서 그들을 보시며 이르시되 사람으로는 할 수 없으되 하나님으로는 그렇지 아니하니 하나님으로서는 다 하실 수 있느니라."

이는 성경에서 가장 도전이 되는 선교적 대화 가운데 하나다. 어떤 선교사가 자기 사역을 보며 "그건 불가능합니다"라고 말하지 않을 수 있겠는가? 예수님은 그 말에 동의하신다. "그렇다. 사람으로는 할 수 없다." 단지 사람으로는 누구 하나도 돈을 사랑하는 속박의 힘에서 해방시킬 수 없다. 사람은 소유에 대한 구속을 끊어줄 수 없다. 그래서 부자 청년 관원은 슬픈 기색을 하며 떠났다. 사람으로는 할 수 없다! 그러므로 사람의 마음을 그리스도가 아닌 다른 충성의 대상에게 묶인 데서 해방하는 선교 사역은 진정 사람으로는 할 수 없다.

사람으로는 할 수 없는 이 일을 하나님이 책임지지 않으신다면, 선교 과업은 소망이 없을 것이다. 하나님 외에 누가 영적으로 죽은 자를 일으키고 복음을 들을 귀를 줄 수 있겠는가? "허물로 죽은 우리를 그리스도와 함께 살리셨고"(엡 2:5). 복음이 성령의 권능으로 선포될 때 하나님이 몸소 사람으로는 할 수 없는 일을 하시는 것, 즉 구원하는 믿음을 만들어내시는 것, 그것이 우리가 기대하는 위대한 선교적 소망이다.

하나님의 부르심(call)은 인간의 부름(call)이 할 수 없는 일을 한다. 즉, 죽은 자를 살리고 영적 생명을 창조한다. 그것은 예수님이 죽은 나사로를 무덤에서 "나오라"고 부르신 것과 같다(요 11:43). 우리는 누군가를 불러 잠에서 깨울 뿐이지만, 하나님은 없는 것을 존재하도록 부르실 수 있다(롬 4:17).

하나님의 부르심은 모든 저항을 극복한다는 의미에서 불가항력적이다. 그 부르심은 또한 바울이 "하나님이 부르신 그들을 또한 의롭다 하셨느니라"(롬 8:30)고 말할 수 있었을 정도로 하나님의 뜻에 따라 절대적으로 유효하다. 다시 말해서, 하나님의 부르심은 너무나도 효과적이어서 사람으로 의롭다 함을 얻게 하는 믿음을 창조한다. 부르심을 받은 이들은 **모두** 의롭다 함을 얻는다. 그런데 믿음이 없이는 아무도 의롭다 함을 얻지 못한다(롬 5:1). 따라서 하나님의 부르심이 그 의도된 효과를 내지 못하는 일은 결코 있을 수 없다. 하나님의 부르심은 불가항력적으로 의롭다 함을 얻는 믿음을 보증한다.

이것이 사람으로서는 할 수 없는 바로 그 일이다. 사람은 불가능하다. 오직 하나님만이 우리의 돌처럼 굳은 마음을 제거하실 수 있다(겔 36:26). 오직 하나님만이 사람들을 자기 아들에게로 이끄실 수 있다(요 6:44, 65). 오직 하나님만이 우리 마음을 열어 복음을 듣게 하신다(행 16:14). 오직 선한 목자만이 자기 양의 이름을 안다. 선한 목자는 양을 부르고 양은 그의 뒤를 따른다(요 10:3-4, 14). 사람으로서는 불가능한 하나님의 주권적 은혜, 이것이 바로 위대한 선교적 소망이다.

기독교 희락주의자들이 가장 사랑하는 것

하나님의 주권적 은혜는 또한 기독교 희락주의자를 위한 생명의 샘이다. 기독교 희락주의자는 하나님의 주권적 은혜가 그들을 가득 채우고 이웃에게로 넘쳐나는 경험을 가장 사랑하기 때문이다. 기독교 희락주의자 선교사들은 "내가 아니라 내 안에 계신 하나님의 은혜"라고 말하기를 아주 기뻐한다(고전 15:10). 그들은 선교를 위한 수고의 열매가 전적으로 하나님에게서 왔다는 진리(고전 3:7; 롬 11:36)에 만족한다. 그들은 "나를 떠나서는 너희가 아무 것도 할 수 없다"(요 15:5)는 주님의 말씀을 듣고 다만 기뻐할 뿐이다. 그들은 자신들이 감당할 수 없는 새 창조의 짐을 하나님이 그들 어깨에서 취하셔서 친히 지셨다는 사실에 어린양처럼 기뻐 뛰는 자들이다.

그들은 불평 대신에, "우리는, 이런 일을 할 수 있는 자격이 우리에게서 나왔다고 생각하지 않습니다. 우리의 자격은 오직 하나님께로부터 나옵니다"(고후 3:5, 표준새번역)라고 말한다. 그들이 휴가를 얻어 고향 교회를 방문했을 때 "그리스도께서 이방 사람들을 복종하게 하시려고 나를 시켜서 이루어 놓으신 것 밖에는, 아무것도 감히 말하지 않겠습니다"(롬 15:18, 새번역)라고 고백하게 되는 것보다 그에게 더 큰 기쁨을 주는 일은 없다. "하나님은 다 하실 수 있다"는 이 말씀은 앞에서는 소망을, 뒤에서는 겸손을 준다. 이 말씀은 절망과 교만을 치료할 해독제요, 선교를 위한 완벽한 의약이다.

주권적 은혜가 주는 선교적 동기들

예수님은 요한복음 10장 16절에서 선교에 대한 이같이 큰 확신을 다시 한번 달리 표현하신다. 이 문맥에 나오는 미개척지 선교를 위한 세 가지 강력한 격려에 주목하라.

"또 이 우리에 들지 아니한 다른 양들이 내게 있어 내가 인도하여야 할 터이니 그들도 내 음성을 듣고 한 무리가 되어 한 목자에게 있으리라."

1. 그리스도께서는 이 우리 밖에 있는 다른 양들도 소유하셨다.

그들은 "각 족속과 방언과 백성과 나라 가운데에서 피로 산"(계 5:9) 사람들이다. 하나님의 자녀들은 "흩어져 있다"(요 11:52). 선교사가 숨어 있던 족속을 접하고는 거기에는 하나님의 백성이 단 한 명도 없었다고 말할 경우는 전혀 없다. 교회를 세우는 일이 불가능해 보였던 고린도라는 돌밭을 맞딱뜨리고 바울이 낙심했을 때 하나님은 이렇게 격려하셨다.

> "밤에 주께서 환상 가운데 바울에게 말씀하시되 두려워하지 말며 침묵하지 말고 말하라 내가 너와 함께 있으매 어떤 사람도 너를 대적하여 해롭게 할 자가 없을 것이니 이는 이 성중에 내 백성이 많음이라 하시더라"(행 18:9-10).

하나님은 이렇게 말씀하신 것이다. "용기를 내라. 할 수 없을 것 같지만 내가 선택한 백성들(요 10:16의 '다른 양들')이 거기에도 있다. 선한 목자는 자기 양을 알며, 네가 신실하게 복음을 증거할 때 그들의 이름을 부르실 것이다."

2. 예수님은 자신의 다른 양들을 꼭 인도하셔야 한다.

이는 요한복음 10장 16절이 주는 두 번째 선교적 격려, 즉 "내가 그들을 인도하여야(must) 할 터이요"라는 말씀에 이르게 한다. 그리스도께서는 자기 양들을 모아야 할 신적인 필요를 느끼신다. **그리스도께서는 그 일을 반드시 하셔야 한다. 그리스도께서는 반드시 그 일을 하셔야 한다.** 하지만 물론 이 말이 하나님이 일하시는 데 우리를 사용하지 않으신다는 극단적 칼빈주의(the hyper-Calvinistic)[15]로 이어지는 것은 아니다.

---

15) 이언 머리(Ian Murray)는 *The Forgotten Spurgeon* (Edinburgh: Banner of Truth, 1973), 47에서 다음과 같이 말한다.
"극단적 칼빈주의는 택하신 자를 구원하시는 하나님의 목적과 모든 진리를 조화시키기 위해 회개와 믿음에 대한 보편적인 명령이 있음을 부인하며, 우리에게는 다만 죄와 곤경을 의식하는 사람들을 그리스도께로 초청할 위임장만 있다고 주장한다. 즉 복음을 전해야 할 사람은 영적으로 소생하여 구주를 추구하는 사람들이지 불신과 무관심으로 죽어 있는 자들이 아니라는 것이다. 이런 식으로 택함 받았다고 추측할 만한 근거가 있는 사람들에게로 복음을 제한하는 구도가 형성되었다."

'현대 선교의 아버지'인 윌리엄 캐리(William Carey)는 1792년 『이교도 회심을 위해 재산을 사용해야 할 그리스도인의 의무에 대한 고찰』(*An Inquiry into the Obligation of Christians to Use Means for the Conversion of the Heathens*)이라는 소책자를 발간해 미개척지 선교에 크게 기여했다.[16] 하나님은 언제나 우리를 선교의 도구로 사용하신다. 예수님은 "나는 이 사람들을 위해서만 비는 것이 아니고, 이 사람들의 말을 듣고 나를 믿는 사람들을 위해서도 빕니다"(요 17:20, 표준새번역)라고 기도하시며 이를 분명히 하셨다. 그럼에도 캐리는 주님께 배웠듯, 자신은 무력하며 진실로 그리스도만이 우리를 부르고 구원하고 하나님 보시기에 즐거운 일을 우리 안에서 행하신다고 믿었다(히 13:21). 캐리는 40년간 놀라운 업적을 이루고 (가령 그는 성경 전체를 뱅갈어, 오리야어, 마라티어, 힌두어, 아삼어, 산스크리트어로 번역했으며, 성경의 일부를 29개 다른 방언으로 번역했다.) 생을 마감했다. 하지만 그의 무덤에는 그의 요구대로 다음과 같이 새겨진 아주 단출한 묘비만 서 있다.

윌리엄 캐리

1761년 8월 17일에 태어나

1834년에 죽다.

비참하고 가엾고 가망 없는 벌레인 제가

당신의 자비하신 팔에 안기나이다.

이 책은 19세기 후반 런던에서 활약한 침례교 목사 찰스 스펄전이 어떻게 하나님의 주권이라는 강한 (칼빈주의적) 견해와 강력하고도 결실이 풍성한 영혼 구원 사역을 결합시켰는지 보여 주는 탁월한 책이다. 그는 한편으로는 극단적 칼빈주의자들과 싸웠으며 다른 한편으로는 알미니 안주의자들과 싸웠다.

16) 캐리의 전기를 보고 싶다면, Timothy George, *Faithful Witness: The Life and Mission of William Carey* (Birmingham, Ala.: New Hope, 1991)를 참조하라.

요한복음 10장 16절이 주는 위대한 격려는, "가엾고 가망 없는 벌레"인 우리로서는 불가능한 일을 주님이 친히 해내신다는 사실이다. "이 우리에 들지 아니한 다른 양들이 내게 있어 내가 인도하여야 할 터이니."

3. 양은 목자의 음성을 듣는다.

이 구절이 주는 세 번째 격려는 하나님이 부르시는 양은 반드시 온다는 사실이다. "내가 인도하여야 할 터이니 **그들도 내 음성을 듣고.**" 사람은 할 수 없지만 하나님은 하실 수 있다. 바울이 안디옥에서 복음 전도 사역을 마쳤을 때, 누가는 그 결과를 이렇게 기술했다. "영생을 주시기로 작정된 자는 다 믿더라"(행 13:48). 하나님은 모든 족속 가운데 자기 백성을 가지신다. 하나님은 창조주의 권능으로 그들을 부르실 것이고 그러면 그들은 믿게 될 것이다!

이 말씀에는 미개척지 선교사들로 힘겨운 상황에서 절망을 이겨내게 하는 매우 강력한 권능이 담겨 있다. 피터 캐머런 스콧(Peter Cameron Scott)의 이야기는 요한복음 10장 16절의 권능을 보여 주는 좋은 예다.

1868년 글라스고우에서 태어난 피터는 아프리카 내륙선교회를 세웠다. 하지만 그의 출발은 순조롭지 못했다. 첫 아프리카 여행 때는 심한 말라리아에 걸려 집으로 돌아올 수밖에 없었다. 그는 회복되면 다시 아프리카로 가겠다고 결심했다.

그런데 이 귀환은 그에게 도리어 큰 기쁨을 안겨 주었다. 그의 형 존이 이 사역에 합류하기로 한 것이다. 하지만 얼마 되지 않아 존은 열병으로 쓰러지고 말았다. 피터는 혼자서 형을 장사지내야 했다. 그 고통스러웠던 시간, 피터는 아프리카에 복음을 전하기로 다시 헌신했지만, 다시 건강을 잃고 영국으로 돌아와야 했다.

그는 그 외롭고 낙심되는 시간들을 어떻게 견뎠을까? 그는 하나님께 맹세했다. 하지만 아프리카로 돌아갈 힘은 대체 어디서 얻는단 말인가? 사람으로는 할 수 없었다. 그는 웨스트민스터 대성당에서 힘을 얻었다. 데이비드 리빙스턴(David Livingstone)의 무덤은 지금도 거기 있다. 스콧은 조용히 성당으로 들어가 무덤을 찾았다. 그리고 그 앞에서 무릎을 꿇고 기도했다. 그의 묘비에는 이렇게 새겨져 있었다.

이 우리에 들지 아니한
다른 양들이 내게 있어
내가 인도해야 할 터이니

그는 새로운 소망을 품고 다시 일어나 아프리카로 돌아갔다. 지금도 그가 설립한 선교회는 아프리카에서 활기차게 활동하고 있으며, 나날이 그 영향력이 커지고 있다.

당신의 가장 큰 기쁨은 이웃에게까지 넘쳐흐를 만큼 충만하게 부으시는 하나님의 은혜를 경험하는 것인가? 그렇다면 하나님은 숨겨진 백성들을 구원하기 위해 바로 당신을 통해 불가능한 일을 하실 것이다. 그리고 이 소식은 세상에서 당신이 들을 수 있는 가장 기쁜 소식이 될 것이다. "사람으로는 할 수 없으되 하나님으로는 그렇지 아니하니 하나님으로서는 다 하실 수 있느니라."

두 번째 동기 "백배로 돌려받으리라"
미개척지 선교라는 대의에 헌신하도록 마가복음 10장 17-31절이 주는 두 번째 동기를 28-30절에서 볼 수 있다.

"베드로가 여짜와 이르되 보소서 우리가 모든 것을 버리고 주를 따랐나이다 예수께서 이르시되 내가 진실로 너희에게 이르노니 나와 복음을 위하여 집이나 형제나 자매나 어머니나 아버지나 자식이나 전토를 버린 자는 현세에 있어 집과 형제와 자매와 어머니와 자식과 전토를 백 배나 받되 박해를 겸하여 받고 내세에 영생을 받지 못할 자가 없느니라 그러나 먼저 된 자로서 나중 되고 나중 된 자로서 먼저 될 자가 많으니라."

이 구절은 선교사가 되면 물질적으로 부자가 된다는 뜻이 아니다. 적어도 사유 재산이 늘어난다는 의미에서 부자가 된다는 뜻은 아니다. 그런 목적으로 선교 사역에 참여한다면, 주님은 다음의 말씀으로 질책하실 것이다. "여우도 굴이 있고 공중의 새도 집이 있으되 인자는 머리 둘 곳이 없도다"(눅 9:58).

이 말씀의 요점은 만일 우리가 그리스도를 섬기다가 이 땅의 가족을 잃는다면 영적인 가족, 즉 교회를 백배가 되게 하시겠다는 뜻인 듯하다. 하지만 이 또한 제한적이다. 믿음 안에서 가족이 된 수백 명의 형제와 자매와 어머니와 자녀 없이 홀로 수년 동안 수고하는 선교사들은 어떻게 된 것인가? 이들에게는 이 약속이 진실이 아닌가?

주님이 모든 희생에 보상하신다

이것은 분명한 사실이다. 그리스도께서는 확실히 모든 희생에 보상하신다는 뜻으로 말씀하셨다. 우리가 만약 선교를 위해 어머니의 애정과 관심을 가까이에서 받는 삶을 포기한다면, 항상 우리 곁에 계시는 그리스도께서 애정과 관심을 백배나 베푸실 것이다. 우리가 만약 선교를 위해 따스한 형제애를 포기한다면, 그리스도의 따스한 우애를 백배나 받을 것이다. 우리가 만약 선교를 위해 집에서 누리는 안락함을 포기한다면, 주님이 온 세계의 모든 집과 땅과 강과 나무의 주인이심을 아는 데서 오는 위로와 안전을 백배나 주실 것이다. 전도유망한 선교사들에게 예수님은 이렇게 말씀하신다. "너희가 희생한 것이 아무것도 없다고 말할 수 있도록 나는 너희를 위해 **일하고** 너희를 위해 **존재할** 것이다."

뉴 헤브리즈(New Hebrides, 오늘날의 남태평양 바우아투[Vauatu])의 선교사 존 G. 페이턴(John G. Paton)은 그가 아내와 아이를 잃고 너무나 외로웠을 때, 그리고 자기를 죽이려는 원주민들에 에워싸여 나무에 숨었을 때, 그때 그리스도께서 자기에게 보여 주신 친밀함과 교제에 관해 아름다운 간증을 나눈다.

저는 나무 위로 올라가 덤불 속에 홀로 있었습니다. 거기서 보낸 시간이 마치 어제 일처럼 생생합니다. 저는 간간히 들려오는 소총 발사하는 소리와 원주민들의 고함소리를 들었습니다. 그러나 저는 마치 주님의 팔에 안겨 있는 듯 가지 속에 앉아 있었지요. 극심한 슬픔 가운데 제 마음을 주께 쏟아 아뢰었을 때, 내 주님께서는 제게 더욱 가까이 다가오셔서 달빛이 밤나무 이파리 사이로 반짝이고 밤공기가 저의 떨리는 이마 위에서 노닐 때보다 더 차분하게 말씀하시며 제 영혼에 평안을 주셨습니다. 혼자였지만 혼자가 아니었습니다. 나의 하나님께 영광이 되기만 한다면, 수많은 밤을 거기서 보내더라도 불평하지 않고 다시 한번 내 구주의 영적인 임재를 느끼고 그분과 위로의 교제를 누릴 것입니다. 여러분의 영혼이 홀로, 전적으로 홀로, 덤불 속에, 아니 사망의 품에 내동댕이쳐졌더라도, 결코 여러분을 저버리지 않을 친구가 여러분에게 있습니까?[17]

---

17) John G. Paton, *John G. Paton: Missionary to the New Hebrides, An Autobiography Edited by His*

베드로의 '희생적인' 정신에 대해 예수님은 어떤 태도를 보이셨는가? 베드로는 "우리가 모든 것을 버리고 주를 좇았나이다" 하고 말했다. 이것이 예수님이 칭송하신 '자기 부인'의 정신인가? 아니다. 베드로는 책망을 받는다. 예수님은 말씀하신다. "내가 백배로 갚을 것이기에 어느 누구도 아무것도 희생하지 않을 것이다. 그렇다. 장래에 받을 영생뿐 아니라, 어떤 의미로는 지금 이 세상에서도 받을 것이다." 예수님은 친히 '자기 부인'을 명령하셨다(막 8:34). 아마도 희생에 대한 베드로의 생각이 기독교 희락주의와 달랐기 때문인 듯하다.

그런데 어떻게 말인가?

예수님의 반응을 볼 때 자기 부인이란, 더 나은 유익을 위해 덜 유익한 것을 포기하는 것이다. 백 명의 어머니를 얻기 위해 한 어머니를 포기한다. 다시 말해서 예수님은 우리가 모든 자기 연민을 배제하는 방식으로 희생에 대해 생각하기를 원하신다. 이것이 자기 부인을 언급한 본문이 실제로 가르치는 바다.

> "무리와 제자들을 불러 이르시되 누구든지 나를 따라오려거든 자기를 부인하고 자기 십자가를 지고 나를 따를 것이니라 누구든지 자기 목숨을 구원하고자 하면 잃을 것이요 누구든지 나와 복음을 위하여 자기 목숨을 잃으면 구원하리라"(막 8:34-35).[18]

이는 어쩔 수 없이 희락주의에 관한 논의로 이어진다. 어거스틴은 이 말씀에 담긴 역설을 잘 간파했다.

Brother (Edinburgh: Banner of Truth, 1965, org. 1889, 1891), 200.

18) 마태복음 10:39, 누가복음 9:24-25, 17:33, 요한복음 12:25, 요한계시록 12:11도 참조하라.

당신이 자신의 영혼을 사랑한다면, 그 영혼이 파괴될 위험이 있다. 따라서 자신의 영혼이 파괴되기를 원치 않는다면 자기 영혼을 사랑하지 않을 것이다. 하지만 영혼이 파괴되기를 원치 않음으로써 당신은 자신의 영혼을 사랑하는 것이다.[19]

예수님도 이를 아셨다. 이것이 그분의 논의의 기초였다. 예수님은 우리에게 자신이 파괴되는 것을 신경 쓰지 말라고 요구하지 않으신다. 오히려 예수님은 참된 생명을 향한 갈망(벧전 3:10)이 우리를 삶의 덜 중요한 쾌락과 안락을 포기하는 데로 이끌 것이라고 가정하신다. 우리가 하나님이 주시는 생명의 선물에 관심이 없다면, 우리는 그것을 부끄러워하는 것이 된다. 생명을 향한 갈망의 크기는 그 생명을 위해 기꺼이 포기하는 안락의 크기와 같다. 우리가 영생을 얻기 위해(요 12:25) "이 세상에서 자기의 생명을 미워한다면" 하나님의 임재 안에 있는 영생의 선물은 영화롭게 될 것이다. 바로 거기에 하나님 중심적인 자기 부인의 가치가 있다.

두 종류의 자기애

베드로가 자신은 모든 것을 희생했노라고 불쑥 말을 꺼냈을 때, 그는 데이비드 브레이너드나 데이비드 리빙스턴처럼 깊이 생각하고 말한 것은 아니었다. 뉴잉글랜의 인디언을 위한 젊은 선교사였던 브레이너드는 자기애와 자기 부인에 관한 문제와 씨름하고 있었다. 1744년 1월 24일 일기에 그는 다음과 같이 썼다.

---

19) Saint Augustine, *Migne Patrologia Latina* 39, 1652, sermon 368.

아침에 나는 예기치 않은 많은 사람들의 방문을 받았다. 나는 그들과 하나님의 일에 관한 유익한 대화를 나눌 수 있었다. 나는 정상적인 자기애와 비정상적인 자기애의 차이를 설명해 주었다. 하나는 하나님을 향한 최고의 사랑으로 이루어지고 다른 하나는 그렇지 않다. 앞엣것은 하나님의 영광과 영혼의 행복을 한데 결합시킴으로써 그 둘이 하나의 공통된 관심사가 되지만, 뒤엣것은 하나님의 영광과 인간의 행복을 분리시키고 따로 떼어놓음으로써 하나님의 영광은 소홀히 하고 인간의 행복만 추구하게 한다. 나는 남녀 간에 형성되는 참된 사랑을 예로 들면서 이를 설명했다. 이 남녀 간의 참된 사랑은 어떤 합리성이나 자기 이익을 취하려는 소망을 따라 한 사람을 향해 일어나는 것과는 다르다.[20]

브레이너드는 자신의 영혼이 하나님의 영광을 위한 삶을 추구하면서도 자기 자신을 사랑하고 있음을 알았다! 그는 결핵으로 죽어가면서도 영원히 지속되는 궁극적인 희생이란 없음을 알았다. 하지만 그는 예수님이 몇몇 형태의 자기애를 책망하셨으며 몇몇 형태의 자기 부인을 칭찬하셨음도 알았다. 그래서 그는 우리의 행복을 추구하는 것과 하나님의 영광을 추구하는 것을 분리시키는 자기애와 둘을 "하나의 공통된 관심사"로 묶는 자기애를 구분했다. 다시 말해서, 그는 그리스도를 위한 자신의 고난이 결국 희생이 될 것이라 생각한 베드로의 실수를 되풀이

---

20) Jonathan Edwards, ed., *The Life and Diary of David Brainerd* (Chicago: Moody Press, 1949, original, 1749), 149. 내가 브레이너드를 인용하며 사용한 '자기 이익'이라는 표현은 "하나님의 영생을 자기 즐거움의 목적으로 삼지 않는, 세상적인 자기 이익"을 가리킨다. 그는 계속해서 "사랑은 기쁨을 주는 열정이며, 마음에 즐거움을 준다"고 말한다. 하지만 그 즐거움이 사랑의 대상은 아니다. 사랑의 대상은 하나님이시며 그때 사랑은 만족을 준다. 이것이 우리가 즐거움을 추구한다고 말할 때 종종 혼란스러워하는 이유다. 이는 마치 즐거움이 하나님의 자리를 대신 차지한 듯이 들린다. 하지만 실제로는 그렇지 않다. 브레이너드가 말한 것처럼, 하나님의 영광과 우리의 행복은 하나의 공통된 관심사다. 우리는 하나님 안에서 즐거움을 추구하지 하나님으로부터 추구하는 것이 아니다.

하지 않았다. 브레이너드는 자신이 버린 모든 것을 다시 얻었을 뿐 아니라 하나님의 영광을 새롭게 경험했다. 백배나 말이다!

"저는 결코 희생하지 않았습니다"

1857년 12월 4일 아프리카의 위대한 선교 개척자인 데이비드 리빙스턴은 캠브리지 대학 학생들 앞에서 지난 수년 동안 경험을 통해 무엇을 배웠는지 감동적으로 호소하고 있었다. 바로 예수님이 베드로에게 가르치시려고 했던 그것이었다.

개인적으로 저는 하나님이 저를 이 직분에 임명하신 것을 단 한순간도 기뻐하지 않은 적이 없습니다. 사람들은 제가 인생의 많은 시간을 아프리카에서 보내며 대단한 희생이라도 한 것처럼 말합니다. 하지만 우리는 하나님께 도저히 갚을 수 없을 만큼 큰 빚을 졌습니다. 그중에 아주 적은 부분을 갚았을 뿐인데, 희생이라 할 수 있을까요? 주님은 우리에게 건전한 활동, 선을 행하고 있다는 의식, 마음의 평화, 장래에 맞을 영광스러운 약속에 대한 빛나는 소망과 같은 복된 보상을 안겨 주셨는데 그것이 희생인가요? 그런 관점과 단어와 생각을 모두 버리십시오. 그것은 단연코 희생이 아닙니다. 도리어 특권이라고 말하십시오. 현재나 과거의 불안, 근심, 질병, 고난 혹은 위험은 이생의 보편적 편의와 자선 앞에서 우리를 멈추게 하고, 우리의 영을 흔들고, 영혼을 망칠 수 있습니다. 하지만 잠시일 뿐입니다. 이 모든 것들은 우리 안에서 우리를 위해 나타날 영광과 비교하면 아무것도 아닙니다. **저는 결코 희생하지 않았습니다.**[21]

---

21) Samuel Zwemer, "The Glory of the Impossible," *Perspectives on the World Christian Movement*, 4th ed., ed. Ralph D. Winter and Stephen C. Hawthorne (Pasadena, Calif.: William Carey, 2009), 333에서 인용됨. 강조 추가.

내 생각에 이 인용 가운데 한 문장은 유익하지 않을 뿐더러 일관성도 없다. "우리는 하나님께 도저히 갚을 수 없을 만큼 큰 빚을 졌습니다. 그 중에 아주 적은 부분을 갚았을 뿐인데, 희생이라 할 수 있을까요?" 나는 우리의 순종을 하나님의 은혜를 갚으려는 (물론 갚을 수 없다고 했지만) 시도로 묘사한 것은 유익하지 않다고 생각한다.[22] 그런 식의 생각은 값없는 은 혜라는 개념과 모순된다. 그것은 도움이 되지 않을 뿐 아니라 리빙스턴이 말한 나머지 부분과도 일관되지 않는다. 그는 자신의 순종은 실로 더 건전하고 평화롭고 소망할 만한 것이라고 말한다. 우리가 하나님께 갚아드린다는 생각을 버린다면, 하나님의 은혜를 더욱 존중하고 가치있게 하는 일이 될 것이다. 우리는 거래하거나 구매하는 것이 아니다. 우리는 선물을 받았다. 그러나 이 점을 제외한다면, 이 연설문의 마지막 문장은 매우 훌륭하다. "저는 결코 희생하지 않았습니다."

예수님이 베드로의 희생(자기 연민)의 마음을 책망하실 때 가르치시려 했던 것이 바로 이것이다. 우리가 미개척지 선교라는 대의에 목숨을 바쳐야 할 위대한 동기(incentive)는 그것이 만 배로 돌려받는 투자라는 사실에 있다. 바울 이래로 선교사들은 처음부터 이를 증거했다.

바울은 그리스도를 아는 지식과 그리스도와 함께 받는 고난에 비교한다면 다른 모든 것은 배설물(*skubalon*)이라고 강하게 말한다.[23]

"그러나 무엇이든지 내게 유익하던 것을 내가 그리스도를 위하여 다 해로 여길뿐더러 또한 모든 것을 해로 여김은 내 주 그리스도 예수를 아는

---

22) John Piper, *Future Grace* (Sisters, Ore.: Multnomah, 1995)의 여러 곳에서 참조함.

23) BDAG, the standard Greek lexicon은 *skubalon*에 "배설물, 비료, 쓰레기, 음식물 찌꺼기" 등 다양한 의미가 있다고 말한다. Walter Bauer, *A Greek-English Lexicon of the New Testament and Other Early Christian Literature*, rev. and ed. Frederick W Danker, 3rd ed. (Chicago/London: University of Chicago Press, 2000)를 보라.

지식이 가장 고상하기 때문이라 내가 그를 위하여 모든 것을 잃어버리고 배설물로 여김은 그리스도를 얻고…… 내가 그리스도와 그 부활의 권능과 그 고난에 참여함을 알고자 하여 그의 죽으심을 본받아"(빌 3:7-8,10).

"우리가 잠시 받는 환난의 경한 것이 지극히 크고 영원한 영광의 중한 것을 우리에게 이루게 함이니"(고후 4:17).

"생각하건대 현재의 고난은 장차 우리에게 나타날 영광과 비교할 수 없도다"(롬 8:18).

"내가 복음을 위하여 모든 것을 행함은 복음에 참여하고자 함이라"(고전 9:23).[24]

거룩한 선교사들은 가장 위대한 희락주의자들이다

복음을 위해 고난을 당한 선교사들의 간증이 얼마나 일관성이 있는지 놀라울 따름이다. 실제로 그들은 모두 넘치는 기쁨과 압도적인 보상(백배의)을 증거하고 있다.

---

24) 이 마지막 본문(고전 9:23)에 대해서 아돌프 슐라터(Adolf Schlatter)는 다음과 같이 주해한다.
"바울은 자신이 사역하는 방식은 자신의 구원과 관련해 전혀 중요하지 않다는 듯, 예수님을 섬기는 자신의 사역과 그리스도인으로서 자신의 지위를 분리시켜 따로 생각하지 않았다. 자신에게 사역을 주신 분이 주님이시기에 그것을 신실하게 수행할 때만 그는 예수님께 매인 사람이 된다. 그가 사역을 포기한다면 복음은 더 이상 그의 삶에서 효력을 발휘할 수 없을 것이다. 그것이 바울의 사랑을 순수하게 한다. 그가 모든 것을 가지고 공동체로 들어가는 이유는 그들을 얻고자 함이다. 하지만 바울에게는 다른 이들에게 그들만 위험에 처해 있고 구원이 필요하다고 말할 만한 전제가 없다. 도리어 구원의 문제는 그들뿐 아니라 바울 자신에게도 심각한 문제로 계속 남아 있다. 그래서 바울은 자신의 구원을 위해 다른 사람을 구원하려고 수고한다."
Die Korintherbriefe, vol. 6, *Erlaeuterungen zum Neuen Testament* (Stuttgart: Calwer Verlag, 1974), 118.

콜린 그랜트(Colin Grant)는 윌리엄 캐리가 인도로 떠나기 6년도 더 전에, 어떻게 모라비아 형제단이 중앙 유럽의 색소니 산에서 선교사를 파송했는지를 기술하고 있다. 1732년부터 1742년까지 그들은 철저한 자기 부인의 정신으로 서인도와 수리남과 북아프리카와 그린랜드, 남아프리카와 페르시아로 갔다. 이것은 신약시대 이후 세계 복음화에 그 유래를 찾아볼 수 없는 기록이었다. 그랜트는 이 운동의 주요 특징을 기술하며 그 맨 위에 "즐거운 순종"을 올렸다. "무엇보다 **모라비아 형제단의 선교에 대한 순종은 본질적으로 즐겁고 자발적이었으며,** '생명의 법에 대한 건강한 유기체의 반응'이었다."[25]

앤드류 머리(Andrew Murray)도 선교에 관한 고전인 『선교 문제를 해결하는 열쇠』(*Key to the Missionary Problem*)에서 '생명의 법'을 언급하고 있다. 본성은 모든 신자들이 영혼을 살리는 자(soul winner)가 되어야 한다고 가르친다. "이는 새로운 본성의 핵심적인 부분이다. 우리는 이것을 자신이 얼마나 행복한지 말하고 그 기쁨을 나누기 좋아하는 모든 아이들에게서 볼 수 있다."[26]

선교는 그리스도를 향한 사랑의 분출이고 넘침이다. 우리는 그 기쁨을 이웃에게까지 펼침으로써 그리스도 안에서 우리의 기쁨을 확대하기를 기뻐한다. 로티 문(Lottie Moon)의 말대로, "분명 영혼을 구원하는 것보다 더 큰 기쁨은 없다."[27]

---

25) Colin A. Grant, "Europe's Moravians: A Pioneer Missionary Church" in *Perspectives on the World Christian Movement*, 24. 그랜트의 마지막 말은 헤리 보어(Harry Boer)의 말을 인용한 것이다.

26) Andrew Murray, *Key to the Missionary Problem* (Fort Washington, Penn.: Christian Literature Crusade, 1979, orig. 1905), 127.

27) Ruth Tucker, *From Jerusalem to Irian Jaya*, 2nd ed. (Grand Rapids, Mich.: Zondervan, 2004), 297에 인용됨. 샬럿 딕스 (로티) 문(Charlotte Diggs [Lottie] Moon)은 1840년 버지니아에서 태어나 1873년 침례교 선교사로 중국에 갔다. 그녀는 중국 개척 선교로 유명할 뿐 아니라 남침례교회 여성들을 선교적 대의에 동원한 것으로 잘 알려져 있다.

로티 문이 미국의 남침례교 여성들을 해외 선교사로 동원하는 일을 했다면, 에이미 카마이클(Amy Carmichael)은 영국의 모든 교단의 여성들을 동원했다. 그녀는 55년간 인도 선교 생활을 상세하게 기록한 35권의 책을 저술했는데, 그녀를 잘 아는 선교사이자 정치가, 저술가인 셔우드 에디(Sherwood Eddy)는 이렇게 말한다. "에이미 윌슨 카마이클은 내가 만난 사람 중에 가장 그리스도인다운 인물이며, 내가 아는 사람 중에 가장 유쾌하고 가장 기쁘게 희생적인 삶을 사는 사람이었다."[28] "기쁘게 희생하는 삶이라!" 마가복음 10장 29-30절에서 베드로의 희생 정신을 책망하실 때 예수님이 추구하셨던 것이 바로 이것이다.

'기도하는 하이드'로 더 잘 알려진 존 하이드(John Hyde)는 세기의 전환기에 인도 선교사로서 믿기지 않을 만큼 열정적인 기도 생활을 했던 사람이다. 그를 뚱한 사람이라고 생각하는 이들도 있었지만, 그에 관한 이야기를 들어보면 그의 희생적인 기도 생활의 배후에 있던 참된 정신을 알 수 있다. 하루는 유흥을 좋아하는 한 아가씨가 하이드를 놀릴 목적으로 이렇게 물었다. "하이드 씨, 춤출 줄 아는 여자는 천국에 갈 수 없나요?" 하이드는 그녀를 지그시 쳐다보고는 미소를 지으며 조용히 말했다. "글쎄요, 천국에 가면서 어떻게 춤추지 않을 수 있을지 모르겠군요." 그리고 사죄의 기쁨에 대해 자세히 설명해 주었다.[29]

무슬림 선교로 잘 알려진 사무엘 츠베머(Samuel Zwemer)는 희생의 기쁨에 관한 감동적인 간증을 하고 있다. 1897년 그는 아내와 두 딸과 함께 바레인의 무슬림에게 선교하기 위해 배를 타고 페르시아만으로 향했다.

---

28) Tucker의 같은 책 ibid., 299에 인용됨. 에이미 카마이클에 대한 멋진 전기를 원한다면, Elisabeth Elliot, *A Chance to Die: The Life and Legacy of Amy Carmichael* (Grand Rapids, Mich.: Fleming H. Revell, 1987)을 보라.

29) E. G. Carre, *Praying Hyde* (South Plainfield, N. J.: Bridge, n. d.), 66.

하지만 그들의 선교 사역에는 거의 열매가 없었다. 그 지역의 기온은 대개 "베란다의 가장 서늘한 곳에서도" 섭씨 40도까지 치솟았다. 1904년 7월에는 4살, 7살 난 두 딸이 모두 8일 간격으로 목숨을 잃었다. 그런데 츠베머는 50년 후 이 시절을 회상하면서 이렇게 쓰고 있다. "그때의 모든 순전한 기쁨이 다시 생각납니다. 다시 하게 되더라도 저는 즐거이 그 일을 할 것입니다."[30]

예수님이 자기 연민에 빠진 희생을 책망하신 이유는 위대한 선교 사역을 통해 영광받으시는 것이 예수님의 목적이기 때문이다. 우리가 계속 수혜자가 되고 그분이 늘 시혜자가 되실 때 그분이 영광을 받으신다. 예수님은 결코 의사와 환자의 역할이 바뀌기를 원치 않으신다. 선교사로 부르심을 받았다 해도 우리는 여전히 그리스도의 병원에 있는 환자일 뿐이다. 우리에게는 여전히 좋은 의사가 필요하다. 사람으로서는 할 수 없는 일을 우리 안에서 또 우리를 통해서 하기 위해 그분을 의지해야 한다. 그리스도의 병원에 들어가려면 다른 것들을 희생해야 할지 모른다. 하지만 이는 우리의 영적 건강을 위해서이지 결코 의사에게 빚을 갚기 위해서가 아니다.

환자가 가장 위대한 선교사가 된다

다니엘 풀러는 환자와 의사의 관계를 예로 들며 유능한 선교사가 어떻게 자신이 하나님을 돕는다는 생각을 피하는지 보여 준다.

그리스도인이 율법주의자가 되지 않고 사는 법을 이해하기 위한 적절한 유비는, 우리 자신을 건강 회복을 위해 의사의 도움이 필요한 병든 사람

---

30) Tucker의 *From Jerusalem to Irian Jaya*, 240에 인용됨

으로 생각하는 것이다. 사람은 악으로 향하는 강한 성향을 가지고 태어난다. 예수님은 그래서 '지옥 자식'(마 23:15)이라고 부르셨다.…… 마가복음 2장 17절과 다른 곳에서 예수님은 자신을 사람의 죄를 치유하는 과업을 맡은 의사로 비유하셨다. "자기 백성을 그들의 죄에서 구원하는"(마 1:21) 것이 사명이었기에 그분은 '예수'라는 이름을 받으셨다.

우리가 이 세상에서 사랑하던 것에서 돌이켜 예수 그리스도 안에 있는 하나님과 그분의 약속에 소망을 두는 순간, 예수님은 지옥 자식의 성향을 고치시려고 우리를 자신의 병원으로 데려가신다. 참 믿음이란 죄 사함을 확신하는 것뿐 아니라 우리에게 영원히 행복한 미래가 있다는 하나님의 약속을 믿는 것이다.

다시 약과 병원의 유비로 돌아가자. 우리는 그리스도께서 우리의 흉악한 성품을 거룩하게 변화시키실 것을 확신하며 우리의 병든 자아를 위대한 의사이신 그리스도께 맡겨야 한다.

의사 비유에서 얻을 수 있는 한 가지 암시적인 메시지가 있다. 예수님은 모든 환자들이 따라야 할 일반적인 처방을 주시지만, 동시에 각 환자의 구체적인 필요에 따라 개별적인 건강요법을 처방해 주신다는 사실이다. 예를 들면, 어떤 이들에게는 고향을 떠나 외국에서 복음을 전하라고 지시하실 수 있다. 이런 상황에서 그들은 고향을 떠나 외국에서 살면서 많은 어려움을 견뎌야 하기에 자신은 하나님을 위해 영웅이 되고 있다고 생각하는 율법주의로 회귀하고 싶은 큰 유혹을 받기도 한다(이것이 베드로의 문제였다).

하나님을 위한 힘거운 사역에 자신을 바친 사람들은 하나님이 자신의 건강을 위해서 이런 역경을 주셨음을 기억해야 한다. 이런 어려움을 통해 그들은 좀 더 그리스도를 닮은 사람이 되며, 따라서 하나님을 찬양하게 되고, 결과적으로 "많은 사람이 그렇게 변화된 우리를 보고 두려워하여 여호와를 의지하게 될 것이다"(시 40:3). 자신을 영웅이 아닌 환자라고 생각하는 사람이 탁월한 선교사가 될 것이다.[31]

먼저 기대한 후 시도하라

선교사는 자신의 사역을, 죄라는 자신의 영적 질병을 하나님이 치유하시는 일로 보아야 한다. 그런데 윌리엄 캐리의 경우는 언뜻 보기에 예외인 듯하다. 1792년 5월 31일 수요일, 윌리엄 캐리는 이사야 54장 2-3절("네 장막터를 넓히며……")을 본문으로 그의 가장 유명한 설교를 한다. 여기서 그의 가장 유명한 명언이 선포된다. "하나님으로부터 오는 위대한 일을 기대하십시오. 하나님을 위해 위대한 일을 시도하십시오." 그런데 환자와 의사의 관계를 생각할 때 환자가 과연 이렇게 말해도 되는 것일까?

그렇다. 단연코 그렇다. 부분 마비가 온 환자에게 의사가 "나를 붙잡고 일어나십시오"라고 말한다면, 환자는 먼저 의사를 신뢰해야 하고 **그가 큰 도움을 줄 것이라고 기대해야 한다.** 메리 드류어리(Mary Drewery)는 캐리의 구호를 다음과 같이 잘 해석하고 있다.

윌리엄 캐리는 자신의 소명을 확신하고는 하나님이 자신을 인도하실 것이며 자신에게 필요한 모든 것을 공급하시리라고 전적으로 믿었다. "하나님으로부터 오는 위대한 일을 기대하라." 이것은 캐리가 1792년 노팅엄의 연합회 모임에서 처음으로 말한 명령의 첫 부분이다. 물론 이 기대

---

31) Daniel Fuller, *Gospel and Law: Contrast or Continuum?* (Grand Rapids, Mich.: Eerdmans, 1980), 117-9.

는 늘 그가 기대한 모습이나 기대한 시기에 성취된 것은 아니었다. 그럼에도 불구하고 캐리는 도움의 손길이 언제나 점점 늘어났다고 주장할 수 있었고 결국 "하나님을 위해 위대한 일을 이룰 수" 있었다. 축복은 해낸 일 때문에 받는 상급이 아니다. 그 일을 이루기 위한 선행 조건이다.[32]

캐리 역시 이러한 해석을 인정한 듯하다. 그가 자기 묘비에 다음과 같이 써 주기를 요청한 데서 알 수 있다. "비참하고 가엾고 가망 없는 벌레인 제가 당신의 자비하신 팔에 안기나이다." 이는 환자와 그의 자비롭고 사랑 많은 의사의 관계를 완벽하게 묘사한다. 이것은 우리가 살아 있을 때도 참이며("하나님으로부터 오는 위대한 일을 기대하라") 죽어서도 참되다("당신의 자비하신 팔에 안기나이다").

허드슨 테일러의 안식

중국내지선교회(OMF)의 설립자인 허드슨 테일러도 그랬다. 그의 아들은 1932년 『허드슨 테일러의 생애』(*Hudson Taylor's Spiritual Secret*)라는 짧은 책을 엮었다. 그의 아들이 말하는 허드슨 테일러의 '영적 비밀'(spiritual secret, 원제가 언급하는)은 그가 구세주의 생명 병원의 행복한 환자가 되는 법을 배웠다는 사실이다.

칭키앙(Chinkiang)의 작은 집에 묵은 사람들은 종종 새벽 2시나 3시에 테일러가 자신이 가장 좋아하는 찬송의 후렴구 "예수여, 제가 주님의 주님 되심의 기쁨 가운데 쉬나이다, 쉬나이다……."를 나즈막히 부르는 것을 들었을 것이다. 그는 자신에게는 오직 하나의 삶, 즉 주께서 안팎의 크고

---

32) Mary Drewery, *William Carey, A Biography* (Grand Rapids, Mich.: Zondervan, 1978), 157.

작은 어려움을 해결하실 동안 자신은 어떤 상황에서든지 주님 안에서 안식하고 즐거워하는 복된 삶만이 가능하다는 것을 배웠다.[33]

모든 치료에 고통이 뒤따른다는 것은 말할 필요도 없다. "우리가 하나님의 나라에 들어가려면 많은 환난을 겪어야 할 것이라"(행 14:22). 이것이 예수님이 선교라는 치료(mission therapy)에서 얻는 백배의 유익을 '박해'(막 10:30)와 함께 받으리라고 말씀하실 때 뜻하신 바다. 우리는 이 말씀을 지나치게 순진하게 듣지 말아야 한다. 이 치료는 하늘과 땅을 잇는 일이기에 누군가는 이 치료를 받다가 죽을 수도 있다. "내 이름으로 말미암아 너희에게 손을 대어 박해하며 회당과 옥에 넘겨주며…… 너희중의 몇을 죽이게 하겠고…… 너희 머리털 하나도 상하지 아니하리라 너희의 인내로 너희 영혼을 얻으리라"(눅 21:12, 16, 18-19).

죽음을 아름다운 이름으로 부른 사람들

이런 이유로 순교한 선교사들은 종종 죽음을 아름다운 이름으로 불렀다. "지금은 형편없는 아침 식사를 할지라도, 훌륭한 저녁 식사가 우리를 기다리며, 그리고 곧 하늘에 있을 것이다."[34]

---

33) Dr. and Mrs. Howard Taylor, *Hudson Taylor's Spiritual Secret* (Chicago: Moody, n. d., orig. 1932), 209. 테일러는 자신을 존경하는 사람들의 찬사에 일관되게 이렇게 대답했다. "저는 하나님이 쓰시기에는 너무 작고 약한 사람을 찾으시다가, 결국 저를 발견하셨다고 생각합니다"(201 ff.). 그의 아들은, 아버지 테일러가 앤드류 머리(Andrew Murray)의 다음의 글과 정확히 일치하는 삶을 살았다고 증언한다. "하나님의 임재 앞에 있는 사람처럼 말씀을 읽으라. 그러면 주께서 당신에게 요구하시는 것과 당신에게 약속하시는 것이 무엇인지 알게 될 것이다. 말씀이 당신 주위에, 그리고 당신 안에서 거룩한 분위기를, 거룩한 천상의 빛을 창조하게 하라. 그러면 그 안에서 당신의 영혼은 일상의 삶을 감당할 수 있는 새 힘을 얻어 강건해질 것이다"(236).

34) Jeremiah Burroughs, *The Rare Jewel of Christian Contentment* (Edinburgh: Banner of Truth, 1964, orig. 1648), 83.

신실한 선교사인 환자들에게는 이 땅에서는 박해와 함께 백배의 회복을, 장래에는 영생을 받으리라는 약속이 있다. 선교사들은 하나님을 위한 위대한 희생을 자랑하는 영웅들이 아니다. 그들은 진정한 기독교 희락주의자다. 그들은 선교가 기독교 희락주의의 함성(battle cry)임을 알고 있다. 그들은 그리스도와 복음에 헌신한 삶이 이 세상의 하찮은 위로와 쾌락과 세상적인 성취에 헌신한 삶보다 백배나 더 큰 기쁨과 만족을 준다는 사실을 알았다. 그들은 예수님이 '자기 연민적인 희생 정신을 조심하라!'고 하신 책망을 수용했다. 선교는 이익이다. 그것도 백배의 이익이다!

요약과 권면

21세기를 맞은 지금, 우리는 예수님의 두 가지 큰 격려를 힘입고 세계를 품은 그리스도인이 되어 미개척지 선교라는 대의에 헌신해야 한다.

첫째, 사람으로는 할 수 없지만 하나님은 다 하실 수 있다(막 10:27). 완악한 죄인을 회심시키는 것은 하나님의 사역이며 그분의 주권적인 계획에 따를 것이다. 우리는 자신의 연약함을 너무 두려워하거나 초조해해서는 안 된다. 전쟁은 여호와께 속했다. 그분이 승리를 주실 것이다.

둘째, 그리스도께서는 우리를 위해 일하고 우리를 위해 존재하겠다고 약속하셨다. 그러기에 우리는 선교의 삶을 마쳤을 때 무언가를 희생했다고 말할 수 없다(막 10:29-30). 선교를 명하신 그리스도의 처방을 따르다 보면, 고통스러운 부작용도 우리의 상황을 낫게 함을 알게 될 것이다. 우리의 영적인 건강과 기쁨이 백배나 커질 것이다. 비록 죽더라도 우리는 죽지 않고 영생을 얻을 것이다.

나는 그리스도를 위한 용기와 희생을 쥐어짜내라고 호소하는 것이 아니다. 당신의 가장 깊은 갈망을 만족시키는 생명을 얻기 위해 당신의 모든 것을 포기하라고 호소하는 것이다. 왕 중의 왕을 섬기는 이 비할 데 없는 가치를 얻기 위해 지금 모든 것을 배설물로 여기라. 지금 당장 가게에서 산 누더기를 벗고 하나님의 대사(大使)의 복장을 갖추라. 핍박과 몰수도 있을 것이다. 하지만 "기쁨을 기억하라!" "의를 위하여 박해를 받는 자는 복이 있나니 천국이 그들의 것이다"(마 5:10).

1956년 1월 8일, 에콰도르의 아우카족 60명에게 복음을 전하려고 한 짐 엘리어트(Jim Elliot)와 그의 동료 선교사 4명이 인디언 5명에게 죽임을 당했다. 젊은 아내들이 남편을 잃었고 9명의 아이들이 아빠를 잃었다. 엘리자베스 엘리어트(Elisabeth Elliot)는 세상이 이 사건을 비극적인 악몽으로 부른다고 쓰며, 이렇게 덧붙였다.

하지만 세상은 짐 엘리어트의 두 번째 신조에 담긴 진실을
깨닫지 못했다.

잃어버릴 수 없는 것을 얻기 위해
간직할 수 없는 것을 버리는 사람은
바보가 아니다.[35]

---

35) Elisabeth Elliot, *Shadow of the Almighty: The Life and Testament of Jim Elliot* (New York: Harper & Brother, 1958), 19.

만일 그리스도 안에서 우리가 바라는 것이
다만 이 세상의 삶뿐이면
모든 사람 가운데 우리가 더욱 불쌍한 자이리라.
_ 고린도전서 15장 19절

고결한 순교자들의 군대가 당신을 찬양하나이다.
_ 테 데움

나는 이제 너희를 위하여 받는 괴로움을 기뻐하고
그리스도의 남은 고난을
그의 몸된 교회를 위하여 내 육체에 채우노라.
_ 골로새서 1장 24절

10장

———

고난:
기독교 희락주의의
희생

고난 받는 성자의 발아래 앉아서

나는 리처드 범브란트(Richard Wurbrand)의 발아래 앉은 이후로 딴 사람이 되었다. 문자 그대로 그의 발아래 앉았다. 그는 신발을 벗더니 의자에 앉았다. 그 의자는 남부 미네아폴리스의 그레이스 침례교회의 연단위에 놓여 있었고, 그 연단은 바닥에서 약간 위로 솟아 있었다. (나중에 나는 그가 루마니아 감옥에서 고문을 받는 동안 발에 입은 상처 때문에 연단을 그렇게 만들어야 했다는 것을 알았다.) 그 앞에 (아니 그 아래) 목사 열댓 명이 앉아 있었다. 그는 고난에 대해 말했다. 거듭거듭 그는 예수님이 그 고난을 '선택하셨다'고 말했다. 예수님이 그 고난을 선택하셨다. 예수님은 어쩌다 고난을 받은 것이 아니었다. 예수님은 스스로 선택하셨다. "이를 내게서 빼앗는 자가 있는 것이 아니라 내가 스스로 버리노라"(요 10:18). 범브란트는 우리에게 그리스도를 위해 고난을 선택하겠느냐고 물었다.

범브란트는 2001년에 소천했다. 하지만 그가 남긴 영향력은 지금도 지속되고 있다. 그의 묵상집인 『고지를 향한 발돋움』(*Reaching Toward the Heights*)은 그를 이렇게 소개한다.

리처드 범브란트는 1909년 루마니아에서 태어난 유태계 복음주의 루터교 목사다. 1945년 공산주의자들이 그의 조국을 포위하자, 지하 교회의 지도자가 되었다. 1948년에 아내 사비나와 함께 체포되었으며, 14년 동안 붉은 감옥에 수용되었다. 그는 태양과 별과 꽃을 전혀 보지 못한 채 3년 동안 지하 독방 생활을 하기도 했다. 간수와 고문하는 사람을 제외하고는 아무도 보지 못했다. 1964년, 노르웨이에 사는 친구들이 그를 석방하는 대가로 1만 달러를 지불했다.[1]

희생은 얼마나 아름다운가?

그가 들려준 이야기 가운데 하나는 이탈리아에서 방송된 시토 수도회 수도원장의 인터뷰였다. 인터뷰를 진행한 기자는 특히 침묵과 고독 속에 사는 시토 수도회의 전통에 흥미를 보였다. 그는 수도원장에게 "삶의 마지막 순간에 무신론(하나님이 계시지 않는다는 주장)이 옳다는 것을 깨닫는다면 어떻게 하시겠습니까? 말씀해 주십시오. 만약 하나님이 없다는 것이 사실이라면 말입니다."

수도원장은 이렇게 대답했다. "보상의 약속이 없더라도, 거룩과 침묵과 희생은 그 자체로 아름답습니다. 저는 변함없이 제 생명을 잘 사용할 것입니다."

삶의 의미에 대한 그의 몇 가지 견해가 고난에 관한 나의 묵상에 매우 큰 영향을 끼쳤다. 수도원장의 반응이 내게 미친 첫 번째 충격은 그가

---

1) Richard Wurmbrand, *Reaching Toward the Height* (Bartlesville, Okla.: Living Sacrifice, 1992) 뒷표지에서.

말한 영광의 표면적이고 낭만적인 파동 때문이었다. 하지만 무언가 문제가 있었다. 처음에는 이를 잘 간파할 수 없었다. 곧 그리스도를 위해 큰 고난을 당한 사도 바울을 생각하자 바울과 수도원장 사이에 큰 차이가 있음을 깨닫고 놀랐다.

기자의 질문에 대한 사도 바울의 대답은 수도원장과 정반대였다. 기자는 "당신의 삶의 방식이 거짓에 근거한 것이라면, 그리고 하나님이 없다면 어떻게 하시겠습니까?"라고 물었다. 수도원장의 대답은 본질적으로 "어쨌든 그것은 고결하고 좋은 삶입니다"라는 것이었다. 하지만 바울은 고린도전서 15장 19절에서 이렇게 대답한다. "만일 그리스도 안에서 우리가 바라는 것이 다만 이 세상의 삶뿐이면 모든 사람 가운데 우리가 더욱 불쌍한 자이리라." 이것은 수도원장의 발언과 정확히 대조된다.

왜 바울은 수도원장의 견해에 동의하지 않았을까? 왜 바울은 "그리스도께서 죽은 자 가운데서 살아나지 않으셨다 해도, 그리고 하나님이 안 계신다 해도, 사랑과 수고와 희생과 고난의 삶은 멋진 삶입니다"라고 말하지 않았을까? 그는 왜 "부활의 상이 없더라도 우리는 불쌍한 사람들이 아닙니다"라고 말하지 않았을까? 왜 그 대신에 그는 "그리스도 안에 있는 우리의 소망이 결국 거짓이라면, 우리는 다른 누구보다도 불쌍한 사람들입니다"라고 말했을까?

그리스도와 함께하면 삶이 더 나아지는가?

이는 교회에, 특별히 번영하고 안락한 땅 미국이나 서구 유럽의 교회에 매우 중요한 질문이다. 그리스도인이 되면 삶이 좀 더 수월해진다는 간증을 얼마나 많이 들었는가? 한번은 프로 미식축구팀의 쿼터백에게서 들은 적이 있다. 그는 그리스도를 영접하기로 기도한 후 매주 경기에 나갈 수 있었고 최선을 다했으며 그래서 기분 좋게 경기를 했고, 그 결과를 자랑스럽게 여긴다고 말했다.

번영하는 서구의 그리스도인 대부분은 하나님이 없고 부활이 없다고 해도 기독교는 자신의 삶을 더 멋지게 해줄 것이라는 식으로 기독교의 유익을 묘사한다. 심리학이 주는 모든 유익과 관계가 주는 유익을 생각해 보라. 물론 이것들은 참되고 또 성경적이다. 성령의 열매는 사랑과 희락과 화평이다. 그러니 우리가 믿음으로 사랑과 희락과 평화를 얻는다면, 그것이 그릇된 근거에 기초한다 해도 멋진 삶이라 할 수 있지 않을까? 그런데 왜 바울은 우리를 불쌍한 사람이라 하는가?

그렇다면 바울에게 무슨 문제가 있었던 것 아닌가? 그는 풍성한 삶을 살지 못했는가? 바울은 왜 부활이 없으면 세상 모든 사람 가운데 우리가 가장 불쌍하다고 말하는가? 만약 그 망상이 장래에 별다른 영향을 미치지 않고, 그 망상 가운데 기쁨과 만족이 가득한 60~70년을 살았다면, 그렇게 불쌍한 삶은 아니지 않은가? 어떤 망상이 공허하고 무의미한 삶을 행복한 삶으로 바꿔 준다면, 그 망상 속에 살지 말아야 할 이유가 없다.

바울에게 그리스도인의 삶은 소위 번영과 안락함으로 특징되는 멋진 삶이 아니었다는 사실이 그 대답이 될 것이다. 바울에게 있어 참된 그리스도인의 삶은 우리가 일상적으로 경험하는 무엇을 넘어서 자발적으로 고난을 선택하는 삶이었다. 하나님에 대한 바울의 믿음과 부활에 대한 확신과 그리스도와의 영원한 교제에 대한 소망은 그에게 부활이 없이도 만족할 수 있는 안락하고 수월한 삶을 가져다주지 않았다.

자신의 소망 때문에 바울은 스스로 고난을 선택하는 삶을 살았다. 그렇다. 그는 형언할 수 없는 기쁨을 알았다. 그것은 "소망 중에 즐거워하는"(롬 12:12) 기쁨이었다. 바울은 그 소망 때문에 스스로 고난을 맞이할 수 있었다. 그는 단 한 번도 자신의 부활과 또 그리스도를 위해 고난을 받는 이들의 부활에 대한 소망 없이 고난을 선택한 적이 없었다. 부활이 없다면 바울이 희생을 선택한 것은 그가 말한 대로 가장 불쌍한 일이 될 것이다.

그렇다. 바울은 고난의 기쁨과 중요성을 알았다. 그러나 그 기쁨은 고난 너머에 기쁜 소망이 있기에 가능했다. 이것이 로마서 5장 3-4절의 요지다. "다만 이뿐 아니라 우리가 환난 중에도 즐거워하나니 이는 환난은 인내를, 인내는 연단을, 연단은 소망을 이루는 줄 앎이로다."

이처럼 고난에는 기쁨이 따른다. 고난 자체가 안전과 성장에 도움이 된다는 소망이 있을 때만 그렇다. 소망이 없다면, 바울이 이 고난을 받아들인 것은 어리석은 일이며, 이를 기뻐한 것은 더더욱 그렇다. 그러나 소망이 있다. 그래서 바울은 무덤 너머에 있는 기쁨에 대한 소망이 없다면 어리석고 비참할 수밖에 없는 삶을 택했다. 그는 범브란트의 질문에 "예"라고 답했다. 그는 고난을 택했다.

박해와 질병은 다른가?

잠깐 곁길로 가보자. 이렇게 질문하는 이들도 있을 것이다. "암이나 교통사고로 인한 자녀의 죽음, 심각한 우울증처럼 내가 선택하지 않은 고난은 어떠한가? 이런 고난들도 여기에 포함되는가?" 이 장은 대부분 그리스도인들이 위태로운 상황에서도 그리스도인이 되기로 공개적으로 선택함으로써 당하는 고난을 이야기한다. 사실 모든 상황이 어떤 형태로든 위험하다.

질병과 박해의 가장 큰 차이를 말하자면, 박해는 우리가 그리스도인이라는 이유로 당하는 의도적인 적대 행위인 반면, 질병은 그렇지 않다. 따라서 자신이 그리스도인임을 공개적으로 드러내기로 선택하는 것은 (그것이 하나님의 뜻이라면[벧전 4:19]) 상황에 따라 고난을 수용하는 삶의 방식을 선택하는 것이 된다. 하지만 불신자들의 의도적인 적대 행위가 없더라도 그리스도인의 삶에는 고난이 뒤따를 수 있다. 예를 들면, 한 그리스도인이 목양을 위해 질병이 창궐한 동네에 들어갔다가 병을 얻을 수 있다. 이는 그리스도인으로 살다가 당한 고난이지 박해는 아니다. 그는 하나님의 뜻대로 고난을 선택했을 뿐 다른 사람의 적대 행위로 고난을 당한 것은 아니다.

하지만 잠시 멈추고 생각해 보자. 만약 우리가 신실하게 하나님의 영광과 이웃의 구원을 추구하는 그리스도인으로 산다면, 우리의 삶은 복음을 전하러 질병이 창궐하는 마을에 들어가는 그리스도인의 삶과 같을 것이다. 고난은 우리가 하나님의 부르심에 순종하며 살 때 치르는 대가의 일부다. 그리스도께서 지시하시는 길을 가며 그리스도를 따르기로 선택할 때, 우리는 그리스도의 주권적인 섭리 아래 이 길에서 일어나는 모든 일을 선택하게 된다. 따라서 순종의 길에서 만나는 모든 고난은, 그것이 암이든 갈등이든 무엇이든 그리스도와 함께하는 고난이요 그리스도를 위한 고난이다. 그리고 그것은 '선택'이다. 다시 말해 우리는 고난이 우리를 기다리더라도 순종의 길을 자발적으로 취하며, 고난을 당하더라도 하나님께 불평하지 않는다는 뜻이다. 우리는 바울처럼 고난을 제거해 달라고 기도할 수도 있다(고후 12:8). 하지만 하나님의 뜻이라면, 우리는 결국 하늘로 가는 순종의 길에서 제자로서 치러야 할 대가의 일부로 고난을 수용해야 한다.

순종하며 당한 모든 고난은 그리스도와 함께한 고난이다

그리스도인이 순종의 길에서 경험하는 모든 고난은 그것이 박해든, 질병이든, 사고든, 다음과 같은 공통점이 있다. 모두 하나님의 선하심을 믿는 우리의 믿음을 위협하고 우리가 순종의 길을 떠나도록 유혹한다. 그러므로 믿음으로 얻은 승리와 순종하며 보인 인내는, 그 대적이 질병이든, 사탄이든, 죄든, 방해 세력이든, 무엇이든 모두 하나님의 선하심과 그리스도의 고귀하심을 증언한다.

그러므로 우리가 그리스도인으로서 소명을 감당하는 길에서 겪는 모든 고난은 '그리스도와 함께' 겪는 고난이며 '그리스도를 위한' 고난이다. 이것이 **그리스도와 함께** 겪는 고난인 것은, 우리가 믿음으로 그리스도와 동행할 때 오는 고난이기 때문이며, 또 우리의 연약함을 동정하시는 (히 4:15) 대제사장 예수께서 공급하시는 힘으로 견디는 고난이기 때문이다. 이것이 **그리스도를 위한** 고난인 것은, 그분의 선하심과 능력에 대한 우리의 충성을 시험하고 증명하기 때문이며, 또 우리의 온전하고 충분한 보상과 상이 되시는 그분의 가치를 드러내기 때문이다.

고난 속에 담긴 사탄과 하나님의 계획

그뿐 아니다. 질병으로 인한 고난과 박해로 인한 고난에는 또 다른 공통점이 있다. 둘 다 우리의 믿음을 파괴하려는 사탄의 의도와 우리의 믿음을 순전하게 하시려는 하나님의 주권에서 비롯된다는 점이다.

먼저 박해를 생각해 보자. 데살로니가전서 3장 4-5절에서 바울은 박해에 직면한 데살로니가 교인들의 믿음을 알고자 하는 그의 관심을 기술한다.

"우리가 너희와 함께 있을 때에 장차 받을 환난을 너희에게 미리 말하였는데 과연 그렇게 된 것을 너희가 아느니라 이러므로 나도 참다 못하여 너희 믿음을 알기 위하여 그를 보내었노니 이는 혹 시험하는 자가 너희를 시험하여 우리 수고를 헛되게 할까 함이니."

여기서 분명한 것은, "시험하는 자"가 이 환난을 통해 성도들의 믿음을 파괴하려 한다는 것이다.

하지만 사탄만이 이 일의 설계자는 아니다. 하나님이 사탄을 다스리시며, 사탄은 그분의 궁극적인 목적을 성취하시려는 하나님의 통제를 벗어나지 못한다. 하나님의 목적은 사탄의 목적과 정반대되는데, 심지어 같은 고난에 대해서도 그렇다. 예를 들어 히브리서 12장은 하나님의 사랑의 목적에서 비롯된 박해 가운데 우리가 낙심하지 않는 법을 잘 보여 준다.

"너희가 피곤하여 낙심하지 않기 위하여 죄인들이 이같이 자기에게 거역한 일을 참으신 이를 생각하라 너희가 죄와 싸우되 아직 피흘리기까지는 대항하지 아니하고 또 아들들에게 권하는 것 같이 너희에게 권면하신 말씀도 잊었도다 일렀으되 내 아들아 주의 징계하심을 경히 여기지 말며 그에게 꾸지람을 받을 때에 낙심하지 말라 주께서 그 사랑하시는 자를 징계하시고 그가 받아들이시는 아들마다 채찍질하심이라 하였으니 너희가 참음은 징계를 받기 위함이라 하나님이 아들과 같이 너희를 대우하시나니 어찌 아버지가 징계하지 않는 아들이 있으리요…… 무릇 징계가 당시에는 즐거워 보이지 않고 슬퍼 보이나 후에 그로 말미암아 연단 받은 자들은 의와 평강의 열매를 맺느니라"(3-7, 11절).

여기 '죄인들의 거역' 때문에 생긴 고난이 있다. 곧 사탄이 예수님의 고난에 관여했듯이(눅 22:3) 이 고난에도 그가 관여하고 있다는 뜻이다. 그렇더라도 이 고난은 우리를 정결케 하고 연단하시려는 아버지의 사랑의 계획으로서 하나님이 주장하신다고 묘사한다. 따라서 사탄은 우리가 박해로 인해 받는 고난에 대해 한 계획을 가지고 있지만, 바로 그 같은 고난에 대해 하나님은 다른 계획을 가지고 계신다.

이는 질병도 마찬가지다. 고린도후서 12장 7-10절을 보면 사탄의 계획과 하나님의 계획이 모두 잘 나타나 있다.

"여러 계시를 받은 것이 지극히 크므로 너무 자만하지 않게 하시려고 내 육체에 가시 곧 사탄의 사자를 주셨으니 이는 나를 쳐서 너무 자만하지 않게 하려 하심이라 이것이 내게서 떠나가게 하기 위하여 내가 세 번 주께 간구하였더니 나에게 이르시기를 내 은혜가 네게 족하도다 이는 내 능력이 약한 데서 온전하여짐이라 하신지라 그러므로 도리어 크게 기뻐함으로 나의 여러 약한 것들에 대하여 자랑하리니 이는 그리스도의 능력이 내게 머물게 하려 함이라 그러므로 내가 그리스도를 위하여 약한 것들과 능욕과 궁핍과 박해와 곤고를 기뻐하노니 이는 내가 약한 그 때에 강함이라."

여기서 바울은 자신의 육신적인 고난을 "사탄의 사자"라고 부른다. 이 고난의 의도는 "바울이 너무 자만하지 않게 하려는 것이다." 하지만 사탄에게는 그런 계획이 없었을 것이다. 따라서 여기서 하려는 말은, 그리스도께서는 사탄의 파괴적인 목적을 무력화하심으로써 우리를 정결케 하시려는 자신의 사랑의 목적을 주권적으로 성취하신다는 것이다. 사탄은 늘 우리의 믿음을 파괴하려 하지만, 그리스도께서는 우리의 약함 중에 도리어 자신의 능력을 더욱 크게 나타내신다.

박해로 인한 고난과 질병으로 인한 고난을 구분할 수 있는가?

박해와 질병을 정확하게 구분할 수 없는 또 다른 이유는, 박해에서 오는 고통과 질병이 주는 고통을 구분하기 어렵기 때문이다. 루마니아의 감옥에서 그리스도를 위해 고문을 당한 지 수십 년이 흘렀지만, 리처드 범브란트는 계속해서 고문 후유증에 시달렸다. 그렇다면 그는 30년이 지난 후에도 발의 통증으로 인해 '박해'를 당하는 것인가? 바울을 생각해 보자. 그가 '그리스도의 종'으로 당한 고난의 목록을 보면 세 번 파선하고 일주야를 깊은 바다에서 지냈다. 또한 그리스도를 위해 당한 고난에 "수고하며 애쓰고 여러 번 자지 못하고 주리며 목마르고 여러 번 굶고 춥고 헐벗은"(고후 11:27) 경험들도 포함시킨다.

바울이 이 모든 일과 헐벗음 때문에 폐렴에 걸렸다고 가정해 보자. 그는 '박해'를 당하고 있는가? 바울은 매를 맞거나 난파를 당하거나 도시들을 여행하는 중에 감기에 걸린 것을 따로 구분하지 않는다. 그는 그리스도를 섬기는 중에 당한 모든 고난을 제자의 삶을 위해 치러야 할 '희생'의 일부로 생각했다. 선교사의 자녀가 설사병에 걸린다면 우리는 이 역시 신실한 삶을 위해 치러야 할 '희생'의 일부로 생각한다. 하지만 선교사가 아니더라도 하나님의 부르심에 순종하는 길을 걷는 부모라면 누구에게든 그런 일은 똑같은 희생이다.

무엇이 그리스도와 **함께** 겪은 고난이고, 무엇이 그리스도를 **위한** 고난인지는 사탄의 의도에 달려 있지 않다. 우리의 신실함에 달려 있다. 우리가 그리스도께 속해 있다면, 그것이 효소(enzymes)에 의한 것이든

대적(enemies)에 의한 것이든, 우리에게 닥친 고난은 그분의 영광과 우리의 유익을 위한 고난이 될 것이다.

쾌락이 부활의 대안인가?

이제 곁길에서 돌아와, 부활이 없다면 자신이 가장 불쌍한 사람이라고 말하는 고린도전서 15장 19절 말씀으로 돌아가자. 다른 말로 하자면, 바울의 기독교 세계관 안에서는 설사 이 땅에서의 삶이 전부라 할지라도 쾌락을 극대화하는 것은 최선의 방법이 아니다. "내가 사람의 방법으로 에베소에서 맹수와 더불어 싸웠다면 내게 무슨 유익이 있으리요 죽은 자가 다시 살아나지 못한다면 내일 죽을 터이니 먹고 마시자 하리라"(고전 15:32). 그는 순수한 쾌락주의나 방탕주의 같은 순진한 무엇을 말하는 것이 아니다. 알코올 중독자나 폭식하는 사람을 보아도 알 수 있듯이 쾌락을 극대화하는 것이 최선은 아니다. 부활이 없다면, 술에 찌든 사람이든 폭식가든 그리스도인만큼이나 불쌍한 사람이 된다.

바울이 "먹고 마시자"라고 했을 때 말하려던 것은, 부활이 없다면, 비범한 고난을 피하고 평범한 즐거움을 추구하라는 것이다. 이것이 바로 바울이 그리스도인으로서 거절한 삶이다. 따라서 부활이 없고 하나님도 천국도 없다면, 바울은 그런 식으로 자신을 혹사시키지 않았을 것이다. 그는 사례를 거절한 채 천막을 만들며 자비량하지 않았을 것이고, 사십에 하나 감한 매를 다섯 번이나 맞지도 않았을 것이고, 시내의 위험과 광야의 위험과 강의 위험과 동족의 위험과 바다와 강도와 성난 무리의 위험을 감수하지 않았을 것이다. 자지 못하고 춥고 헐벗은 삶을 수용하지 않았을 것이고, 타락하고 외식적인 그리스도인들을 그렇게 오래 참지도 않았을 것이다(고후 11:23-29). 그 대신 그냥 로마 시민의 특권을 누리며 존경받는 유대인으로서 안락하고 편안하게 잘 살았을 것이다.

바울이 "죽은 자가 다시 살아나지 못한다면 먹고 마시자"라고 했을 때, 그는 "우리 모두 호색가가 되자!"라고 말한 것이 아니다. 만일 죽은 자의 부활이 없다면, 지옥이나 죄나 거룩함이나 하나님 같은 골치 아픈 생각 없이 얼마든지 즐길 수 있는 일상적이고 단순하고 편안하고 정상적인 기쁨의 삶이 있다고 말한 것이다. 그런데 놀라운 것은 오늘날 신앙을 고백하는 많은 그리스도인들이 단순히 이런 삶을 목표로 하며, 또 그 것을 '기독교'라고 부른다는 점이다.

바울은 그리스도와의 관계를 **이 땅에서** 육신적인 안락함과 즐거움을 극대화하는 열쇠로 보지 않았다. 바울에게 있어 그리스도와의 관계는 고난을 선택하라는 부르심이었다. 무신앙을 '의미 있는 것', '아름다운 것' 혹은 '영웅적인 것'으로 만들 수 없는 그런 고난을 말이다. 만약 우리가 부활하여 그리스도의 기쁨 가득한 임재 안으로 들어가는 일이 없다면, 고난을 선택하는 것은 완전히 어리석고 불쌍한 일이 될 것이다.

서구 기독교에 대한 믿기지 않는 고발

시토 수도원장에 관한 범브란트의 말을 곰곰이 생각하면서 내가 마지막으로 깨달은 것이 이것이다. 급진적으로 다른 바울의 관점을 통해 나는 서구 기독교를 향한 바울의 믿기지 않는 고발을 들었다. 내가 너무 과장하고 있는가? 스스로 판단해 보라. 우리가 아는 그리스도인 가운데 과연 "부활이 없다면 그리스도인으로서 내가 선택한 삶의 방식은 완전히 어리석고 불쌍한 삶일 것입니다"라고 말할 수 있는 사람이 몇 명이나 되는가? "만일 부활이 없다면 내가 그리스도를 위해 당하기로 스스로 선택한 고난은 불쌍한 일이 될 것입니다"라고 말할 수 있는 그리스도인은 얼마나 되는가? 내 생각에 이는 매우 충격적인 질문이다.

기독교는 고난을 선택하는 삶이다

"만일 그리스도 안에서 우리가 바라는 것이 다만 이 세상의 삶뿐이면 모든 사람 가운데 우리가 더욱 불쌍한 자이리라"(고전 15:19). 바울에게 기독교적 삶이란, 장래에 그리스도와 교제의 기쁨을 누리기 위해 이 땅에서는 희생을 선택하는 삶을 의미했다. 바울은 그것을 이렇게 표현한다.

"그러나 무엇이든지 내게 유익하던 것을 내가 그리스도를 위하여 다 해로 여길뿐더러 또한 모든 것을 해로 여김은 내 주 그리스도 예수를 아는 지식이 가장 고상하기 때문이라 내가 그를 위하여 모든 것을 잃어버리고 배설물로 여김은 그리스도를 얻고⋯⋯ 내가 그리스도와 그 부활의 권능과 그 고난에 참여함을 알고자 하여 그의 죽으심을 본받아 어떻게 해서든지 죽은 자 가운데서 부활에 이르려 하노니"(빌 3:7-8, 10-11).

나는 이 본문을 다시 이렇게 말하겠다. 그리스도의 부르심은 희생과 상실과 고난으로의 부르심이다. 그것은 죽은 자의 부활이 없다면 어리석은 것이 되는 삶이다. 이는 바울의 의식적인 선택이다. 그의 말을 들어보자. "만일 죽은 자들이 도무지 다시 살아나지 못하면⋯⋯ 어찌하여 우리가 언제나 위험을 무릅쓰리요 형제들아 내가 그리스도 예수 우리 주 안에서 가진 바 너희에 대한 나의 자랑을 두고 단언하노니 나는 날마다 죽노라"(고전 15:29-31). 이것은 바울이 그렇게 살겠다고 스스로 '선택'한 삶이다. 그는 굳이 이런 삶을 살 필요가 없었다. 그래서 지금 그는

'단언하고' 있는 것이다. 그는 "언제나 위험을" 무릅쓰고 "날마다 죽는" 삶을 선택했다. 바로 이 때문에 바울은 죽은 자가 다시 사는 것이 없으면 자신은 더욱 불쌍한 사람이 될 것이라고 말했다. 그는 실제로 날마다 수고와 고통이 따르는 길을 선택했다. "나는 날마다 죽노라."

도대체 왜 그런 삶을 선택했는가?

이것은 정상적인 삶이 아니다. 인간이라면 누구나 고난을 보면 달아나기 마련이다. 우리는 좀 더 안전한 이웃을 찾아 이사하고 온화한 날씨를 선택하고 공기청정기를 구입한다. 아프면 아스피린을 먹는다. 비를 피하고 어두운 밤거리를 피한다. 정수한 물을 마신다. 대개 우리는 위험이 언제나 도사리는 곳으로 자신을 몰아넣는 삶을 선택하지는 않는다. 날마다 죽는 삶으로 오라고 유혹하는 광고 문구를 본 적 있는가?

그렇다면 무엇이 이처럼 사도 바울로 그리스도의 고난을 넘치도록 공유하는 삶(고후 1:5)과 그리스도를 위해 미련한 자가 되는 삶(고전 4:10)을 선택하게 했는가? 그는 왜 "주리고 목마르며 헐벗고 매맞으며 정처가 없고 모욕을 당하고 박해를 받고 비방을 받고 세상의 더러운 것과 만물의 찌꺼기 같이"(고전 4:11-13) 되는 삶을 선택했을까?

"그가 얼마나 고난을 받아야 할 것을 그에게 보이리라"

어쩌면 고난을 선택한 바울의 삶은 사도행전 9장 15-16절에 나온 그리스도의 명령에 대한 단순한 순종일지 모른다. 예수님은 다메섹 도상에서 눈이 먼 바울에게 아나니아를 보내 그의 눈을 다시 보게 하라고 하시며 이렇게 말씀하셨다. "가라 이 사람은 내 이름을 이방인과 임금들과 이스라엘 자손들에게 전하기 위하여 택한 나의 그릇이라 **그가 내 이름을 위**

하여 얼마나 고난을 받아야 할 것을 내가 그에게 보이리라." 다시 말해 고난은 바울의 사도적 소명의 일부였다. 바울은 자기 소명에 충성하기 위해 그리스도께서 자신에게 주신 것, 즉 많은 고난을 수용해야 했다.

"주셨다"(gave)가 적절한 표현이다. 바울은 빌립보에 편지를 보내며 놀랍게도 믿음이 선물이듯 고난도 선물(gift)이라고 말했기 때문이다. "그리스도를 위하여 너희에게 **은혜를 주신 것**(granted, *echaristhē* = 값없이 주어진)은 다만 그를 믿을 뿐 아니라 또한 그를 위하여 **고난도 받게** 하려 하심이라"(빌 1:29). 그런데 이 구절을 볼 때 바울은 자신이 사도로서 받은 이 '선물'이 사도에게만 주어진다고 생각하지 않은 듯하다. 그는 이 선물이 빌립보 성도들, 즉 모든 교회에 '주어진다'고 믿었다.

고난이 우리가 받아들여야 할 선물이라는 이 희한한 사실을 깨달은 다른 사람도 있다. 알렉산더 솔제니친(Aleksandr Solzhenitsyn)은 감옥 안에서 고통 가운데 보낸 자신의 시간을 선물이라고 말한다.

수년간의 수감 생활 끝에 나는 무거운 짐에 짓눌려 거의 살갗이 다 벗겨진 굽은 등에 지고 있던 이 소중한 경험 하나를 가지고 나올 수 있었다. 그것은 어떻게 인간이 악해지며 또 어떻게 선해지는지에 대한 깨달음이다. 젊은 날의 성공에 도취해 나는 결코 내게 오류란 없다고 느꼈고, 그래서 잔인했다. 엄청난 권력에 취해 나는 살인자였고 압제자였다. 가장 악하게 살 때도 나는 선한 일을 하고 있다고 확신했고 그렇게 믿을 만한 체계적인 논거를 잘 제공받고 있었다. 그런 내가 내 안에서 맨 처음으로 선을 향한 꿈틀거림을 느낀 때는 썩어가는 감옥의 지푸라기 위에 누웠을 때였다. 나는 선과 악을 가르는 선(line)이 국가나 계급이나 정당 사이가 아니라, 모든 사람의 마음을 통과하고 있다는 사실을 점점 깨달았다. 이 때문에 나는 내 수감 시절을 회고하면서 **"감옥이여 그대에게 축복이 있기를"**이라고 말할 수 있다. 그 시절을 그렇게 말할 수 있는 나 자신이 종종 놀랍기도 하다. 나는 충분히 복역하면서 내 영혼을 양육했다. 그리고 이제 주저 없이 이렇게 말할 수 있다. "내 인생에 함께해 준 **감옥이여, 그대에게 축복이 있기를!**"[2]

솔제니친은 고난은 사도만을 위한 선물이 아니라 모든 그리스도인을 위한 선물이라는 (선물이 될 수 있다는) 사도 바울의 말에 동의한다.

자신이 그리스도인임을 보여 주기 위해

이렇게 질문할 수도 있다. 그렇다면 바울은 그 고난이 자신을 예수님의 신실한 제자로 확증해 주기 때문에 수용한 것인가?

예수님은 이렇게 말씀하신다. "또 무리에게 이르시되 아무든지 나를 따라오려거든 자기를 부인하고 날마다 제 십자가를 지고 나를 따를 것이니라 누구든지 제 목숨을 구원하고자 하면 잃을 것이요 누구든지 나를 위하여 제 목숨을 잃으면 구원하리라"(눅 9:23-24). 따라서 십자가를 지고 날마다 죽는 것(이는 바울이 말한 "나는 날마다 죽노라"[고전 15:31]와 흡사하게 들린다) 없이는 참 기독교도 없다. 더욱이 예수님은 제자들에게 이렇게 말씀하신다. "내가 너희에게 종이 주인보다 더 크지 못하다 한 말을 기억하라 사람들이 나를 박해하였은즉 너희도 박해할 것이요"(요 15:20). 따라서 바울이 예수님의 고난에 참여하지 않았다면 무언가 문제가 있는 것이다.

---

2) Aleksandr I. Solzhenitsyn, *The Gulag Archipelago: 1918-1956. An Experiment in Literary Investigation, vol. 2*, trans. Thomas P. Whitney (New York: HarperCollins, 1975; Boulder: Westview, 1997), 6157.

예수님은 제자들의 사역이 순탄치 않을 것임을 보여 주는 (즉 불길한 전조가 되는) 이미지 하나를 말씀하신다. "갈지어다 내가 너희를 보냄이 어린 양을 이리 가운데로 보냄과 같도다"(눅 10:3). 그리고 이렇게 약속하신다. "심지어 부모와 형제와 친척과 벗이 너희를 넘겨 주어 너희 중의 몇을 죽이게 하겠고 또 너희가 내 이름으로 말미암아 모든 사람에게 미움을 받을 것이나"(눅 21:16-17; 참조. 마 24:9).

바울은 이 고난의 약속들이 열두 사도에게만 해당된다고 생각하지 않은 듯하다. 그는 이 약속들을 교회들에게 전했기 때문이다.

바울은 교회들을 향해 "우리가 하나님의 나라에 들어가려면 많은 환난을 겪어야 할 것이라"(행 14:22)고 말함으로써 모든 회심자의 마음을 강하게 했다. 그는 또한 "이 여러 환난 중에 흔들리지 않게 하려 함이라 우리가 이것을 위하여 세움 받은 줄을 너희가 친히 알리라"(살전 3:3)는 권면으로 고난 받는 데살로니가 신자들을 격려했다. 디모데에게 쓴 편지에서도 바울은 그리스도의 고난을 일반적인 원리로 삼았다. "무릇 그리스도 예수 안에서 경건하게 살고자 하는 자는 박해를 받으리라"(딤후 3:12). 자신의 고난에 관해 말할 때도 바울은 그 고난을 독특한 것으로 여기지 않고 그 대신 교회들에게 "나를 본받는 자가 되라"(고전 4:16)고 했다. 따라서 고난이 자신을 그리스도인으로 확증해 주리라는 이유로 고난의 삶을 수용했다 하더라도 그것은 얼마든지 이해할 만한 결심이다. "사람들이 나를 박해하였은즉 너희도 박해할 것이요."

그리스도인들이 자기 자신을 의존하지 않게 하려고

바울은 고난이 신실한 그리스도인의 삶의 일부라고 믿었기에 그 이유가 무엇인지 면밀하게 살핀다. 바울은 고난을 겪으며 하나님의 자기 백성을 향한 사랑의 방식을 더 깊이 이해할 수 있었다. 예를 들어 하나님은 고난을 통해서 우리가 하나님께 의존하고 하나님 한 분만을 의지하게 하신다는 사실을 깨달았다. 바울은 아시아에서 고난을 당한 후 이렇게 말한다.

> "형제들아 우리가 아시아에서 당한 환난을 너희가 모르기를 원하지 아니하노니 힘에 겹도록 심한 고난을 당하여 살 소망까지 끊어지고 우리는 우리 자신이 사형 선고를 받은 줄 알았으니 이는 **우리로 자기를 의지하지 말고 오직 죽은 자를 다시 살리시는 하나님만 의지하게 하심이라**"(고후 1:8-9).

우리가 하나님으로 더욱 만족하고 자기와 세상으로 덜 만족하게 되는 것, 이것이 모든 그리스도인의 고난을 향한 하나님의 보편적인 목적이다. 나는 "쉽고 안락한 삶을 통해 삶의 진정한 교훈을 얻었다"고 말하는 사람을 한 명도 보지 못했다. 하지만 나는 견실한 성도들이 "나는 고난을 통해서 하나님의 사랑의 깊이를 더 잘 헤아리고 하나님과의 교제가 더욱 깊어졌다"고 말하는 것은 들었다.

기독교 저술가 말콤 머거리지(Malcolm Muggeridge)는 고통 없는 공상의 세계에서 깨어날 만큼 충분히 살아온 모든 진지한 성경적인 그리스도인들에게 다음과 같이 말했다.

예상과는 달리, 나는 그 당시에는 우울하고 고통스럽게 보였던 나의 지나온 경험을 지금은 흡족한 마음으로 회고한다. 내가 정말 정직하게 말할 수 있는 것은, 이 세상에서 75년을 살면서 내가 배운 모든 것, 진정으로 내 존재를 드높이고 또 밝혀 주었던 모든 것은, 그것이 추구한 것이든 획득한 것이든 간에, 행복이 아니라 역경을 통해서 왔다는 사실이다. 다시 말해서 만약 약이나 다른 의학적인 묘술을 통해 이 땅에 사는 우리에게서 고통을 제거할 수 있다면, 삶은 좀 더 행복해지는 것이 아니라 조금도 참지 못할 만큼 진부하고 따분해질 것이다. 이것이 바로 그리스도의 십자가가 중요한 이유다. 나를 가차 없이 그리스도께로 부른 것은 다른 무엇이 아닌 바로 그 십자가였다.[3]

사무엘 러더포드(Samuel Rutherford)는 고통의 지하실로 내던져졌을 때 자신은 위대한 왕께서 늘 그곳에 포도주를 보관해 놓으셨다는 사실을 기억했다고 말했다.[4] 찰스 스펄전도 "환난의 바다에 뛰어드는 사람이 진귀한 진주를 걷어 올린다"고 말했다.[5]

그리스도를 최고의 만족으로 찬미하게 하려고

가장 값진 진주는 그리스도의 영광이다. 그래서 바울은 우리의 모든 고난 가운데 그리스도의 충만한 은혜의 영광이 커진다는 점을 강조한다. 우리가 모든 환난 가운데서 그분을 의지하고, 그리스도께서 소망 중에 우리의 즐거움을 유지시켜 주신다면, 그분은 모든 것을 만족시키시는 은혜와 능력의 하나님으로 드러나실 것이다. 우리가 **우리의 영혼을 둘러싼 모든 것들이 사라질 때**도 그분을 붙잡는다면, 우리가 잃어버린 모든 것보다 그분을 더 바라고 있음을 보여 주게 된다.

---

3) Malcolm Muggeridge, *Homemade*, July 1990.

4) *Letters of Samuel Rutherford*.

5) Charles Spurgeon, "The Golden Key of Prayer," in *The Metropolitan Tabernacle Pulpit* (Banner of Truth) (Sermon #619), 12 March 1865.

그리스도께서는 고난 받는 사도에게 "내 은혜가 네게 족하도다 **이는 내 능력이 약한 데서 온전하여짐이라**" 하고 말씀하셨다. 바울은 이렇게 대답했다. "그러므로 도리어 크게 기뻐함으로 나의 여러 약한 것들에 대하여 자랑하리니 이는 그리스도의 능력이 내게 머물게 하려 함이라 그러므로 내가 그리스도를 위하여 약한 것들과 능욕과 궁핍과 박해와 곤고를 기뻐하노니 이는 내가 약한 그 때에 강함이라"(고후 12:9-10).

그러므로 하나님이 계획하신 고난은 분명 그리스도인들로 자기를 의지하지 않고 은혜를 의지하게 하는 방법이다. 그뿐 아니라 하나님의 은혜를 돋보이게 하고 또 그 은혜를 환히 비추기 위한 방법일 것이다. 이것은 바로 믿음의 역할이기도 하다. 믿음 역시 그리스도의 장래의 은혜를 찬미하기 때문이다.

우리는 고난을 통해 하나님 안에 있는 삶의 심오한 것들을 발견한다. 예수님도 그랬다. "그가 아들이시면서도 받으신 고난으로 순종함을 배워서"(히 5:8). 히브리서는 예수님이 전혀 죄를 짓지 않으셨다고 말한다(히 4:15). 그렇다면 '순종함을 배웠다'는 말은 불순종하던 삶에서 순종하는 삶으로 바뀌었다는 뜻이 아니다. 그것은 순종의 경험을 통해 하나님과의 교제가 더욱 깊어졌다는 뜻이다. 또한 하나님께 복종하는 삶이 주는 심오함을 경험했다는 뜻이다. 그렇지 않다면 하나님은 우리에게 이를 요구하지 않으셨을 것이다.

그리스도인의 고난에 관한 놀라운 말

바울은 주님이 가신 길을 깊이 숙고하고 자신도 그 길을 따르기로 결심했다. 그런데 이때 바울이 한 말이 매우 놀랍다. 그는 그리스도의 고난과 자신의 고난 간의 관계를 묘사하면서, 말도 안 되는 말을 한다. "나는 이제 너희를 위하여 받는 괴로움을 기뻐하고 그리스도의 남은 고난(husterēmata)을 그의 몸된 교회를 위하여 내 육체에 채우노라(antanaplērē)"(골 1:24). 이것이 바로 바울이 고난의 삶을 선택한 가장 강한 동기일 것이다. 바울의 말을 듣고 나의 마음은 예수 그리스도의 교회를 향한 열망으로 가득 채워졌다. 주님, 이 세상에서 그리스도의 나라의 진보를 위해 우리에게 맡겨진 고난을 감당하게 하소서.

어떻게 그리스도의 남은 고난을 채울 수 있는가?

바울이 "그리스도의 남은 고난을 채운다"고 한 것은 무슨 뜻인가? 이런 표현은 그리스도의 죽음만으로는 충분하지 않다는, 그리스도의 구속의 가치를 폄하하는 말이 아닌가? 예수님의 영혼이 떠나가실 때 그분은 "다 이루었다"(요 19:30)고 말씀하지 않으셨는가? "그[그리스도]가 거룩하게 된 자들을 한 번의 제사로 **영원히 온전하게 하셨느니라**"(히 10:14)는 말씀은 사실이 아닌가? "염소와 송아지의 피로 하지 아니하고 오직 자기의 피로 **영원한** 속죄를 이루사 **단번에** 성소에 들어가셨느니라"(히 9:12)는 말씀은 또 어떤가?

바울은 그리스도의 고난이 우리의 칭의를 위한 완전하고 온전한 근거임을 알았고 또 가르쳤다. 우리는 "그의 피로 의롭다 하심을 받는다"(롬 5:9). 바울은 그리스도께서 고난을 선택하셨고 '죽기까지 순종하셨다'고 가르친다(빌 2:8). 완벽하게 의로운 삶의 절정인 예수님의 고난에 대한 순종은 하나님 앞에서 우리의 의를 세우기 위한 모든 것을 만족시키는 근거가 된다. "한 사람[아담]이 순종하지 아니함으로 많은 사람이 죄인 된 것 같이 한 사람[그리스도]이 순종하심으로 많은 사람이 의인이 되리라"

(롬 5:19). 따라서 바울은 자신의 고난이 그리스도의 고난의 대속적인 가치를 완성시킨다는 뜻으로 말한 것이 아니다.

그보다 더 나은 해석이 있다. 바울의 고난이 그리스도의 고난의 가치에 무언가를 더함으로써가 아니라, 그 고난을 구원을 받아야 할 사람들에게 알림으로써 그리스도의 고난을 완성한다고 보는 것이다. 그리스도의 고난이 부족하다는 것은, 그분의 고난이 모든 믿는 사람의 죄를 해결하기에 충분하지 못하다는 뜻이 아니다. 그 고난의 무한한 가치가 아직 세상에 알려지지 않았고 또 세상이 이를 충분히 신뢰하지 않는다는 뜻이다. 그리스도의 고난과 그 의미는 여전히 대부분에게는 알려지지 않았다. 따라서 하나님은 그 신비가 모든 열방에 알려지기를 바라신다. 그리스도의 고난은 그 고난이 열방 중에서 나타나지도, 알려지지도, 또 사랑받지도 않는다는 의미에서 '부족한' 것이다. 그리스도의 고난은 말씀 사역자들을 통해 전해져야 한다. 말씀 사역자들은 그리스도의 고난을 열방에 전함으로써 그리스도의 남은 고난을 완성한다.

에바브로디도가 해석의 열쇠다

이와 유사한 표현을 쓰는 빌립보서 2장 30절이 이 해석의 정당성을 확증해 준다. 빌립보 교회에 에바브로디도라는 사람이 있었다. 빌립보 교회는 바울을 후원하기 위해 에바브로디도 편에 돈이나 생필품 같은 구호품을 보내기로 했다. 에바브로디도는 구호품을 가지고 여행하는 중에 목숨을 잃을 뻔했다. 그는 죽을 만큼 심한 병에 걸렸지만 하나님이 살려 주셨다(빌 2:27).

그래서 바울은 빌립보 교회에 에바브로디도를 돌려보내며 그를 칭찬하는데(29절), 골로새서 1장 24절과 매우 흡사한 말로 그 이유를 설명한다. "그가 그리스도의 일을 위하여 죽기에 이르러도 자기 목숨을 돌보지 아니한 것은 나를 섬기는 너희의 일에 부족함(ta husterēmata, 골 1:24과 같은 단어)을 채우려(antanaplērē, 골 1:24과 흡사한 표현) 함이니라"(30절). 헬라어로 "**너희의 일에 부족함을 채우려 함이니라**"는 "그리스도의 **남은 고난을 채우려 한다**"는 표현과 거의 일치한다. 그렇다면 어떤 의미에서 바울을 향한 빌립보 교인들의 섬김이 부족했고, 에바브로디도가 그것을 채웠다는 것일까? 주석가 마빈 빈센트(Marvin Vincent)는 다음과 같이 설명한다.

바울에게 보낸 선물은 한 몸으로서의 교회의 선물이었다. 그것은 희생적인 사랑의 헌물이었다. 교회가 이 선물을 바울에게 직접 전해 주었다면 바울이나 교회 모두에게 매우 감사하고 기쁜 일이었을 것이다. 하지만 그럴 수 없었고, 이것이 그들의 부족함이었다. 그래서 바울은 에바브로디도가 사랑 가득하고 열정이 넘치는 사역을 통해 이 부족함을 채워 주었다고 소개한 것이다.[6]

나는 이것이 골로새서 1장 24절에서 뜻하는 바와 정확히 일치한다고 생각한다. 그리스도는 죄인들을 위해 고난 받고 돌아가심으로써 세상을 향한 사랑의 헌물을 예비하셨다. 그것은 온전하고 조금도 부족함이 없다. 그러나 한 가지 부족한 것이 있다. 그것은 그리스도 자신이 직접 세상에 이 사실을 전할 수 없다는 점이다. 이 부족함에 대한 하나님의 해결책은 그리스도의 백성들(바울 같은 사람들)을 불러서 그리스도의 고난을 세상에 직접 전하게 하는 것이다.

---

6) Marvin Vincent, *Epistle to the Philippians and to Philemon*, I. C. C. (Edinburgh: T. & T. Clark, 1897), 78.

이를 통해서 우리는 "그리스도의 남은 고난을 채운다." 즉 우리는 그리스도의 고난의 궁극적인 가치를 모르는 사람들에게 직접 전함으로써 그 고난의 목적을 완성하게 되는 것이다.

고난으로 남은 고난 채우기

골로새서 1장 24절에서 가장 놀라운 것은 바울이 그리스도의 남은 고난을 채우는 **방식**이다. 바울은 **자신의 고난으로** 그리스도의 남은 고난을 채운다고 말한다. "나는 이제 너희를 위하여 받는 **괴로움을** 기뻐하고 그리스도의 남은 고난을 그의 몸된 교회를 위하여 **내 육체에** 채우노라." 다시 말해 자신의 고난으로 그리스도의 고난을 보여 주겠다는 뜻이다. 바울의 괴로움을 보면서 사람들은 그리스도의 괴로움을 보게 될 것이다.

여기서 우리는 놀라운 결론을 얻을 수 있다. **하나님은 자기 백성의 고난을 통해 세상에 그리스도의 고난을 알리기 원하신다.** 하나님은 그리스도의 몸인 교회가 그리스도의 고난을 경험함으로써 생명을 얻는 길인 십자가를 전할 때, 사람들이 우리 안에서 십자가의 흔적을 보고 우리를 통해 십자가의 사랑을 느끼기 원하시는 것이다. 우리는 구원의 복음을 전할 때 우리가 겪는 고난을 통해 사람들이 그리스도의 고난을 실제로 느끼게 하도록 부르심을 받았다.

그리스도께서 하늘에 오르신 지금, 그분은 자신의 몸인 교회가 **교회의** 고난을 통해 **그리스도의** 고난을 드러내기를 원하신다. 우리는 그리스도의 몸이기에 우리의 고난은 그분의 고난이다. 루마니아인 목사 조셉 트슨(Joseph Tson)은 이를 다음과 같이 표현했다. "저는 예수 그리스도의 연장(extension)입니다. 제가 루마니아에서 맞을 때 그분이 제 몸에서 고난을 당하셨습니다. 그것은 저의 고난이 아니었습니다. 저는 단지 그분의 고난에 동참하는 영광을 누렸을 뿐입니다."[7] 그러므로 우리의 고난은 그리스도께서 세상을 위해 품으신 사랑이 어떤 것인지 증언한다.

"내 몸에 예수의 흔적을 지니고 있노라"

이것이 바로 바울이 자신의 상처를 "예수의 흔적"이라고 말한 이유다. 사람들은 바울의 상처에서 그리스도의 상처를 본다. "이 후로는 누구든지 나를 괴롭게 하지 말라 내가 내 몸에 예수의 흔적을 지니고 있노라"(갈 6:17). 예수의 흔적을 지녔다는 말은 그 흔적을 통해 사람들이 예수님을 볼 수 있고, 그리스도의 사랑이 그 흔적을 본 사람들 속에서 능력 있게 역사할 수 있다는 뜻이다.

> "우리가 항상 예수의 죽음을 몸에 짊어짐은 예수의 생명이 또한 우리 몸에 나타나게 하려 함이라 우리 살아 있는 자가 항상 예수를 위하여 죽음에 넘겨짐은 예수의 생명이 또한 우리 죽을 육체에 나타나게 하려 함이라 그런즉 사망은 우리 안에서 역사하고 생명은 너희 안에서 역사하느니라"(고후 4:10-12).

순교자의 피는 씨앗이다

기독교 확장의 역사는 "순교자의 피가 씨앗"임을 증명한다.[8] 순교자의 피를 통해 그리스도 안에 있는 새 생명의 씨가 전 세계로 퍼졌다. 약 300년 동안 기독교는 순교자의 피로 젖은 토양에서 성장했다. 『기독

---

7) Joseph Tson, "A Theology of Maryrdom," an undated booklet of the Romanian Missionary Society, 1415 Hill Avenue, Wheaton, IL60187, p. 4.

8) Tertullian, *Apologeticus*, c. 50.

교 선교의 역사』(History of Christianity Missions)라는 책에서 스티븐 닐(Stephen Neil)은 초기 그리스도인들의 고난이 교회가 급속히 성장한 6가지 주요 요인 중 하나라고 말한다.

그리스도인들은 법에 맞서는 위험한 상황에서 거의 늘 비밀리에 만나야 했다. 모든 그리스도인들은 조만간 자신들이 목숨을 걸고 자신의 신앙을 증언할 때가 올 것임을 알았다. 박해가 시작되었을 때, 순교는 가장 많은 사람들의 이목을 끌 수 있는 기회였다. 로마 군중들은 거칠고 잔인했지만 그렇다고 동정심이 전혀 없는 사람들은 아니었다. 순교자들, 특히 남자들과 함께 고초를 받는 여자들의 태도를 보면서 그들은 깊은 인상을 받았다.······ 초기 기록들에 나온 그들의 태도는 침착하고 기품 있고 단정했다. 고문에 직면하는 냉철한 용기와 원수를 향한 관대함, 고난을 천국으로 인도하기 위해 주께서 정하신 길로 수용하는 태도 등을 보여 주었다. 그리스도인들을 정죄하고 죽이는 것을 목격한 바로 그 순간에 이방인들이 회심했음을 증언하는 공인된 사례들은 수없이 많다. 그 순교를 지켜보는 가운데 산 믿음으로 변화될 만큼 깊은 인상을 받은 사람들은 훨씬 더 많았을 것이다.[9]

"어찌 나를 구원하신 나의 왕을 저주하겠나이까?"

고난 중에 감명 깊은 고백을 했던 한 예가 주후 155년에 죽은 서머나의 주교 폴리갑(Polycarp)의 순교였다. 그의 제자 이레니우스(Irenaeus)는 폴리갑이 사도 요한의 제자라고 말한다. 우리는 폴리갑이 매우 늙은 나이에 순교했음을 알고 있다. 총독이 폴리갑에게 그리스도를 부인하고

---

9) Stephen Neil, *A History of Missions* (Harmondworth, Middlesex: Penguin Books, 1964), 43-4.

저주하라고 명령했을 때, 그는 "86년 동안 나는 그분을 섬겼고 그분은 내게 잘못한 것이 하나도 없는데 어떻게 내가 나를 구원한 나의 왕을 저주하겠나이까?"라고 말했기 때문이다.[10]

박해가 한창이던 무렵에 성난 무리들은 폴리갑을 찾아내라고 소리쳤다. 서머나 외곽의 한 마을로 피신한 폴리갑은 죽기 사흘 전 어떤 꿈을 꾸고는 이런 결론을 내렸다. "나는 화형을 당할 것이다." 마침내 폴리갑이 그를 쫓던 사람들에게 잡혔을 때 그는 도망가지 않고 이렇게 말했다. "하나님의 뜻대로 될 것이다."

폴리갑의 순교에 대한 다음과 같은 옛 기록이 남아 있다.

그들이 도착했다는 소식을 듣자 폴리갑은 밖으로 나와 그들과 이야기했다. 그러는 동안 거기 있던 모든 이들은 폴리갑의 나이와 한결 같은 태도를 보고 놀랐다. 그리고 그처럼 늙은 노인을 체포하는 것을 두고 적잖은 소동이 벌어졌다. 폴리갑은 늦은 시간에도 자신을 체포하러 온 사람들에게 먹을 것과 마실 것을 넉넉히 주라고 명했다. 그리고 자신이 자유롭게 기도할 수 있도록 시간을 달라고 청했다. 그들이 허락하자 폴리갑은 두 시간을, 도저히 평안할 리 없는 그 시간을 하나님의 은혜에 충만하여 서서 기도했다. 체포하러 온 사람들도 그 모습을 보고 놀랐는데, 자신들이 그토록 훌륭한 노인을 잡으러 온 것을 후회했다.[11]

폴리갑은 마침내 압송되어 화형을 선고받았다. 그의 손을 나무에 못 박는 사람들에게 폴리갑은 그러지 말라고 청하고는 이렇게 말했다. "나

---

10) "The Martyrdom of Polycarp," in *Documents of the Christian Church*, ed. Henry Bettenson(London: Oxford University Press, 1967), 10에서 인용됨.

11) 같은 책, 9-10.

를 이대로 두시오. 불 속에서도 견딜 힘을 주실 주님이 못으로 몸을 고정하지 않아도 움직이지 않도록 힘주실 것이오."[12] 그의 몸이 불에 타지 않는 듯하자 사형 집행관은 그의 몸을 단도로 찔렀다. 옛 기록은 이렇게 끝을 맺는다. "모든 무리는 불신자와 선택받은 자가 얼마나 크게 다른지 보고 놀랐다."[13] 대체로 이런 장면은 초기 기독교의 승리를 잘 설명한다. 그들은 고난을 통해서 승리했다. 고난은 단지 그들의 증언에 수반된 무엇이 아니었다. 고난은 그들의 증거의 절정(capstone)이었다. "우리 형제들이 어린 양의 피와 자기들이 증언하는 말씀으로써 그를 이겼으니 **그들은 죽기까지 자기들의 생명을 아끼지 아니하였도다**"(계 12:11).

순교자의 수가 차기까지

교회가 고난과 순교를 통해서 성장하고 강해진 것은 역사의 우연이 아니다. 이것은 하나님이 의도하신 방식이다. 하나님은 고난을 통해 자신의 구원 목적을 세상에서 완성하기 원하신다. 이에 대한 가장 강력한 증거 가운데 하나를 요한계시록에서 볼 수 있다. 요한의 환상 중에 하늘에서 순교자의 영혼들이 "오 주여, 어느 때까지 하시려나이까?" 하고 외친다. 그들은 "언제 역사가 종결되고 당신의 구원과 심판의 목적이 성취되겠습니까?" 하고 외친 것이다. 주님은 지상대명령을 완수하는 데 동참하기 원하는 우리 모두에게 매우 불길하게 들리는 대답을 하신다. "각각 그들에게 흰 두루마기를 주시며 이르시되 아직 잠시 동안 쉬되 그들의 동무 종들과 형제들도 자기처럼 죽임을 당하여 그 수가 차기까지 하라 하시더라"(계 6:11).

---

12) 같은 책, 11.
13) 같은 책, 12.

하나님이 자신의 목적을 완성하기까지 순교자의 특정한 수를 정하셨다는 것은 무슨 뜻인가? 즉, 그 수가 차면 끝이 오리라는 것이다. 조지오티스 주니어(George Otis Jr.)는 1989년 마닐라에서 열린 세계 복음화를 위한 제2차 로잔 회의에서 다음과 같은 질문으로 많은 사람을 놀라게 했다. "이슬람 국가에서 우리의 실패는 순교자가 없기 때문 아닐까요? 숨어 있는 교회가 능력 있게 성장할 수 있습니까? 신생 교회에 순교자모델이 필요한 것 아닙니까?" 그는 저서 『마지막 대적』(The Last of the Giants)의 "위험한 안전"(Risky Safety)이라는 장에서 다음과 같은 결론을 내린다.

정치적으로 혹은 사회적으로 시련을 겪는 교회는 기독교에 적대적인 세력에 의해 언제든 추방될 수 있기 때문에 계속 숨어 있어야 하는가? 아니면 순교를 당하더라도 만연한 영적 무지와 박탈의 위험에 공개적으로 맞서는 것이 보다 나은 복음 전도의 돌파구가 될 것인가? 이슬람 근본주의자들은 순교자들의 피가 그들의 영적 혁명의 불을 댕겼다고 주장한다. 그렇다면 이 말은, 이슬람권 국가들에서 기독교 복음 전도가 실패한 이유를 눈에 띌 만한 순교자의 부재 때문으로 생각할 수 있는가? 이슬람 사회가 숨어 있는 교회의 주장을 얼마나 진지하게 받아들이겠는가? 문제는, 예배와 복음 증거를 계속 비밀리에 하는 것이 지혜로운가 하는 것이 아니라, 얼마나 더 그렇게 해야 "우리 빛을 등경 아래 숨기는" 죄를 짓는 것이 되는가이다. 기록을 통해 우리는 예루살렘과 다메섹에서 시작해 에베소와 로마까지 사도들이 자신들의 증거 때문에 매를 맞고 돌을 맞고 모함을 당하고 감옥에 갇혔음을 볼 수 있다. 사도들은 초대를 받는 일이 거의 없었고, 그것이 그들 선교의 토대도 아니었다.[14]

---

14) George Otis Jr., *The Last of the Giants: Lifting the Veil on Islam and the End Times* (Grand Rapids,

그레고리우스 대교황(Gregory the Greet, 590-604년까지 교황으로 재임함)은 "순교자들의 죽음은 신실한 자들의 삶에서 꽃을 피운다"고 말했다. 오티스는 이 말에 전적으로 공감할 것이다.[15]

우리의 상처에서 샘처럼 흘러나오는 피

우리 시대에도 고난을 통해 그리스도의 남은 고난을 다른 이들에게 보임으로써 골로새서 1장 24절의 목적, 즉 그리스도의 남은 고난을 채우는 삶을 **선택하는** 사례들이 헤아릴 수 없이 많다.[16] 1995년 후반, 주 사무실에서 이 책의 개정판을 작업하는데, 그런 고난을 기술하는 한 선교사의 편지를 보게 되었다. 나는 그 선교사에게 그 사실이 맞는지 확인하는 이메일을 곧장 보냈다. 그는 고난의 주인공인 단사(Dansa)에게 내가 이 이야기를 인용할 수 있도록 직접 허락을 받아 주었다.

1980년 경 내가 사는 볼라이타(Wolayta) 공산주의 정부 지방 관리들로부터 가혹한 박해가 있었다. 그 당시 나는 정부 사무실에서 근무하면서 내가 속한 지역의 모든 교회를 위한 기독교 청소년 연합의 지도자로도 섬기고 있었다. 공산당 간부들은 계속해서 내게 찾아와 청소년들에게 공산주의 교리를 가르치는 데 협조할 것을 요구했다. 다른 많은 그리스도인들이 그들의 거센 압력에 굴복했지만 나는 그럴 수 없었다.

Mich.: Chosen, 1991) 261, 263.

15) Tson, "A Theology of Martyrdom," 1에 인용됨.

16) 존 파이퍼, 『열방을 향해 가라』 (좋은씨앗, 2018), 원저 John Piper, *Let the Nations Be Glad: The Supremacy of God in Missions*, 3nd ed., revised and expanded (Grand Rapids, Mich.: Baker, 2010), 3장에서 그 사례들을 보라. 리처드 범브란트의 거의 모든 책에도 이런 사례들이 있다. 가령 *Tortured for Christ* 혹은 *If That were Christ, Would You Give Him Your Blanket?* 또는 *Victorious Faith* 등이 있다. 다른 자료들로는 허버트 쉴로스버그(Herbert Schlossberg)의 *Called to Suffer, Called to Triumph*와 레슬리 라이올(Leslie Lyall)의 *God Reigns in China*가 있다.

처음에 그들은 매우 긍정적으로 접근했다. 그들은 승진과 임금 인상을 제안했다. 하지만 두 번째까지 거절하자 나를 감옥에 집어넣었다.

처음 두 번은 수감 기간이 매우 짧았다. 하지만 세 번째는 1년이나 갇혀 있었다. 이 기간 동안 공산당 간부가 정기적으로 찾아와 함께 갇혀 있던 우리 9명(남자 6명과 여자 3명 - 그중 한 명이 후에 나의 아내가 되었다)을 전향시키려 했다. 하지만 도리어 간부 중 한 명이 그리스도께로 회심했고, 우리는 먼 곳으로 물을 나르고 무거운 돌을 운반해 농지를 정리하도록 강요당했다.

처음 2주 동안은 매우 힘든 시간을 보냈다. 아무것도 보이지 않는 캄캄한 밤에 우리를 깨우더니 1.5킬로미터나 되는 마을의 자갈길을 맨 무릎으로 걷게 했다. 우리는 3시간 동안이나 그런 일을 당했다. 그다음 날 상처에서 피가 샘처럼 흘러나왔지만 우리는 아무것도 느끼지 못했다.

다른 일도 있었다. 특별히 악독한 한 간수가 우리를 작렬하는 태양 아래서 6시간 동안이나 꼼짝 않고 누워 있게 한 적도 있다. 왜 내가 그렇게 말했는지 모르겠지만, 다 끝난 후 나는 그에게 "당신은 태양 광선으로 우리를 괴롭게 했지만, 하나님이 당신을 괴롭게 하실 것이오"라고 말했다. 얼마 후 그 간수는 심한 당뇨병을 앓더니 죽고 말았다.

몇 년 후 공산주의 정부가 무너지자 최고 간부가 감옥에서 설교해 달라고 나를 초청했다. 그 설교로 살인 혐의로 수감되어 있던 죄수 12명이 예수님을 영접했다. 우리는 지금도 계속 감옥 선교를 하고 있으며, 결신자가 170명에 이른다. 간수들도 대부분 예수님을 믿게 되었다.

죄수들과 간수들에게 이렇게 놀랄 만한 추수의 시기가 찾아오게 한 요인이 무엇이었는지는 하나님만이 아신다. 하지만 단사의 고난은 새로 믿은 사람들의 삶 속에 그리스도의 실재를 강력하게 전하는 한 방식이었을 것이다.

우리는 물집이 잡힌 당신의 발을 보았습니다

1992년, 오스왈드 샌더스(J. Oswald Sanders)가 고난으로부터 받은 깊은 감동을 전한 메시지를 들을 기회가 있었다. 그때 그는 89세라는 나이에도 여전히 여행을 다니고 설교를 하고 책을 썼다. 그는 70세 이후로 매년 책을 한 권씩 썼다! 나는 노년을 허비하지 않고 예수님과 복음에 바친 삶의 아름다움을 다만 높이기 위해 이를 언급한다.

샌더스는 인도 전역을 이 마을에서 저 마을로 맨발로 다닌 한 원주민 선교사의 이야기를 들려주었다. 그날은 특별히 길고 힘들었다. 한 마을에 들어가 복음을 전하려 했지만, 그곳 주민들은 마음을 열지 않았다. 그는 매우 낙담하고 소진된 상태로 마을 입구에 있는 한 나무 아래서 잠이 들었다.

잠에서 깼을 때, 그 마을의 주민들이 모두 나와 그를 쳐다보고 있었다. 마을 대표가 나와 설명했다. 그가 잠든 동안 주민들은 물집이 잡힌 그의 발을 보고는, 그가 경건한 사람이며 그를 거절한 것은 악한 일이었다는 결론을 내렸다는 것이다. 주민들은 그에게 사과를 한 후, 그런 고난까지 감수하면서 전하려는 그 메시지를 나누어 달라고 부탁했다.

세 번째로 맞았을 때 여자들이 울었다

암스테르담에서 빌리 그레이엄이 설립한 협회가 지원하는 순회 전도사 컨퍼런스가 열렸다. 그런데 그 기간 예상 밖의 참석자가 나타났다. 조지프(Joseph)란 이름의 마사이족 전사였는데 그의 놀라운 증언이 그레이엄 박사의 귀를 사로잡았다. 마이클 카드(Michael Card)는 그날의 일을 이렇게 전한다.

어느 날 조지프는 아프리카의 뜨겁고 더러운 길을 혼자 걷다가 예수 그리스도의 복음을 전하는 어떤 사람을 만났다. 그리고 거기서 그는 예수님을 주와 그리스도로 받아들였다. 성령의 능력이 그의 삶을 바꾸었다. 놀라운 기쁨과 흥분이 넘쳐 나서, 그는 무엇보다도 그의 마을에 돌아가 그 복음을 마을 사람들에게 전하고 싶었다.

조지프는 한 집 한 집을 방문하며 모든 사람들에게 그가 만난 예수님의 십자가와 은혜로 얻은 구원을 전했다. 조지프는 자신이 그랬듯 그들의 얼굴도 밝아지기를 기대했다. 그런데 놀랍게도 사람들은 신경도 쓰지 않았을 뿐더러 폭력을 행사했다. 그를 붙잡아 공터에 묶었고 여자들은 가시철사 뭉치로 그를 때렸다. 그러고는 마을 밖으로 끌고 나가 그가 죽도록 수풀 속에 던져버렸다.

조지프는 간신히 물웅덩이로 기어갔다. 그리고 일어날 힘이 생길 때까지 거기서 여러 날을 정신을 잃은 채 쓰러져 있었다. 그는 그가 평생을 알아온 사람들이 왜 그렇게까지 적대적인 반응을 보였는지 궁금했다. 그는 자신이 예수님의 이야기를 잘못 전했거나 무언가를 빠뜨렸기 때문이라고 생각했다. 그는 자신이 처음 들은 메시지를 반복해 연습하고는, 다시 마을로 돌아가 자신의 신앙을 다시 한번 전하기로 결심했다.

조지프는 오두막들로 둘러싸인 공터로 절뚝거리며 들어갔다. 그리고 예수 그리스도를 선포하기 시작했다. "예수님은 여러분이 용서를 받고 살아 계신 하나님을 알도록 여러분을 위해 죽으셨습니다." 그는 간청했다. 그는 다시 마을 남자들에 붙잡히고 묶이고 여자들에게 맞았다. 겨우 낮기 시작한 상처가 다시 벌어졌다. 그들은 정신을 잃은 그를 다시 마을 밖으로 끌고 나가 거기서 죽도록 길에 던졌다.

첫 번째 구타에서 살아남은 것도 놀라운 일인데, 두 번째 구타에서도 살아남다니 그것은 기적이었다. 며칠 후 조지프는 다시 그 광야에서, 멍과 상처 투성이 몸을 이끌고 일어나, 자신의 작은 마을로 돌아갔다.

이번에는 조지프가 입을 열기도 전에 사람들이 그를 때렸다. 그들이 세 번째, 어쩌면 마지막으로 채찍질을 했을 때 조지프는 다시 그들에게 주 예수 그리스도를 전했다. 조지프가 기절하기 전 마지막으로 본 모습은 그를 때리던 여자들이 흐느끼기 시작한 것이었다.

조지프는 이번에는 자기 침대에서 깨어났다. 이제 그를 수차례 때린 이들이 그의 생명을 살리고 건강을 되찾게 하려고 고군분투하고 있었다. 결국 마을 사람들 모두가 그리스도께로 돌아왔다. [17]

바울이 "그리스도의 남은 고난을 그의 몸된 교회를 위하여 내 육체에 채우노라"고 썼을 때, 그는 정확히 이런 일을 의미한 것이다.

그리스도와 구원을 위해 강등되다

조셉 트슨은 그리스도를 세상에 알리는 방법으로서 그리스도를 위한 고난이라는 이슈를 깊이 생각해 왔다. 그는 1981년 정부에 의해 추방당할 때까지 루마니아 오라데아(Oradea)의 제2침례교회 목사였다. 그의 책 『고난과 순교, 그리고 하늘의 상급』(Suffering, Martyrdom and Rewards in Heaven)의 결론에서 그는 이렇게 말한다. "고난과 순교는 하나님의 계획의 일부로 보아야 한다. 그것들은 하나님이 역사 속에서 자신의 목적을

---

17) Micheal Card, "Wounded in the House of Friends," *Virtue*, March/April 1991, 28-29, 69.

성취하고 인간을 향한 최종적인 목적을 이루기 위해 사용하시는 도구다." 트슨은 골로새서 1장 24절을 해석하면서 "그리스도의 고난은 **속죄**(propitiation)를 위함이요 우리의 고난은 **전파**(propagation)를 위한 것이다"라고 말했다. 그는 골로새서 1장 24절뿐 아니라 디모데후서 2장 10절 역시 고난을 복음을 증거하는 수단으로 삼고 있음을 잘 지적한다. "내가 택함 받은 자들을 위하여 모든 것을 참음은 그들도 그리스도 예수 안에 있는 구원을 영원한 영광과 함께 받게 하려 함이라."

트슨에 따르면, 바울은 다음과 같이 말한 것이다.

만일 내가 그처럼 풍요롭고 평화로운 도시이며 수많은 선지자들과 위대한 축복이 가득한 도시 안디옥의 목사로 계속 남아 있었다면, 소아시아와 유럽 사람들은 아무도 구원을 받지 못했을 것입니다. 그들이 구원을 얻게 하려고 나는 매를 맞고 돌로 맞고 땅의 찌기 같은 취급을 받고 '걸어 다니는 송장'이 되는 삶을 수용해야 했습니다. 하지만 내가 상처 받고 피흘리는 이런 길을 걸을 때, 사람들은 하나님의 사랑을 보고 십자가의 메시지를 듣고 구원을 받습니다. 만약 우리가 풍요로운 교회가 주는 안전함 속에 파묻혀 살고 십자가를 수용하지 않는다면, 다른 이들은 구원을 받지 못할 수도 있습니다. 우리가 십자가를 수용하지 않은 탓에 얼마나 많은 이들이 구원을 얻지 못하고 있는 것입니까?[18]

그는 그리스도인의 고난이 어떻게 열매 가득한 복음 전도의 수단이 되는지 예를 들어 설명한다.

---

18) Tson, "A theology of Martyrdom," 2.

내가 세례를 준 사람 중에 아주 높은 지위에 있는 사람이 있었는데, 그가 나에게 와서는 물었다. "이제 제가 무엇을 해야 합니까? 그들은 3, 4천 명 앞에서 저의 정체를 폭로하고 조롱할 것입니다. 그들은 제게 변호하라고 5분을 줄 겁니다. 저는 어떻게 해야 합니까?"

내가 그에게 말했다. "형제님, 형제님이 해서는 안 되는 단 한 가지는 자신을 변호하는 일입니다. 그 5분은 당신이 이전에는 어떤 사람이었으나 예수님이 당신을 어떤 사람으로 만드셨고, 예수님이 누구시며, 이제 그분은 형제님에게 어떤 분인지를 그들에게 전할 기회입니다."

광채가 나는 얼굴로 그가 말했다. "조셉 형제님, 이제야 제가 할 일을 알았습니다." 그리고 그는 그렇게 잘해냈다. 너무 잘해서 그 후로 심하게 강등되고 봉급도 반으로 줄었다. 하지만 그 후에도 계속 나를 찾아와서는 "조셉 형제님, 제가 공장을 거닐 때마다 누군가 저에게 다가온다는 것을 아시는지요? 어디를 가든 누군가 저를 한쪽 구석으로 데리고 가서는 속삭인답니다. '당신 교회의 주소 좀 주십시오.' '예수님에 대해 좀 더 말해 주세요.' '혹시 제게 성경책 한 권 주실 수 있습니까?'"

모든 고난은 다른 사람들의 구원을 위한 사역이 될 수 있다. [19]

열방을 위해 고난을 선택하라

나는 이 장을 이렇게 결론짓고 싶다.

"만일 그리스도 안에서 우리가 바라는 것이 다만 이 세상의 삶뿐이면 모든 사람 가운데 우리가 더욱 불쌍한 자이리라"(고전 15:19)는 바울의 말은 이런 뜻이다. 기독교란 그리스도의 고난의 삶을 선택하고 수용하는 삶이며, 만일 그리스도가 거짓으로 드러난다면 불쌍한 삶이 될 것이다.

---

19) 같은 책, 3.

기독교는 부활을 통해 그리스도와 교제할 소망 없이도 만족스럽게 수용할 수 있는 그런 삶이 아니다.

우리가 살펴본 대로, 고난을 수용하는 것은 단지 그리스도를 증거하는 삶에 수반되는 무엇이 아니다. 그리스도를 눈에 보이도록 드러내는 것이다. 즉 그리스도께서 주시는 사랑이 어떤 것인지 사람들이 볼 수 있도록 우리의 고난을 통해 그리스도의 고난을 알려 주는 것이다. 우리는 그리스도의 고난을 직접 본 적이 없는 사람들에게 개인적으로 생생하게 그 고난을 제시함으로써 그리스도의 고난을 완성한다.

이는 그리스도인이 고난을 선택하지 않는다면 열방과 이웃을 구원하시려는 하나님의 목적이 결코 이루어지지 않으리라는 놀라운 의미를 함축한다. 이 고난의 막바지에도 순교자의 수는 여전히 다 차지 않는다(계 6:11). 그 순교자들이 없다면 세계 복음화의 마지막 미개척지들은 결코 열리지 않을 것이다. 중독에 빠질 정도로 지나친 여가생활을 종(servant)으로서의 사랑의 활동으로 대체하기 위해 노력하며 시간과 편의와 돈에 대한 희생을 감수하는 것은 순교보다 덜 극단적인 형태의 고난이다. "이같이 너희 빛이 사람 앞에 비치게 하여 그들로 너희 착한 행실을 보고 하늘에 계신 너희 아버지께 영광을 돌리게 하라"(마 5:16).

하지만 이것이 기독교 희락주의인가?

나는 이 장의 제목을 "고난: 기독교 희락주의의 희생"이라고 정했다. 그렇다고 이 제목이 내가 앞에서 인용한 리빙스턴의 말과 모순되는 것은 아니다. 얼핏 그렇게 들리겠지만, 우리는 문맥을 읽어야 한다. 고난은 희생이 아니라는 리빙스턴의 말은, 손실보다 축복이 훨씬 더 크다는 뜻에서 한 말이다. 고난이 희생이라는 나의 말은, 고난에는 손실이, 그것도 아주 큰 손실이 따른다는 뜻에서 한 말이다. 물론 손실이 크지만 축복은 그보다도 훨씬 더 크다. 내가 리빙스턴의 말에 공감한다는 것을 안다면, 내가 어떤 뜻에서 이 말을 했는지 이해할 것이다.

하지만 나는 **희생**이라는 단어를 계속 사용하려고 한다. 아무런 희생이 없다고 쉽게 말하기에는 우리의 아픔은 너무 크고 우리의 상실은 너무 실제적이다. 우리는 이런 명확한 정의를 계속 유지해야 한다.

나의 대답은 이것이다. "그렇다. 이것은 기독교 희락주의다. 신약성경 전체는 고난을 기독교 희락주의의 맥락에서 다루고 있다."

바울이 고난을 선택했을 때, 즉 부활이 없다면 누구보다도 어리석고 불쌍한 삶일 거라고 말할 수밖에 없을 만큼 심한 고난을 그가 선택했을 때, 그는 깊고 지속되는 기쁨을 추구하고 있었는가? 이 질문은 그 자체로 답을 품고 있다. 오직 부활만이, 고통스러운 삶을 선택한 바울을 불쌍한 자가 아닌 칭찬받을 자가 되게 한다면, 고난 가운데 바울을 지탱하고 그에게 힘을 주는 것은 정확히 부활에 대한 소망과 추구다. 이는 바울이 말한 바와 정확히 일치한다. 실제로 그는 "그리스도와 그 부활의 권능과 그 고난에 참여함을 알고자 하여 그의 죽으심을 본받아 **어떻게 해서든지 죽은 자 가운데서 부활에 이르기 위하여**"(빌 3:10-11) 모든 일상적인 인간의 특권들을 배설물로 여겼다. 그의 목표는 죽은 자 가운데서 부활할 것을 보장받기 위해 사는 것, 즉 고난을 받는 것이었다.

그리스도를 얻기 위해 모든 것을 버리는 삶

왜 부활을 위해 고난의 삶을 선택해야 하는가? 부활은 몸을 입고 영원히 그리고 온전히 그리스도와 교제하는 삶이기 때문이다. 그것이 바울이 가진 소망의 중심이었다. "내가 모든 것을 배설물로 여김은 그리스도를 얻기 위함이다"(빌 3:8). 그리스도를 얻는 것이 바울의 가장 큰 열정이었고 그가 한 모든 일의 목적이었다. "사는 것이 그리스도니 죽는 것도 유익함이라"(빌 1:21). 유익! 유익! 이것이 그의 삶과 고난의 목표다. 바울은 "세상을 떠나서 그리스도와 함께 있기를 바랐다. 그것이 **훨씬 좋은 일**이기 때문이다"(참조. 빌 1:23). "훨씬 좋은 일"은 이타적 동기가 아니다. 이것은 기독교 희락주의의 동기다. 바울은 그의 삶에 가장 깊고 가장 오래 지속되는 만족을 주는 것을 원했다. 곧 영광 가운데 그리스도와 함께하는 삶을 말이다.

하지만 그것만이 전부는 아니다.

그리스도를 알고 사랑하는 사람은 그리스도께 가는 것만으로 만족할 수 없다. 그분의 영광이 가진 정점은 이것이다. "일찍이 죽임을 당하사 각 족속과 방언과 백성과 나라 가운데에서 사람들을 피로 사서 하나님께 드리시고"(계 5:9). 이것이 그리스도의 영광스러운 자비의 절정이라면, 이를 자신의 영원한 유익으로 삼는 사람은 자신의 사적인 쾌락을 위해 살아갈 수 없다. 그리스도의 오른편에 있는 즐거움은 공적인 즐거움이며 공유하는 즐거움이고 공동체적 즐거움이다.

바울이 그리스도를 얻기 위해 모든 것을 해로 여긴다고 말했을 때, 그 해는 다른 이들을 자신과 함께 그리스도에게로 이끌기 위한 해였다. "만일 **너희 믿음**의 제물과 섬김 위에 내가 나를 전제로 드릴지라도 나는 기뻐하고 너희 무리와 함께 기뻐하리니"(빌 2:17). 바울은 그리스도를 얻기 위해 고난을 선택했지만, 또한 그리스도의 자비를 칭송하는 열방의 **믿음**을 얻기 위해서도 고난을 선택했다.

나의 기쁨, 나의 영광의 면류관

바로 이런 이유 때문에 바울은 자신이 믿음으로 인도한 사람들을 자신의 **기쁨**이라고 묘사한다. "나의 사랑하고 사모하는 형제들, 나의 기쁨이요 면류관인 사랑하는 자들아 이와 같이 주 안에 서라"(빌 4:1). "우리의 소망이나 기쁨이나 자랑의 면류관이 무엇이냐 그가 강림하실 때 우리 주 예수 앞에 너희가 아니냐 너희는 우리의 영광이요 기쁨이니라"(살전 2:19-20).

교회는 그의 기쁨이었다. 교회가 그리스도 안에서 기뻐할 때 그의 기쁨이 더욱 컸다. 십자가로 돌아오는 더 많은 사람들 가운데서 하나님의 자비는 더욱 칭송을 받았다. 그러므로 바울이 세계 복음화라는 대의명분을 위해 고난을 선택하고 자신의 목표는 "그리스도를 얻는 것"이라고 말했을 때, 그는 자신과 함께 그리스도를 즐거워하는 구원받은 무리들로 인해 그리스도와 교제하는 개인적인 기쁨이 영원히 더욱 커질 것이라고 말한 것이다.

바울에게는 미치지 못하지만 나 역시 하나님이 냉소주의라는 구덩이에서 건져 주신 내 삶의 중요한 순간들로 인해 하나님께 감사드린다. 내가 대학을 마치고 신학교에 들어갈 무렵이 생각난다.

1960년대 후반의 분위기는 지역 교회에 우호적이지 않았다. 1968년 가을 주일 아침 나는 과연 교회에 미래가 있을까 생각하며 파사데나(Pasadena)의 거리를 거닐고 있었다. 마치 물고기가 물의 가치를 의심하고 새가 바람이 부는 이유를 궁금해하는 것과 같은 일이었다. 하나님은 나를 그런 어리석음에서 건져 주시고 3년 동안 레이크 에비뉴(Lake Avenue) 교회에서 하나님의 백성들이라는 따스한 가정을 주시고 나로 레이 오틀런드(Ray Ortlund) 목사님의 마음을 알게 하셨다. 참으로 값진 은혜의 역사였다. 목사님은 자기 양들을 "나의 기쁨, 나의 영광의 면류관"이라고 한 바울의 영이 배어있는 분이셨다.

그로부터 10년 후, 1979년 10월의 어느 늦은 밤, 책상에서 글을 쓰던 중 나는 또 한 번 위기의 순간을 맞이했다. 문제는 베델 신학교에 계속 남아 성경을 가르칠지 아니면 사임하고 목회지를 찾을지 하는 선택이었다. 그 무렵 하나님은 나에게 교회를 향한 각별한 사랑의 마음을 주셨다. 주말이든 주일이든 서로 만나고 그리스도를 닮아가기에 힘쓰는 사람들이요, 함께 모이고 성장하고 봉사하는 사람들의 몸인 교회를 향한 마음을 말이다. 신학교에서 가르치는 일도 큰 기쁨이고 큰 소명이었지만 그날 밤에는 다른 열정이 그 기쁨을 압도했고, 몇 달 후 하나님은 나를 베들레헴 침례교회로 인도하셨다.

내가 이 글을 쓴 지 30년도 더 지났다. 이 사람들이 내게 어떤 의미인지를 생각할 때마다 눈물이 앞을 가린다. 나의 커다란 열정은 그리스도를 얻는 것임을 그들은 안다. 또 알기를 바란다. 내가 잘못 아는 게 아니라면, 그들은 내가 또한 그들로 믿음의 진보와 기쁨을 얻도록 하기 위해 산다는 것을 안다(빌 1:25). 이 두 목표는 사실상 하나임을 보여 주려는 것이 내가 글을 쓰고 설교하는 목표다. 나는 백 가지 일상적인 일보다는 회심한 죄인 한 사람과 성장하는 성도 안에서 그리스도를 더욱 얻는다. 그리스도께서 나의 기쁨이고 베들레헴 교회가 나의 기쁨이라는 말은 그저 허튼 소리가 아니다.

고난 중에 얻는 기쁨이 훌륭하다면 그것을 추구하라

"나는 이제 너희를 위하여 받는 괴로움을 기뻐하고 그리스도의 남은 고난을 그의 몸된 교회를 위하여 내 육체에 채우노라"(골 1:24)는 바울의 말이 아주 이상하게 들릴 수 있다. 하지만 여기에 놀라서는 안 된다. 다시 말해, 내가 나의 고난과 고통으로 그리스도의 고난을 전달함으로써 그리스도의 남은 고난을 채울 때 나는 기뻐하고 또 기뻐할 것이다.

기독교 희락주의는 바울이 지금 하는 일이 선하고 또 훌륭한 일이며, 우리도 가서 그와 같이 해야 한다고 말한다. 고난 속에 담긴 이 장엄한 기쁨의 영적 사건을 사소하거나 우발적인 것으로 여기거나 혹은 추구하지 않는 태도는 신성모독에 가깝다. 나는 아주 조심스럽게 말하고 있다. 성령께서 친히 그런 위대한 일을 하시고 또 그러기에 고난 속에 담긴 그리스도의 완전한 성취를 칭송하시는데도, "타인을 위해 고난 받는 것은 가능하지만 거기서 기쁨을 추구하는 것은 불가능하다"고 말하는 것은 신성모독에 가깝다. 그리스도를 높이는 것은 고난만이 아니며 고난 속에서의 기쁨이다.

따라서 우리는 그 기쁨을 추구해야 한다. 바울은 데살로니가전서 1장 6-7절에서 말한다. "또 너희는 많은 환난 가운데서 **성령의 기쁨으로** 말씀을 받아 우리와 주를 본받은 자가 되었으니 그러므로 너희가 마게도냐와 아가야에 있는 **모든 믿는 자의 본**이 되었느니라." 여기서 두 가지 중요한 사항에 주목해 보자. 첫째, 고난 중에서의 기쁨은 성령의 역사라는 점이다. 둘째, 그것은 다른 사람들이 따라야 할 본이라는 점이다. 혹 누군가가 성령의 기적은 좋은 선물이지만 좋은 목표는 아니라고 말하면서 하나님이 행하신 성령의 기적을 가볍게 여긴다면 그들을 주의하라.

핍박 중에 즐거워하라 – 너희 상이 크도다!

기독교 희락주의는 그리스도인이 고난 중에 기뻐하는 다양한 방식이 있다고 말한다. 그것들은 모두 스스로 모든 것을 만족시키는 하나님의 은혜의 표현으로서 추구되어야 한다. 그중 한 방식이 마태복음 5장 11-12절에 표현되어 있다. "나로 말미암아 너희를 욕하고 박해하고 거짓으로 너희를 거슬러 모든 악한 말을 할 때에는 너희에게 복이 있나니 **기뻐하고 즐거워하라 하늘에서 너희의 상이 큼이라** 너희 전에 있던 선지자들도 이같이 박해하였느니라"(참조. 눅 6:22-23).

고난 중에 기뻐하는 첫째 방식은 부활 때 우리가 받을 더 큰 상에 우리 마음을 견고하게 고정시키는 데서 비롯된다. 여기에 집중하면 현재 당하는 고난이 다가올 것에 비해 작게 보인다. "생각하건대 현재의 고난은 장차 우리에게 나타날 영광과 비교할 수 없도다"(롬 8:18; 참조. 고후 4:16-18). 4장에서 보았듯이 우리가 받을 상을 생각할 때 고난을 감당할 힘이 생기고 사랑도 할 수 있을 것이다. "오직 너희는 원수를 사랑하고 선대하며 아무 것도 바라지 말고 꾸어 주라 그리하면 너희 상이 클 것이요"(눅 6:35). 가난한 자들에게 선대하라. "그리하면 그들이 갚을 것이 없으므로 네게 복이 되리니 이는 **의인들의 부활시에 네가 갚음을 받겠음이라**"(눅 14:14).

고난 중에 즐거워하라 – 더 깊은 확신을 줄 것이다

고난 중에 즐거워하는 또 다른 방식은 소망을 확신하게 하는 고난의 효과에서 비롯된다. 고난 중에 누리는 기쁨은 부활의 소망에 뿌리를 내리고 있지만, 우리가 경험하는 고난은 또한 그런 소망의 뿌리를 더욱 깊게 한다. 가령, 바울은 "다만 이뿐 아니라 우리가 환난 중에도 즐거워하나니 이는 환난은 인내를, 인내는 연단을, 연단은 소망을 이루는 줄 앎이로다"(롬 5:3-4)라고 말한다. 여기서 바울의 기쁨은 단지 더 큰 상에 뿌리를 내린 것만이 아니다. 그 보상에 대한 바울의 소망을 견고하게 하는 고난의 효과에 뿌리를 내리고 있다. 고난이 인내를 낳고, 인내는 우리의 믿음이 실제적이고 진실하다는 생각을 낳고, 이는 우리가 결국 그리스도를 얻게 되리라는 소망을 튼튼하게 한다.

범브란트는 그리스도 때문에 받는 참으로 고통스럽고 참기 어려운 고문 속에서 사람이 어떻게 살아남을 수 있는지 다음과 같이 묘사한다.

여러분은 숱한 고문을 당해왔으며, 이제 더 이상 아무것도 중요하지 않다. 아무것도 중요하지 않다면 살아남는 것도 의미 없다. 아무것도 중요하지 않다면 나는 고통을 당해서는 안 된다는 사실조차도 중요하지 않다. 여러분이 이미 도달한 그 단계에서 이 마지막 결론을 내리라. 그러면 여러분은 이 위기의 순간을 극복할 것임을 알게 될 것이다. 만약 이러한 위기 순간을 극복한다면, 그 순간은 여러분에게 강력한 내적 기쁨을 가져다 줄 것이다. 여러분은 바로 그 결정적인 순간에 그리스도께서 함께 계셨다고 느낄 것이다.[20]

"강력한 내적 기쁨"은 자신이 그리스도의 도우심으로 인내했다는 생각에서 나온다. 당신은 불 속에서 검증받았고 참되다고 인정을 받았다. 당신은 신앙을 부인하지 않았다. 그리스도께서는 당신의 삶 속에 실재하신다. 그분은 자신이 주장한 대로 당신을 위해 모든 것을 만족시키는 하나님이시다. 사도들이 매 맞은 후 **"그 이름을 위하여 능욕 받는 일에 합당한 자로 여기심을 기뻐하면서** 공회 앞을 떠났을 때"(행 5:41) 그들은 아마 이 기쁨을 경험했을 것이다. 자신의 믿음이 하나님에 의해 진짜라

---

20) Richard Wurmbrand, "Preparing for the Underground Church," *Epiphany Journal* 5, no. 4(Summer 1985): 50.

고 인정받았으며, 이제 고난의 불 가운데서 검증될 준비가 되었다는 생각에서 오는 기쁨을 말이다.

고난 중에 그리스도와 함께 기뻐하라 – 영광에 이르게 하리라!

고난 중에 기뻐하는 또 다른 방식은 우리의 기쁨 자체가 영광에 이르는 증명된 길이라는 진리에서 비롯된다. 고난 중에 우리가 기뻐할 수 있는 이유는 첫째, 우리가 받을 상에 주목하고 둘째, 고난이 우리의 진실성에 미치는 확실한 효과를 신뢰할 뿐 아니라 셋째, 고난 속에서의 기쁨이 장래의 영원한 기쁨을 안전하게 보장하리라는 약속 때문이다. 사도 바울은 이를 다음과 같이 표현한다. "오히려 너희가 그리스도의 고난에 참여하는 것으로 즐거워하라 이는 그의 영광을 나타내실 때에 너희로 즐거워하고 기뻐하게 하려 함이라"(벧전 4:13). 이제 고난 속에서의 기쁨은 그리스도의 재림 때 나타날 최종적인 기쁨에 이르는 약속된 길이다. 베드로는 그리스도께서 재림하실 때 기뻐하는 무리 중에 우리가 참여하도록 지금 고난 속에서의 기쁨을 추구하라고 요청한다(혹은 명령한다!).

이웃을 위한 고난 가운데서 기뻐하라 – 그들이 그리스도를 보리라!

고난 중에도 기뻐할 수 있는 넷째 방식은 이미 살펴본 바 있다. 그 기쁨은 우리의 고난을 통해서 다른 사람들이 그리스도의 가치를 알게 되고, 불 속에서 굳게 지키는 우리의 믿음으로 인해 그들이 견고하게 서게 된다는 깨달음에서 비롯된다.

바울은 데살로니가 성도들에게 "그러므로 너희가 주 안에 굳게 선즉 우리가 이제는 살리라 **우리가 우리 하나님 앞에서 너희로 말미암아 모든 기쁨으로 기뻐하니** 너희를 위하여 능히 어떠한 감사로 하나님께 보답할까"(살전 3:8-9)라고 말한다. 이것이 골로새서 1장 24절의 기쁨이다. "나는 이제 너희를 위하여 받는 괴로움을 기뻐하고."

우리의 고난을 통해 다른 사람들이 그리스도의 사랑과 그리스도의 가치를 본다. 믿음 안에 굳게 선 모든 회심자들은 모든 것을 충족하는 그리스도의 영광을 굴절시키는 새롭고도 하나뿐인 프리즘이기 때문이다. 우리가 고난 중에 느끼는 기쁨은 우리가 그리스도 안에서 느끼는 기쁨과 다르지 않다. 그리스도의 영광은 우리의 가장 큰 유익이다. 이 때문에 우리는 무언가를 혹은 전부를 잃는 아픔을 겪을 것이다.

우리의 고난 속에서 더욱 뛰어난 그리스도의 가치를 보고 믿게 될 사람들은 모두 위대한 가치를 보여 주는 또 다른 상(image)이요 증거다. 그러기에 고난은 기뻐해야 할 또 다른 이유가 된다.

세상에서 가장 행복한 사람들

예수님과 함께 오르는 갈보리 길은 기쁨이 없는 무미건조한 길이 아니다. 고통스러운 길이기는 하지만 또한 심오한 행복이 있다. 우리가 선교와 복음 증거와 섬김과 사랑의 고통 대신 안락과 안전이 주는 허망한 기쁨을 선택한다면, 기쁨을 거스르는 것이며 절대로 마르지 않을 샘(사 58:11)을 거절하는 것이다. 세상에서 가장 행복한 사람은 영광의 소망이신 그리스도께서 자기 안에 계시는 신비를 경험하는 사람이다(골 1:27). 그리스도께서 그의 깊은 갈망을 만족케 하시고 그를 자유롭게 하시어 그의 고난을 통해 세상에 그리스도의 고난을 널리 알리시기 때문이다.

하나님은 우리가 고난을 통해 그리스도를 위한 삶을 살도록 부르신다. 그리스도는 고난을 선택하셨다. 그 고난은 우발적인 사건이 아니라 교회를 세우고 온전케 하시려고 예수님이 선택하신 것이다. 이제 예수님은 그 고난을 선택하라고 우리를 부르신다. 즉, 자기 십자가를 지고 갈보리 길로 그분을 따르는 삶, 자신을 부인하며 교회를 섬기는 삶, 그분의 고난을 세상에 드러내기 위해 자신을 희생하는 삶으로 우리를 부르신다.

오픈 도어즈(Open Doors) 사역을 책임지는 앤드류 수사는 1967년에 쓴 그의 책 『복음은 철의 장막을 뚫고』(God's Smuggler)에서 1990년대 중반에 자신이 경험한 그리스도의 부르심을 다음과 같이 묘사한다.

예수님을 증거하기 원하는가? 그렇다면 세상에 닫힌 문은 하나도 없다.…… 내게 닫힌 문을 보여 달라. 그러면 내가 당신에게 어떻게 들어갈 수 있는지를 말해 주겠다.

하지만 거기서 빠져나오는 길은 장담할 수 없다.……

예수님은 "문이 열려 있다면 가라"고 말씀하지 않으셨다. 그 문은 열려 있지 않기 때문이다.

예수님은 "초대를 받았거나 귀빈 대우를 받는다면 가라"고 말씀하지 않으셨다. 그 대신 그분은 "가라. 사람들에게 말씀이 필요하기 때문이다"라고 하셨다.

선교를 향한 새로운 접근 방법이 필요하다. 좀 더 공격적이고 실험적이고 복음적이고도 철저한 접근 방식과 개척자 정신이 필요하다.

나는 우리가 깊은 곤경의 골짜기와 대학살과 같은 위협적인 상황을 통과해야 한다는 사실이 두렵다. 그러나 두렵더라도 우리는 거기에 도착할 것이다.

우리가 진실하기만 하다면, 하나님이 친히 우리를 가로막는 장애물들을 거두실 것이다. 우리가 "어떤 희생을 치르더라도"라고 말한다면 하나님이 응답하실 것이다. (그러나 하나님이 정말로 그렇게 하시기를 원하지 않는 사람은 결코 이런 기도를 드릴 수 없다.) 두렵지만, 우리는 이 과정을 거쳐야 한다. 이것이 지난 이천 년 동안 성경이 말해 온 효과적인 응답 방법이었다.

혹시 지금 힘겨운 시기를 맞이하고 있는가? 그래서 그 시간을 감내해야만 하는가? 우리는 교회인 척, 그리스도인인 척하면서도 자신이 미지근한 존재라는 것을 모르고 있다. 우리는 자기 신앙의 대가를 지불해야 한다. 디모데후서 3장 12절을 읽어 보라. "무릇 그리스도 예수 안에서 경건하게 살고자 하는 자는 박해를 받으리라." 교회는 대개 핍박이 더 많은 나라에서 좀 더 정결해졌다. 내가 할 수 있는 말은 이제 준비하라는 것뿐이다.[21]

자신의 능력이 아니라 그분의 존귀하심을 증명하라

이 소명에 대한 응답은 기독교 희락주의의 급진적인 단계다. 우리는 단지 명령을 받았기 때문이 아니라, 그것이 우리를 영원한 기쁨으로 인도한다고 말씀하신 분 때문에 고난을 선택한다.

그분이 우리를 고난에 순종하라고 부르신 목적은, 우리가 얼마나 헌신할 수 있는지 과시하거나, 얼마나 도덕적 결심이 강한지 드러내거나, 얼마나 고통을 인내할 수 있는지 증명하는 데 있지 않다. 우리가 도리어 어린아이 같은 믿음으로, 모든 것을 충족시키는 그분의 약속에 담긴 무한한 가치(preciousness)를 명백하게 증명하게 하는 데 있다. 모세는 "하나님의 백성과 함께 고난 받기를 잠시 죄악의 낙을 누리는 것보다 더 좋아하고[선택하고] 그리스도를 위하여 받는 수모를 애굽의 모든 보화보다

---

21) Brother Andrew, "God's Smuggler Confesses," in *Christianity Today* (11 December 1995): 46, Michael Maudlin과의 인터뷰 기사.

더 큰 재물로 여겼으니 이는 상 주심을 바라보았기 때문이다"(히 11:25-26). 그러므로 모세의 순종은 고난을 받겠다는 그의 결심을 영화롭게 한 것이 아니라 영광의 하나님을 영화롭게 했다.

기독교 희락주의의 본질

이것이 기독교 희락주의의 본질이다. 고난을 통해서 기쁨을 추구할 때, 우리는 모든 것을 충족시키는 기쁨의 원천이 되시는 분의 가치를 칭송한다. 하나님이 친히 고통의 터널 끝에 빛을 비추신다. 오직 하나님만이 우리가 고난 중에 누리는 기쁨의 목적이요 토대이시다. 그렇게 선포하지 않는다면, 고난이 우리에게 주는 의미를 잃고 말 것이다.

고난이 주는 의미는 바로 이것이다.

하나님이 유익이시다.
하나님이 유익이시다.
하나님이 유익이시다.

인간이 사는 가장 최고의 목적은 하나님을 영화롭게 하는 것이다. 그리고 **우리가 하나님 안에서 가장 최고로 만족할 때 하나님도 우리 안에서 가장 큰 영광을 받으신다**는 사실은 다른 무엇에서보다도 고난 중에 더욱 사실이다. 그러므로 나는 성령께서 온 세계에 거하는 자기 백성에게 그 무엇보다도 하나님을 가장 위대한 분으로 모시려는 열정을 주시기를 기도한다. 그리고 어떤 고통 속에서도 우리가 하나님 안에서 기쁨을 추구하는 것이, 하나님의 가장 뛰어난 가치와 모든 것을 충족시키는 가치를 증언할 가장 강력한 증거임을 더욱 분명히 보여 주시기를 기도

한다. 그렇게 우리가 그리스도의 남은 고난을 채울 때, 세상 사람들이 모두 그리스도의 사랑을 보고 믿음의 기쁨 안에서 그분의 은혜를 칭송할 것이다.

내가 이 책을 쓴 일곱 가지 이유

첫째 이유: 나의 즐거움이다!

"내가 이같이 쓴 것은 내가 갈 때에 마땅히 나를 기쁘게 할 자로부터 도리어 근심을 얻을까 염려함이요 또 너희 모두에 대한 나의 기쁨이 너희 모두의 기쁨인 줄 확신함이로라"(고후 2:3).

"우리가 이것을 씀은 우리의 기쁨이 충만하게 하려 함이라"(요일 1:4).

모든 사람이 굶주림으로 죽어 가고 있었다. 당신도 그중 하나였다. 그런데 누군가 광야에 베풀어 놓은 잔칫상을 발견했다. 그렇다면 당신은 그 잔칫상이 필요한 모든 이에게 빚진 자가 된다. 그 잔칫상이 풍성하면 풍성할수록 그 빚을 갚는 일은 더욱 즐거울 것이다.

나는 사마리아인 나병환자가 된 느낌이었다. 아람 군대가 이스라엘의 수도를 에워쌌다. 포위된 도시 안에서는 비둘기 똥이 비싼 값에 팔리고, 여인들이 서로의 아이를 삶아 먹었다. 그런데 하나님이 사마리아 사람들 모르게 아람 군대를 도망치게 하셨다. 그리고 거기 광야에 구원의 잔치가 펼쳐져 있었다.

나병환자들은 잃을 것이 하나도 없었다. 그래서 당돌하게도 아람 진영으로 들어갔다. 그런데 적들이 양식을 남겨 놓고 모두 떠난 뒤였다. 나병환자들은 우선 자신을 위해 보화를 챙겼다. 그런데 기독교 희락주의의 첫 번째 서광이 그들에게 떠오르기 시작했다.

"나병환자들이 그 친구에게 서로 말하되 우리가 이렇게 해서는 아니되겠도다 오늘은 아름다운 소식이 있는 날이거늘 우리가 침묵하고 있도다 만일 밝은 아침까지 기다리면 벌이 우리에게 미칠지니 이제 떠나 왕궁에 가서 알리자 하고"(왕하 7:9).

이것은 1975년 내가 목사 안수를 받을 때 다니엘 풀러가 설교한 본문이다. 이것은 예언적인 설교가 되고 말았다. 나는 이 세상의 광야에서 하나님의 잔칫상이 있는 곳으로 연거푸 넘어지면서 나아가는 나병환자였기 때문이다. 그리고 사마리아의 과부들과 함께 그 잔치를 맛보았을 때, 나는 그것이 광야에서 혼자 맛보았을 때보다 훨씬 달콤하다는 사실을 알게 되었다.

나는 본격적으로 이 온전하고 지속적인 기쁨을 추구하는 일에 헌신했다. 다행히 나는 칼 바르트가 한 다음과 같은 지혜로운 말을 못 알아들을 만큼 귀먹지는 않았다.

오직 기쁨을 다른 이들에게 줄 때에만 우리는 기뻐할 수 있으며, 그때에 기쁨이 있을 것이다.…… 고립된 상황에서도 진정으로 기뻐하는 경우도 있다. 하지만 이것은 예외적이며 또 위험하기도 하다. 만약 적어도 그가 나머지 사람들의 대표로서 한 명이든 몇 명이든 다른 많은 이들이 이 기쁨을 공유하기를 바라지 않는다면, 그 사람의 기쁨이 진정한 기쁨인지 의심해 보아야 한다. 오직 자신만을 위한 배타적인 기쁨이 있을지도 모르겠다. 하지만 기적이 일어나지 않는 한, 그런 기쁨은 참되고 빛나고 진실한 기쁨이 되기는 어렵다. (그리고 그러한 목적을 위해 일어나는 기적을 상상하기란 어려운 일이다.)[1]

나는 하나님의 은혜의 잔치를 가능한 많은 이들과 나눔으로써 나의 기쁨을 배가시키고 충만하게 하기 위해 이 책을 썼다.

둘째 이유: 하나님은 숨이 멎을 만큼 벅찬 분이시다

"내가 여호와께 바라는 한 가지 일 그것을 구하리니 곧 내가 내 평생에 여호와의 집에 살면서 여호와의 아름다움을 바라보며 그의 성전에서 사모하는 그것이라"(시 27:4).

"내가 본즉 주께서 높이 들린 보좌에 앉으셨는데 그의 옷자락은 성전에 가득하였고 스랍들이 모시고 섰는데 각기 여섯 날개가 있어 그 둘로는 자기의 얼굴을 가리었고 그 둘로는 자기의 발을 가리었고 그 둘로는 날며 서로 불러 이르되 거룩하다 거룩하다 거룩하다 만군의 여호와여 그의 영광이 온 땅에 충만하도다 하더라"(사 6:1-3).

---

1) Karl Barth, *Church Dogmatics*, III, 4(Edinburgh: T.& T. Clark, 1961): 379-80.

당신이 관광 가이드라고 하자. 관광객들이 아름다움을 만끽하고 싶어 한다. 그런데 때마침 숨막힐 듯 아름다운 계곡에 이르렀다. 그렇다면 당신은 사람들에게 그곳을 보여 주면서 즐기도록 권할 것이다. 인간은 실제로 경이와 신비를 경험하기를 갈망하는 존재다. 그런데 세상에 하나님보다 더 가슴 벅차게 하는 존재는 없다. 전도자는 이렇게 말한다.

> "하나님이 모든 것을 지으시되 때를 따라 아름답게 하셨고 또 사람들에게는 영원을 사모하는 마음을 주셨느니라 그러나 하나님이 하시는 일의 시종을 사람으로 측량할 수 없게 하셨도다"(전 3:11).

영원은 사람의 마음을 갈망으로 채운다. 하지만 우리는 숨막힐 정도로 벅찬 하나님을 보기 전에는 정작 우리가 무엇을 갈망하는지 모른다. 이것이 인간 안에 있는 보편적 불안의 원인이다.

주께서 주를 위해 우리를 지으셨으니
우리의 마음은 주 안에서 쉬기까지 쉬지 못하나이다.
_ 어거스틴[2]

하나님이 처음 나를 지으셨을 때
한 잔 가득 축복을 예비해 주셨으니,
이제 우리가 할 수 있는 모든 것을 그분께 붓자.
거짓을 퍼뜨리는 세상의 부요를 덧없게 하자.

---

2) Saint Augustine, *Confessions*, in *Documents of the Christian Church*, ed. Henry Bettenson (London: Oxford University Press, 1967), book 1, chapter 1.

그러므로 용기가 앞서 떠났고

이어서 아름다움이,

다음에는 지혜가,

그 다음에는 존경과 즐거움이 뒤이었다.

모든 것이 거의 다 사라졌을 때,

자신의 모든 보화 가운데 안식만이 맨 마지막에 남은 줄 아시고

하나님은 쉬셨다.

(하나님이 말씀하시기를)

내가 만일 이 보석을 나의 피조물에게도 준다면,

그는 내가 아닌 내가 준 선물을 더 숭배할 것이다.

자연을 지으신 하나님이 아닌

자연 속에서 안식할 것이다.

그래서 둘 다 잃고 말 것이다.

하지만 그로 안식을 지키게 하라.

하지만 그들에게 늘 불평 가득한 불안이 머물게 하라.

그로 부요하게 하되 또 곤하게도 하라.

선이 그를 나에게로 인도하지 않는다면,

곤고함이 그를 내 가슴으로 던져 줄 것이다.

_ 조지 허버트(George Herbert), "도르래"(The Pulley)[3]

---

3) George Herbert, *The Complete English Poems* (Harmondworth, Middlesex: Penguin Books, 1991), 150.

세상은 위로받을 수 없는 갈망을 안고 산다. 그들은 경치 좋은 곳에서 보내는 휴가나 창조적인 업적, 전율케 하는 영화 제작, 성적 착취, 광적인 스포츠, 환각제, 금욕적 엄격함, 탁월한 경영 등을 통해 그 갈망을 채우려고 한다. 이는 무엇을 의미하는가?

만약 내 안에 이 세상에서의 그 어떤 경험으로도 만족시킬 수 없는 욕구가 있다면, 이에 대한 가장 개연성 있는 설명은 내가 다른 세계를 위해 지음을 받았다는 사실일 것이다.[4]

내가 가장 크게 갈망한 때는 내가 가장 행복했을 때였다.…… 내 생애에서 가장 달콤했던 것은 모든 아름다움의 근원이 되는 곳을 발견하고자 하는 갈망이었다.[5]

이 세상의 비극은 메아리를 그 소리의 실체로 오해한 데 있다. 숨이 멎을 것 같은 하나님의 아름다움으로부터 등을 돌릴 때, 우리는 이 세상에 그림자를 드리우게 되며 또 세상과 사랑에 빠지게 된다. 하지만 그것은 결코 우리에게 만족을 주지 못한다.

아름다움을 찾을 수 있다는 생각으로 책이나 음악을 신뢰한다면 그것이 우리를 배반할 것이다. 아름다움은 그것들 속에 있지 않고 그것들을 통해 나온다. 그것을 통해서 나오는 것은 갈망이다. 이것들(아름다움, 우리 자신의 과거의 기억)은 우리가 실제로 갈망하는 것들에 대한 좋은 이미지다.

---

4) C. S. Lewis, *A Mind Awake: An Anthology of C. S. Lewis*, ed. Clyde Kilby(New York: Harcourt, Brace & World, 1968), 22.

5) 같은 책, 25.

하지만 그 이미지를 실체로 오해한다면, 그것은 숭배자들의 마음을 파괴하는 말 못 하는 우상으로 전락할 것이다. 그 이미지들은 실체가 아니다. 단지 우리가 발견하지 못한 꽃의 향기일 뿐이고, 우리가 들어보지 못한 소리의 메아리일 뿐이며, 우리가 한 번도 가보지 못한 나라에서 온 소식일 뿐이다.[6]

내가 이 책을 쓴 이유는 숨이 멎을 정도로 벅찬 아름다움이 내게로 찾아왔기 때문이다. "말씀이 육신이 되어 우리 가운데 거하시매 우리가 그의 영광을 보니 아버지의 독생자의 영광이요 은혜와 진리가 충만하더라"(요 1:14). 그런데 어떻게 "보라!"고 소리치지 않을 수 있겠는가?

셋째 이유: 하나님의 말씀은
우리에게 기쁨을 추구하라고 명령하신다

"여호와를 기뻐하라"(시 37:4).

"주 안에서 항상 기뻐하라 내가 다시 말하노니 기뻐하라"(빌 4:4).

"네가 모든 것이 풍족하여도 기쁨과 즐거운 마음으로 네 하나님 여호와를 섬기지 아니함으로 말미암아 네가 주리고 목마르고 헐벗고 모든 것이 부족한 중에서 여호와께서 보내사 너를 치게 하실 적군을 섬기게 될 것이니 그가 철 멍에를 네 목에 메워 마침내 너를 멸할 것이라"(신 28:47-48).

---

6) 같은 책, 22-3.

여기 기독교 희락주의에 대한 수많은 반대 의견이 있다.

반대 1

어떤 이들은 이렇게 반대한다. "아닙니다. 우리는 자신의 기쁨을 추구해서는 안 되고, 하나님의 기쁨을 추구해야 합니다." 유익한 반대다. 이는 우리가 몇 가지 사실을 분명히 하도록 돕기 때문이다.

만약 우리 자신의 주관적인 기쁨의 경험에만 관심을 기울인다면, 우리는 분명히 실망할 것이고 하나님은 영광을 받지 못하실 것이다. 그러므로 이러한 반대는 분명히 옳다. 미술관에 갔다면 우리 자신의 맥박에 신경 쓰기보다는 그림에 신경 써야 한다. 그렇지 않으면 미술 작품이 주는 아름다움에서 아무런 기쁨을 얻지 못할 것이다. 그렇다고 "와서 이 그림들을 즐기라"고 말하면 안 된다는 결론으로 비약하지 않도록 주의하라. 또는 기쁨을 추구하라는 명령은 오해의 소지가 있지만, 그림을 보라는 명령은 그렇지 않다는 결론으로 비약하지 않도록 주의하라.

어떤 사람이 그림을 사서 팔면 큰 이윤이 남는다는 걸 알고 특정 그림을 찾으려고 미술관에 왔다. 그의 잘못은 무엇인가? 그는 이 방 저 방을 돌아다니며 그림마다 꼼꼼히 살핀다. 그는 적어도 자신의 주관적이고 미학적인 경험에만 사로잡혀 있지는 않다. 여기서 무엇이 문제인가?

그의 관심은 오직 돈뿐이다. 그가 그림을 관람하는 이유는 그림이 그려진 이유와 어긋난다. 그림을 추구하면 된다고 말하는 것으로는 부족하다. 그림을 추구하는 나쁜 방식들이 다양하기 때문이다.

이런 돈에 눈먼 마음으로부터 우리 자신을 지키는 한 가지 보편적인 방법이 있는데, 예술은 예술 그 자체를 위해 추구해야 한다고 말하는 것이다. 하지만 이 말은 무슨 뜻인가? 나는 돈이 아닌 예술을 존중하는 방식으로 예술을 추구해야 한다는 뜻이라고 생각한다. 하지만 여러분은 어떻게 예술을 존중하는가? 나는 이렇게 대답하겠다. "예술 작품을 보면서 그에 걸맞은 정서를 경험함으로써 그 작품을 존중할 수 있다."

그림을 볼 때 너무 자의식에 빠지면 이런 정서를 놓칠 것이다. 또한 돈이나 명성이나 권력을 지나치게 의식하면서 그림을 볼 때도 이런 정서를 놓칠 수 있다. 그러므로 미술관을 찾는 이들을 권면하는 효과적인 방법은 "그림을 기뻐하십시오"라고 말하는 것이다.

"기뻐하라"는 말은 그들이 그 그림으로 돈이나 명성이나 권력을 추구하겠다는 생각을 하지 않게 한다. 그리고 "그림을"이라는 말은 그 그림 자체에 주목하는 방법 말고는 그 그림을 존중하는 정서를 경험하기 어려우리라는 생각을 하게 한다.

하나님을 경험하는 것도 이와 같다. 하나님이 말씀으로 명령하셨다. "여호와를 기뻐하라." 이것은 하나님 안에서 기쁨을 추구하라는 뜻이다. 여기서 '기쁨' 혹은 '즐거움'이란 단어는 우리가 기쁨을 하나님 그분에 대한 경험과 별개인 양 생각하지 않게 해준다.

반대 2

기쁨을 추구하라는 명령에 대한 가장 일반적인 반대는, 예수님은 우리에게 자기 부인을 요구하셨고 이는 기쁨을 추구하라는 것과는 정반대의 명령이라는 것이다. "누구든지 자기 목숨을 구원하고자 하면 잃을 것이요 누구든지 나와 복음을 위하여 자기 목숨을 잃으면 구원하리라"(막 8:35). 우리는 이 문제를 이미 다루었는데(337쪽), **성경적인** 자기 부인이란 "더 큰 기쁨을 잃지 않도록 더 작은 기쁨을 부인하라"는 뜻임을 다른 구절을 들어 설명하면 도움이 될 것이다. 곧 자기를 부인하라는 예수님의 말씀은 **"참되게** 기쁨을 추구하라! 온전하고 영원한 기쁨보다 못한 것에 결코 만족하지 말라"는 말씀과 같다.

히브리서 12장 15-17절을 보며 우리가 자기 부인을 하지 않을 때 어떻게 자기 파멸을 당하는지 생각해 보자.

> "너희는 하나님의 은혜에 이르지 못하는 자가 없도록 하고 또 쓴 뿌리가 나서 괴롭게 하여 많은 사람이 이로 말미암아 더럽게 되지 않게 하며 음행하는 자와 혹 한 그릇 음식을 위하여 장자의 명분을 판 에서와 같이 망령된 자가 없도록 살피라 너희가 아는 바와 같이 그가 그 후에 축복을 이어받으려고 눈물을 흘리며 구하되 버린 바가 되어 회개할 기회를 얻지 못하였느니라."

에서는 선택된 가정의 장자가 얻는 축복보다 팥죽 한 그릇이 주는 즐거움을 더 좋아해 생명을 잃고 말았다. 이는 **"잠시 죄악의 낙"**(히 11:25)을 부인하기를 거부한 모든 사람들의 모습이다. 하지만 똑똑히 주목하라. 에서의 더 큰 악은 한 그릇의 식사를 선택한 데 있지 않고 장자권을 경시한 데 있다. 자기 부인은 그 자체로 덕은 아니다. 그것은 부인한 실재보다 수용한 실재가 얼마나 더 우월한지에 비례해 그 가치를 갖는다. 더 우월한 목표를 향한 갈망에 기초하지 않는 자기 부인은 자기 자랑의 근거가 될 뿐이다.

반대 3

우리 자신을 위해 기쁨을 추구하라는 명령에 대한 세 번째 반대 의견은 다음과 같다.

당신은 기쁨 추구가 모든 예배와 덕의 필수적인 한 부분이라고 주장했다. 또 당신은 만약 우리가 이것을 추구하지 않는다면 하나님을 공경할 수도 없고 이웃을 사랑할 수도 없다고 말했다. 하지만 당신의 이런 주장이 로마서 9장 3절과 출애굽기 32장 32절과 양립된다고 생각하는가? 바울과 모세가 이스라엘의 구원을 위해서라면 자신들은 기꺼이 저주를 받을 수 있다고 할 때, 그들은 자신들의 즐거움은 포기한 듯 보인다.

깜짝 놀랄 만한 본문들이다!

로마서 9장 3절에서 바울은 그의 동족인 유대인 대부분이 저주받을 상태에 놓인 것으로 인해 아픈 마음을 나타낸다. 그는 "나의 형제 곧 골육의 친척을 위하여 내 자신이 저주를 받아 그리스도에게서 끊어질지라도 원하는 바로라."

출애굽기 32장에서는 이스라엘 백성들이 우상을 숭배하자 그들을 향해 진노하신 하나님의 모습이 나온다. 모세는 그 백성들을 보호하기 위해 중재자로 나서며 이렇게 기도한다. "슬프도소이다 이 백성이 자기들을 위하여 금 신을 만들었사오니 큰 죄를 범하였나이다 그러나 이제 그들의 죄를 사하시옵소서 그렇지 아니하시오면 원하건대 주께서 기록하신 책에서 내 이름을 지워 버려 주옵소서"(31-32절).

먼저 우리는 이 두 경우가 같은 문제를 보여 주는 것은 아니라는 사실을 알아야 한다. 모세의 기도는 바울의 기도처럼 영원한 저주에 대해서는 언급하지 않는다. 우리는 모세가 여기서 언급한 "책"이 빌립보서 4장 3절과 요한계시록 13장 8절, 17장 8절, 20장 15절, 21장 27절에 나오는 "생명책"과 같이 영구적인 중요성(eternal significance)을 띠는 책이라고 전제하지 않아야 한다.

조지 부시(George Bush, 구약학자. 전 미국 대통령이 아니다!)는 출애굽기 32장 32절에 나오는 책에서 자기 이름을 지워 달라는 말은 자기 목숨을 내놓을 테니 다른 이들을 살려 달라는 뜻이라고 주장한다.

이 말은 하나님의 작정에 관해 쓴 비서(秘書)나 모세의 최종 구원이나 멸망에 관한 문제를 포함한 그 무엇도 암시하지 않는다. 그는 단지 자기 백성의 멸망을 보느니 차라리 죽는 편이 더 낫다고 말하는 것이다. 이 표현은 공동체 구성원의 이름을 명부에 기록했다가 그가 죽으면 그 이름을 지우던 관습을 암시할 것이다.[7]

스스로 나서서 죽겠다고 한 것이 기독교 희락주의와 꼭 모순되는 것은 아니다. 히브리서 11장 26절은 모세가 "그리스도를 위하여 받는 수모를 애굽의 모든 보화보다 더 큰 재물로 여겼으니 이는 상 주심을 바라봄이라"고 말한다. 그러므로 모세가 이스라엘의 죄와 씨름하면서 이후로는 이 모두를 만회할 상을 기대하지 않았다고 볼 이유가 없다.

하지만 물론 이런 견해가 로마서 9장 3절이 안고 있는 주요 문제를 해결해 주는 것은 아니다. 바울은 "나의 형제 곧 골육의 친척을 위하여 내 자신이 저주를 받아 그리스도에게서 끊어질지라도 원하는 바로라"라고 말한다. 마치 행복을 추구하기를 포기하겠다는 말로 들린다. 그렇다면 바울은 이런 식으로 잃은 자를 향한 사랑을 표현함으로써 기독교 희락주의자가 되기를 포기한 것인가?

그가 "저주를 받기 **원하는 바로라**(I could wish)"고 한 것에 주목하라. "I could wish"(원하는 바로라)로 번역된 이유는, 원어가 헬라어 미완료 시제

---

7) George Bush, *Notes on Exodus*, vol.2 (Minneapolis: James & Klock, 1976 orig. 1852), 225.

이기 때문인데, 이는 그 표현의 강도를 완화시켜서 실제 그런 일은 일어날 수 없음을 보여 주는 것이다. 헨리 알포드(Henry Alford)는 "이런 표현에서 미완료 시제가 갖는 의미는 적절하고 정확하다. 행동은 아직 완료되지 않았고 장애물이 여전히 가로막고 있다"[8]고 말한다. 페닝(Buist Fanning)은 이 "희구 미완료"(desiderative imperfect)는 "자기 욕구를 깊이 생각하면서도 실제로는 원하는 만큼 이루지 못한 것을 표현하기 위해 쓰인다"고 말한다.[9]

그 장애물은 바로 앞에 나온 로마서 8장 38-39절의 약속이다. "내가 확신하노니 사망이나 생명이나 천사들이나 권세자들이나 현재 일이나 장래 일이나 능력이나 높음이나 깊음이나 다른 어떤 피조물이라도 우리를 우리 주 그리스도 예수 안에 있는 하나님의 사랑에서 끊을 수 없으리라." 바울은 동족 대신에 자신이 지옥에 갈 수 없음을 알았다.

그런데 바울은 그럴 수 있다면 기꺼이 그렇게 하겠다고 말한다! 이는 기독교 희락주의에 문제가 된다. 우리는 이를 진지하게 다루어야 한다. 바울은 그런 일이 일어날 수 있는 어떤 세상을 가정하고 있다. 신자와 회심하지 않은 죄인이 심판을 받기 위해 하나님의 심판대 앞에 서는 세상을 가정해 보라. 그리고 성도가 원하기만 한다면, 하나님이 둘의 자리를 바꿀 수 있다고 생각해 보라. 성도가 원하기만 한다면, 하나님이 그 성도에게서 구원의 은혜를 철회해 그를 불신과 반역 가운데 지옥에 떨어질 만한 사람이 되게 하고, 불신자에게 회개의 은혜를 주셔서 그가 그리스도를 신뢰하고 천국에 합당한 사람이 되게 하신다고 생각해 보라.

---

8) Henry Alford, *The Greek New Testament*, vol. 2(Chicago: Moody, 1958, orig. 1852), 225.

9) B. M. Fanning, *Verbal Aspect in New Testament Greek* (Oxford: Clarendon, 1999), 251. Daniel B. Wallace, *Greek Grammar Beyond the Basic: An Exegetical Syntax of the New Testament* (Grand Rapids, Mich.: Zondervan, 1996), 552n. 27에 인용되었다. 월레스는 이 표현을 "I could almost wish myself accursed."라고 번역했다.

그런 세상에서 사랑은 무엇을 요구할 것 같은가? 사랑은 전적인 자기 희생을 요구할 것이다. 그리고 더 이상 기독교 희락주의의 원리를 적용하지 못할 것이다. 하지만 잘 주목해 보라! 이런 가상의 세계는 존재하지 않는다. 하나님은 어떤 사람이 자신의 사랑의 행위로 인해 영원한 저주를 받게 되는 세상을 창조하신 적이 없다.

실로 하나님이 창조하신 세상에서 우리는 결코 다음과 같은 선택을 하도록 요구받지 않는다. 당신은 다른 사람의 구원을 위해 저주를 받을 수 있겠는가? 그보다 우리는 이웃에게 선을 행할 때 큰 보상을 받으며, 따라서 그 보상을 추구해야 한다는 말을 계속해서 듣는다.

로마서 9장 3절은, 가장 극단적인 희생까지 각오한 자신의 의지를 그가 아는 가장 강한 어조로 표현해 "나는 이 정도로 이스라엘의 구원을 보기를 기뻐한다"고 말하려는 바울의 깊고 극적인 방법이다. 하지만 곧 우리는 그런 바람이 이루어질 가능성이 전혀 없음을 알게 된다. 만약 그들의 구원이 바울에게 그토록 대단한 기쁨이 된다면, 지옥은 정말로 지옥이 되겠는가? 우리는 정말로 지옥을 바울이 그의 가장 깊고 고상한 사랑의 갈망을 성취하는 장소라고 말할 수 있는가? 이는 존재하지 않는 가상의 세계에서나 감행할 수 있는 모순이다.

그런 세상에서 행복은 도저히 불가능할 것이다. 하나님이 성도에게 다른 사람을 구원하기 위해 대신 저주받을 선택권을 주신다고 하자. 만약 거절한다면 그 성도는 자기 자신에 대해 견딜 수 없을 것이다. 반대로 수락한다면 그는 영원히 고통 받을 것이다. 어느 쪽이든 그는 실패하고 만다.

하지만 기독교 희락주의는 가상 세계를 위한 철학이 아니다. 기독교 희락주의는 하나님이 세우셨고 또 성경으로 다스리시는 실제 세상에 기초한다. 이 실제 세상에서 우리는 결코 선을 넘치게 하기 위해 악이 되라는 촉구나 요구를 받지 않는다. 우리는 늘 선하라는 요구를 받는다. 이는 선 안에서 기뻐하되 의무적으로 그렇게 하지는 말라는 뜻이다. 하나님의 말씀은 우리에게 우리 자신의 기쁨을 추구하라고 명령한다.

넷째 이유: 그리스도인의 삶에서 사랑은 선택이 아니라 필수다

나는 많은 사람들이 사랑이 아닌 결단의 차원에서 진정한 기독교를 정의하려 한다는 사실에 놀랐다. 물론 결단이 필요하지 않다는 뜻은 아니다. 문제는 그런 결단들이 거의 변화를 요구하지 않는다는 데 있다. 결단은 마음속에서 일어나는 참된 은혜의 사역의 증거가 아니다. 우리는 하나님으로부터 마음이 멀면서도 하나님의 진리에 대해 "결단"할 수 있다.

이는 조나단 에드워즈가 말한 기독교에서 아주 멀리 떨어져 있다. 에드워즈는 베드로전서 1장 8절을 언급하면서 "진정한 신앙은 대부분 사랑으로 이루어져 있다"고 주장했다.

"예수를 너희가 보지 못하였으나 사랑하는도다 이제도 보지 못하나 믿고 말할 수 없는 영광스러운 즐거움으로 기뻐하니"(벧전 1:8).

에드워즈는, 이 말씀에 따라 성도의 영혼 속에 두 가지 일이 일어날 때 "진정한 신앙"이라고 주장한다. 그리스도를 사랑하는 것("예수를 너희가 보지 못하였으나 사랑하는도다")과 그리스도 안에서 기뻐하는 것("이제도 보지 못하나 믿고 말할 수 없는 영광스러운 즐거움으로 기뻐하니")이다. 영혼 속에서 일어나는 이 두 가지 일은 사랑이지, 단지 결단만은 아니다. 진정한 기독교에 대한 에드워즈의 개념에서 거듭남은 실제로 새로운 사랑을 가진 새로운 본성을 낳는다.[10]

나는 성경 전체가 이 견해를 뒷받침한다는 사실을 알게 되었다. 우리는 단지 생각하고 결단하라는 명령만 받는 것이 아니다. 느끼라는 명령도 받았다. 우리는 의지의 활동을 수행하라는 명령만 받는 것이 아니라, 숱한 감정들을 경험하라는 명령도 받는다.

예를 들어 우리는 탐욕을 품지 말라는 명령을 받는다(출 20:17). 분명한 것은 특정 감정을 품지 말라는 명령은 또한 특정한 방식으로 느끼라는 명령이기도 하다는 사실이다. 탐욕의 반대는 자신이 가진 것에 만족하는 것이며, 히브리서 13장 5절은 우리가 이를 경험해야 한다고 명령한다("있는 바를 족한 줄로 알라"). 우리는 불평하지 말고 마음으로부터 용서하라는 명령을 받는다(레 19:17-18). 여기서 주목할 것이 있다. 율법은 "문제를 내려놓기로 다만 결심하라"고 말하지 않고 "마음으로부터 그 일을 경험하라"(마 18:35)고 말한다. 이와 비슷하게 베드로전서 1장 22절("마음으로 뜨겁게 서로 사랑하라")과 로마서 12장 10절("형제를 사랑하여 서로 우애하고")은 강렬한 감정을 요구한다.

성경이 명령하는 다른 감정들은 다음과 같다.

· **기쁨**	시 100:2; 빌 4:4; 살전 5:16; 롬 12:8, 12, 15
· **소망**	시 42:5; 벧전 1:13
· **두려움**	눅 12:5; 롬 11:20; 벧전 1:17
· **평강**	골 3:15

---

10) Jonathan Edwards, *Treatise Concerning the Religious Affections*, in *The Works of Jonathan Edwards*, vol.1 (Edinburgh: Banner of Truth Trust, 1974) p. 236.

· **열심**	롬 12:11
· **슬픔**	롬 12:15; 약 4:9
· **갈망**	벧전 2:2
· **인자**	엡 4:32
· **상한 심령과 통회하는 마음**	시 51:17
· **감사**	엡 5:20; 골 3:17
· **겸손**	빌 2:3

나는 위 성경 구절들을 마치 케이크 장식을 고르듯 선택적으로 행해도 되는 말씀이라고 생각하지 않는다. 이 구절들은 "너희는 나를 불러 주여 주여 하면서도 어찌하여 나의 말하는 것을 행치 아니하느냐"(눅 6:46)라고 말씀하신 주님의 명령이다.

사실 우리 마음이 둔할 때가 많다. 하나님과 그분의 대의에 합당한 깊이와 강도로 애정을 느끼지 못할 때가 많다는 뜻이다. 그럴 때 우리는 우리의 의지를 발휘하고 우리의 기쁨을 다시 점화시킬 결정을 해야 한다. 기쁨이 없는 사랑이 우리의 목표는 아니지만("하나님은 즐겨 내는 자를 사랑하신다!") 메마른 마음을 회개하는 영이 우리 안에 있다면, 기쁨 없는 의무를 이행하는 편이 아무것도 하지 않는 것보다 낫다.

나는 종종 이런 질문을 받는다. "기쁨으로 순종하는 마음이 들지 않을 때는 어떻게 해야 합니까?"

좋은 질문이다. 나는 감정은 중요하지 않으니 하던 일을 계속 하라고 대답하지 않는다. 내 대답에는 세 단계가 있다. 첫째, 기뻐하지 못한 죄를 고백한다. 죄가 되는 마음의 냉정함을 시인하라. 당신이 어떻게 느끼든 중요하지 않다고 말하지 말라. 둘째, 하나님이 순종의 기쁨을 회복시켜 주시기를 간절히 기도하라. 셋째, 하려는 의지가 기쁨을 재점화하리라는 기대를 갖고 솔선해 당신의 의무를 이행하라.[11] 이는 "감정은 중요하지 않으니 당신의 의무나 이행하라"는 말과는 전혀 다르다. 이 세 단계는 우리의 목표가 기쁨과 의무의 재결합이며, 이 둘의 분리를 정당화하는 것은 죄를 정당화하는 것이라는 믿음에 바탕을 두고 있다.

존 머리(John Murrray)는 이를 다음과 같이 표현한다.

한편으로 우리의 욕구를 충족시키는 것과 쾌락을 향상시키는 것 사이에 그리고 다른 한편으로 우리의 욕구를 충족시키는 것과 하나님이 명령을 수행하는 것 사이에는 전혀 갈등이 없다. 우리 안에 존재하는 의무감과 전적인 자발성 사이의 긴장은 죄와 불순종하려는 의지 사이의 긴장이다. 그런 긴장은 타락하지 않은 인간의 마음에는 결코 침투하지 못할 것이다. 그리고 구원하는 은혜는 그 긴장을 제거함으로써 첫 사람처럼 의무와 쾌락, 명령과 사랑 간의 완벽한 상호보완 관계를 형성하는 것이 그 목적이다.[12]

이것이 구원하는 은혜의 목적이며, 또한 이 책의 목적이다.

다섯째 이유: 기독교 희락주의는 교만 및 자기 연민과 싸운다

하나님이 행하시는 모든 일의 목적은 자신의 긍휼을 높이고 인간의 교만을 낮추시는 데 있다.

---

11) 기쁨을 위한 싸움에 대한 실제적인 조언을 더 얻고 싶다면 존 파이퍼, 『말씀으로 승리하라』, 전의우 역 (IVP, 2016), 원저 John Piper, *When I Don't Desire God: How to Fight for Joy* (Wheaton, Ill.: Crossway, 2004)를 보라.

12) John Murray, *Principles of Conduct* (Grand Rapids, Mich: Eerdmans, 1957), 38-9.

"그 은혜의 지극히 풍성함을 오는 여러 세대에 나타내려 하심이라……
이는 누구든지 자랑하지 못하게 함이라"(엡 2:7, 9).

"사랑 안에서 우리를 예정하사 예수 그리스도로 말미암아 자기의 아
들들이 되게 하셨으니 그의 은혜의 영광을 찬송하게 하려는 것이라"
(엡 1:4-6, NASB).

"하나님께서 세상의 천한 것들과 멸시 받는 것들과 없는 것들을 택하
사…… 아무 육체도 하나님 앞에서 자랑하지 못하게 하려 하심이라"
(고전 1:28-29).

기독교 희락주의는 사람을 하나님의 샘 아래에 놓인 빈 그릇으로 여
김으로써 교만을 물리친다. 이 생각은 우리가 하나님께 무언가를 베푸
는 사람이 되려는 주제넘은 태도를 갖지 않도록 지켜 준다. 박애주의자
들은 자신을 자랑할 수 있지만 복지 수혜자들은 그럴 수 없다. 기독교
희락주의자에게 가장 주요한 경험은 곤궁이다. 아무런 힘이 없는 아주
어린아이가 해변에서 놀다가 파도에 휩쓸릴 때 아버지가 때마침 그를
붙잡아 주었다면, 그 아이는 자랑하지 않는다. 그저 아빠를 끌어안을 뿐
이다.

교만의 본질과 깊이는 자랑과 자기 연민을 비교할 때 밝히 드러난다.
둘 모두 교만의 다른 표현이다. 자랑은 성공에 대한 교만한 반응이다.
자기 연민은 고난에 대한 교만한 반응이다. 자랑은 "내가 이렇게 대단
한 것을 성취했으니 나는 존경을 받아 마땅해"라고 말한다. 자기 연민은
"내가 이렇게 많이 희생했으니 나는 존경을 받아 마땅해"라고 말한다.

자랑이 강한 자의 마음속에 있는 교만의 목소리라면, 자기 연민은 약한 자의 마음속에 있는 교만의 목소리다. 자랑은 혼자서도 충분하다고 말하고, 자기 연민은 혼자만 희생했다고 말한다.

자기 연민이 교만으로 보이지 않는 것은 도움이 필요한 듯 보이기 때문이다. 하지만 그런 느낌은 상처 받은 자아에서 나온다. 자기 연민은 다른 사람들이 자기를 무기력한 자가 아니라 영웅으로 봐 주기를 원한다. 즉 자기 연민이 느끼는 결핍은 자신이 무가치하다는 생각에서 나오지 않고 가치를 인정받지 못했다는 생각에서 나온다. 자기 연민은 갈채받지 못해 상처 받은 교만의 반응이다.

기독교 희락주의는 이 자기 연민을 그 뿌리에서부터 자른다. 기뻐하기 위해 고난을 수용할 때 사람들은 자기 연민에 빠지지 않는다.

"나로 말미암아 너희를 욕하고 박해하고 거짓으로 너희를 거슬러 모든 악한 말을 할 때에는 너희에게 복이 있나니 기뻐하고 즐거워하라 하늘에서 너희의 상이 큼이라 너희 전에 있던 선지자들도 이같이 박해하였느니라"(마 5:11-12).

이것은 자기 연민의 뿌리에 놓인 도끼다. 우리가 그리스도로 인해 고난을 당해야 한다면, 우리는 영웅들처럼 우리 자신의 자원을 모을 필요가 없다. 그보다 우리는 아버지의 힘을 신뢰하고 보상의 기쁨을 바라는 어린아이가 되어야 한다. 앞 장에서 본대로, 그리스도를 위해 고난을 받은 가장 위대한 사람들은 기독교 희락주의를 증언함으로써 항상 자랑과 자기 연민에 빠지지 않았다.

"저는 결코 희생하지 않았습니다." 허드슨 테일러는 분명히 희생의 삶을 살았음에도 지난 삶을 회고하면서 이렇게 고백했다. 하지만 그의 말은 사실이기도 하다. 그 보상은 너무나 실제적이고 영원했기 때문이다. 그는 하나님 앞에 진실하게 선 사람에게 포기란 확실한 보상임을 알게 되었다. 희생은 컸지만 보상이 훨씬 더 컸다. "날마다 온 종일 말로 다 표현할 수 없는 기쁨에 행복했습니다. 하나님, 나의 하나님은 살아 있는 환한 실재이셨으며, 기쁘게 섬기는 것밖에 내가 할 일은 없었습니다."[13]

"포기가 곧 확실한 보상이다." 이것이 기독교 희락주의의 모토이며 자기 연민의 종언이다. 우리는 이 원리가 경건한 사람들 가운데서 계속 반복되어 역사하는 것을 볼 수 있다. 예를 들어, 나는 큰 교회의 발코니 석에서 안내자로 봉사하는 한 신학교 교수를 알고 있다. 한번은 그 교회의 목사가 그를 보고 신학박사 학위를 가진 사람이 그렇게 주목을 받지 않는 일에 기꺼이 봉사하고 있다고 칭찬하자, 그 교수는 겸손하게 시편 84편 10절을 인용하면서 그 칭찬을 물렸다.

"주의 궁정에서의 한 날이 다른 곳에서의 천 날보다 나은즉 악인의 장막에 사는 것보다 내 하나님의 성전 문지기로 있는 것이 좋사오니."

다시 말해, 엄청난 방해물과 같은 내키지 않는 마음을 영웅적으로 극복하고 성소의 문을 지키고 있다고 생각하지 말라는 것이다. 하나님은 성소의 문을 지키는 일은 엄청난 축복이라고 말씀하셨다!

---

13) Dr. and Mrs. Howard Taylor, *Hudson Taylor's Spiritual Secret* (Chicago: Moody, n. d., original 1932), 30.

우리는 대개 기쁨을 위해 무언가를 하는 것은 겸손해지는 경험임을 알 수 있다. 어떤 사람이 친구들을 데리고 나가서 저녁을 사며 계산하려고 할 때, 친구들은 그것이 얼마나 선한 일인지 말할 것이다. 그러면 그는 다만 '그만해'라는 뜻으로 한 손을 저을 뿐이다. 그리고 "내가 좋아서 하는 일인데 뭐"라고 말한다. 기쁨을 위해서 선을 행할 때 교만에 대한 충동이 허물어진다.

교만의 충동을 허무는 일, 그것이 하나님의 뜻이며 또 내가 이 책을 쓴 이유다.

여섯째 이유: 기독교 희락주의는
사람들을 향한 진정한 사랑을 장려한다

"당신이 기쁘다면 다른 이들도 행복할 겁니다"라는 말을 듣고 자신이 사랑받지 못한다고 느낄 사람은 아무도 없다. 내가 친절을 베푸는 것이 나의 기쁨이라는 이유로 친절을 옳다고 했을 때 누군가에게 이기적이라는 비난을 받은 적이 한 번도 없다. 오히려 마지못해 하는 마음이 적으면 적을수록 그 사랑의 행위가 진실해진다. 마지못해 하는 태도를 대신할 좋은 대안은 중립적인 태도나 의무적인 태도가 아니라 기쁘게 하는 것이다. 진정한 사랑은 인자를 행하는 것에 그치지 않고 "인자를 사랑한다"(미 6:8). 기독교 희락주의는 이 진리를 다시 숙고하게 한다.

"우리가 하나님을 사랑하고 그의 계명들을 지킬 때에 이로써 우리가 하나님의 자녀를 사랑하는 줄을 아느니라 하나님을 사랑하는 것은 이것이니 우리가 그의 계명들을 지키는 것이라 그의 계명들은 무거운 것이 아니로다 무릇 하나님께로부터 난 자마다 세상을 이기느니라 세상을 이기는 승리는 이것이니 우리의 믿음이니라"(요일 5:2-4).

위 구절을 거꾸로 읽고 그 논리에 주목해 보라. 먼저 하나님께로부터 난 자마다 세상을 이길 힘을 얻는다. 이 사실은 하나님의 계명이 우리에게 무거운 것이 되지 않게 하는 근거와 기초가 된다(영어 성경에는 이유를 가리키는 접속사 'for'가 3절 앞에 있다). 하나님께로부터 난 사람은 하나님의 뜻을 싫어하는 세상적인 성향을 이길 힘을 얻는다. 이제 하나님의 계명들은 "무거운 것"이 아니라 우리 마음의 소원이 되고 기쁨이 된다. 하나님을 사랑할 때 우리는 그분의 계명을 지킬 뿐 아니라, 그것이 우리에게 무거운 짐이 되지도 않는다.

그리고 2절에 하나님의 자녀들을 향한 우리의 사랑이 진정하다는 증거로 하나님을 향한 사랑이 소개된다. 하나님의 자녀들을 향한 우리의 사랑에 관해 이 구절은 무엇을 가르치는가? 하나님을 사랑하는 것은 하나님의 뜻을 짐스럽게가 아니라 기쁘게 행하는 것이다. 또 하나님을 향한 사랑이 하나님의 자녀들에 대한 사랑의 진정성을 재는 척도이기 때문에, 하나님의 자녀들을 사랑하는 것도 억지로가 아니라 기쁘게 해야 한다. 기독교 희락주의는 사랑의 섬김 안에 똑바로 서 있다. 그 사랑의 섬김이 우리를 기쁨의 순종으로 나아가게 하기 때문이다.

예수님은 가난한 자들에게 후하게 베푸셨다. 어떻게 그분은 베푸시는 일을 그렇게 잘하실 수 있었을까? 예수님은 "너희 소유를 팔아 구제하여 낡아지지 아니하는 배낭을 만들라 곧 하늘에 둔 바 다함이 없는 보물이니 거기는 도둑도 가까이 하는 일이 없고 좀도 먹는 일이 없느니라"(눅 12:33)고 말씀하셨다. 다시 말해, 구제하면 하늘에서 다함없는 보화를 얻을 수 있으니 이 땅의 하찮은 소유를 향한 탐욕을 멈추라는 것이다. (허드슨 테일러를 기억하라. "포기가 곧 확실한 보상이다.")

기본적으로는 동일하지만 예수님은 마태복음 6장 3-4절에서 "너는 구제할 때에 오른손이 하는 것을 왼손이 모르게 하여 네 구제함을 은밀하게 하라 은밀한 중에 보시는 너의 아버지께서 갚으시리라"고 조금 다르게 말씀하셨다. 즉 사람들에게 칭찬을 받으려는 마음으로 구제하지 말고 하나님의 보상을 기대하는 마음으로 사랑하라는 것이다.

그렇다. 하늘의 보화가 동기가 되어 구제할 때 참된 사랑을 할 수 있다. 이는 사욕을 위한 편법이 아니다. 왜냐하면 사랑으로 구제하는 사람은 그 구제를 받는 사람이 자신과 똑같은 보상을 받게 되기를 바라기 때문이다. 기독교 희락주의자는, 아버지의 보상으로 얻는 자신의 기쁨이 그가 하늘의 교제로 이끈 다른 사람들과 함께할 때 훨씬 커진다는 사실을 항상 알고 있다.

나의 요점은 이것이다. 만일 예수님이 상급에 대한 약속(마 6:4)과 하늘의 보화(눅 12:33)를 사랑의 행동에 대한 지혜로운 동기로 생각하셨다면, 기독교 희락주의가 사람들을 향한 참된 사랑을 향상시킨다는 것은 예수님의 가르침과 일치한다.

다른 예를 생각해 보자. 히브리서 13장 17절은 모든 지역 교회에게 다음과 같이 권면한다.

"너희를 인도하는 자들에게 순종하고 복종하라 그들은 너희 영혼을 위하여 경성하기를 자신들이 청산할 자인 것 같이 하느니라 그들로 하여금 즐거움으로 이것을 하게 하고 근심으로 하게 하지 말라 그렇지 않으면 너희에게 유익이 없느니라."

만일 목사가 기쁨이 아닌 근심으로 목양을 하는 것에는 아무 유익이 없다면, 기쁨으로 자기 일을 하려고 하지 않는 목사는 자기 양을 돌보지 않는 것이 된다. 목사가 사역에서 자신의 기쁨을 추구하지 않는 것은 자기 교인들의 유익을 추구하지 않는 것이다. 그래서 바울은 긍휼을 베푸는 자들에게 "즐거움으로"(롬 12:8) 하라고 권했으며, 하나님이 "즐겨 내는 자"(고후 9:7)를 사랑하신다고 했다. 마지못해 하는 섬김은 참된 사랑의 자격을 갖추지 못한다.

긍휼을 통해 기쁨을 추구할 때 사랑이 실제가 된다. 이것이 내가 이 책을 쓴 이유 중 하나다.

일곱째 이유: 기독교 희락주의는 하나님을 영화롭게 한다

이제 우리는 시작한 곳으로 다시 돌아왔다. 그리고 마땅히 그래야 한다. "이는 만물이 주에게서 나오고 주로 말미암고 주에게로 돌아감이라"(롬 11:36).

과연 기독교 희락주의는 인간의 기쁨을 하나님의 영광보다 더 소중히 여기는가? 아니다. 기독교 희락주의는 인간의 기쁨을 하나님의 영광 안에 둔다. 우리가 추구하는 것은 단지 기쁨만이 아니다. 그것은 하나님 **안에서** 누리는 기쁨이다. 피조물이 그분 안에서 기뻐하지 않은 채 의식적으로 하나님의 무한한 가치와 아름다움을 드러낼 방법은 전혀 없다. 우리는 단순히 하나님을 추구한다고 말하기보다 하나님 안에 있는 우리의 기쁨을 추구한다고 말하는 편이 더 낫다. 우리는 하나님을 경외하지 않는 방식으로도 하나님을 추구할 수 있기 때문이다.

"너희의 무수한 제물이 내게 무엇이 유익하뇨 나는 숫양의 번제와 살진 짐승의 기름에 배불렀고 나는 수송아지나 어린 양이나 숫염소의 피를 기뻐하지 아니하노라"(사 1:11).

우리의 엄숙한 집회가 도리어 하나님의 코에는 악취가 될 수 있다(암 5:21-24). 하나님을 영화롭게 하지 않으면서도 하나님을 추구할 수 있다. 하나님을 경외하기 원한다면, 그분과의 교제 가운데서 기쁨을 누리기 위해 하나님을 추구해야 한다.

예를 들어 안식일을 생각해 보자. 주님은 하나님의 거룩한 날에 백성들이 자신의 즐거움만 추구한다고 책망하셨다. 그런데 이 말은 무슨 뜻인가? 이스라엘 백성이 하나님의 아름다움이 아닌 자기 자신의 일만 즐거워했다는 뜻이다. 하나님은 그들의 희락주의를 질책하신 것이 아니고, 그 약점을 책망하신 것이다. 그들은 세속적인 관심사에 만족해 그것을 주님보다 더 중요하게 여겼다.

"만일 안식일에 네 발을 금하여 내 성일에 오락을 행하지 아니하고 **안식일을 일컬어 즐거운 날이라, 여호와의 성일을 존귀한 날이라** 하여 이를 존귀하게 여기고 네 길로 행하지 아니하며 네 오락을 구하지 아니하며 사사로운 말을 하지 아니하면 **네가 여호와 안에서 즐거움을 얻을 것이라** 내가 너를 땅의 높은 곳에 올리고 네 조상 야곱의 기업으로 기르리라 여호와의 입의 말씀이니라"(사 58:13-14).

"안식일을 일컬어 즐거운 날이라"와 "여호와의 성일을 존귀한 날이라"가 병행을 이룬다는 사실에 주목하라. 이는 우리가 자신이 기뻐하는 것을 존귀하게 여긴다는 뜻이다. 혹은 우리가 즐거워하는 것을 영화롭게 한다는 뜻이다.

하나님을 즐거워하는 것과 그분을 영화롭게 하는 것은 하나다. 그분의 영원한 목적과 우리의 영원한 즐거움이 하나가 된다. 하나님의 이름을 높이는 것과 우리의 기쁨을 배가시키는 것, 그것이 내가 이 책을 쓴 이유다. 왜냐하면,

사람의 제일 되는 목적은
영원토록 하나님을 즐거워함으로서
그분을 영화롭게 하는 것이기 때문이다.

부록
왜 기독교 희락주의라고 부르는가?

라일(J. C. Ryle) 주교는 성화를 가르치면서 "새로 유행하는 세련되지 않은 용어와 문장을 사용하지 말라"[1]고 조언했다. 내가 이러한 삶의 철학을 '기독교 희락주의'(Christian Hedonism)라고 부르면 라일 주교의 조언을 무시할 위험이 따르겠지만, 그럼에도 불구하고 나는 적어도 여섯 가지 이유 때문에 이 용어를 고수하려 한다.

첫 번째 이유

내가 고등학교 때부터 가까이 두고 사용한 1961년판 *Webster's Collegiate Dictionary*는 **희락주의**(hedonism)를 "즐거움"을 위한 삶으로 정의한다. 40년 후 나온 권위 있는 사전인 *American Heritage Dictionary of the English Language* 제4판은 이 단어의 첫째 정의를 다음과 같이 내린

---

1) J. C. Ryle, *Holiness* (Grand Rapids, Mich.: Baker, 1979, orig. 1883), xxix.

다. "즐거움을 추구하거나 즐거움에 몰두함." 이것이 내가 희락주의라는 단어를 쓸 때 의도했던 바다. 사람의 제일 되는 목적이 하나님을 영원토록 즐거워하는 것이라면, 인간의 삶은 "즐거움을 위한 삶"**이어야 한다.**

이 책의 이전 판에서 *The Encyclopedia of Philosophy*에 나온 희락주의에 관한 논문을 인용한 바 있다. 거기서는 희락주의를 "자신을 더 기쁘게 하거나 혹은 덜 불쾌하게 할 것이라고 생각될 때에만, 어떤 상태보다 다른 상태를 더 선호해 이를 일으키려는 동기를 갖게 된다는 이론"이라고 정의한다.[2] 하지만 이는 다소 혼란을 주는 정의인데, 이런 이론이 맞을 수도 있지만,[3] 내가 말하는 기독교 희락주의의 의미는 여기에 속하지 않기 때문이다. 36쪽에 나온 기독교 희락주의에 대한 나의 정의는 이런 확신을 포함하지 않는다. 나에게 중요한 것은 모든 사람이 자신의 쾌락을 추구하는 데서 동기를 **얻는다**는 사실이 아니라, 모든 사람이 하나님 안에 있는 충만하고 영원한 쾌락를 추구하는 데서 동기를 **얻어야 한다**는 점이다. 이것이 이 책이 다루는 바다. 그 가장 큰 이유는 우리가 하나님 안에서 만족할 때 하나님이 가장 영광을 받으시기 때문이다.

두 번째 이유

나보다 더 지혜롭고 또 나이가 많은 다른 사람들도 마찬가지로 기독교적 삶의 방식을 표현하는 말로 **희락주의**를 사용하기 원했다.

---

2) *The Encyclopedia of Philosophy*, ed. Paul Edwards (New York: Macmillan, 1972 reprint; first published 1967), 3:433의 "Hedonism"을 참조하라.

3) Mark Talbot은 그의 비평 "Christian Hedonism"에서 이는 참이 아니라고 주장했다. "When All Hope Has Died: Meditations on Profound Christian Suffering" in: Sam Storms and Justin Taylor, editors, *For the Fame of God's Name: Essays in Honor of John Piper* (Wheaton: Crossway Books, 2010), pp. 70-101.

예를 들어 C. S. 루이스는 친구 말콤(Malcolm)에게 자연을 즐길 때 우상 숭배에 빠지지 않도록 조심하라고 충고한다. 참으로 우리는 숲속의 햇살을 즐겨야 한다. 하지만 이런 무의식적인 즐거움은 "하나님의 빛의 파편들"일 뿐이다. 우리는 자신의 마음을 "햇빛에서 해로 되돌아가게" 해야 한다. 루이스는 말한다.

내가 관능적 쾌락과 미적 쾌락을 전혀 구분하지 않는 것을 자네도 알걸세. 왜 내가 구분해야 하는가? 선을 긋는 일은 거의 불가능하며, 또 설사 선을 잘 그었다 해도 그게 무슨 유익이란 말인가? 이것이 **희락주의**라면, 또한 다소 고된 훈련일 것이네.[4]

우리는 진실로 이것이 고된 훈련임을 알게 될 것이다.

버나드 엘러(Vernard Eller)는 『단순한 삶』(The Simple Life)에서 쇠렌 키에르케고르(Søren Kierkegaard)의 멋진 비유들을 즐겨 사용한다. 그가 가장 좋아하는 비유 중 하나는 불이 밝혀진 마차와 별빛 밝은 밤의 비유다. 우리는 그것을 기독교 희락주의의 위기라고도 부른다. 비유는 이렇다.

한 부유한 사람이 어둡기는 해도 별빛이 밝은 밤에 마차를 마음 편히 몰고 있었다. 그의 손에는 밝은 빛을 비춰 주는 등불도 있었다. 그는 안전했으며 어려움이 올 거라는 생각으로 두려워하지도 않았다. 그에게는 빛이 있었고 그 주변도 그리 어둡지 않았다. 하지만 빛나는 등불이 있고, 강한 빛이 그 사람 가까이 있다는 바로 그 이유로 그는 별을 볼 수 없었

---

4) C. S. Lewis, *Letters to Malcolm: Chiefly on Prayer* (New York: Harcourt Brace Jovanovich, 1963), 90.

다. 그 불빛이 별을 어둡게 했기 때문이다. 하지만 불빛 없이 마차를 몰고 가던 가난한 농부는 어둠 속에서 밝게 빛나는 별들을 영광스럽게 볼 수 있었다.

그러므로 이렇게 현혹된 자들, 인생의 필수품을 확보하는 데만 사로잡혀 시야가 좁아진 자들, 이를 테면 등불이 켜져 있고 그들을 둘러싼 모든 것이 매우 만족스럽고 매우 즐겁고 매우 편안한 자들은 별들의 장관을 볼 시야를 잃어버린, 찰나를 사는 인생들이다.[5]

엘러는 "분명히 여기서 '별들의 장관'은 하나님에 대한 우리의 인식과 누림을 의미할 것"[6]이라고 한다. 잠시 안정감을 주는 마차용 등불에 둘러싸인 바쁘고 부유한 사람들이나, 골치 아픈 근심들로 분주한 사람들은 스스로 고립되어 키에르케고르가 "절대적 기쁨"이라고 말한 것을 누리지 못한다.

도저히 형언할 수 없는 기쁨이다! 이는 전능하신 하나님을 향한 기쁨이다.…… 그 이유는 전능하신 하나님이 당신의 모든 근심과 슬픔을 아무 것도 아닌 듯이 쉽게 담당하실 때 사용하시는, 전능자의 그 능력을 찬미하는 것이 절대적 기쁨이기 때문이다.[7]

엘러는 이 모든 것을 소위 '검소한 삶'에 적용한 후 이렇게 말한다.

---

5) V. Eller, *The Simple Life* (Grand Rapids, Mich.: Eerdmans, 1973), 12.

6) 같은 책.

7) 같은 책, 109.

기독교적 검소함(simplicity)을 가능케 하는 동기는 검소한 삶이 주는 즐거움 그 자체가 아니다. 더불어 따라오는 다른 모든 이 땅의 유익은 '이 모든 것'(마 6:33)의 일부일 뿐이다. 기독교적 검소함의 유일한 동기는 하나님을 만끽하는 즐거움이다(그리고 그것이 **희락주의**라면, 그것을 최대한 활용하자!). 그것이 '별들의 장관'이다.[8]

이것이 진정한 희락주의다! 나는 이 책에서 이것을 최대한 활용하고자 최선을 다했다.

그렇다! 기독교 희락주의는 쾌락을 신으로 삼지 않는다. 사람은 이미 자신이 가장 큰 쾌락이라고 생각하는 것을 신으로 삼았다.

세 번째 이유

내가 기독교 희락주의라는 용어를 쓰는 넷째 이유는 이 용어가 담고 있는 인상적이고 충격적인 효과 때문이다. 기독교 희락주의를 알게 된 후 내 마음은 큰 감명을 받았고 내 삶은 깊은 충격을 받았다. 이것은 쉽거나 안락한 철학이 아니다. 명목상 그리스도인들에게는 매우 위협적인 철학이다. 내가 이 책의 요약판 제목을『희락의 위험한 의무』(Dangerous Duty of Delight)라고 단 이유도 이 때문이다.

희락주의는 "네가 이같이 미지근하여 뜨겁지도 아니하고 차지도 아니하니 내 입에서 너를 토하여 버리리라"(계 3:16)고 말씀하신 그리스도의 통렬한 진리에 기초한다. 매우 충격적인 말씀이다. 우리가 "여호와를 기뻐하라"(시 37:4)는 말씀에 불순종하면 우리의 영원이 위태롭다고 경고하

---

8) 같은 책, 121-2.

신 것 아닌가! 우리는 대부분 친숙한 언어가 주는 급진적인 암시들에 실제로는 무감각하다. 기쁨이 없는 신자를 깨워 신명기 28장 47–48절 말씀을 전하려면 어떤 표현을 사용해야 하는가?

> "네가 모든 것이 풍족하여도 기쁨과 즐거운 마음으로 네 하나님 여호와를 섬기지 아니함으로 말미암아 네가 주리고 목마르고 헐벗고 모든 것이 부족한 중에서 여호와께서 보내사 너를 치게 하실 적군을 섬기게 될 것이니 그가 철 멍에를 네 목에 메워 마침내 너를 멸할 것이라."

어떻게 사람들로 다음과 같은 제레미 테일러의 외침에 귀를 열게 할 것인가? "우리가 기뻐하지 않으면 하나님이 무서운 일을 하겠다고 으르시기 때문이다."[9]

나는 **기독교 희락주의**라는 용어에 대한 거부감을 극복하려는 의지와 그 배후에 있는 불편한 성경적 진리에 기꺼이 순복하려는 의지에는 상관 관계가 있음을 수년 동안 보았다. 이 용어가 미치는 가장 주요한 효과는, 그것이 진리를 가로막는 걸림돌 역할을 한다는 것이 아니라, 진리 그 자체가 걸림돌이며 때로 진리는 우리가 기대한 것과는 전혀 다르다는 사실을 일깨우는 데 있다.

네 번째 이유

희락주의라는 용어가 함의하는 바가 그 의도한 의미를 만회할 수 없을 만큼 너무 세상적(worldly)이라는 반론이 있다. 나는 이에 대해 성경

---

9) C. S. Lewis, *George MacDonald: An Anthology* (London: Geoffrey Bles, 1946), 19에 인용됨.

의 선례를 들어 대답하려 한다. 예수님이 자신의 재림을 "도둑"이 오는 것으로 묘사하실 수 있다면(마 24:43-44), 예수님이 '불의한 청지기'를 민첩함의 모델로 칭찬하실 수 있다면(눅 16:8), 영감을 받은 시인이 주께서는 "포도주를 마치고 용사처럼" 잠에서 깨어나셨다고 말할 수 있다면(시 78:65), 하나님을 영원토록 즐거워함으로써 하나님을 영화롭게 하는 열정이 진정한 기독교 희락주의라고 말하는 것은 소소한 일이다.

다섯 번째 이유

놀랍게도 사도 바울은 자신의 약함과 고난의 경험을 희락주의 (hedonism)의 어근이 되는 헬라어 단어를 사용해 묘사한다.

바울은 그리스도께서 하신 말씀을 인용해 이렇게 말한다. "내 은혜가 네게 족하도다 이는 내 능력이 약한 데서 온전하여짐이라 하신지라 그러므로 도리어 크게 **기뻐함으로**(h[dista, *hedonista*) 나의 여러 약한 것들에 대하여 자랑하리니 이는 그리스도의 능력이 내게 머물게 하려 함이라"(고후 12:9). 그리고 몇 절 뒤에서는 "내가 너희 영혼을 위하여 크게 **기뻐하므로**(h[dista, *hedonista*) 재물을 사용하고 또 내 자신까지도 내어 주리니"(고후 12:15)라고 말한다.

이 단어 "*hedonista*"는 여기 바울의 용례에 어울릴 만한 특별한 영적 함의를 담고 있지 않다. 그는 단지 당시 문화권에서 통상적으로 즐거움을 나타내는 데 쓰던 단어를 선택해 그것을 약함과 사랑과 관련해 사용함으로써 우리에게 충격을 준다.

여섯 번째 이유

끝으로, 희락주의(hedonism)에 **기독교**(Christian)라는 형용사를 덧붙임으로써 나는 이것이 통상적인 쾌락주의와는 다른 것임을 분명히 그리고 명확하게 보여 주고 있다. 나에게 **기독교**라는 단어는 다음과 같은 함의를 담고 있다. "기독교 희락주의의 깃발 아래서 나부끼는 진리에 대한 모든 주장은 반드시 성경에 견고하게 뿌리를 내려야 한다. 그리고 성경은 사람의 제일 되는 목적이 영원토록 하나님을 즐거워함**으로써**(by) 하나님을 영화롭게 하는 것이라고 가르친다."

Study

Guide

스터디
가이드

스터디 가이드 해설과 인도자를 위한 안내

우리가 하나님께 가장 만족할 때 하나님이 가장 큰 영광을 받으신다면, 우리는 가능한 한 하나님 안에서 행복해지기를 목표로 삼아야 한다. 즉, 그리스도인이 된다는 것은 희락주의자가 된다는 의미이다.

지난 30여 년간 존 파이퍼는 그가 기독교 희락주의라고 부르는, 하나님과 그리스도인의 삶의 비전에 대한 성경적 기초를 보여 주고, 사람들이 온 힘을 다해서 이를 추구하도록 촉구하는 일에 매진해 왔다. 이 비전은 존 파이퍼가 1980년대 초에 전한 시리즈 설교에 처음 등장했는데, 나중에 이 설교가 『하나님을 기뻐하라』(*Desiring God: Meditations of a Christian Hedonist*)라는 책이 되었다.

이 책과 스터디 가이드가 그룹 성경 공부를 성장시키고 하나님 중심의 삶의 비전을 함께 묵상하는 데 도움이 되기를 바란다. 또한 스터디 가이드를 가지고 토의하는 중에 하나님이 우리 안에 예수님을 뵙고 음미할 때 맛보는 가장 심오한 기쁨을 추구하는 열정에 불을 댕겨 주시기를 바란다.

이런 일은 아주 많은 경우에서 나타날 수 있다. 가령 이 자료를 지도자들의 리트릿에서 사용할 때, 소그룹에서 사용할 때, 혹은 개인이 혼자 공부하면서 사용할 때도 일어날 수 있다. 또한 하나님의 영이 주도하시는 신선하고 창의적이며 그리스도께서 높임을 받으실 만한 방식으로도 이런 일은 일어날 수 있다.

우리는 여러분이 하나님보다 사랑이 더 많은 분은 세상에 없다는 사실을 성경에서 보았으면 좋겠다. 또한 그리스도인은 예수 그리스도 안에 있는 하나님의 영광을 다른 어떤 보화보다 사랑하는 존재임을 알고, 예배 자체를 목적으로 여기며 추구하기를 간절히 바란다. 그래서 우리는 여러분이 (아마 처음으로) 사랑은 하나님 안에 있는 넘치는 기쁨이며, 그 기쁨으로 타인의 필요를 즐거이 충족시켜 주는 것임을 알게 되기를 기도한다.

또한 성경과 기도가 하나님 안에 있는 그 궁극적이고 변치 않는 기쁨을 지속적으로 추구하게 하며, 돈과 결혼과 모든 물질적인 현실은 하나님을 향한 우리의 찬양과 하나님 안에 있는 기쁨을 위한 수단에 불과하다는 점을 알기를 기도한다. 뿐만 아니라 값비싼 대가를 요구하고 위험을 무릅써야 하는 사랑의 의무가 하나님 안에서 우리가 누리는 기쁨을 배가시킨다는 점도 알게 되기를 기도한다.

하나님이 각 개인과 교회와 공동체를 축복하셔서 인간의 제일 되는 목적은 영원토록 하나님을 즐거워함으로써 그분을 영화롭게 하는 것임을 점점 더 알게 하시기를 바란다.

스터디 가이드 해설

『하나님을 기뻐하라』를 더 심도 있게 사용하도록 10주 과정 스터디 가이드를 만들었다. 매주 한 장씩 책을 읽고, 개념과 성경을 묵상하고, 스터디 가이드에 있는 연구 질문들로 토론하도록 구성했다. 스터디 가이드는 아래에 설명된 대로 다양한 순서로 이루어져 있다.

우리 생각에 이 스터디 가이드는 그룹이 사용할 때 가장 효과가 좋을 듯하다. 우리는 철이 철을 날카롭게 한다는 성경의 원리를 믿을 뿐 아니라, 교회 공동체들이 복음의 기초 안에서 함께 강건해지는 모습을 보기를 간절히 원한다. 그럼에도 불구하고, 이 스터디 가이드가 각 개인의 연구와 묵상에도 유익이 있기를 바란다. 이 스터디 가이드를 개인적으로 사용하는 경우에도, 다른 신자들을 만나서 여기에 있는 주제들과 성경에 대해 같이 토론하기를 강하게 격려하고 싶다.

◇ 읽고 묵상하기

매주 『하나님을 기뻐하라』를 한 장씩 공부한다(각 장마다 20~30쪽 정도 되며, 6주째는 두 장[5장과 6장]을 공부한다). 스터디 가이드에 제시된 10가지 핵심 질문은 『하나님을 기뻐하라』와 성경을 활발하게 연구하도록 돕는다. 이 질문들의 초점은 읽은 부분에 대한 이해와 개인적인 관찰, 그룹 토의 등 그 범위가 다양하다. 이 질문들을 하루에 2가지씩 5일간 탐구하고, 6일째는 "더 깊이 이해하기"에 집중하면 좋을 것이다.

이 질문들은 『하나님을 기뻐하라』에 나오는 핵심 개념들을 잘 이해하도록 돕고, 독자들이 성경 안으로 더 깊이 파고들도록 도전하는 데 목적이 있다. 이런 이유로, 우리는 이 질문들이 다루는 내용을 본서에서 찾을 수 있도록 해당 페이지 번호를 괄호 안에 넣어서 표시했다. 질문들은 이 책에 나오는 순서대로 나열했다. 원한다면 이 책을 읽으면서 답할 수도 있고, 한 장을 다 읽은 다음에 답해도 좋다. 이 질문들은 읽은 내용을 복습하는 좋은 방법이 될 것이다.

우리는 별도의 노트에 자신의 대답은 물론이고 읽거나 공부하는 중에 진전된 생각들, 묵상들, 결심들을 적어 보기를 권한다. 그룹으로 모일 때에는 스터디 가이드가 수록된 본서와 개인 노트와 필기도구를 가지고 오도록 한다.

별표(★)가 있는 질문들은 우리가 생각하기에 특별히 그룹 토의에 적합하다고 느끼는 질문들이다. 그룹원은 모임 전에 이 질문들을 잘 알고 있어야 한다(더 자세한 것은 이어지는 "인도자를 위한 안내"를 참고하라).

그룹원은 개인적으로 공부하는 동안 의미있는 토론이 되도록 자극할 만한 다른 질문들을 생각할 수 있고, 그 질문들을 가져와서 그룹 토의에서 나눌 수 있다. 그런 질문들은 아마도 각 그룹의 상황에 특화되어 더 적합할 수 있고, 또는 그룹원이 답을 찾으려고 씨름하거나 애쓰는 질문일 수 있다.

스터디 가이드를 공부하는 동안 관련 성경 구절을 떠올리거나 찾아서 자신의 성경 지식을 사용하도록 빈번히 도전을 받을 것이다. 성경은 논의하는 개념들을 뒷받침하기도 하고 그 개념들과 충돌하는 듯 보일 수도 있는데, 이에 대해 그룹에서 토의할 수 있다. 따라서 이 책을 읽고 스터디 가이드를 공부할 때 늘 성경을 지참해야 한다(관주가 있는 성경이 꽤 도움이 될 것이다). 성경에 대해 얼마나 깊이 아는지와 상관없이, 모든 사람은 그들이 아는 바를 연구와 토의에 가져와야 하고, 그 과정에서 성경을 더 많이 발견하도록 노력해야 한다.

◇ 더 깊이 이해하기

여기에는 공부하는 내용을 자신의 것으로 만드는 데 목적을 둔 질문이 2~3개 나온다. 이 질문들은 개인적인 탐구나 적용을 주목적으로 하며, 공부하면서 만나는 특별히 어려운 개념들을 더 깊이 연구할 기회를 제공한다.

◇ 시편으로 기도하기

우리는 그룹이 함께 기도하는 시간이 하나님 안에서 기쁨을 누리는 싸움에서 핵심적으로 중요하다고 믿는다. 더욱이 우리는 시편에 기독교 희락주의를 나타내는 언어와 경험들이 가득한 것을 보았다. 따라서 그룹이 함께 기도하는 마음을 키우고 매주 만나는 진리들을 강화하는 한 방법으로, 각 모임을 기도로 마치도록 시편 한 편씩을 골랐다. 이런 식으로 마무리하게 한 것은 궁극적으로 성경이 "기독교 희락주의를 위한 불씨"이며, 기도는 "기독교 희락주의의 능력"이고, 따라서 이 둘은 늘 함께 역사한다고 믿기 때문이다.

우리는 여러분이 함께 하나님을 찬양하고 자신과 공동체의 필요를 채워 주시도록 기도하되, 시편 기자들이 성령의 영감으로 기도한 것에 도움을 받아 기도함으로써 성경과 기도가 한데 어우러지는 경험을 하기를 바란다. 매주 다른 시편들을 통해 공부와 토의와 상호 격려의 시간을 마무리하는 것이 적합하고 유익하리라 믿는다. 시편으로 기도하는 법에 관한 지침을 얻으려면, 다음의 "인도자를 위한 안내"를 참고하라.

인도자를 위한 안내

모임을 이끄는 여러분은 자신부터 스터디 가이드의 전체 구성을 잘 이해해야 하며, 공부를 시작하는 단계에서부터 그룹 토의를 어떻게 인도할지 생각해 두어야 한다. 앞에 언급한 "스터디 가이드 해설"을 다 읽을 뿐 아니라 첫 모임 전에 이 단락의 나머지 부분들도 읽어 보기를 권한다. 또한 매주 공부할 내용들을 훑어보되, 핵심 주제들을 살피라. 그것들이 어떻게 소개되고, 매주 읽기와 연구 과정에서 어떻게 더 발전되는지 보라.

매주 여러분은 수업 전에 각 장의 내용과 각 장에 상응하는 연구 질문들을 복습해야 한다. 우리는 여러분이 "더 깊이 이해하기"에 제시된 자료를 모두 읽기를 강하게 권한다. (매주 그룹원에게 다음 주 모임을 위해 추가로 읽어야 할 것이 무엇인지 안내하면 도움이 될 것이다.)

각 준비 단계마다, 자신의 영혼과 그룹을 위해 집중하여 기도하라. 오직 성령의 능력과 인도하심을 통해서만 각 개념들이 다루어지며 성경 본문이 논의되고 결심들이 서로의 삶에 영원한 가치를 증명할 것이다.

끝으로, 여러분은 모임의 기본적인 청사진을 마련해야 한다. 한 시간 모임을 어떻게 진행할지 다음을 참고하라. 여기에는 모임의 각 순서를 어떻게 지도해야 하는지에 대한 조언도 제시되어 있다. 이 청사진은 여러분이 몸담은 특정 그룹의 필요와 상황에 맞을 수 있고 또 그래야 한다. 매주 모임 준비에 적어도 2시간은 따로 떼어놓을 계획을 세우라.

◇ 도입(10분)

기도로 모임을 시작하라. 그래서 성령께서 우리의 생각과 마음에 역사하시기를 겸손히 기대하게 하라. 모든 이의 눈이 우리가 추구하는 바 가장 고귀한 보화이신 하나님께 향하게 하라. 그룹 토의의 문을 여는 한 가지 방법으로 주중에 읽은 장제목의 의미를 그룹원이 자기 말로 설명하게 하는 것이 있다. 가령, 1장의 토의를 "하나님을 기뻐하는 것을 왜 기독교 희락주의의 기초라고 볼 수 있습니까?"라는 질문으로 열 수 있다. 이런 논의는 1장에서 만나는 주요 요점들과 핵심 정의들을 생각나게 할 것이다. 또 지난주에 읽은 것과 토의한 것을 복습하고, 이번 주에 읽고 공부한 것이 지난주에 읽고 토론한 것에 어떻게 근거하는지 묻는 것도 적절한 방법이다(2-10주차에는).

첫 모임 때는 도입 시간을 유연하게 사용하는 것이 적절하다. 특별히 이 시간을 책과 스터디 가이드를 소개하는 데 쓸 수도 있다. 그룹원에게 매주 대략 몇 쪽 정도를 읽는 것이 좋은지(통상적으로 20-30쪽), 그리고 연구 질문이 읽은 내용과 어떤 관련이 있는지 꼭 알려 주어야 한다. 그룹원이 스스로 성경을 연구하는 출발점으로 연구 질문을 사용하도록 격려하라. 주중에 스터디 가이드를 통해 읽고 쓰는 데 도움이 될 전략들을 알려 주면 유익할 것이다. 예를 들면, 하루에 몇 쪽만 읽고 연구 질문 2개에 대답하고, 6일째는 "더 깊이 이해하기"에 나오는 질문들에 대답하고 묵상하면서 보내면 가장 효과적이라는 식으로 안내할 수 있다.

첫 모임에서는 그룹원이 서로 자신을 소개하는 시간을 갖는 것이 중요하다. 서로 간에는 물론이고 그룹 분위기를 편안하게 하는 데 도움이 될 만한 창의적인 방법들을 나누면 좋을 것이다.

◇ **토의**(40분)

스터디 가이드에서 별표(★)가 있는 질문들은 우리가 생각하기에 그룹 토의에서 다루면 유익할 만한 질문들이다. 그룹 토의에 참여하는 이들은 특히 모임 전에 이 질문들을 잘 알아야 한다. 별표로 강조한 질문들은 제안에 불과하다. 여러분 스스로 연구하며, 특히 그룹의 상황에 적합한 다른 질문들이 있는지, 모임을 하는 동안 토의를 발전시킬 다른 질문들이 있는지 생각해 보라. 더 나아가 토의를 위해 손수 질문을 만들어 보라고 격려하고 싶다. 그룹의 상황과 배경과 이해 수준 등에 맞게 만든 질문들이 가장 큰 도움이 되기도 하고 가장 깊은 영향을 미치기도 한다. 우리는 이 스터디 가이드가 여러분으로 하여금 일단 시작하게 하는 자료가 되기를 바란다. 또한 여러분의 지식과 믿음과 사랑이 깊어지게 할 만한 다른 창조적이고 가치있는 노력들을 시작하게 하는 자료가 되기를 바랄 뿐이다.

질문한 후(스터디 가이드나 직접 준비한 것을 가지고) 그룹원이 반응하도록 격려하는 식으로 그룹 토의를 활성화할 수 있다. 그룹원이 스터디 가이드에 있는 질문들에 어떻게 반응했는가? 그들이 새로 만난 개념들은 무엇인가? 성경에 대한 어떤 새로운 이해가 있었으며, 그들은 어떤 성경을 연구하고 묵상했는가? 그리스도인의 삶과 사명에 관해 어떤 새로운 통찰을 발견했으며, 이런 통찰들은 우리 삶에 어떤 영향을 줄 것인가? 동의하지 못하는 부분은 무엇이며, 그 이유는 무엇인가? 혼란스러워 하는 부분은 무엇인가? 그룹원이 질문에 대답이 없더라도 괜찮다.

토의가 진행되고 한 주 한 주 시간이 흐를수록, 그룹원은 더욱 편하게 자기 생각을 표현할 것이다. '대답'으로 침묵을 깨려는 유혹을 억제하라. 모임 내내 자신이 논의를 주도하지는 않는지 살피고 조심하라. 각 개인의 생각을 가능하면 충분히 존중하려고 노력하여 그들이 계속 토의에 기여하도록 격려하라. 틀렸다고 말해야 할 때는 더욱 사랑과 온유함으로 하라.

토의 중간에 성령께서 특별한 방식으로 역사하시는 듯 보인다면, 특정 질문이나 주제가 오래 다루어진다고 해서 염려하지 말라. 하지만 인도자는 토의가 여기서 앞으로 더 나아갈 필요가 있는지에 늘 민감해야 한다. 또한 모든 그룹원이 논의에 참여하게 해야 하며, 무언가 기여할 수 있는데도 아무 말 하지 않는 사람들을 염두에 두어야 한다. 이런 필요들을 알아채고 또 모임이 시작하기 전과 중간에 성령의 인도를 알아보는 민감성을 달라고 기도하라.

여기서 다루는 주제들이 우리의 일상에 어떻게 실제적인 영향을 미칠지 토의의 마지막 5분에서 10분 정도 나누면 유익하겠다. 특히 "더 깊이 이해하기"에 나오는 질문들을 다시 짚어 보라. 그룹원이 어떤 결심을 하게 되었는지, 그리고 성경적인 진리들을 보완하기 위해 어떤 실제적인 전략들을 생각할 수 있는지 물어보라.

◇ **기도**(10분)

우리는 모임 중에 그룹 기도 시간을 확대하여 갖기를 격려하고 싶다. 적어도 모임의 마지막 10분 정도는 기도하는 데 쓰기를 제안한다. 전체 그룹이 함께 기도하든, 작은 그룹으로 나누어 기도하든 자유롭게 정할 수 있다. 작은 그룹으로 나누되 매주 그 그룹을 달리하거나 혹은 끝날 때까지 유지할 수도 있다. 어떻게 결정하든 서로를 위해 기도하는 시간이 이 모임을 진행하는 내내 그리고 주중에도 모임의 핵심적인 일부가 되기를 바란다.

열심히 그룹 기도에 참여하도록 격려하기 위해, 그리고 기도에서 말씀의 핵심적인 역할을 실제적으로 배우고 경험하도록 돕기 위해 시편들을 제시했다(스터디 가이드의 "시편으로 기도하기"를 참조하라). 그룹원 중에는 "시편으로 기도하기"라는 개념이 생소한 이들도 있을 것이고, 그래서 어떻게 시편으로 기도하는지 분명히 모르는 이들도 있을 것이다. (성령으로 영감된) 시편 기자들의 말을 우리의 기도의 영과 태도와 목표와 내용을 전하는 데 사용하도록 격려하라.

시편이 어떻게 우리의 기도에 영감을 주고 생기를 불어넣을 수 있는지 알도록, 시편 84편을 통해 여러분과 여러분의 그룹을 위해 기도함으로써 스터디 가이드의 개관을 마무리하려 한다.

만군의 여호와여, 주의 거처가 어찌 그리 사랑스러운지요.
우리가 함께 주의 말씀을 읽고 연구하고 토의할 때
우리는 주의 뜰에 있기를,
주를 뵈옵고 맛보게 될 그곳에 있기를
열망하고 갈망할 것입니다.
우리의 마음과 몸까지도 주님,
살아계신 주님을 기뻐하는 마음으로 충만하게 하소서.
오 만군의 여호와여 우리의 왕, 우리의 하나님,
공중의 새도 주님의 임재 아래서 쉬고
주님의 제단에서 위안과 안전과 기쁨을 발견하나이다.
주님의 집에 거하는 모든 이들도 그러하나이다.
그들의 기쁨은 그들의 찬양처럼 다함이 없나이다.
이 공부를 시작하는 사람들과 그룹들과 교회들에게 복을 주셔서,

그들이 주님 안에서 힘을 찾게 하소서.

그들의 마음에 당신의 보좌에 이르는 대로가 열리게 하소서.

그들로 헤아릴 수 없을 만큼 강하게 하시고

두려움 없이 큰 즐거움으로 주님 앞에 서게 하소서.

아버지 하나님, 우리의 기도를 들으소서.

이스라엘의 하나님, 우리의 간구에 귀를 기울이소서.

주님은 방패이십니다. 주님의 빛과 은혜로운 축복을

이 공부에 함께하는 교회와 그룹과 개인의 얼굴에 비추소서.

그리하여 그들이 주님을 보게 하소서.

주님의 임재 안에서, 주님의 뜰에 있는 한 날이

다른 곳에서 보내는 천 날보다 낫습니다.

이것을 보고 믿을 수 있도록 마음을 변화시켜 주소서.

우리가 악인의 집에서 편안함과 물질적인 번영과 특권을 누리는 삶보다

주님의 집에 문지기로 서 있기를 더욱 바라는 마음을 주소서.

주님은 따스함과 생명으로 가득한 태양이시며,

모든 공격에서 우리를 지키시는 방패이십니다.

주님의 백성에게 은혜와 영광을 주소서.

주님은 주님의 길을 걷는 이들에게 기꺼이 좋은 것을 주시며,

그리하여 그들이 주님의 길을 걷게 하시고,

좋은 것으로 아낌없이 채우십니다.

오 만군의 여호와여,

주님을 신뢰하는 자들은 복이 있습니다.

당신의 백성에게 복을 내리소서.

아멘.

들어가는 글 — 나는 어떻게 기독교 희락주의자가 되었는가?

◇ 읽고 묵상하기

★1- 소요리문답의 첫 번째 대답은 다음과 같다. "인간의 제일 되는 목적은 하나님을 영화롭게 하고 영원토록 그를 즐거워하는 것이다." 저자는 하나님을 영화롭게 하는 것이 영원토록 하나님을 즐거워하는 것과 어떻게 연관이 된다고 하는가?(20-21쪽)

 2- 저자가 기독교 희락주의자가 되는 과정에서 파스칼은 저자가 무엇을 발견하도록 도움을 주었는가?(22-23쪽)

★3- C.S.루이스는 파스칼의 도움에 어떤 통찰을 더해 주었는가?(23-25쪽) 이것은 저자에게 충격을 주었는데, 당신에게도 그랬는가? 그랬다면, 혹은 그러지 않았다면 왜인가?

 4- 저자가 돌아보니 "명백하게 분명했다"고 말한 세 번째 통찰은 무엇인가?(25-26쪽)

★5- 저자가 C. S. 루이스와 조나단 에드워즈의 도움으로 발견한 찬양과 기쁨 간의 관계는 무엇인가?(26-29쪽) 이것이 외식(hypocricy)의 뜻을 분명히 하는 데 어떤 도움을 주는가?(28-29쪽)

★6- "하나님은 (즐거움을 위해) 우리가 추구하는 목적이지 더 나은 목적을 위한 수단이 아니다"라는 말은 무슨 뜻인가?(30-31쪽) 우리는 하나님을 다른 목적을 이루는 수단으로 여기는 경향이 있는가?

★7- 저자는 왜 기독교 희락주의가 쾌락을 신으로 삼지 않는다고 말하는가?(31쪽)

8- "일반적인 도덕적 정당화 이론"이 무슨 뜻인지 당신의 말로 설명해 보라. 저자는 기독교 희락주의가 그런 종류의 이론이라는 비판에 대해 어떻게 반응하는가?(31-32쪽)

9- 저자는 사랑과 행복의 관계를 어떻게 묘사하는가? 저자는 왜 "우리가 행복해질 것이니 선을 행하자!"라는 말은 지나친 단순화라고 생각하는가? 그런 단순화에는 미덕에 관해 어떤 본질적이며, 급진적으로 삶을 변화시키는, 결정적인 부분이 빠져 있는가?(32-34쪽)

10- 기독교 희락주의가 어떤 5가지 확신 위에 세워졌는지 당신의 말로 써보라(36-37쪽).

◇ **더 깊이 이해하기**

• 시편을 다섯 편에서 열 편 정도 골라 읽고 묵상하라. 거기서 만나는 "희락주의 언어"를 적어 보라. 시인들은 하나님의 선하심과 은혜와 성품과 가치를 어떻게 보고 있는가?

• 이 시편들에서 하나님은 당신의 마음과 감정을 존중하시면서 어떤 명령을 내리시는가? 이 명령들은 개인적으로, 인격적으로 당신에게 어떻게 다가오는가? 하나님의 이 명령들은 당신을 자유롭게 하는가, 두렵게 하는가, 구속하는가? 그 이유는 무엇인가?

- 에필로그인 "내가 이 책을 쓴 일곱 가지 이유"를 읽어 보라(405-431쪽). 그래서 저자가 이 책을 기록한 동기와 목적에 당신도 친숙해지기를 바란다. 그리스도인의 삶에 관한 저자의 개념에서 당신에게 명확하지 않은 것들, 의문들, 반대하는 의견들을 적어 보라. 이 공부를 하는 내내 당신이 적은 것을 참고하라.

◆ 시편으로 기도하기

시편 100편

[1] 온 땅이여 여호와께 즐거운 찬송을 부를지어다

[2] 기쁨으로 여호와를 섬기며 노래하면서 그의 앞에 나아갈지어다

[3] 여호와가 우리 하나님이신 줄 너희는 알지어다 그는 우리를 지으신 이요 우리는 그의 것이니 그의 백성이요 그의 기르시는 양이로다

[4] 감사함으로 그의 문에 들어가며 찬송함으로 그의 궁정에 들어가서 그에게 감사하며 그의 이름을 송축할지어다

[5] 여호와는 선하시니 그의 인자하심이 영원하고 그의 성실하심이 대대에 이르리로다

1장 – 하나님의 기쁨, 기독교 희락주의의 토대

◇ 읽고 묵상하기

*1- 저자는 왜 "하나님의 제일 되는 목적은 하나님을 영화롭게 하고 영원토록 하나님 자신을 즐거워하는 것이다"라는 말이 이상하게 들릴 것이라고 생각하는가?(40쪽) 우리가 하나님의 계획보다 우리의 의무에 관해 생각하는 데 더 익숙해진 이유들은 무엇인가? 이것들은 모두 타당한가, 아니면 모두 그릇되었는가? 아니면 둘 다인가? 이 이유들을 평가해 보라.

*2- 저자가 하나님의 기쁨이 기독교 희락주의의 토대가 된다고 말한 이유는 무엇인가?(41-43쪽)

3- 하나님이 주권자시라는 말은 무슨 뜻인가?(43쪽) 왜 하나님의 주권이 하나님의 기쁨의 토대가 되는가?(43-44쪽) 이 점에 비추어볼 때, 하나님의 기쁨이 기독교 희락주의의 토대가 되려면, 저자가 무엇을 먼저 말해야 하는가?

4- 이 세상에서 일어나는 일 가운데 얼마나 많은 부분이 궁극적으로 하나님의 주권적인 목적을 위한 일들이 되는가? 인간이 범한 도덕적으로 악한 결정들과 행동들도 하나님의 주권적인 계획의 일부가 되었음을 보여 주는 가장 분명한 역사적 선례에는 무엇이 있는가?(44-46쪽)

★5 - 저자가 하나님은 "협각렌즈와 광각렌즈로" 악한 일들을 바라보신다고 할 때 의미하는 바가 무엇인지 기술하라(51-52쪽). 하나님의 "명령 의지"와 "섭리 의지"는 어떻게 다르며, 이 차이는 악에 관한 하나님의 주권적인 목적을 이해하는 데 어떤 도움을 주는가?(51쪽의 각주 5를 참조하라.)

6 - 53쪽에서 저자의 논의에 어떤 중요한 전환점이 생기고 있는가? 그는 어떤 질문에 대답을 하려고 하는가? 그가 제안하는 질문은 무엇인가?(53-54쪽)?

★7 - 하나님이 자신을 가장 사랑하지 않는다면 왜 불의한 분이 되시는가?(54-56쪽) 하나님이 스스로에게 누리시는 최고의 기쁨과 예수 그리스도는 어떤 관계가 있는가?(56-57쪽)

8 - 하나님의 사역은 하나님 안에 있는 하나님의 기쁨이 "흘러넘친" 것이라는 저자의 말은 무슨 뜻인가?(58-59쪽) 저자는 이 하나님의 기쁨의 확장성을 무엇에 비유하는가? 창조와 구속에 나타난 하나님의 사역과 하나님이 그 모든 것 가운데서 누리시는 기쁨 사이의 관계를 어떻게 이해해야 하는가?

9 - 59-60쪽에서 저자의 논의에 중요한 전환이 나타난다. 하나님 자신이 그분의 최우선 애정 대상이라는 진리에서 어떤 질문이 제기되는가? 저자는 이 장의 나머지 부분에서 이 질문에 대답하고 있다. 당신의 말로 이 질문을 다시 써 보라.

*10 - "남의 평판에 의존하는 자"라는 말은 무슨 뜻인가? 우리는 왜 하나님이 남의 평판을 의존하는 분이 아니라고 생각해야 하는 가? 자신의 영광을 드러내시려는 하나님의 목적과 헛된 타인의 평판을 의지하는 일이 유사해 보이는 것은 피상적일 뿐임을 보여 주는 성경 구절은 어디인가? 저자가 언급한 구절들 외에 당신이 아는 다른 성경 본문들은 무엇인가?(61-62쪽)

◇ 더 깊이 이해하기

• 63쪽에서 저자는 아주 중요한 말을 한다. "하나님은 완전히 영광스럽고 전적으로 자기 충족적인 유일한 분이시기에, 만일 하나님이 우리를 위하신다면 이 또한 반드시 하나님 자신을 위한 것이어야 한다." 이 문장을 당신의 말로 다시 진술하되 자신에게는 물론이고 저자의 의도를 순전하게 반영하는 방식으로 다시 진술해 보라. 하나님이 우리를 무한히 사랑하시려면 우리에게 무엇을 주셔야만 하는가? 하나님을 찬양하라는 명령은 하나님이 우리에게 최고로 가치 있는 선물을 주시는 것과 어떤 관련이 있는가?(64-66쪽)

• 많은 사람들은 하나님이 행하시는 모든 일에 나타난 그분의 궁극적인 목표가 하나님 자신의 영광을 높이고 드러내는 데 있으며, 하나님은 하나님 자신을 가장 사랑하는 분이시라는 사실을 믿지 않으려고 한다. 이는 널리 유행하는 사랑에 관한 이해와 모순되어 보이기 때문이다. 당신은 성경의 역사에서 하나님이 자신의 이름을 위해 행동하신다고 우리에게 말씀하시는 예들을 떠올릴 수 있는가? 하나님이 자신의 영광을 추구하는 일이 어떻게 우리를 향한 하나님의

사랑의 기초가 되고, 어떻게 은혜를 향한 우리의 소망의 기초가 되는지 당신의 말로 표현해 보라.

◆ 시편으로 기도하기 ─────────────────────

시편 135편

1 할렐루야 여호와의 이름을 찬송하라 여호와의 종들아 찬송하라

2 여호와의 집 우리 여호와의 성전 곧 우리 하나님의 성전 뜰에 서 있는 너희여

3 여호와를 찬송하라 여호와는 선하시며 그의 이름이 아름다우니 그의 이름을 찬양하라

4 여호와께서 자기를 위하여 야곱 곧 이스라엘을 자기의 특별한 소유로 택하셨음이로다

5 내가 알거니와 여호와께서는 위대하시며 우리 주는 모든 신들보다 위대하시도다

6 여호와께서 그가 기뻐하시는 모든 일을 천지와 바다와 모든 깊은 데서 다 행하셨도다

7 안개를 땅 끝에서 일으키시며 비를 위하여 번개를 만드시며 바람을 그 곳간에서 내시는도다

8 그가 애굽의 처음 난 자를 사람부터 짐승까지 치셨도다

9 애굽이여 여호와께서 네게 행한 표적들과 징조들을 바로와 그의 모든 신하들에게 보내셨도다

10 그가 많은 나라를 치시고 강한 왕들을 죽이셨나니

11 곧 아모리인의 왕 시혼과 바산 왕 옥과 가나안의 모든 국왕이로다

12 그들의 땅을 기업으로 주시되 자기 백성 이스라엘에게 기업으로 주셨도다

13 여호와여 주의 이름이 영원하시니이다 여호와여 주를 기념함이 대대에 이르리이다

14 여호와께서 자기 백성을 판단하시며 그의 종들로 말미암아 위로를 받으시리로다

¹⁵ 열국의 우상은 은금이요 사람의 손으로 만든 것이라

¹⁶ 입이 있어도 말하지 못하며 눈이 있어도 보지 못하며

¹⁷ 귀가 있어도 듣지 못하며 그들의 입에는 아무 호흡도 없나니

¹⁸ 그것을 만든 자와 그것을 의지하는 자가 다 그것과 같으리로다

¹⁹ 이스라엘 족속아 여호와를 송축하라 아론의 족속아 여호와를 송축하라

²⁰ 레위 족속아 여호와를 송축하라 여호와를 경외하는 너희들아 여호와를 송축하라

²¹ 예루살렘에 계시는 여호와는 시온에서 찬송을 받으실지어다 할렐루야

2장 – 회심, 기독교 희락주의자의 탄생

◇ 읽고 묵상하기

1- 이 장의 두 가지 목표는 무엇인가?(72쪽)

★2- 저자는 왜 "기독교 희락주의"와 "기독교 희락주의자가 되는 것"
과 "다른 무엇보다 그리스도를 가장 값진 보화로 여기는 것" 같
은 용어를 도입하고 싶어하는가?

★3- 회심(conversion)을 당신의 말로 표현해 보라. 회심에 관여하는 인
간의 두 가지 활동은 무엇인가?(85-86쪽) 저자는 왜 이 두 가지 활
동은 "한 동전의 양면"이라고 하는가?(86쪽)

★4- 우리는 왜 회심을 하나님의 선물로 보아야 하는가? 이런 결론에
이르게 하는 성경 본문들은 무엇이 있는가?(86-89쪽)

5- 나사로를 다시 살리신 사건이 하나님의 재창조 사역을 보여 주는
좋은 예인 이유를 모두 적어 보라(89-90쪽).

★6- 저자가 회심이 구원의 조건이라고 말할 때 그가 의미하는 바는
무엇인가? 왜 이것은 "구원을 획득하는(earning) 길"이 아닌가? **구
원**의 정의가 명확하지 않을 때 이 문제에 어떤 혼란을 가져올 수
있는가?(90-94쪽)

Study Guide

462 하나님을 기뻐하라

7 - 기쁨과 믿음의 관계를 묘사해 보라. 기쁨이 어떻게 믿음의 열매가 되는가? 기쁨이 어떻게 믿음의 줄기가 되는가? 기쁨이 어떻게 믿음이 의미하는 본질의 일부, 씨앗이며 뿌리가 되는가?(94-100쪽)

8 - 빛을 향한 사랑을 제외하고, 무엇이 우리를 빛으로 나아오게 하는 동기가 될 수 있는가? 왜 그런 동기들은 빛에 불명예를 안겨 주게 되는가?(97쪽)

★9 - 저자가 "구원하는 믿음"이라고 할 때 이는 무엇을 의미하는가?(97-99쪽) 이 정의에 근거해 저자는 왜 회심이 기독교 희락주의자를 탄생시키는 일이라고 말하는가?

★10 - 그리스도께서 자신을 전적으로 신뢰하는 사람들에게 주기 위해 죽기까지 하신 궁극적인 선은 무엇인가?(98쪽) 당신 자신의 마음을 살펴보라. 이 궁극적인 선이 당신 마음에 가장 귀한 보화인가? 그 이유는 무엇인가? 아니라면 그 이유는 무엇인가? 성경에 따르면, 우리가 자신의 마음을 평가하는 방법으로는 무엇이 있는가?

◇ **더 깊이 이해하기**

• 98쪽에서 저자는 "당신은 천국에 하나님이 없고 하나님의 선물만 있어도 가고 싶은가?"라고 묻는다. 이 질문에 대답하고 그 이유를 설명하라. 당신의 최고의 애정의 대상이 되려고 하나님과 경쟁하는

선물은 무엇인가? 하나님 안에서 누리는 더 심오한 기쁨이 당신의 마음에 최고의 기쁨이 되도록 기도하라.

- 87쪽 마지막 문단과 각주 12를 읽어 보라. "육체적 무능력"과 "도덕적 무능력"은 어떻게 다른가? 우리의 도덕적 무능함을 말해 주는 성경 구절로 무엇이 생각나는가?

- 많은 사람들이 "기독교 희락주의"라는 용어에 걸려 넘어진다. 하지만 본 장에서 보았듯이, 저자는 이 용어가 성경의 가르침과 조화를 이룰 뿐 아니라 우리 시대의 문화에서도 매우 도움이 된다고 생각한다. 왜 그렇게 말하는가? 그 이유에 동의하는가? 당신도 "기독교 희락주의"라는 용어를 쓰는 데 주저함이나 혹은 반대가 있는가? 만약 있다면 그 이유는 무엇인가? 당신이 여전히 갖고 있는 질문이나 염려가 무엇인지 적어 보라. 그리고 그것들을 가지고 그룹에서 토의해 보라.

◆ 시편으로 기도하기 ────────────────

시편 130편

[1] 여호와여 내가 깊은 곳에서 주께 부르짖었나이다

[2] 주여 내 소리를 들으시며 나의 부르짖는 소리에 귀를 기울이소서

[3] 여호와여 주께서 죄악을 지켜보실진대 주여 누가 서리이까

[4] 그러나 사유하심이 주께 있음은 주를 경외하게 하심이니이다

[5] 나 곧 내 영혼은 여호와를 기다리며 나는 주의 말씀을 바라는도다

[6] 파수꾼이 아침을 기다림보다 내 영혼이 주를 더 기다리나니 참으로 파수꾼이 아침을 기다림보다 더하도다

⁷ 이스라엘아 여호와를 바랄지어다 여호와께서는 인자하심과 풍성한 속량이 있음이라

⁸ 그가 이스라엘을 그의 모든 죄악에서 속량하시리로다

◇ 읽고 묵상하기

★1- "누구에게" "어떻게" 예배할지가 "어디에서" 예배할지보다 중요
한 이유는 무엇인가? 요한복음 4장 23절에서 "어떻게"와 "누구
에게"에 상응하는 두 단어를 찾고 상관 관계를 설명하라. 예배
에서 둘 중 하나를 놓칠 때 어떤 일이 벌어지는가?(109-110쪽)

★2- 111쪽에 나오는 저자의 유비인 "연료, 화로, 열기"에서 예배의
연료는 무엇이고, 예배의 화로는 무엇이며, 예배의 열기는 무엇
인가? 성령께서는 어떤 역할을 하시는가?

 3- 예배에 몇 가지 외적인 활동이 포함되기는 하지만, 왜 우리는 예
배를 "하나님의 광채를 그분께 기쁘게 되돌려 비추는 한 방법"
이라고 간주해야 하는가?(114쪽) "기쁘게"라는 표현을 쓸 때 생길
수 있는 오해는 무엇이 있는가? "기쁘게"라는 표현을 쓰지 않을
때 생길 수 있는 더 심각한 오해에는 무엇이 있을까?(114-115쪽)

★4- 예배 행위를 헛되게 하는 것은 무엇인가? 우리로 예배의 행위를
수행하게 하는 동기 가운데 하나님을 순전하게 사랑하는 마음을
제외하고 어떤 다른 동기들이 있을 수 있는가?(115쪽)

★5- "예배는 그 자체로 목적이다"라는 표현은 무슨 뜻인지 설명해 보
라. 이는 "자발적인 감정"이란 표현과 어떤 관련이 있는가? 예배

가 그 자체로 목적이라면, 그것은 우리를 다른 무언가로 이끌 것 같은가? 무언가로 이끈다면, 이는 어떻게 해서 가능하며, 무엇으로 우리를 이끌 것 같은가?(123-126쪽)

6 - 결혼기념일에 아내를 위해 장미꽃을 사는 비유를 보자(126-129쪽). "그것은 내 의무입니다"라는 말이 왜 아내에게 모욕이 되는가? "그것은 내 기쁨입니다"라는 말은 왜 아내를 존중하는 표현이 되는가? 예배의 참된 의무는 무엇이며 어떻게 그것이 "의무"가 되는가?

★7 - 다음의 반대를 말하라. "예배의 기쁨 자체를 목적으로 삼으면, 우리가 하나님의 목적을 위한 수단이 되기보다, 하나님이 우리의 목적을 위한 수단이 되실 수 있다. 그러므로 기독교 희락주의는 인간중심주의이다"(참조. 129-131쪽).

8 - 예배의 세 단계를 당신의 말로 진술하라(131-134쪽). 이 세 단계를 아는 것이 어떻게 우리에게 격려가 되는가?

9 - 자신의 기쁨을 추구하는 것은 도덕 이하라거나 또는 부도덕하다는 개념은 어떻게 참된 예배의 가능성을 파괴하는가?(134-140쪽) 138쪽 각주 14에 나오는 칼 질스트라의 인용구를 읽어 보라. 저자는 왜 "이런 식으로 질문하면 진심으로 대답할 수 없다"고 말하는가?

10 - 하나님을 향한 순전한 애정은 무엇에 뿌리를 두어야 하고 또 무엇에 의해 형성되어야 하는가?(140-143쪽) 본 장은 "참 예배는 늘 마음과 지성, 감정과 사고, 애정과 묵상, 송영과 신학이 결합하는 것"(140쪽)이라는 말의 실상을 논의하고 있다. 본 장의 상당 부분은 각 쌍들의 앞부분(마음, 감정, 애정, 송영)에 초점을 맞추었다. 왜 이렇게 했다고 생각하는가?

◇ 더 깊이 이해하기

• "하나님을 향해 아무 느낌이 없는 예배는 죽은 예배다"(119쪽)라는 말을 묵상하라. 저자가 117-119쪽에서 말하는 감정들 가운데 둘을 선택해 우리 마음에 이런 애정이나 감정을 불러일으키는 하나님의 속성이 무엇인지 생각해 보라. 자신을 면밀히 들여다보고 이런 하나님의 속성들이 당신의 마음을 벅차게 하는지 확인하라. 저자가 언급하지 않은 "하나님의 가치를 반향하는 내적 감정"의 다른 두 가지에 대해서도 똑같이 해 보라.

• 143-148쪽을 묵상하라. 이 장은 예배의 형식에 관하여 어떤 함의들을 제시하는가?

• 127쪽에 있는 각주 6을 읽어 보라. 카넬이 말한 "도덕적 성취"란 무엇인가? 어떻게 예배가 열매일 뿐 노력의 결실이 아니라고 말할 수 있는가? 이제 마태복음 25장 31-40절을 읽어 보라. 카넬의 통찰은 어떤 식으로 이 구절과 관련이 되는가? 예수님의 호명을 받은 양들은 이웃에게 선하고 사랑스런 일을 행했는가? 그들은 예수님

의 말씀을 듣고 왜 놀랐는가? 우리는 하나님과 이웃 모두를 진실로 사랑하는 마음을 왜 기적으로 간주해야 하는가? 이것은 기도에 대한 우리의 이해에 어떤 함의를 주는가?

◆ 시편으로 기도하기 ────────────────────────

시편 63편

1 하나님이여 주는 나의 하나님이시라 내가 간절히 주를 찾되 물이 없어 마르고 황폐한 땅에서 내 영혼이 주를 갈망하며 내 육체가 주를 앙모하나이다

2 내가 주의 권능과 영광을 보기 위하여 이와 같이 성소에서 주를 바라보았나이다

3 주의 인자하심이 생명보다 나으므로 내 입술이 주를 찬양할 것이라

4 이러므로 나의 평생에 주를 송축하며 주의 이름으로 말미암아 나의 손을 들리이다

5 골수와 기름진 것을 먹음과 같이 나의 영혼이 만족할 것이라 나의 입이 기쁜 입술로 주를 찬송하되

6 내가 나의 침상에서 주를 기억하며 새벽에 주의 말씀을 작은 소리로 읊조릴 때에 하오리니

7 주는 나의 도움이 되셨음이라 내가 주의 날개 그늘에서 즐겁게 부르리이다

8 나의 영혼이 주를 가까이 따르니 주의 오른손이 나를 붙드시거니와

9 나의 영혼을 찾아 멸하려 하는 그들은 땅 깊은 곳에 들어가며

10 칼의 세력에 넘겨져 승냥이의 먹이가 되리이다

11 왕은 하나님을 즐거워하리니 주께 맹세한 자마다 자랑할 것이나 거짓말하는 자의 입은 막히리로다

4장 – 사랑, 기독교 희락주의의 수고

◇ 읽고 묵상하기

1- 저자는 4장에서 중요한 전환을 하고 있다. 이제 논의는 수직적인 기독교 희락주의에서 어디로 이동하고 있는가?(152-155쪽) 이것이 무엇을 뜻하는지 당신의 말로 설명해 보라. 4장은 1-3장과 어떤 점에서 다른가? 1-3장과 4장의 공통점은 무엇인가?

2- 이번 장에서 핵심적으로 논하는 것은 무엇인가(153-155쪽, 참조. 157-159쪽)

★3- 고린도전서 13장 5절의 전후 문맥에서 우리가 자신의 유익을 추구하면서 이웃을 사랑하는 것이 잘못이 아님을 보여 주는 두 가지 실마리는 무엇인가? 이런 견해를 뒷받침하는 성경의 다른 본문들을 나열해 보자. 에드워즈에 따르면, 우리가 사랑하도록 동기를 부여하는 "유익"은 무엇인가? 어떤 종류의 "유익"은 그릇된 동기를 부여하는가?(153-159쪽)

★4- "사랑은 당신이 느끼는 것이 아니라 당신이 행하는 것이다"라는 널리 알려진 모토의 장점은 무엇인가? 그런데 어떤 점에서 이 말은 사랑을 묘사하는 데 충분하지 않거나 혹은 오해하게 하는가? 왜 사랑은 단순히 행위와 동일시할 수 없는가? 어떻게 자신의 모든 소유를 가난한 자들에게 내주면서도 사랑이 아닐 수 있는가?(159-161쪽)

★5 - 고린도후서 8장 1-4, 8절을 통해 저자가 이해한 진정한 사랑의 4가지 특징은 무엇인가? 저자는 성경적인 사랑을 어떻게 정의하는가?(161-165쪽) 하나님 안에서 기뻐하는 수직적인 기독교 희락주의와 수평적인 차원에서 이웃을 사랑하는 것 사이에는 어떤 연관성이 있는가?

★6 - 고린도후서 2장 2절에 따르면, 바울에게 큰 기쁨을 준 것은 무엇인가? 3절에 따르면 바울은 무엇이 고린도 성도들의 기쁨이 되기를 기대하고 있는가? 이런 관찰들은 사랑에 대해 무엇을 말해 주는가? 사랑이 무엇인지에 관한 이런 시각은 고린도후서 8장에서 볼 수 있는 시각과 어떤 관련이 있는가?(166-170쪽)

★7 - 하나님을 향한 진정한 예배와 이웃을 향한 순전한 사랑에 가장 큰 장애물은 무엇인가?(176-178쪽) 이런 장애물을 어떻게 극복할 수 있을까? 왜 이것이 좋은 소식인가?

★8 - 저자는 어떤 의미에서 "불만족스러운 만족"이라고 말했는가?(171쪽) 연민을 갖고 함께 우는 것은 기쁨과 어떤 관계가 있는가? 왜 저자는 사랑의 기쁨은 그 대가가 비싸다고 말하는가?(178-188쪽) 어떻게 슬픔과 고통과 눈물이 기쁨 넘치는 사랑의 감정과 공존할 수 있는가?

9 - 보상을 동기로 행하는 사랑은 진정한 사랑이 아니라 단지 상거래 행위에 불과하다고 생각하는 사람들의 논리는 무엇인가? 이

장을 토대로 생각할 때, 왜 기독교 희락주의가 바라보는 사랑은 상거래가 아니라고 말할 수 있는가?(188-191쪽) 실제 사랑을 하면서 느끼는 기쁨과 약속된 보상을 기대하면서 얻는 기쁨 간의 관계를 설명하라(187-191쪽). 이 관계는 어떻게 사랑이 상거래가 되지 않도록 막는 역할을 하는가?

10 - "하나님을 향한 기쁨이 실제 사랑의 행위로 나아가는 심리적 과정"을 묘사하라(191쪽, 참조. 191-194쪽). 우리의 기쁨이 "배가"되는 것과 이웃을 향한 진정한 사랑은 어떤 관련이 있는가?

◇ 더 깊이 이해하기

• 자신의 기쁨을 추구하지 않으면 이웃을 진정으로 사랑하거나 하나님을 기뻐하는 일이 불가능하다는 저자의 주장을 어떻게 생각하는가? 저자는 왜 이렇게 주장하는가? 저자의 주장에 동의하는가, 혹은 동의하지 않는가?

• '목표'나 '동기'로서의 행복이 단순히 '결과'나 '예상치 못한 놀라움'으로서의 행복과 어떻게 다른지 설명하라. 이 책에 근거하여 153쪽에 인용된 철학 교수의 반대 주장에 대한 당신의 견해를 말해 보라. 당신의 견해를 말할 때 이 책에서 언급하지 않은 다른 성경 구절들을 인용해 보라.

시편 15편

1 여호와여 주의 장막에 머무를 자 누구오며 주의 성산에 사는 자 누구오니이까

2 정직하게 행하며 공의를 실천하며 그의 마음에 진실을 말하며

3 그의 혀로 남을 허물하지 아니하고 그의 이웃에게 악을 행하지 아니하며 그의 이웃을 비방하지 아니하며

4 그의 눈은 망령된 자를 멸시하며 여호와를 두려워하는 자들을 존대하며 그의 마음에 서원한 것은 해로울지라도 변하지 아니하며

5 이자를 받으려고 돈을 꾸어 주지 아니하며 뇌물을 받고 무죄한 자를 해하지 아니하는 자이니 이런 일을 행하는 자는 영원히 흔들리지 아니하리이다

5장 – 성경, 기독교 희락주의의 불씨
6장 – 기도, 기독교 희락주의의 능력

◇ 읽고 묵상하기

1 - "성경은 기독교 희락주의의 불씨"라는 5장의 제목은 무슨 뜻인가? 5장의 목표는 무엇이며, 이 목적에 이르는 데 필요한 세 단계는 무엇인가?(198-200쪽)

★2 - 200-210쪽에서 논하는 하나님의 말씀의 축복 가운데 당신에게 가장 의미 있는 3가지를 선택하라. 하나님의 말씀은 어떻게 이런 유익을 만드는가? 이 유익들은 어떻게 우리의 기쁨을 타오르게 하는가? 저자가 언급하지 않은 다른 유익들을 2가지 더 생각해 보라. 하나님의 말씀은 어떻게 이런 유익들을 만들어내며, 그 유익들이 어떻게 우리의 기쁨을 타오르게 하는가?

★3 - 저자는 왜 하나님의 말씀을 "사용하다"(wield)라고 표현했을까? "말씀을 사용하려면 말씀을 **지녀야** 한다"는 말은 무슨 뜻인가? 말씀을 지니려면 어떤 단계를 밟아야 하는가?(실제적인 연구를 위해 214-217쪽에 나오는 조지 뮬러의 간증을 보라) (참조. 199-200, 209-210, 213-214쪽)

★4 - 기도에 대한 바른 이해는 우리의 기쁨을 추구하는 것과 하나님의 영광을 추구하는 것이 하나임을 어떻게 보여 주는가?(220-223쪽)

5- 기도는 어떻게 하나님을 영화롭게 하는가? 빈약한 기도 생활은 하나님이 누구신지에 대한 우리의 이해에 관해 무엇을 말해 주는가? 그 이유는 무엇인가?(222-225쪽)

＊6- "자기중심적"이란 무슨 뜻인가? 기도는 자기중심적인 것으로 간주되어야 하는가? 왜 그러한가, 혹은 왜 그렇지 않은가? 야고보서 4장 3-5절에 따르면, 기도를 통해서 우리는 어떻게 하나님을 부정한 아내의 남편으로 만드는가?(227-229쪽)

7- 무엇이 우리의 기도가 죄악된 자기중심적인 기도나 음란한 우상숭배의 도구로 전락하지 않도록 막아 주는가? 우상숭배자가 되지 않으면서도 피조세계를 갈망하고 만끽하는 것이 가능한가? 어떻게 가능한가, 혹은 가능하지 않은가?(229-232쪽)

＊8- 왜 우리는 **"하나님을 섬기는 일에 주의해야"** 하는가?(232-233쪽) 우리는 어떤 식으로 하나님을 섬기지 않을 수 있는가? 기도의 의미는 이를 어떻게 피하게 하는가? 이 대답들은 소위 세상의 신이라고 불리는 존재들 가운데 하나님의 독특성을 어떻게 가리키는가?(232-239쪽)

9- 기도는 어떻게 "하나님을 기다리는 것"이 되며, 왜 "자기 확신이란 질병에 대한 처방"이 되는가?(236-237쪽) 이에 비추어볼 때 우리는 어떤 식으로 하나님을 섬겨야 하는가? 우리의 노력과 순종은 이런 섬김과 어떤 관련이 있는가?(239-242쪽)

10 - 요한복음 16장 24절의 문맥에서 깊은 기도의 삶이 충만한 기쁨
으로 이어지는 두 가지 이유를 찾아보라(242-249쪽).

◇ 더 깊이 이해하기

• 저자는 많은 성도들이 깊고 활기찬 기도 생활을 하지 못하는 이유
가 무엇이라고 하는가?(253-255쪽) 254쪽에 나오는 저자의 권면에
따라 당신의 결심을 적고, 몇 가지 실제적인 단계를 실천해 보라.

• 이 스터디 가이드에서 5장과 6장은 단일한 가르침으로 결합된 유
일한 장이다. 왜 이 두 장이 하나로 합쳐졌다고 생각하는가? 성경
과 기도는 서로 무슨 관계가 있는가? 왜 우리는 기쁨을 향한 투쟁
을 할 때 이 둘을 늘 나란히 생각해야 하는가?

◆ 시편으로 기도하기 ————————————

시편 19편

¹ 하늘이 하나님의 영광을 선포하고 궁창이 그의 손으로 하신 일을 나타내는도다

² 날은 날에게 말하고 밤은 밤에게 지식을 전하니

³ 언어도 없고 말씀도 없으며 들리는 소리도 없으나

⁴ 그의 소리가 온 땅에 통하고 그의 말씀이 세상 끝까지 이르도다 하나님이 해를
위하여 하늘에 장막을 베푸셨도다

⁵ 해는 그의 신방에서 나오는 신랑과 같고 그의 길을 달리기 기뻐하는 장사 같
아서

⁶ 하늘 이 끝에서 나와서 하늘 저 끝까지 운행함이여 그의 열기에서 피할 자가 없
도다

⁷ 여호와의 율법은 완전하여 영혼을 소성시키며 여호와의 증거는 확실하여 우둔한 자를 지혜롭게 하며

⁸ 여호와의 교훈은 정직하여 마음을 기쁘게 하고 여호와의 계명은 순결하여 눈을 밝게 하시도다

⁹ 여호와를 경외하는 도는 정결하여 영원까지 이르고 여호와의 법도 진실하여 다 의로우니

¹⁰ 금 곧 많은 순금보다 더 사모할 것이며 꿀과 송이꿀보다 더 달도다

¹¹ 또 주의 종이 이것으로 경고를 받고 이것을 지킴으로 상이 크니이다

¹² 자기 허물을 능히 깨달을 자 누구리요 나를 숨은 허물에서 벗어나게 하소서

¹³ 또 주의 종에게 고의로 죄를 짓지 말게 하사 그 죄가 나를 주장하지 못하게 하소서 그리하면 내가 정직하여 큰 죄과에서 벗어나겠나이다

¹⁴ 나의 반석이시요 나의 구속자이신 여호와여 내 입의 말과 마음의 묵상이 주님 앞에 열납되기를 원하나이다

7장 – 돈, 기독교 희락주의의 통화

◇ 읽고 묵상하기

1- 디모데전서 1장에 나오는 돈에 관한 가르침은 어떻게 "하나님을 기뻐하라"는 본서의 중심적인 주장을 확증하는가?(258-259쪽)

2- 바울은 왜 금전적인 이익을 위해 경건을 "파는" 사람들에게 "이익을 위해 살지 말라"고 말하지 않는가? 바울의 이러한 반응은 왜 중요한가?(259-261쪽)

★3- "돈을 많이 모으는 것과 부자가 되는 것은 다르다"는 소제목이 가리키는 바는 무엇인가? 이 사실을 깨닫는 것이 왜 중요한가? 디모데전서 6장에서 바울이 경고하는 것과 경고하지 않는 것은 무엇인가?(261-262쪽)

4- 바울이 디모데전서 6장 7-10절에서 부자 되기를 열망하지 않아야 하는 이유로 제시한 세 가지는 무엇인가?(262-267쪽)

★5- 우리는 어떤 "보화"를 추구해야 하며, 어떻게 추구해야 하는가?(268-272쪽)

6- 저자는 271쪽에서 누가복음에는 40곳 이상 예수님의 명령과 관련해 "보상의 약속과 처벌의 위협"이 나온다고 말한다. 이 예들 가운데 5군데를 찾아서 조사해 보라. 이 구절들은 저자가 그러

하듯 보화를 추구하기를 칭송하는가? 왜 그런가, 혹은 왜 그렇지 않은가?

★**7**- 바울이 디모데전서 6장 19절 끝에서 말하는 것이 영원한 구원임을 우리는 어떻게 아는가? 우리가 돈을 사용하는 방식은 어떻게 우리의 영생을 위한 터를 제공하는가? 이는 어떻게 우리가 영생을 획득할 수 없다는 말과 공존하는가? 이런 주장에 비추어 바울은 디모데전서 6장에서 부자들에게 어떤 세 가지 지시를 내리는가?(273-275, 280-281쪽)

 8- 건강과 부와 번영의 교리란 무엇인가? 이 가르침의 절반의 진실은 무엇인가? 디모데전서 6장 17절은 이것과 어떻게 다른가?(275-277쪽)

★**9**- 저자는 어떤 의미로 "전시 생활양식"이라고 말했는가? 무엇이 전쟁인가? 왜 저자는 "다만 간소한 삶"을 칭송하지 않는가?(277-280쪽)

10- 280-281쪽에서 저자는 전시 생활양식을 회중에게 어떻게 도전할지 목사들에게 권면하고 있다. 그는 "어떤 법칙 같은 것을 만들어서 이 문제를 간단히 처리하지 않아야 한다"고 말한다(281쪽). 여기서 "법칙을 만든다"는 말은 무슨 뜻인가? 왜 이것이 문제를 "간단히" 처리하는 것이 되는가? 왜 이것은 믿음을 따라 사는 것이 되지 못하는가? 다시 말해 왜 이것은 그리스도 안에서 하나님이 우리를 위해 하신 모든 것을 소중히 여기는 태도가 되지 못하는가?

◇ 더 깊이 이해하기

- 에베소서 4장 28절 말씀을 따라 어떻게 살지 세 가지 단계를 생각해 보라(281-282쪽). 그리고 자신은 어느 단계에 속하는지 자문하라. 하나님은 왜 우리를 부요케 하시는가? 우리가 부요해진 특정한 이유나 부요함에 이르는 통로로 어떤 영역들이 사용되었는지 생각해 보라.

- 이 장에서 저자가 주는 가장 묵직한 권면 가운데 하나는 "전시 생활 양식"을 따라 살라는 권면이다. 다시 277-280쪽을 읽어 보라. 자신의 은사와 자원을 도움이 필요한 사람들의 유익을 위해 그리고 복음 전파를 위해 가장 효과적으로 사용하는 전략은 무엇이 있을지 본문에서 찾아보라. 여기에 어떤 전략을 덧붙일 수 있겠는가?

◆ 시편으로 기도하기

시편 4편

¹ 내 의의 하나님이여 내가 부를 때에 응답하소서 곤란 중에 나를 너그럽게 하셨사오니 내게 은혜를 베푸사 나의 기도를 들으소서
² 인생들아 어느 때까지 나의 영광을 바꾸어 욕되게 하며 헛된 일을 좋아하고 거짓을 구하려는가 (셀라)
³ 여호와께서 자기를 위하여 경건한 자를 택하신 줄 너희가 알지어다 내가 그를 부를 때에 여호와께서 들으시리로다
⁴ 너희는 떨며 범죄하지 말지어다 자리에 누워 심중에 말하고 잠잠할지어다 (셀라)
⁵ 의의 제사를 드리고 여호와를 의지할지어다
⁶ 여러 사람의 말이 우리에게 선을 보일 자 누구뇨 하오니 여호와여 주의 얼굴을 들어 우리에게 비추소서

⁷ 주께서 내 마음에 두신 기쁨은 그들의 곡식과 새 포도주가 풍성할 때보다 더하니이다

⁸ 내가 평안히 눕고 자기도 하리니 나를 안전히 살게 하시는 이는 오직 여호와이시니이다

8장 – 결혼, 기독교 희락주의의 모체

◇ 읽고 묵상하기

1- 저자가 에베소서 5장 25-30절만큼 기독교 희락주의를 잘 보여
주는 성경 구절은 없다고 한 이유는 무엇인가?(286-287쪽) 이 구
절에 나타난 "희락주의적" 요소들을 모두 나열하라.

2- 자신의 이익을 추구하는 것은 이기적인 것과 어떻게 다른가? 왜
자신의 이익은 사랑과 별개일 수 없는가?(287-288쪽)

3- 예수님이 요한복음 12장 25절에서 말씀하신 "자기 생명을 미워
하는 것"은 무엇을 뜻하는가? "자기 생명을 미워하는 것"은 "아
무도 자기 육체를 미워하지 않는다"는 바울의 말과 모순되지 않
는가? 바울이 생각하는 자기 사랑과 남편의 아내 사랑과 아내의
남편 사랑은 서로 어떤 관계가 있는가?(289-293쪽)

4- 왜 우리는 결혼은 비밀로 여기지 않으면서, 교회와 그리스도의
관계는 바울이 결혼을 사용해 묘사하는 비밀로 여기는가? 왜 바
울은 결혼을 밝혀지고 설명될 비밀이라 하는가?(293-298쪽)

★5- 왜 저자는 많은 분량을 할애하여 창세기 2장 24절의 문맥을 설명
하고 결혼이 심원한 비밀인 이유를 설명하는가? 특별히 293쪽과
297-298쪽을 보라. 본 장의 나머지 부분은 결혼에 있어서 무엇
이 사랑의 모범의 기초가 된다고 묘사하는가?

★**6** - 아내는 "남편의 권위에 복종하고 그의 리더십을 따라야 한다"고 믿는 가장 근본적인 이유로 저자는 무엇을 제시하는가?(301-302쪽) 저자는 이 내용을 어떤 근거로 뒷받침하는가?(298-303쪽) 그는 왜 그것이 "성향"(disposition)과 "의향"(inclination)이어야 한다고 말하는가?

★**7** - 남편이 그리스도의 리더십을 모델로 삼는다면, 그는 결혼에서 어떤 종류의 리더십을 보여야 하는가? 저자에 따르면 남편에게 부여된 리더십의 책임은 무엇을 수반하며, 또 무엇을 수반하지 않는가?(303-305쪽)

★**8** - 305-306쪽에 따르면, 복종(과 머리 됨)의 형태가 다양할 수밖에 없는 중요한 이유는 무엇인가? 그것을 깨닫는 것이 왜 중요한지 당신의 생각을 이야기해 보라.

9 - 머리 됨과 복종의 타락은 결혼에 어떤 영향을 미쳤는가?(307-308쪽)

★**10** - 결혼은 어떻게 "기독교 희락주의"를 드러내는가?

◇ **더 깊이 이해하기**

• 누가복음 10장 27절에 대한 우리 시대의 가장 대표적인 오용 사례 중 하나는 무엇인가? 저자는 이 두 번째 가장 큰 계명을 잘못 사용하는 이유가 무엇이라고 생각하는가? 저자는 우리가 우리의 이웃을 내 몸 같이 사랑하려면 어떻게 해야 한다고 제안하는가? 이런 형태

의 사랑이 당신의 결혼과 친구 관계와 다른 관계들에서 어떻게 나타
나는가?

◆ 시편으로 기도하기 ─────────────────────────

시편 45편

¹ 내 마음이 좋은 말로 왕을 위하여 지은 것을 말하리니 내 혀는 글솜씨가 뛰어난
서기관의 붓끝과 같도다

² 왕은 사람들보다 아름다워 은혜를 입술에 머금으니 그러므로 하나님이 왕에게
영원히 복을 주시도다

³ 용사여 칼을 허리에 차고 왕의 영화와 위엄을 입으소서

⁴ 왕은 진리와 온유와 공의를 위하여 왕의 위엄을 세우시고 병거에 오르소서 왕
의 오른손이 왕에게 놀라운 일을 가르치리이다

⁵ 왕의 화살은 날카로워 왕의 원수의 염통을 뚫으니 만민이 왕의 앞에 엎드러지
는도다

⁶ 하나님이여 주의 보좌는 영원하며 주의 나라의 규는 공평한 규이니이다

⁷ 왕은 정의를 사랑하고 악을 미워하시니 그러므로 하나님 곧 왕의 하나님이 즐
거움의 기름을 왕에게 부어 왕의 동료보다 뛰어나게 하셨나이다

⁸ 왕의 모든 옷은 몰약과 침향과 육계의 향기가 있으며 상아궁에서 나오는 현악
은 왕을 즐겁게 하도다

⁹ 왕이 가까이 하는 여인들 중에는 왕들의 딸이 있으며 왕후는 오빌의 금으로 꾸
미고 왕의 오른쪽에 서도다

¹⁰ 딸이여 듣고 보고 귀를 기울일지어다 네 백성과 네 아버지의 집을 잊어버릴지
어다

¹¹ 그리하면 왕이 네 아름다움을 사모하실지라 그는 네 주인이시니 너는 그를 경
배할지어다

¹² 두로의 딸은 예물을 드리고 백성 중 부한 자도 네 얼굴 보기를 원하리로다

¹³ 왕의 딸은 궁중에서 모든 영화를 누리니 그의 옷은 금으로 수 놓았도다

¹⁴ 수 놓은 옷을 입은 그는 왕께로 인도함을 받으며 시종하는 친구 처녀들도 왕께로 이끌려 갈 것이라

¹⁵ 그들은 기쁨과 즐거움으로 인도함을 받고 왕궁에 들어가리로다

¹⁶ 왕의 아들들은 왕의 조상들을 계승할 것이라 왕이 그들로 온 세계의 군왕을 삼으리로다

¹⁷ 내가 왕의 이름을 만세에 기억하게 하리니 그러므로 만민이 왕을 영원히 찬송하리로다

9장 - 선교, 기독교 희락주의의 함성

◇ 읽고 묵상하기

1- 저자는 성경 외에 어디에서 기독교 희락주의에 관한 자신의 전망을 확증하는 근거를 발견했다고 말하는가?(312-314쪽)

★2- "미개척지 선교"라는 용어의 뜻은 무엇인가?(312-316쪽) 자신의 말로 설명하고, 성경적인 예를 들어 뒷받침해 보라.

★3- 교회에서 선교가 핵심적인 사명인 이유는 무엇인가? 선교가 없다면 왜 교회의 사랑은 근본적으로 결핍될 수밖에 없는가? 복음을 듣지 못한 사람에게 복음을 전하는 사역에는 어떤 위험이 따르는가? 우리는 이것을 어떻게 알 수 있는가? (즉, 어떤 성경 본문들이 선교가 위험한 일이라는 사실을 보도록 도와주는가?)(316-318쪽)

★4- "모든 족속"이란 무엇인가?(320-322쪽) 이러한 정의를 내리기 위해 저자가 인용하는 성경 구절은 무엇인가? "모든 족속"에 대한 이해가 옳음을 보여 주는 다른 성경 본문을 생각해 보라.

5- 우리가 미개척지 선교에 헌신해야 하는 이유를 보여 주는 첫 번째 근거는 무엇인가? 마가복음 10장 25-27절에서 찾아보라 (327-334쪽). 이런 진리를 뒷받침하는 다른 성경 구절들을 찾아보라. 이것이 특별히 기독교 희락주의에게 기쁜 소식인 이유는 무엇인가?(334쪽)

6 - 요한복음 10장 16절에서 찾을 수 있는 선교의 세 가지 근거는 무엇인가?(330-334쪽)

7 - 마가복음 10장 25-27절은 미개척지 선교에 헌신해야 하는 두 번째 근거를 어떻게 말하는가?(334-338쪽)

★8 - 선교에 대한 기독교 희락주의자들의 접근 방식은 성경이 명령한 자기 부인을 무시하거나 부정한다는 반대 의견에 대해 어떻게 생각하는가?

9 - 예수님이 우리의 자기 연민에 가득찬 헌신의 정신을 책망하신 근본적인 이유는 무엇인가?(343-345쪽)

★10 - 저자는 어떤 이유로 "환자가 가장 위대한 선교사가 된다"고 말하는가?(345-349쪽)

◇ **더 깊이 이해하기**

• 교회가 지상대명령을 수행하기 위해 싸워야 할 한 가지 그릇된 가르침이 있다면, 그것은 만인구원론이다. 316-317쪽에 언급한 인용구들을 읽어 보라. 이 견해가 오늘날에는 어떻게 들릴지 생각해 보라. 만인구원론은 무엇인가? 왜 이것은 비성경적인 가르침인가? 더 구체적인 도움을 위해 존 파이퍼의 책 『열방을 향해 가라』(좋은씨앗) 제4장을 읽어 보라.

- 320-322쪽에서 저자는 미전도 종족에 관한 통계를 인용한 후 이 통계가 빠르게 철지난 통계가 되고 있다는 사실을 인정하고 있다. 미전도 종족 정보를 알려 주는 여호수아 프로젝트(www.joshuaproject. net)나 미국세계선교센터(www.uscwm.org) 등과 같은 웹사이트를 방문해 최신 통계를 확인하고 적어 보라. 이 통계를 이용해 미개척지 선교의 필요성을 말해 보라. 어떤 지역이 특별히 선교가 필요한 것 같은가? 어떤 지역에 전략적으로 들어가야 할 것 같은가? 이런 지역에 선교하기 위한 노력들이 진행되고 있는가? 있다면 무엇이 있는가?

- "세계를 품은 그리스도인"이라는 용어는 무슨 뜻인가?(325-326쪽) 세계를 품은 그리스도인이 되기 위해 당신이 취할 수 있는 좀 더 실제적인 단계들은 무엇이 있는가? 그 첫 번째 단계로 무엇을 시작할 수 있는가?

◆ 시편으로 기도하기

시편 67편

[1] 하나님은 우리에게 은혜를 베푸사 복을 주시고 그의 얼굴 빛을 우리에게 비추사 (셀라)

[2] 주의 도를 땅 위에, 주의 구원을 모든 나라에게 알리소서

[3] 하나님이여 민족들이 주를 찬송하게 하시며 모든 민족들이 주를 찬송하게 하소서

[4] 온 백성은 기쁘고 즐겁게 노래할지니 주는 민족들을 공평히 심판하시며 땅 위의 나라들을 다스리실 것임이니이다 (셀라)

[5] 하나님이여 민족들이 주를 찬송하게 하시며 모든 민족으로 주를 찬송하게 하소서

⁶ 땅이 그의 소산을 내어 주었으니 하나님 곧 우리 하나님이 우리에게 복을 주시리로다

⁷ 하나님이 우리에게 복을 주시리니 땅의 모든 끝이 하나님을 경외하리로다

10장 – 고난, 기독교 희락주의의 희생

◇ 읽고 묵상하기

1- 바울이 고린도전서 15장 19절에서 "만일 그리스도 안에서 우리가 바라는 것이 다만 이 세상의 삶뿐이면 모든 사람 가운데 우리가 더욱 불쌍한 자이리라"고 한 말은 무슨 뜻인가?(355-358쪽)

*2- 그리스도의 이름을 위한 박해와 질병 때문에 겪는 고난은 어떻게 유사하고 어떻게 다른가?(358-364쪽)

*3- 그리스도인은 어떻게 모든 고난을 그리스도를 위한 고난과 그리스도와 함께 겪는 고난으로 볼 수 있는가? 그리스도인의 고난은 그리스도를 **위한** 고난이라는 말은 무슨 뜻인가? 또 그리스도와 **함께** 겪는 고난이라는 말은 무슨 뜻인가? 무엇이 그리스도인의 고난을 이런 고난이 되게 하는가?(358-364쪽)

*4- 저자는 왜 기독교는 고난의 삶을 선택하는 것이라고 말하는가? 바울은 무슨 이유 때문에 고난의 삶을 선택했는가?(366-373쪽)

5- 저자는 골로새서 1장 24절("나는 이제 너희를 위하여 받는 괴로움을 기뻐하고 그리스도의 남은 고난을 그의 몸된 교회를 위하여 내 육체에 채우노라.")을 어떻게 해석하는가?(374-378쪽) 이 구절에 대한 저자의 이해와 그리스도인의 삶에서 고난의 역할에 대한 저자의 이해에 동의하는가? 동의한다면 그 이유는 무엇이고, 동의하지 않는다면 그 이유는 무엇인가? 이를 뒷받침할 만한 다른 성경 구절들을 인용해 보라.

★6 - "고난을 수용하는 것은 단지 그리스도를 증거하는 삶에 수반되는 무엇이 아니다. 그리스도를 눈에 보이도록 드러내는 것이다"(390쪽)라는 말은 무슨 뜻인가? 383-390쪽에 나오는 고난과 박해 이야기들은 어떻게 이 현실을 예증하는가?

7 - "고난은 기독교 희락주의의 희생"이라는 저자의 말과 "나는 희생한 적이 없다"는 리빙스턴의 말은 어떻게 서로 모순이 되지 않는가? 왜 그리스도인의 고난은 희생으로 이해되는가? 왜 그 고난은 희생으로 간주되지 않는가?(390-392쪽)

8 - 바울은 어떻게 기쁨을 추구하면서 고난의 삶을 선택했는가? 그리스도 안에서의 가장 심오한 기쁨의 추구는 어떻게 이웃을 향한 깊고 순수한 사랑과 완벽한 조화를 이루는가?(393-395쪽)

9 - 우리는 그리스도인으로서 어떤 식으로 고난 중에도 즐거워할 수 있는가?(395-401쪽) 그리스도인으로서 고난 중에도 기뻐할 수 있는 방식과 이유들을 적어 보라. 이를 뒷받침하는 다른 성경 구절들도 적어 보라.

★10 - 우리가 고난 중에 누리는 기쁨을 단지 하나님 주신 선물로만 여겨서는 안 되며, 우리가 추구할 선한 목표로 보아야 하는 이유는 무엇인가? 왜 어떤 이들은 고난을 그런 식으로 믿지 않는가? 고난 중에 그리스도인들이 누리는 기쁨의 근본적인 목표와 토대는 무엇인가?(396-403쪽)

◇ 더 깊이 이해하기

• 우리가 이해하고 또 복종하기 가장 어려운 하나님의 속성 가운데 하나는 모든 것을 향한 하나님의 절대적인 주권이다. 여기에는 악과 고난까지 포함된다. 하나님이 악에 대한 주권을 가지신다는 사실은 당신의 마음과 생각에 어떤 질문을 남기는가? 이를 그룹과 토의해 보라.

• 명백히 예수님의 이름을 위한 박해였든지, 아니면 질병으로 인한 고난이었든지, 살면서 겪었던 심각한 시련과 고난의 시기를 묵상해 보라. 그때 하나님에 대해 무엇을 배웠는가? 하나님의 선하심, 사랑, 주권, 자비, 지혜에 관해 무엇을 배웠는가? 하나님은 이런 시기를 당신의 삶과 주변 사람들의 삶에서, 그분의 선하고 지혜롭고 사랑 가득한 목적을 이루는 데 사용하셨고 또 사용하신다는 사실을 어떤 식으로 분별할 수 있는가? 아마 그 고난들은 여전히 당신을 하나님에 대해 의심하게 할지 모른다. 이런 염려들을 다른 믿을 만한 신자들과 나누어 보라. 그래서 어떤 상황에서라도 우리의 유일한 소망이요 기쁨이 되시는 하나님에 대한 서로의 믿음을 굳건하게 하도록 노력하라.

◆ 시편으로 기도하기

시편 43편

¹ 하나님이여 나를 판단하시되 경건하지 아니한 나라에 대하여 내 송사를 변호하시며 간사하고 불의한 자에게서 나를 건지소서

² 주는 나의 힘이 되신 하나님이시거늘 어찌하여 나를 버리셨나이까 내가 어찌하

여 원수의 억압으로 말미암아 슬프게 다니나이까

³ 주의 빛과 주의 진리를 보내시어 나를 인도하시고 주의 거룩한 산과 주께서 계
시는 곳에 이르게 하소서

⁴ 그런즉 내가 하나님의 제단에 나아가 나의 큰 기쁨의 하나님께 이르리이다 하
나님이여 나의 하나님이여 내가 수금으로 주를 찬양하리이다

⁵ 내 영혼아 네가 어찌하여 낙심하며 어찌하여 내 속에서 불안해 하는가 너는 하
나님께 소망을 두라 그가 나타나 도우심으로 말미암아 내 하나님을 여전히 찬
송하리로다

사명선언문

너희가 흠이 없고 순전하여……세상에서 그들 가운데 빛들로
나타내며 생명의 말씀을 밝혀 _ 빌 2:15~16

1. 생명을 담겠습니다
만드는 책에 주님 주신 생명을 담겠습니다.
그 책으로 복음을 선포하겠습니다.

2. 말씀을 밝히겠습니다
생명의 근본은 말씀입니다.
말씀을 밝혀 성도와 교회의 성장을 돕겠습니다.

3. 빛이 되겠습니다
시대와 영혼의 어두움을 밝혀 주님 앞으로 이끄는
빛이 되는 책을 만들겠습니다.

4. 순전히 행하겠습니다
책을 만들고 전하는 일과 경영하는 일에 부끄러움이 없는
정직함으로 행하겠습니다.

5. 끝까지 전파하겠습니다
모든 사람에게, 땅 끝까지, 주님 오시는 그날까지
복음을 전하는 사명을 다하겠습니다.

서점 안내

광화문점 서울시 종로구 새문안로 69 구세군회관 1층
02)737-2288 / 02)737-4623(F)

강남점 서울시 서초구 신반포로 177 반포쇼핑타운 3동 2층
02)595-1211 / 02)595-3549(F)

구로점 서울시 동작구 시흥대로 602, 3층 302호
02)858-8744 / 02)838-0653(F)

노원점 서울시 노원구 동일로 1366 삼봉빌딩 지하 1층
02)938-7979 / 02)3391-6169(F)

일산점 경기도 고양시 일산서구 중앙로 1391 레이크타운 지하 1층
031)916-8787 / 031)916-8788(F)

의정부점 경기도 의정부시 청사로47번길 12 성산타워 3층
031)845-0600 / 031)852-6930(F)

인터넷서점 www.lifebook.co.kr